世界史から見た

大東亜戦争

アジアに与えた
大東亜戦争の衝撃

吉本貞昭
Yoshimoto Sadaaki

ハート出版

はじめに

今から七十年前に、日本は未曾有の敗戦の苦痛を経験し、その後遺症を受けて、現在に至っている。毎年夏になると、日本のメディアは、中国や韓国のような反日的な見方で、戦前の日本や「大東亜戦争」を悪玉に仕立てた番組をさかんに放送するが、その見方はとても客観的なものとは言えないだろう。

この風潮に拍車をかけたのが終戦五十周年に当たる平成七（一九九五）年八月十五日に、旧社会党委員長の村山富市元首相が記者会見で語った「大東亜戦争はアジア諸国に対する侵略的行為だった」とする談話である。この「村山談話」が発表されてからというもの、日本ではいつのまにか「大東亜戦争＝侵略戦争」というイメージが形作られてしまったような気がする。

村山談話とは、同年六月九日に、新進党や自民党および社会党の一部が不参加の衆院本会議において、与党による賛成多数で、大東亜戦争に対する反省を明確にした「戦後五十年決議」を行った後、細川内閣より与党第一党から転落した自民党と他の連立与党（社会党、新党さきがけ）によって、八月十五日に閣議決定されたものであって、政府による綿密な議論や検証によって作られたものではない。

にもかかわらず、自民党は政権を取り戻した後も、自虐的な歴史認識を容認した村山談話を訂正しないばかりか、民族派と言われる安倍首相さえも、この談話を継承する始末である。

そもそも、大東亜戦争の誘因の一つは、連合国最高司令官マッカーサー元帥が回想記で指摘しているように、「日本がルーズベルト大統領によってはじめられた経済制裁をおそれたことにあった」ことは明らかである。

日本は昭和十六（一九四一）年十二月八日に、自存自衛と大東亜共栄圏の理想を実現するべく、日本を戦争に追い込んだ西欧列強に立ち向かったが、これは、十三世紀中頃に「モンゴル帝国」が西欧列強に与えた衝撃とは質を異にする、次の三つの衝撃を与えたのである。

その第一の衝撃とは、日本軍の進攻によって、東南アジア全域が数百年間に及ぶ白人の植民地支配から解放されたことである。

第二の衝撃とは、日本軍が従来の白人優位の社会体制を崩壊させたことによって、それまで特権的な地位についていた白人は、その地位から引きずり降ろされ、アジア人の政治意識の覚醒がもたらされたことである。

第三の衝撃とは、日本軍政（日本軍の占領地行政）の内容である。日本軍政には主に日本人が重要な地位に就いたが、東南アジアの人々にも多くの責任ある地位が与えられたのである。また東南アジアの各地では教育に力が注がれ、子弟の中から選ばれた二百名の国費留学生が将来、東南アジア諸国の指導者となるために、南方特別留学生として日本へ派遣され、育成されたが、この日本軍政の中でも、最大の貢献は、アジア諸国の青年たちに軍事訓練を施したことである。

日本軍が昭和二十年八月十五日に、連合国に降伏すると、東南アジア諸国の人々は再びアジアに侵攻してきた植民地宗主国のオランダ、イギリス、フランスの軍隊に対して、果敢に抵抗し得たのも、日本軍が遺した軍事的遺産と「独立は与えられるものではなく、自らの手で勝ちとるものである」という精神的遺産があったからに他ならない。

戦時中に、日本軍の援助によって結成され、英軍と戦った「インド国民軍（ＩＮＡ）」を研究した米コロラド大学歴史学部教授のジョイス・Ｃ・レブラ博士が、その著書で、「実は日本は戦時中に、東南アジア諸国のほとんどの国で解放軍ないし義勇軍に訓練を施しているのである」「アジア各地でも同じであるが、韓国においては、日本が幹部に軍事訓練を施したことで、後の韓国軍の起源ができただけでなく、戦後の政治指導層をつくり上げている。

解放後の韓国政治エリート層には、かなりの数、このような経験を経てきている者がいる。朴《パク》元大統領は陸軍士官学校の卒業生であり、丁一権元首相は満州の陸軍士官学校出である。韓国軍の幹部層にも、戦前の対日経験を認めたがらない向きがあるにせよ、相当数のものが日本の訓練を受けた者である」

「日本側の観点から見れば、これら軍隊を訓練したことで、予想もしなかった、いわば計画外の残存効果をもつことになったといえよう。東南アジア数カ国において、幾世代もの指導層が元日本の軍事訓練・文化教育を日本内外で受けた人たちからできた時代が続いたのである。日本が訓練した人たちがこうして指導層にまで昇りつめたということ自体が、いかに有為の青年たちを日本がうまく選んでいたかの証左であろう。

にもかかわらず、日本側の計画提案者で、それが戦後東南アジアに対していかなるインパクトを与えるかを予測できた人は、ほとんど皆無だったのである」

と述べているように、戦後の日本では韓国大統領の朴槿恵《パククネ》やミャンマーの下院議員で、野党最大の国民民主連盟（NLD）議長のアウンサン・スーチーの父親たちが戦前に、日本軍から軍事訓練を受けていたことはあまり知られていない。

朴槿恵の父・朴正煕《パクチヨンヒ》は、満州軍官学校（第二期生）を首席で卒業した後、日本の陸軍士官学校（五十七期）に入学し、戦後は韓国陸軍大将となり、大統領になった人物である。

またアウンサン・スーチーの父・アウンサン将軍も、ビルマ独立の父と敬愛されているように日本軍から軍事的、精神的遺産を受け継いだ東南アジア諸国の政治指導者の一人である。

前出のレブラ博士は、その著書で、「個々の国について日本の軍政がいかなる影響を及ぼしたかについては少数ではあるが、研究がある」。だが、「日本の訓練した東南アジア各国軍について、実証研究がないがしろにされてきているのは実に奇妙なことで」あり、西洋では「日本がアジア各地にどのような軍事的衝撃を与えたかを研究する者がほとんどいない。（中略）これら独立軍出身者から各国軍の将校団ができ、さらに、戦後東南アジア各国に政治エリートが輩出しているにもかかわらず研究されていない」ことや韓国についても、朴大統領などの青年「将校や下士官が直接に日本陸軍に組み入れられたことについては、朝鮮史研究でもやはりあまりふれられることがない」と、この分野についての研究不足を嘆いている。

だが、韓国では、八年ほど前から日本軍の果たした役割に対する評価に先駆け、当時の経済指標に基づいて、日韓併合時代の正しい姿を研究する活動が起こっているようである（『産経新聞』平成十九年八月十六日付）。

韓国の学者の間で、従来の「収奪論」から「近代化論」の成果が発表され、日帝時代が決して暗いものではなく、韓国に近代文明が導入された様子を多角的に見ようという動きが出てきているらしいが、レブラ博士が述べているように、やがて、この分野の研究が戦後の韓国の政治指導層をつくり上げた日本軍に対する評価にも繋がっていくものと考えられる。

本書は、こうした問題の隙間を埋め、さらに大東亜戦争の研究を促すべく、戦時中の日本軍がアジアに対して果たした歴史的役割とその影響について、主に軍事的視点から検証することを目的として書かれたものである。

これらの検討は、戦後のアジア諸国が次々と独立し、発展していった要因を解明する上で、非常に重要なものなのだが、現在の日本のアジア史研究ではアジア諸国の独立と発展の要因を、単に帝国主義勢力の弱体化、先進国からの投資および技術移転、強力な指導層および優れた官僚、豊富で勤勉な労働力に求めているのが現状であり、著者のような観点からアジア史を研究する者がほとんどいないように思える。

本書は、アジアに与えた大東亜戦争の衝撃によって、アジア諸民族がどのように政治意識に目覚め、民族の自尊心と勇気を取り戻し、民族解放戦争や民族独立運動に立ちあがったのかを検証するとともに、日本が戦時中からアジアの発展に対して、どのような教育的投資を行ったのかを検証したものである。

このことは、戦後のアジア独立の要因を解明する上で、非常に重要なものであると同時に、果たして大東亜戦争が侵略的動機から行われたものだったのか否かを明らかにする上でも、重要な意味を持つものなのである。

こうした問題意識から、本書では大東亜戦争の長所と短所の比較検討を通じて、大東亜戦争が決して、侵略的動機から行われたものではなく、むしろ所期の目的をはるかに超えた衝撃をアジアに与え、それがアジアの独立につながったことで、戦後のアジアは、今日の国際政治や国際経済の動向を大きく左右する存在となっていったことを考察した。

ところで、今年は、終戦七十周年目の年であるが、その前に日本人として忘れてはならないのが、白人中心の世界を叩き潰した大東亜戦争の前哨戦である「日清・日露戦争」の世界史的意義であろう。

日清戦争は、ちょうど一二〇年前に、日露戦争は、ちょうど一一〇年前に起こった戦争であるが、西欧列強の支配下にあったアジア・アフリカ・アラブ諸国の独立闘争に最初に弾みをつけたのが日清・日露戦争だったのである。

戦前の夏季オリンピックは、大東亜戦争が起こるまで、白人の独占物のような存在であったが、日露戦争を契機に、世界はアジアを無視できなくなるのである。

日本が夏季オリンピックに初めて参加したのは大正元（一九一二）年の第五回ストックホルム大会からであったが、最後に日本が出場した第十一回ベルリン大会の参加国は、わずか四十九カ国に過ぎず、参加国の大半が白人国家からの参加であった。

これに対して、昭和三十九（一九六四）年に、開催された第十八回夏季オリンピック東京大会は、九十三カ国もの国が参加した有色人種国家における史上初のオリンピックであったわけである。

また平成二十四（二〇一二）年に、開催されたロンドン大会では二〇四の国家・地域・団体が参加したことから、その大部分が有色人種の国家・地域・団体からの参加であることは明らかである。

その理由は、日本が日露戦争によって西欧列強の支配下にあったアジア・アフリカ・アラブ諸国の独立闘争を刺激し、大東亜戦争によって西欧列強の植民地支配を崩壊させたからに他ならないのである。

そこで、本書では大東亜戦争の議論に入る前に、コロンブスの時代から始まった西欧列強による植民地支配の説明から始め、アジア解放の先駆けと言われる日清・日露戦争の原因とその影響を究明した後、大東亜戦争に至るまでの経緯を概観した（詳細は、拙著『世界史から見た日清・日露大戦争』を参照）。

これによって、読者は、当時の日本が欧米列強を中心とする国際情勢の中で、どのような立場に置かれていたかが分かるだろう。

最後に、アジアの独立に果たした大東亜戦争の歴史的な功績については、これまで多くの人々により、様々な形で語られてきたが、この中で、武力戦の陰に隠れながらも、ときには武力戦以上に熾烈に戦われてきた秘密戦の功績については、ほとんど明らかにされてこなかった。

本書は、日本唯一の秘密戦士の養成所、陸軍中野学校の出身者で構成された藤原機関（F機関）、南機関、参謀部別班を始めとする秘密戦士たちのアジア解放の真心を読者に伝えるために、彼らの回想録、関係者へのインタビュー、新聞記事などを中心に、多くの参考文献を引用した人間記録でもある。

読者は、ここから、彼らがどれほど果敢不休の活躍を行ったか、また彼らから軍事訓練を受けたアジアの青年たちが、どれほど規律、敢闘精神、民族の自尊心というものを植えつけられたかが、読み取れるはずである。

著者は、本書を執筆しながら、小説よりも奇なる大東亜戦争の衝撃に心を打たれた。

ここに、謹んで本書をアジア解放のために散華した英霊に捧げたいと思う次第である。

大東亜戦争がアジアに与えた衝撃は、今でもアジアの遺産となって、アジアの独立と発展を支えていると確信するのである。

平成二十七年三月九日（蘭印のバンドン占領の日に）

著者記す

もくじ

第三章　藤原機関とインド国民軍の真実　172

第四章　南機関とビルマ独立義勇軍の真実　272

第五章　参謀部別班とジャワ防衛義勇軍の真実　368

第三部　第二次大東亜戦争とアジアの独立　441

第一部

西欧列強の世界征服と大日本帝国の誕生

日露旅順大撃戦之図（延一／明治 37 年）

序章　世界征服を行った西欧列強の正体

第一節　西欧列強の世界征服はこうして始まった

スペイン・ポルトガルの世界征服の始まり

今から約六〇〇年前、西ヨーロッパの各地では中世を通じて、東方貿易を独占していたイタリア諸都市とアラブの商人によって、食肉の保存と調味料に欠かせない東南アジア産の胡椒《こしょう》、シナモン、ナツメグなどの香辛料が高く売られていた。

しかし、十五世紀中頃に百年戦争が終わると、地中海から西アジアに至る大帝国を形成したオスマン・トルコ（以下、オスマン帝国と略称）によって、西アジアへの貿易路が遮断されたことから、香辛料が品不足となり、値段が高騰するようになった。

このため、ポルトガルとスペインは、イベリア半島を統一すると、地中海や陸路を通らなくても、直接に船でヨーロッパからアジアの産地へ行ける新航路の開拓を行うようになった。

ポルトガルの探検家バルトロメウ・ディアスが一四八八年に、初めてアフリカ南端の喜望峰に到達すると、次に、この新航路の開拓に挑戦したのは、北イタリア・ジェノヴァ出身の商人クリストファー・コロンブスであった。

コロンブスは一四九二年八月三日に、スペイン女王イサベル一世からの融資を得ると、三隻の船団で東アジアを目指して、西回りのコースで南スペインのパロス港を出港した。

その理由は、イタリアの天文学者トスカネリの唱えた「地球球体説」に従って、今までポルトガルがやっていた東回りのコースではなく、反対の西回りのコースで行けば、一二九九年頃に、イタリア・ヴェネツィアの旅行家マルコ・ポーロの著した『東方見聞録』(原題名『世界の記述』)に登場する黄金と真珠の豊かなジパングという島に、もっと早く到達できると信じたからである。

こうして、コロンブスは同年十月十二日に、ついにサン・サルバドル島(現在の南米にあるバハマ諸島のグアナハニ島)に到達するが、お目当ての黄金の島ジパングを発見することができなかったことから、その代償としてカリブ海諸島、中米およびベネズエラ沿岸に住む原住民をヨーロッパに強制連行して、奴隷として売り飛ばすのである。

海外領土を分割したスペインとポルトガル

ポルトガル国王ジョアン二世は、コロンブスがポルトガルのリスボンに帰港すると、コロンブスが発見した土地をポルトガルが領有することを主張したため、スペインと一触即発の状態になった。そこで、ローマ教皇アレクサンドル六世は一四九四年に、「トルデシリャス条約」(「大西洋上のベルデ岬諸島の西方に子午線を引いて、その西側をスペイン領、東側をポルトガル領とする」)を制定して、海外領土の二分割案を成立させた。

これで、何とか大西洋上の争いは収まったが、もう一つの太平洋上の争いを解決するために両国は一五二九年に、「サラゴサ条約」を結んで、東経一三四度の子午線をもって分界線とすることを定めた。

中南米は、たまたま子午線の所にあったことから、スペインは、コロンブスが発見したキューバ、ベネズエラ、コロンビアなど、ポルトガルが発見したブラジル以外の大部分を支配したため、ブラジル以外は、すべてスペイン語が公用語になったのである。

一五四三(天文十二)年に、ポルトガル船が種子島に漂着して、日本に鉄砲を伝えたことは有名な話であるが、その理由は、この子午線が日本の岡山県付近を通っており、岡山県以東をスペイン領、以西はポルトガル領と定められていたからである。

ここから、ポルトガル船の種子島来航は単なる歴史の偶然ではなく、必然であったことが分かるだろう。

インド航路を発見したポルトガルの航海者ヴァスコ＝ダ＝ガマ

一方、ポルトガルの航海者ヴァスコ＝ダ＝ガマが、このトルデシリャス条約に従って、コロンブスとは反対にポルトガルの首都リスボンから喜望峰を東側に回って、アフリカ大陸東岸のマリンディに到着したのは一四九七年七月のことであった。

ガマは、そこで雇い入れた水先案内人に従って、さらに東進し、インド洋を横断して、翌年五月に、南インド西海岸にあるマラバル地方最大の貿易港カリカットに到着した。この航海は往復で二年以上もかかった上に、多くの船員が命を落とす厳しいものであったが、ガマは、そこでインド産の香辛料を購入して、航海にかかった費用の六十倍もの利益を獲得するのである。

その後、このガマの発見したインド航路によって運賃が安くなり、しかも船で大量に運べるため、リスボンの香辛料の値段は、イタリアのベネチアの香辛料と比べて、半額になったことから、アジア貿易の流れは、急激に地中海からインド航路へと移行した。

さらに、ポルトガルは一五一〇年に、香辛料の原産地であるインドネシアのモルッカ諸島（別名、香料諸島）を獲得するために東周りのコースで、インドのゴアを占領すると、翌年にはマレー半島のマラッカを占領して、ここを東洋貿易の拠点にするのである。

その後、ポルトガルは、南シナ海に進出して北進し、一五五七年に清国のマカオを獲得した。

世界一周を達成したマゼラン船団

他方、ポルトガルの探検家フェルディナンド・マゼランは一五一八年に、スペイン国王カルロス一世に対して、東洋への進出の遅れを取り戻すために、西回りのコースでアジアに到達できる航路の発見を進言した。

マゼランは同年三月に、国王と契約を結ぶと、翌年八月十日に五隻の船団を率いてサン・ルカル港を出港し、西回りのコースで西方へと進み、十一月末に南米東岸を南下した。

そして、一五二〇年三月三十一日に、南緯五十度に近いサン・フリアン港に到着し、そこで半年余り、冬ごもりに入った。

マゼラン船団は八月二十四日に、再び南下を始め、十月二十八日に最南端にある海峡（「マゼラン海峡」）を通過し、さらに西方に進んで「太平洋」を横断し、翌年九月にフィリピン諸島に到達した。

その後、マゼランはセブ島を占領すると、対岸にあるマクタン島という小さな島に住む原住民と戦って戦死するが、このときの戦いは、後述の日露戦争（一九〇四〜〇五年）以前に行われた有色人種と白人との戦いの中で、世界で最初に有色人種が白人に勝った戦いだったのである。

今日でも、セブ島では、この日を白人に勝利した唯一の記念すべき日（一五二一年四月二十七日）として、同じ日にマゼラン撃退の記念式典や模擬戦闘を行っているという。

セブ島から逃げるように出港したマゼランの部下たちは十一月六日に、モルッカ諸島のティドール島に到着して、ようやくスペインの長年の夢を達成するのである。

さらに、マゼラン船団は十二月十八日に、インド洋から喜望峰を経て、翌年九月八日にスペインに戻って、世界一周を達成するのであるが、当時のヨーロッパで小国に過ぎなかったポルトガルが「大航海時代」に先駆けて強国になれたのは、アフリカから東進する航路を選択して、東方貿易を独占することができたからである。

奴隷貿易で巨万の富を獲得したスペインとポルトガル

スペインは、ポルトガルとは反対にアフリカから西へと進む航路を選択した結果、東方貿易の独占には失敗したが、コロンブスが新大陸に到達したことによって、その後、中南米にやってきたスペイン人たちは、原住民の反乱を鎮圧するために、インディオを虐殺して、奴隷として本国へ送るようになり、奴隷貿易で巨万の富を獲得するのである。

例えば、一五二一年にスペインのコルテスが「アステカ帝国」（現在のメキシコ）を征服して滅亡させると、一五三三年にスペインの軍人フランシスコ・ピサロが南米のアンデス高原に古くから栄えていたインカ帝国（現在のペルー）を二〇〇人余りの兵隊で攻撃し、皇帝アタワルパを処刑して、インカ帝国を滅ぼすと、抵抗する原住民を強制労働に駆り立て、現地の金・銀・

綿花・砂糖・タバコ・コーヒーなどを大量に本国へと送った。

またコンキスタドレス（征服者）と呼ばれたスペイン人たちは、虐殺した原住民の人口減少を補うために、アフリカから黒人を大量に強制連行し、奴隷として金や銀の鉱山や農園などで働かせたが、これによって、今日の南米諸国（ラテンアメリカ諸国ともいう）は、白人・インディオ・アフリカ黒人との間に混血が進み、複雑な人種構成になっている。

一方、スペインが新大陸に進出する以前から、ポルトガルの航海者たちは南のアフリカ大陸西岸に進出していたが、やがてポルトガル人たちも、奴隷貿易が利益を生むことに気がつくと、現地の権力者を相手取って、黒人奴隷を買いあさり、ヨーロッパに輸出して利益を上げるようになるのである。

先述したように、この奴隷貿易は新大陸が発見されると、虐殺したインディオに代わる労働力として、アフリカ人に注目が集まるようになったことで、さらに拍車がかかるのである。

やがて、奴隷商人たちは「絶対主義の時代」になると、四つの地点（ヨーロッパ→アフリカ→南アメリカ→西インド諸島）を一周する三角貿易（ヨーロッパで製造されたビー玉、武器、木綿などの工業製品をアフリカに運び、そこで黒人奴隷と交換した後、南アメリカのブラジルや西インド諸島まで奴隷を運んで売りさばき、さらに奴隷を売ったお金で砂糖、綿花、タバコ、コーヒーなどを現地で買い取って、ヨーロッパで売りさばく貿易）を行って、利益を生み出すようになっていった。

イギリスの植民地支配の始まり

一方、スペインとポルトガルに遅れて奴隷貿易を開始したイギリスは、スペインやオランダとの戦争に勝つと、制海権を掌握し、フランスとの北米の植民地獲得をめぐって激しい戦争を繰り広げていったが、最後に北米の植民地を獲得することに成功するのである。

やがて、北米に住む人々がイギリスから独立を勝ち取ると、イギリスは、北米植民地で失った利益を取り戻すために、人口の多いインドの巨大市場をめぐって、フランスと植民地獲得競争を繰り広げて勝利を収め、さらに世界の制海権を掌握して、インドを中心とする広大なアジアの海外市場を植民地にするのである。

またイギリスは一八六九年に、フランスとエジプト両政府が共同で開発した地中海と紅海を結ぶスエズ運河（全長一七四キロメートル、幅六〇～一〇〇メートル、水深約八メートル）が開通すると、その戦略的な重要性に気がついて、七五年にエジプトの持株（全体の四四パーセント）を買収して、運河に対する発言権を獲得した。

そして、イギリスは、エジプトの内政干渉に反発した最初の反英運動（「アラービー＝パッシャ反乱」）を鎮圧すると、エジプトを事実上の支配下に置いた。さらにイギリスは八一年に、スーダンで反英イスラム教徒のマフディー（救世主）派の反乱も鎮圧して、九九年に全スーダンを占領した。

イギリスは同年に、南アフリカのトランスヴォール共和国でダイヤモンド鉱と金鉱が発見されると、それを支配下に置くために、トランスヴォールとオレンジ自由国の合併を画策して、両国に侵略戦争を仕掛けた。

そして、イギリスは一九〇二年に、南アフリカを支配下に置くと、一〇年にケープ植民地などを加えて、英領南アフリカ連邦を成立させた。

アメリカの植民地支配の始まり

一六〇七年から北米の東岸に、イギリスから入植した人々によって、多くの植民地が形成されると、イギリスは一七六三年に、北米植民地をめぐるフランスとの植民地獲得戦争に勝利を収めたが、「北米植民地を経営する費用を本国なみの課税でまかなう必要」に迫られるようになった。そこで、イギリスは六五年に、北米植民地を経営する費用を北米に住む人々に課税するために「印紙条例」(全ての書類に印紙を貼ることを義務づけた法律)を押しつけたが、イギリス商品のボイコット運動によって、この法令は三カ月で廃止された。

その代わりに、紙、茶葉、ガラス、ペンキなどに関税をかけた「タウンゼンド条例」(一七六七年)を制定したが、植民地への茶葉の直送と独占販売権を東インド会社(一六〇〇年設立)に与えた「茶法」（一七七三年）を除いて、印紙条例と同じ運命をたどった。

やがて、北米植民地に住む人々によって、七三年十二月十六日に起こった「ボストン茶会事件」（茶法に反対した市民がボストンに入港した東インド会社の船を襲い、積荷の茶葉を海中に投棄した事件）を契機に、一挙に独立運動が進められ、七五年四月に独立戦争が起こるのである。

そして、七六年七月四日に、十三州からなる北米植民地によって、フィラデルフィアで独立宣言が行われ、翌年に連合規約が制定されて、「合衆国」（United States）が成立すると、イギリスは八三年に、北米植民地側の代表者たちと独立戦争の講和条約（パリ条約）を結び、北米植民地の独立を承認するのである。

こうして、イギリスから独立を勝ち取った北米植民地は、正式にアメリカ合衆国となり、西部のカリフォルニアに向かって、次々と領土を拡大していった。

アメリカは一八八〇年代までに、北米を制覇すると、九〇年代からアメリカ海軍の戦術家マハン大佐の提唱によって、艦隊と海兵隊を創設し、世界の海の覇権を目指すようになった。

その後、アメリカは、カリブ海と太平洋諸島を支配するスペインとの戦争に勝利を収めると、パリ講和条約によって、スペインからキューバ島の独立、プエルトリコ、グアム島、フィリピン諸島の割譲を認めさせるのである。

フランスの植民地支配の始まり

一方、フランスは、イギリスが一八八六年に、清国に服属していたビルマを併合し、清国の雲南とチベットにも進出する以前から、ベトナムへの武力進出を開始し、六三年にカンボジアを、六七年にはベトナム南部に侵攻して、七三年に北部を占領した。

さらに、フランスは八四年に、全ベトナムの植民地化に成功すると、宗主国の清国に対して、ベトナムに対する宗主権の放棄や、ベトナムを支援する国旗軍に対する支援停止を要求した。これを機に清仏戦争が勃発すると、フランスは翌年に、「天津条約」でベトナムの宗主権を清国に放棄させることに成功した。

こうして、フランスは、ベトナムを清国から独立させると、八七年にベトナムをコーチシナ・アンナン・トンキンに三分割した上で、ラオス、カンボジアと併合して、仏領インドシナ連邦を形成し、清国の冊封体制（中国が周辺諸国を従えるために、中国が形式的に宗主国として君主関係を結ぶことで、形成されたアジア的国際関係）からベトナムを離脱させるのである。

フランスは十九世紀前半に、占領した北アフリカのアルジェリアを足場にして、一八八一年にチュニジアを保護国とし、「さらに南進して広大なサハラ砂漠からコンゴにいたる地域を領有、ジブチ・マダガスカル島との連絡をめざして大陸を東西に横断する横断政策を展開した」

またフランスは十九世紀中頃以降に、南太平洋の「タヒチ島などポリネシア東部の諸島やニューカレドニア」の植民地支配を行った。

ドイツの植民地支配の始まり

他方、他の欧米列強と比べて、アフリカへの進出が遅れたドイツも一八八四年に、南西アフリカを建設した他に、アフリカ西部のトーゴランド、カメルーン、東アフリカ（現在のタンザニアとルワンダ）の植民地支配を行った。

またドイツは、アメリカよりも遅れて、一八八〇年以降から、ビスマルク、ソロモン、カロリン、マリアナ、マーシャル、パラオの南洋諸島をスペインから買収した。

オランダの植民地支配の始まり

オランダは、イギリスの東南アジア進出を諦めさせると、十七世紀以降からインドネシア、ニューギニア西部、ボルネオ南部を次々と獲得したが、海外の拠点をインドネシアのジャワに置くと、一六〇二年に東インド会社を設立して、香料などの貿易で富を獲得した。

このように、コロンブスが十五世紀に、新大陸に到達すると、広大なアジア・アフリカ・太平洋地域が二十世紀初頭までに、西欧列強によって、次々と侵略され、征服されていったのである。

では、西欧列強の侵略行為を正当化する法的根拠とは一体、何だったのだろうか。

次に、白人の植民地支配の法的根拠を国際法の視点から見ていこう。

第二節　西欧列強はどのような根拠で植民地支配を行ったのか

西欧列強が侵略の根拠とした「先占の権原」

西欧列強の侵略行為を正当化したのは、十五世紀以来の植民地獲得競争の先発国であったスペインやポルトガルに遅れて、十七世紀以降、植民地獲得競争に乗り出したイギリス、オランダ、フランスなどによって主張された無主地《むしゅち》（何人の所有にも属さない土地）に対する「先占《せんせん》の権原《けんげん》」（他者より先に占有しても構わないという法律上の根拠）という考えであった。

十七世紀以降の欧米列強では「ある程度の社会的・政治的組織を具えた先住民が居住していても、いまだ西欧文明に類する段階（文明国）に達していない地域」と見なすと、その地域を無主地として、占有することが認められていた。

スペインやポルトガルよりも遅れて、植民地獲得競争に乗り出したイギリス、フランス、アメリカ、ロシア、オランダは、スペインやポルトガルの唱えた「発見優先原則」（先に発見した国に優先権があるという考え方）を否定するために、先占の権原を法的根拠に自らの西洋文明を絶対的な価値基準として、これから外れる地域（北米、中南米、アジア、アフリカ）を無主地とみなして、非西洋文明の地域を自己の領域として獲得していったのである。

一方、この先占の権原は、十七世紀以降の西欧列強による植民地化を正当化すると同時に、西欧列強諸国間の植民地獲得競争を調整する法の原理としても働いたのである。

植民地はなぜ誕生したのか

ところで、戦後の韓国が、戦前の日本が韓国を併合して行った「植民地化政策」を取り上げて批判するように、戦後の日本でも「植民地」に対するイメージは奴隷、弾圧、搾取など、どれも否定的なものばかりである。

では、そもそも植民地とは、どのように誕生したのだろうか。植民地の歴史は、紀元前三千年頃のフェニキア人によって、地中海沿岸地域（現シリア）で始められた植民が最古と言われているが、フェニキア人が植民を行った理由は、「交易市場や碇泊地の開拓、また人口問題解決のため」であった。

フェニキア人は、さらにシシリー、サルディア、スペインと植民地の範囲を広げると、次いで、アフリカ北岸に商業都市カルタゴを建設し、ガデイラ、ゴール、セネガル、ガンビア、インドにまで範囲を拡大していった。

このように、東西貿易の中継地となり、またガラスの製造や染料の生産など、製造業の中心地となったフェニキアの繁栄に刺激されて、植民地建設を行ったのがギリシャであった。

フェニキアがアフリカに力を入れたのに対して、「ギリシャは地中海諸地域、小アジア半島西岸、エーゲ海、黒海沿岸に植民地を広げ」たが、植民地は「属領と言うよりも対等の同盟者として扱われ、それぞれ独立した政治機構を持っていた」

またギリシャは、植民地を通じて、ギリシャの文化、文明を遠く中国や日本にまで拡大させたことはよく知られている。

一方、ギリシャの植民地《アポイキア》が「遠隔地への移住」を意味したのに対して、ローマの植民地《コロニア》には「国土の拡張」という意味が含まれていた。いわば、『植民は市民の自由意志ではなく国家の政策として行われ、各地に「州」が作られてローマに組み込まれて』いったのである。

ローマ人は、征服した土地を現住民から没収し、ローマに忠誠を誓う入植者を送り込んだ。また征服した土地にはローマ兵を駐屯させて制度や産業を導入し、市府を形成させた。

そして、ローマの植民地は、やがて「東は小アジア、西はイベリア半島、南はアフリカ、地中海沿岸、北はライン、ダニューブ領域まで」範囲を広げたことで、フェニキアのような産業の中心地ではなく、植民地から送られてくる物資に依存する消費都市となった。

このように、ローマは、世界帝国を形成することによって、「すべての道はローマに通ず」という言葉があるように、世界の富がローマに集まるという構造を形成したのである。

ローマは、「言語や風俗、法制度を新領土に移植することを自らの使命」と考えたことで、「植民地での雑婚によってローマ人を増やし、また異民族の文化程度を問わず平等に市民権を与えた」が、結局、それによってローマの民族性は急速に失われ、ローマ帝国が東西ローマに分裂して、没落の道をたどるのである。

その後、ヨーロッパでは前述した大航海時代が到来するまで、ローマ帝国のような植民地は行われなくなるのである。

近代の「植民地」とは何か

英語の「植民地《コロニー》」の語源は、ラテン語の「コロニア」から由来しており、元々の意味は「新たな土地における農民（Colnus）」とか「耕作（Colre）」に由来している。

ここから、植民地とは本来、農耕が主体だったことが分かるが、経済上の目的によって、植民地の分類は農業植民地、栽培植民地、商業植民地の三つに大別されている。

農業植民地（別名・移住植民地）は、「気候や風土が本国とあまり変わらず、移住・生産が容易なのが特徴」で、「植民地に移住した本国国民が農業に従事し、先住民に参加させるのは手伝い程度」が主である。

十七世紀以降、イギリスなどの西欧列強が北米、オーストラリア、南アフリカなどに移住して築いた植民地がこれに当たる。

熱帯や亜熱帯が多い栽培植民地では一般的に、「本国では手に入らない作物を先住民の労働で生産させ、植民者は事業の経営で財産をなした後は本国に帰還」したが、農業植民地と比べて、植民者には富裕層が多いのが特徴的である。

「商業植民地は本国から離れた土地の生産物を扱うための商業拠点として設けられるもので、スペインやポルトガルにとってのアジア、イギリスにとってのシンガポール」が、これに該当する。

植民地主義を帝国主義と同根のように見なす考え方があるが、植民地主義は、あくまで帝国主義の一部であって、資本主義が発生する以前から行われてきたものである。また植民地主義を「相手国の住民を家畜のように扱う非人間的なもの」と捉える見方があるが、少なくとも大航海時代以前の西洋人にはそのような考え方はない。

十九世紀になると、ヨーロッパではダーウィンの「進化論」の影響によって、「植民地住民は未開・野蛮・感情的、宗主国の住民は文明的・先進的・理性的だという」考え方が出てきたことから、『植民地統治は未開の地に文明をもたらすものであり、「白人の責務」だとする主張もあった』のである。

確かに、大航海時代からの西欧列強の植民地政策では奴隷、略奪、差別、貧困など多くの矛盾を生み出したことは否定できないが、現在の日本人が西欧文明の恩恵に与《あずか》って、生活しているように植民地主義による文明、進歩、発展、啓蒙といった理想を完全に否定することはできないだろう。西欧人が完全にできなかった、この植民地主義を限りなく理想に近づけて、台湾と韓国を「植民地経営」によって近代化し、今日の繁栄の基礎を築いたのは日本であった。

日清戦争、日露戦争、大東亜戦争への道

こうした欧米列強による植民地の中で、幕末の日本は、ペリー来航によって開国を余儀なくされ、明治維新を断行して、アジアで最初の近代国家を建設するのであるが、その後、日本は不凍港を求めて朝鮮半島を狙うロシアから日本と朝鮮半島を守るために日清戦争と日露戦争を戦うのである。

後述するように、日本は、日露戦争に勝つと、アジア防衛の陣地を満州に移して、支那事変への道を歩んでいくのであるが、その後、米英が日本を「黄禍」とみなすようになると、アジア防衛の拠点を西欧列強の植民地である東南アジアへ移して、「アジアの解放」を錦の御旗に大東亜戦争を戦うのである。

では、次に、幕末のペリー来航から大東亜戦争に至るまでの過程を見ていこう。

第一章　西欧列強に対抗した大日本帝国の真実

第一節　明治維新はなぜ起こったのか

日本の近海に出没した外国船

アメリカは、イギリスの植民地支配から独立すると、西部のカリフォルニアに向かって、次々と領土を拡大し、一八四六年に、メキシコからテキサスを独立させて、四五年に合衆国に併合した。

さらに、アメリカは四八年七月四日に、「米墨戦争」（対メキシコ戦争）に完勝すると、メキシコからニュー・メキシコとアリゾナの大部分、カリフォルニアとユタのすべて、さらにワイオミング、ネバダおよびコロラドの一部などを奪うのである。

アメリカは、北米を征服すると、次にスペインの進出している太平洋諸島を手に入れていったことは既述したが、元々、アメリカ船が太平洋を渡って、日本に最初にやって来たのは、後述のペリー来航（一八五三年）から遡ること、ちょうど五十年前の一八〇三（享和三）年であった。

だが、このときの幕府（第十一代将軍徳川家斉）は、長崎に現れて通商を求めてきたアメリカ船に対して、鎖国が日本の国法だと言って断るのである。

次に、アメリカ船が日本の通商を打診するために現れたのが、「大塩平八郎の乱」が起こった天保八（一八三七）年であったが、このときに幕府は日本人漂流者たちを送還して、通商を求めたモリソン号を「異国船打払令」（文政八年）によって砲撃を加えて追い返しており、四六年に来航したアメリカ船も、幕府の拒否にあって退去している。

また四九年にもジェームズ・グリルが来航し、強硬な手段によって抑留アメリカ人を回収し、軍事力による開国の効果を示唆している。

アメリカ船以外の外国船が日本の近海に出没するようになったのは、ペリー来航から遡ること、九年前の弘化年間（一八四四〜四七）のことである。

弘化元年から嘉永六年までの外国船と海防関係の記事を見ると、実に八十件以上にも上っているが、この頃から幕府と諸侯には外夷対策と沿海防備が重要な課題となったのである。

日本の近海に出没した捕鯨船

次に、日本の近海にたびたび出没するようになったのがアメリカの捕鯨船であった。アメリカでは一六五〇年代から沿岸捕鯨が開始されていたが、「十七世紀の終わりから十八世紀の初めにかけて、沿岸捕鯨に向かうボートの数は増加し、それにつれて海岸に曳航されるクジラの数も増加」するようになっていった。

アメリカで発明王のエジソンが七九年に、白熱電灯を発明する前まで、マッコウクジラの油からとった蝋燭《ろうそく》が使われていたことから、この蝋燭の原料となる鯨油を取るためにアメリカの捕鯨船が日本の近海に出没するようになってきたのである。

昨年一月十八日に、駐日アメリカ大使のキャロライン・ケネディが「非人道的」という理由で、和歌山県大地町で伝統的に行われているイルカの追い込み漁にクレームを唱えたように、今でこそ、アメリカは捕鯨禁止の先進国を気取っているが、当時は大西洋上でマッコウクジラを乱獲し、全滅させていた世界最大の捕鯨国だったのである。

アメリカの捕鯨船は、大西洋上でマッコウクジラを絶滅させると、次に北太平洋に移動して、マッコウクジラが絶滅する寸前まで乱獲し、最後に中部太平洋に移動した。

そして、次第に日本の海域に移動してくるようになるのだが、その理由は、十九世紀初頭に、クジラの漁場が日本列島の東方沖で発見されたからである。

実は、ペリー来航の十二年前（一八四一年）に、この東方沖でアメリカの捕鯨船に救助されたのが、かの有名なジョン万次郎だった。当時、十四歳だった万次郎は、土佐沖で出漁中に漁船が遭難して無人島の鳥島に仲間と漂流したが、このとき、たまたま近くを通りがかった捕鯨船のジョン・ハウランド号に救助されたのであった。

ペリー来航は清国進出への布石だった

こうした中で、アメリカ海軍東インド艦隊司令長官マシュー・ガルブレイス・ペリーが嘉永六年六月三日（一八五三年七月八日）に、江戸からほど近い神奈川県の浦賀沖に現れ、日本に開国を迫るという一大事件が起こるのであるが、では、なぜペリー提督は、はるばる日本に来航して開国を迫ったのだろうか。

一般に、ペリー来航の目的は、当時のアメリカの捕鯨船がアメリカから日本に来るまでに、その海の広さから薪、水、食料品を必要としていたほかに、捕鯨船の動力として石炭を必要としていたことから、それらの物資を手に入れるために日本に開国を迫ったと言われている。

だが、十九世紀の中頃より、欧米人やハワイ人は、捕鯨船の補給基地として、四島（父島、母島、聟島《むこ》、硫黄島）からなる小笠原諸島（小笠原諸島は文禄二（一五九三）年に、信濃深志城主の小笠原貞頼によって発見され、幕府が一八六一年に日本領と宣言した。明治新政府は明治八（一八七五）年に、領有を宣言、翌年に英米に通告した）の父島に目をつけて定住するようになっていたことから、アメリカ政府が「日本近海に出漁する捕鯨船への薪水の補給」を求めて、わざわざペリー艦隊を派遣してまで、日本に開国を迫る必要はなかったはずである。

ペリー来航の真の目的は、日本を巨大市場の清国と貿易を行うための中継基地として利用することにあったのである。言うなれば、アメリカの国益から見れば、捕鯨よりも清国との貿易の方がはるかに重要だったということである。

後述するように、清国が一八四二年に、イギリスとの「アヘン戦争」に敗れ、香港を奪われると、アメリカも四四年七月に、イギリスの範にならって「望厦《ぼうか》条約」（修好・通商および治外法権）を清国と結び、清国進出の根拠を得たが、アメリカは独立して百年にもならなかったことから、東アジアへ進出するには清国に直航する太平洋航路を開拓する必要があった。アメリカは四八年七月に、米墨戦争に完勝すると、太平洋岸のカリフォルニアまで領土を拡大し、そこから蒸気船を使って、わずか二十日間で清国に到達することができるようになるのである。

言わば、この蒸気船を使って清国から茶葉と絹を輸入して、ボストンで生産された綿花製品を清国に輸出することができるようになったということであるが、この両国との間にある中継基地にピッタリの国が日本だったというわけである。

アヘン戦争を契機に、西欧列強が次々と清国に進出していく姿を見てきたアメリカは、先に清国の市場を他の西欧列強に独占されたくないという焦りから、日本に白羽の矢を立てて開国を迫ったというのが真相である。

言うなれば、清国進出の布石を打つための最後の手段が、ペリー艦隊の派遣だったというわけである。

ハワイ国王カラカウアの日本訪問

こうして、ペリー提督は、第十三代米大統領ミラード・フィルモアから、対日交渉の特命全権大使を命ぜられると、信任状と日本国皇帝（天皇陛下）への親書を携えて来日することになったが、このときに国務長官代理のコンラッドから日本への開国は第一に和親（親睦）、第二に通商（貿易）の順番で行うように教えられた。

そして、ペリー提督は、もし日本から開国を拒絶されたら、武力で「江戸湾を封鎖し、品川を抑えよ」と、米実業家のパルマーから日本を恫喝して開国させる方法を教えられるのである。

さらにパルマーは、次の進出先として三億の人口を擁する清国の巨大市場に目をつけて、ハワイ王国をアメリカに併合した上で、日本に開国を求めるようにフィルモア大統領と国務長官を説得している。

こうした政経両面からのアメリカの圧力を恐れたハワイ王国のカラカウア王は明治十四（一八八一）年三月四日に、世界一周の途上で日本に立ち寄った際、十一日午後二時過ぎに、赤坂離宮で明治天皇と秘密裡に謁見して、次のようにハワイへの援助を切々と訴えるのである。

「西洋諸国は全く自国本位で、他国の困難など少しも考えないが、東洋諸国に対する政略では一致協力している。ところが、東洋諸国の方は孤立して助け合おうとしないし、西洋諸国に対する共通の政略をもたない。今日、東洋諸国がその権益を西洋諸国に占有されている理由はここにある。

それゆえ、東洋諸国の急務は連合同盟して一つとなり、西洋諸国に対抗しなくてはならない。今やその時機が到来している。わが国にはこの大方策を立てる力はないが、貴国は私が聞いた通り、驚くべき進歩を遂げ、国民の数も多いし、その上勇敢だ。従ってアジア諸国の連盟の盟主に陛下がならなくてはならない。もし陛下が立たれれば、私は陛下に従って協力する」(宮内庁編『明治天皇紀』第五、吉川弘文館)

このとき、カラカウア王は、「ハワイ王国と日本の連邦化」を提案するとともに、王位継承を決めていた姪のカイウラニ王女と山階宮《やましなのみや》定麿親王との縁談や日本とハワイ両国の海底電線の敷設も提案していた。

今から一三〇年以上前のカラカウア王の国際情勢の分析は非常に的確であり、その提案は、六十年後の大東亜共栄圏の発想にも通じるものがあるが、当時、まだ発展途上の日本にはハワイ王国を軍事的に支援するだけの力がなかったことから、あまり積極的ではなかったのである。

アメリカに併合されたハワイ王国

当時のハワイには多くのアメリカ人が移住していたことから、一八九一年に民族主義者のリリウオカラニが女王に即位したころは、既にハワイの土地の三分の二がアメリカ系移民によって支配されていた。

こうした中で、九三年に、リリウオカラニ女王がアメリカと結んだ不平等条約の撤廃を目論んだことに対して、強く反発したアメリカの農場主たちは、アメリカ海兵隊一六〇人の支援を受けて反乱を起こし、カメハメハ王朝を打倒して、臨時政府を樹立し、ハワイをアメリカに併合させる運動を展開するのである。

このとき、明治政府は、邦人保護を理由に東郷平八郎大佐の率いる巡洋艦「浪速」他二隻をハワイに派遣して、アメリカ側を威嚇したことによって、女王を支持するハワイ人たちは、この姿に感涙したという。

米西戦争中の九八年に、第二十五代米大統領ウィリアム・マッキンレーは、「戦争の際に補給基地として重要な役割をはたすハワイをアメリカ合衆国に併合した」が、このとき明治政府は、これまでにはなかった強硬な抗議書をアメリカに送っている。

万延元（一八六〇）年に、後述の「日米修好通商条約」の批准書を交換するために新見正興《しんみまさおき》

（外国奉行兼神奈川奉行）の率いる「万延元年遣米使節団」の護衛役として、勝海舟とともに咸臨丸で渡米した啓蒙思想家の福沢諭吉（慶応義塾の創立者）は、その著書でハワイ王国に寄港したときに謁見したカラカウア王や、その弟を「村の漁師の親方ぐらい」と言って、まるで野蛮人のように貶《けな》しているが、周辺のアジア諸国を軽蔑して「脱亜入欧論」を唱えた西洋かぶれの福沢とカラカウア王では、いずれの国際情勢の分析が正しかったかは、その後の国際情勢の推移を見れば明らかであろう。

もし、このときに、日本が満州・朝鮮・台湾のようにハワイ王国と提携して、近代化に協力していれば、世界史の流れは、大きく変わったかもしれないのである。

こうして、ハワイを手に入れたアメリカは同時に、グアムとフィリピンも領有することで、「太平洋の橋」を完成するのである。

沖縄の戦略的価値を見通していたペリー提督

フィルモア大統領から親書を託されたペリー提督は一八五二年十一月二十四日に、一路、日本を目指して、旗艦ミシシッピ号一隻で、ヴァージニア州チェサピーク湾内の港湾都市ノーフォークの海軍基地を出港した。

途中、ペリー提督は沖縄に立ち寄ったが、その理由は、彼が知るかぎり沖縄の人たちは、日本人よりも平和を心から大切にする人たちだと考えていたことや、今回の遠征の予行演習ともなり、もし日本が補給基地として開国しなかった場合、その代替地として沖縄を確保しておきたかったからである。

「現在、沖縄は太平洋防衛の要として西側諸国の重要な軍事的前哨基地となっているが、ペリーはすでに太平洋における沖縄の戦略的価値をこの時代に見越していた。故国への手紙の中で、英国がシンガポール、北ボルネオ、香港に基地をすでに設置し、西側からシナ海に入るすべてのポイントを押さえていることを指摘している。

米国が沖縄に基地を設置することにより、太平洋から同海域に入る艦船を合衆国海軍が抑えることが可能となり、極東における英国の勢力とバランスを保つことができるという論理である」

ペリー提督は、「当時のアメリカ海軍のなかでも政治的感覚に優れた人であり、海軍内では近代化（帆船から蒸気船への改善）に努力しただけでなく、太平洋と極東における米・英・露の対立を予想し、長期的な政策にも強い関心を示していた。日本への出発に先立ってペリーは日本に関する書物や資料にはすべて目を通し、長い航海中に案を練ったといわれる」

その戦略とは、「カリフォルニア、中国、日本を結ぶ海路上に交信基地を築くため、小笠原諸島を占領する。日本を開国する。琉球はアメリカの監視下におき、那覇港を国際商港とする。台湾については、名目上の中国主権を認めるが、実際上の統治権はアメリカが保持する。東南アジアの市場を開発するため、技術援助を与える」というものであった。

沖縄に寄港したペリー艦隊

ペリー提督が座乗するミシシッピ号は、アメリカの大西洋岸から東周りでインドと東南アジアを経て途中、香港で輸送船サプライ号と合流し、上海ではサスケハナ号と合流した。上海で旗艦をミシシッピ号からサスケハナ号に移したペリー艦隊は五月十七日に、上海を出港し、二十六日夕方に那覇港に到着、さらにマカオから来たサラトガ号と港外で出合い、そろって二十八日に入港した。

ペリー提督は六月六日午前九時に、海兵隊二個中隊、大砲二門のほか、サスケハナ号とミシシッピ号の楽隊および軍楽隊の先導のもとに、四十名の士官と首里城まで行進した。

首里城への入城を目指すペリー提督は、武装解除を条件に士官数名とともに入城を許可されると、大統領からの国書を摂政に手渡したが、拒否された。

ペリー提督の座乗する旗艦サスケハナ号は六月九日午前七時に、ミシシッピ号とサプライ号を那覇港に残して、サラトガ号とともに出港し、十四日から十八日にかけて、小笠原諸島を探検してから一度、那覇に戻ると、プリマス号が錨泊していた。

そして、七月二日土曜日、後に日本人から「黒船」と恐れられたペリー艦隊四隻（帆船サラトガ号・プリマス号と蒸気船サスケハナ号・ミシシッピ号との混成艦隊）は、いよいよ日本を目指して那覇港を出港するのである。

開国を迫られる日本

明治三十一（一八九八）年は、ハワイの併合とグアム、フィリピンの領有など、アメリカの太平洋進出を決定づけた年であった。

このように、中米や太平洋の諸島が次々とアメリカに侵略されていく中で、幕府（第十二代将軍徳川家慶）は、オランダ商館を通じて、アメリカ大統領の国書を渡すために、アメリカの使節が浦賀を訪れることを知っていたが、結局、ペリー艦隊への対応策は、「従来の外国船取扱いどおり、長崎に回航させて応接すること以上の準備はできていなかった」のである。

一八五三年七月八日金曜日（嘉永六年六月三日）、ついにペリー提督の率いる黒船艦隊四隻が江戸湾浦賀に来航すると、幕府は長崎への回航を要請した。

だが、ペリーの使節がこれを拒否して、江戸近郊での親書の手交を主張したため、幕府は、浦賀の南方にある久里浜に設営した応接所で、日本に対して開国と通商を要求した米大統領フィルモアからの親書を受け取るのである。

ペリー提督は前日に、孝明天皇に宛てた書簡の中で

「日本を訪れる予定であった大型軍艦の多くはいまだこの海域に到着しておりませんが、まもなく到着の予定であります。署名者は、友好的な意図で訪れた証拠として、わずか四隻の小型艦船のみを率いてきたのですが、必要とあれば来春にはより大規模な艦隊を率いて江戸に戻ってくるつもりであります」

と述べていることから、前出のパルマーから言われた通りに、もし日本が開国を拒否した場合、ただちに武力で開国を迫る意図があったことは明らかであろう。

文久二（一八六二）年から明治二（一八六九）年にかけて、日本に滞在したイギリスの駐日公使アーネスト・サトウも回想録で、次のようにペリー提督の「砲艦外交」の成果を高く評価している。

『アメリカ人の目は、当時世界の一大金地として有名になっていた自国のカリフォルニア州と太平洋を隔てて相対している日本に、多年向けられていた。彼らは、この「神国」を取り囲んでいる隔壁を破ろうと試みた、従来のあらゆる計画がみな失敗に帰したことを知っていたので、今度は武力を示してこの日本を開国させようと決心した。

日本の国民は物わかりはよいが、近代の砲術を知らない。こういう国民には大砲の威力を見せつけることが、四海同胞説や国際的義務を説くよりも強力な談判の下地となりうるからである。……二度目に江戸湾に来航したとき、提督は初回の試みとしては申し分のない条約を、比較的容易に締結することができた』

「そのような中で、ペリー艦隊の浦賀来航を進んで将軍に報告する者はなく、艦隊入港三日後の江戸城内で行われた能の観劇中にたまたまこの話を耳にした将軍は、ショックで病床に伏してしまった」のである。

さらに、黒船艦隊四隻は七月十六日に、江戸湾浦賀より五マイルほど奥にある小さな湾に移動して、ボートを使って測量を行い、翌日、そこを離れて二十五日に沖縄に戻った。

ペリー提督の最初の来航は、大統領の親書を手渡すことだけであった。それは、彼が妻にあてた手紙でもそのことを知ることができる。彼は、「米国を出航する前には十二隻の軍艦が約束されていたが現在の艦隊はわずか四隻であり、幕府を条約の提携に踏み込ませるには十分な態勢ではない」と考えていた。

そこで、彼は、妻への手紙にあるように「まず米国の要求を手渡していったん引き下がり、幕府に時間を与えて対応を整わせた後、軍備を増強した再度の来航で結末をつける方策を選んだ」のである。

彼は、この二段構えの戦術で翌年二月十三日午後二時頃、幕府側からの回答を得るために大規模な艦隊（サスケハナ号、ミシシッピ号、レキシントン号、ヴァンデーリア号、マシドニアン号）を率いて、再び江戸湾浦賀沖に来航した。

実は、アヘン戦争から四年後の弘化元（一八四四）年に、オランダの軍艦パレンバンが長崎に入り、将軍家慶に宛てたオランダ国王ウィレム二世の親書をもたらしたが、そこには老中に就いたばかりの阿部正弘が危機感をつのらせる内容が次のように書かれてあった。

「このまま鎖国を続ければ、戦争は免れないでしょう。しかし、貴国の武器では勝ち目はありません。今すぐ開国したほうがよいのではないでしょうか」

オランダ国王は、日本がこのまま開国を拒否し続ければ、アヘン戦争に敗北した清国のように、西欧列強から侵略されるので、その前に国交を結んで開国すべきだと忠告してきたのである。

当初、幕府は開国には反対であった。幕府では「ただ戦争に訴えても、あくまで開国を拒否するか、または、当座の彼我の軍事力の差を認めて、一時やむを得ぬ最小限の譲歩をし、日本の軍事力の充実をまって再び鎖国に戻るかに意見が分かれていた」からである。

弘化二（一八四五）年に、攘夷派の老中主座水野忠邦が罷免されたことで、開国派の阿部正弘が老中主座になると、阿部は攘夷派の意見を抑えるために、各大名に対して、アメリカの要求を無視する代わりに、「それぞれの藩は責任を持って防御につとめるように」と迫るのである。

今まで、防衛は、幕府が担うものだと考えていた大名たちは、結局、開国派の阿部の意見に従うしかなかったのである。

こうして、阿部の意見によって幕府は、ペリー提督が再び来航する前から、「すでに大統領親書に対する協調的な内容の原案を作り上げ、基本的な方針を確立していた」ことから、「全艦隊が浦賀沖に姿を現したときには狼狽を見せることなく、特別な防衛策を講じることもなかった」のである。

ところが、日本側が条約の締結場所として、浦賀を主張したのに対して、ペリー提督は江戸を譲らなかった。「西欧人が二語で済ませるところを、日本人はもったいぶった言い訳を繰り返した」。日本人の通訳によれば、ペリー提督は、あるところまでは我慢したが、日本側に対して、次のように恫喝した。

「もし提案を受け入れないのであれば、ただちに戦端を開くことも辞さないつもりだ。もし戦闘に入るならば、近海から五〇隻、そしてカリフォルニアから五〇隻の軍艦を集め、二十日以内に一〇〇隻の軍艦に命令を下すことができる」

結局、ペリー提督が妥協して、日本側が横浜の農地に敷設した応接場で嘉永七（一八五四）年三月三日に、「日米和親条約」（「神奈川条約」）を締結するのである。

続いて、幕府は、嘉永七（一八五四）年八月二十三日にイギリスと、安政二（一八五五）年十二月二十一日にロシアと、安政三（一八五六）年十二月二十三日にはオランダとも、和親条約を結ぶのである。

この日米和親条約によって日本側は、伊豆下田と北海道・箱館《はこだて》（現在の函館）に貿易港を開港し、下田にアメリカ領事を置くことを取り決めた。またアメリカ船には薪、水、食料品、石炭などを提供し、漂流船員の救助も承認した。

さらに、ペリー提督は六月十七日に、日本側と日米和親条約の追加十三カ条を結ぶと、二十五日に、下田を出港して帰途に着いた。かくして、二二一年も続いた日本の鎖国体制は、ついに終局を迎えるのであるが、その後、幕府は嘉永七（一八五四）年八月から安政三（一八五六）年十二月にかけて、イギリス、ロシアおよびオランダとの間でも同じ内容の条約を結ぶのである。

先述したマルコ・ポーロの『東方見聞録』の中で、ジパングの名で日本が黄金の島としてヨーロッパに紹介され、これが契機となって、コロンブスがアメリカ大陸に到達したことは既述したが、そのアメリカ大陸を支配した西洋人によって、最後に開国を迫られることになったことは、日本にとって皮肉以外の何ものでもないだろう。

西欧列強と不平等条約を結んだ日本

こうした中で、初代駐日総領事タウンゼント・ハリスは安政三（一八五六）年七月に、日本に到着すると、翌月に伊豆下田に領事館を開設して、オランダ語通訳官のヒュースケンを通じて、和親条約に欠けていた通商条約を結ぶことを幕府の老中主座堀田正睦《まさよし》に強く要求した。

またハリスは、「江戸において直接幕府当局者と交渉することを要求した」が、「江戸入府を待つ間にも和親条約の改定につとめた。アメリカに領事裁判権を与えるいわゆる下田条約の締結に成功した」

ハリスは、執拗な要求によって江戸入りを果たすと、第十三代将軍家定と会見して、アメリカ大統領の親書を手交した。そして、国際情勢について幕府首脳に説き、「特に中国におけるイギリス、フランスの武力行使の事実を指摘して、両国の矛先が日本に迫っていると強調した。同時にハリスは、アメリカの平和主義を力説し、イギリス、フランスの圧力を受けるまえにアメリカとの通商条約の先例をつくっておくことが日本にとって賢明な策である」と説くが、大の異国人嫌いである孝明天皇は安政五年三月に、「日米修好通商条約」の勅許を拒否するのである。

だが、ハリスは安政五（一八五八）年六月十九日に、ようやく説得が奏功して孝明天皇から通商条約の勅許を得られないまま、幕府と日米修好通商条約を結ぶことに成功したが、この条約はアメリカにとっても、外国と初めて結ぶ条約だったのである。

幕府は、この条約によって、公使の江戸駐在、箱館・横浜・新潟・神戸・長崎の五港の開港、江戸・大阪の開市、自由貿易、領事裁判、協定関税制、居留地設定などを承認した。

また幕府は、アメリカと修好通商条約を結ぶと、同年七月にロシア、オランダ、イギリスと、九月にフランスとも修好通商条約（安政の五カ国条約）を結んだが、これらの条約は「治外法権、最恵国待遇、協定関税制などの特権を一方的に外国に与えた不平等条約であった」

この中で、日本にとって完全に不利だったのは、協定関税制、いわゆる関税自主権の問題と治外法権（領事裁判権）の問題であった。

列強五カ国と結んだ修好通商条約では「日本が関税率を変える場合には、かならず相手国と協議しなければならないとされていた。本来、関税というのは、その国が独自の判断で定めていいものなのに、当時の日本はそれが許されなかった」のである。

例えば、当初、この条約では酒類の輸入関税率は三五パーセントで、他の財の大部分は二〇パーセントで日本にとって有利であったが、これが大きく日本にとって不利になるのは、イギリス主唱による一八六四年の改訂によって、酒類が五パーセントにまで引き下げられたことにある。

これが対等な条約なら、日本は国内産業を保護するために、関税率の引き上げに反対したり、その対抗手段として、輸入関税率を引き上げたりして、貿易量を制限できるが、この条約では列強が勝手に輸入関税率を引き下げて国内産業を壊滅させても、日本は黙って見ているしかないわけである。

治外法権の問題は、この問題よりもさらに深刻であった。なぜなら「外国人が日本の領土の中で犯罪を犯した場合、日本政府はその犯人を捕まえることはできても、裁くことはできない。

その犯人を裁けるのは、その国の領事だけとされた」からである。

では、西欧列強は、なぜ日本と不平等条約を結んだのだろうか。そのメリットとは、いかなるものだったのだろうか。

例えば、上智大学名誉教授の渡部昇一氏は、その著書『かくて昭和史は甦る』(クレスト社)で、『彼らの言い分としては、「日本の法体系は未整備であり、そのような野蛮国の法律に自国民を委ねるのは危険である」というものであった。まったく乱暴な理屈であるが、当時の西洋諸国は非白人を野蛮ときめつけ、例外なく治外法権を押しつけていたのである。

当時の日本政府が、躍起になって治外法権条項を改正しようとしたのは、言うまでもない』と述べているだけで、西欧列強が幕府と不平等条約を結んだ理由については詳しく説明していないのである。

実は、この不平等条約には日本と列強間で自由貿易を維持するために、ある巧妙なシステムが組み込まれていたのである。

巧妙な不平等条約のシステム

初代英国駐日公使のオールコックは、鎖国政策をとる国を開国させる理由について、「極東の市場を開放させ、自由貿易による利益を得ることがイギリスの目的である。しかし鎖国政策をとる国を開国させるには、圧力すなわち武力が必要であり、武力を背景に自由貿易を認めさせた条約を締結する。そして、強圧的な手段を示して、条約を守らせることが大事である」と述べていることから、「列強の主たる関心は、軍事力を背景にアジアとの安定した自由貿易を維持することにあり、植民地化を意図していた」わけではないことは自明である。

「このため、不平等条約には現地政権との円滑な関係を維持することを目的としたシステムが組み込まれていた」のである。

「第一は欧米列強と東アジア諸国との強調と共存であり、第二はこの不平等条約体制を維持するための列強間の協調（共同利害の擁護）である。

第一の共存の根拠となった領事裁判権（吉本注：「在留外国人の裁判は、その本国の領事が行う権利」これを治外法権とも言う）は、異なる法制度の間に生ずる軋轢を解消するための緩衝装置として機能した。

第二は、片務的最恵国待遇による不平等制の強化である。

片務的最恵国待遇とは、最恵国待遇（他国よりも不利な地位に陥らないよう、最高の待遇を与えることをあらかじめ約束する条項）、すなわち最高の待遇をアジア側が一方的にすべての欧米諸国に与えるというものであり、この条項のために新たな不平等条約が締結されるたびに、一方的に欧米側に有利に不平等制が強化されていく、という巧妙なシステムであった。列強は、このシステムを維持するという限りにおいて利害が一致し、協調していったのである」

日本を西欧列強の植民地支配から守った不平等条約

では、日本は、なぜ西欧列強と不平等条約を結んだのだろうか。一般に、日本が西欧列強と不平等条約を結んだことで、日本が一方的に不利益を被ったと考えられているが、実は、この不平等条約には日本を列強の植民地支配から守る上で、防波堤の役割を果たすというメリットがあったのである。

ペリー提督が幕府に手交したアメリカ大統領の親書は、相手国を主権国家として認める意思の表明であった。また列強五カ国と結んだ不平等条約も、一見すると日本にとって不利益な条約のように見えるかも知れないが、西欧列強と通商条約を結ぶことは、「国際社会への編入を意味していた」のである。

「その関係は条約によって表現される。条約を締結すると言う言動は、その内容が平等であると不平等であるとにかかわらず、主権国家の相互の承認に他ならなかった」のである。

言わば、この西欧列強と通商条約を結ぶことは、たとえ不平等条約であれ、西欧列強から主権国家として認められることを意味するのである。

主権国家の間で結ばれる「条約とは、そこに国家間の取決めを結ぶ条約を履行するだけの力を持った主権を有する国家が存在することが前提である」からである。

だから、「たとえ近代国家でなくとも、主権国家として認められた場合には、その国を勝手に併合したり、植民地にしたりすることは簡単にできない。この国際法のルールから言えば、条約を締結したことは、その国を簡単に植民地化できなくなったということになる」のである。

コロンブスのアメリカ大陸への到達以来、西欧列強が次々と有色人種の居住する地域を侵略していった法的根拠は先占の権原にあったことは既述したが、こうした国際環境の中で、日本と列強五カ国による不平等条約の締結は、日本を無主地としてみなすのではなく、主権を有する国家とみなすことを意味したのである。

要するに、西欧列強と国際条約を結ぶことは、前出のオールコックが、これがある限り、ロシアは、日本を「われわれの同意なしに征服したり併合したりすることは困難であろう」と述べているように、たとえ不平等な条約であっても、「列強のある一国による東アジアの植民地化政策を防止する相互監視機能」を併せ持ったものであり、「ロシアの南下とロシアによる日本の植民地化を防止する外交上の機能」を果たすことを意味したのである。

世界史の転機となった日本の開国

実は、日本が幕末に行った開国は、長い間、鎖国政策をとってきた日本にとって、大きな転機となっただけでなく、世界史的に見ても大きな転機となる事件だったのである。

幕末に、日本が開国するまで、「太平洋が交通路や貿易路として利用されることはなく、欧米とアジアとの航路はアフリカや南アジアを経由する東回りルートに限られていた」ことは既述した。このため、「世界はヨーロッパを中心に、東の端（極東）に中国や日本、西の端にアメリカ西海岸が存在するといういわば弥次郎兵衛のような偏平な形をしていた」わけである。しかし、ペリー来航から十四年後の一八六七年に、太平洋郵便船というアメリカの汽船会社によって、太平洋横断航路（「その両端である極東の中国と極西のカリフォルニアを結び付けようとする新たなルート」）が開設されたことで「世界ははじめて端のない円形の世界円周ルートを手に入れたのである」

このときから、「極東はもはや世界の東の端ではなくなった」のである。その意味で「日本の開国は、世界の交通ルートを一変させた世界的な出来事だった」と言っていいだろう。

これまで、ヨーロッパ人の海上における交通手段は帆船に限られていたが、汽船という交通手段の進歩によって、世界の交通網が一変し、アジアは世界経済の一環に組み込まれていくようになったのである。

清国の敗北に衝撃を受けた幕府

一般に、幕府がアメリカと国交を結んだのは、ペリー来航に脅威を感じたからだと言われているが、幕府がいちばん衝撃を受けたのは、前述のアヘン戦争で、「眠れる獅子」と恐れられた東アジア最強の清国がイギリスに敗北したことであった。

イギリスは一六〇〇年に、東インド会社を設立して、十七世紀末から清国と広州貿易を行っていたが、清国ではイギリスが買い付ける茶葉、絹、陶器などに対して、ヨーロッパ製品への清国側の需要が少なかったことから、イギリスの対清貿易の赤字は増大する一方であった。

イギリスは、この貿易赤字を解消して、銀の流出を防ぐために清国の巨大市場に目をつけて、本国で製造した木綿製品を売りさばこうとしたが、清国はイギリスに対して、南方の広東だけを開港するなど、様々な条件をつけて、イギリスと自由貿易を行なおうとはしなかったのである。

そこで、イギリスの商人は、植民地化したインド北東部にある綿花畑で製造されたアヘンを清国に売り込むことにしたが、これに加えて清国の茶葉をイギリス本国へ、本国の綿製品をインドに運ぶ「三角貿易」を確立させた。

清国政府は、アヘンの輸入量が茶葉の輸出量を超過したため、アヘンの代金として支払う銀が激減して、金融不安を起こすと同時に、アヘンの吸引者も次第に増加していったことから、アヘン貿易を禁じたが、イギリス商人からの賄賂によって、各港の下級官僚たちは、アヘンの密輸を取り締まることをしなかったのである。

これに怒った清朝皇帝の道光帝は一八三九年に、アヘンの蔓延と銀の流出を防ぐために、アヘンの吸引を禁止して、二万箱のアヘンを没収・廃棄させると同時に、イギリスの商人を国外に追放し、イギリスとの貿易を禁止した。

ところが、この強硬なアヘン禁輸に怒ったイギリス議会は四〇年に、軍艦十六隻を含む四十数隻の遠征軍を清国に派遣して、厦門や寧波などを攻撃した。

これがアヘン戦争の始まりであるが、清国政府は、英軍が四二年に、上海と鎮江を陥落させ、南京に迫ったことから、降伏して領事裁判権や最恵国待遇（「通商条約を締結する諸国のうち最も有利な取り扱いを受ける国」）などの不平等条約（「南京条約」）をイギリスと結び、イギリスに没収されたアヘンの弁償や賠償金（二一〇〇万ドル）、戦費一二〇〇万ドル、行商債務三〇〇万ドルのほかに、貿易港の開港（五港）、香港の割譲などを要求された。

こうして、イギリスは四五年に、上海に租界を設けて経済進出を始め、自国の製品を輸出しようとしたが、イギリス製品は清国製品よりも質が悪かったため全く売れなかったのである。

一方、一八五六年に、広東の杭州で清国の役人がイギリス国籍の密輸船アロー号を臨検し、イギリスの国旗を侮辱したことが原因で「第二次アヘン戦争」（「アロー号事件」）が起こると、イギリスは、フランス艦隊と連合して清国に出兵し、広東を占領して天津を攻撃した。

清国は六〇年に、英仏両軍に降伏すると、イギリスのほかに、フランス、ロシア、アメリカからも不平等条約（「天津条約」）を結ばされ、貿易の開港（十港）、貿易の自由化、賠償金、外交使節の北京在住、内河川の航行、旅行の自由などを要求された。

ところが、清国は、この天津条約の調印に訪れた英仏の代表使節団に攻撃を加えたことから、二万余の英仏軍が天津を占領して、北京に進撃し、さらに屈辱的な「北京条約」（天津の開港、香港九龍市街をイギリスに割譲）を結ばされるのである。

このように、東アジア最強の清国がイギリスに敗北したことに衝撃を受けた幕府は、前出のオランダ国王ウィレム二世の親書にも書かれているように、日本が頑なに開国を拒否して鎖国を続ければ、清国や他のアジア諸国のように西欧列強から侵略されるため、その前に国交を結んで開国することにしたのである。

こうして、清国は、二度の敗北で西欧列強と不平等条約を結ぶことになるのであるが、これによって、清国も日本と同様に、西欧列強から主権国家として認められたことで、形式的には西欧列強から植民地支配を受けないことになったのである。

明治維新の胎動

このように、日本が西欧列強と結んだ不平等条約は、大国ロシアの侵略を防ぐ上で大きな役割を果たしたわけであるが、大老の井伊直弼による「安政の大獄」（孝明天皇の勅許を得ずに勝手に通商条約を結んだことに反対した親藩・外様大名・志士たちを弾圧した事件）に憤激した長州藩士の吉田松陰は、老中間部詮勝《まなべあきかつ》の暗殺を計画するが、それを実行する前に幕吏によって捕縛され、安政六（一八五九）年に、江戸の白洲で処刑されるのである。

こうした中で、翌年三月三日に、この井伊大老の専制に恨みを抱いた尊皇攘夷派の志士たち（水戸浪士一七名と薩摩藩士一名）によって、井伊大老が江戸城の桜田門外で暗殺される事件が起こった。

これを「桜田門外の変」と呼ぶが、後の「薩英戦争」（一八六三）と「下関戦争」（一八六四）の影響で、西欧列強との力の差を実感した尊攘派の志士たち（薩摩・長州・土佐・肥後などの下級武士）は、「尊皇攘夷運動」を棄てて、近代化に成功した西欧列強をモデルに近代化に遅れた日本を、天皇を中心とする近代国家に改革するという「尊皇開国運動」に転換するのである。

一方、幕府側も井伊大老の暗殺で、その政治方針の転換を余儀なくされた。第十五代将軍に就任した徳川慶喜は慶応三（一八六七）年十一月九日に、薩長両藩が孝明天皇崩御の前年に、密約によって倒幕を計画していることを察知すると、先手を打って、在京四十藩の重臣を二条城に集め、明治天皇に「大政奉還」を諮《はか》ることを決定し、翌日に天皇から勅許を得ることに成功するのである。

これに対抗するために薩長の倒幕派は同年十二月九日に、「王政復古の大号令」を発して、天皇を中心とする明治新政府の樹立を発表したが、これは鎌倉時代（一一九二～一三三三）から六七六年間も続いた武家政治の終焉を意味した。

戊辰戦争の始まり

だが、これを不満とする旧幕府の連合軍は慶応四（一八六八）年一月二日から明治二（一八六九）年六月二十七日にかけて、薩摩両藩を主力とする新政府軍（官軍）と国を二分する史上最大の内乱を行うのである。これを「戊辰《ぼしん》戦争」（「鳥羽・伏見の戦い」から「箱館戦争」までの総称）と呼ぶが、その中でも「会津戦争」は、少年の白虎隊や娘子供も参加した激戦であった。

幕府の軍艦奉行待遇として幕府海軍を育てた勝海舟は、元々、大政奉還を勧めた立場であったことから、幕府海軍の保有していた軍艦九隻と運送船二十五隻を新政府にそっくり手渡すことによって、新しい日本を建設しようと考えていた。

これに対して、江戸城引き渡しに反対していた幕府海軍副総裁の榎本武揚《たけあき》は、幕府艦隊（軍艦四隻・運送船四隻）を率いて、他の旧幕臣とともに蝦夷《えぞ》（現在の北海道）の地に新しい国家を建設する夢を抱いていた。

会津若松城が九月二十二日に、落城すると、榎本は翌月に、箱館に上陸して「五稜郭《ごりょうかく》」（幕府が箱館奉行庁舎として一八六四年に建造したフランス築城法による星型の城郭）に入城した。そして、十一月に、松前城を陥落させると、翌月二十五日に「蝦夷共和国」の誕生を高らかに宣言するのである。

だが、翌年の明治二年三月二十五日に、官軍艦隊（軍艦四隻・運送船四隻）の猛攻によって幕府艦隊は壊滅し、箱館は海と陸から包囲された。そして、榎本以下の幕府軍主力は、五稜郭に籠城して、最後まで抵抗したが、五稜郭は六月二十七日（旧暦五月十八日）に開城し、ついに戊辰戦争の最後の戦いである「箱館戦争」は終わるのである。

降伏後、榎本は、他の旧幕臣とともに幕府軍に捕らえられたが、幕末にオランダに留学して国際法を学んでいたことから、後に、ロシアとの交渉役に抜擢され、明治八（一八七五）年五月七日に、樺太全島をロシアに譲渡する代わりに、千島列島全部を日本領とする「樺太・千島交換条約」を結ぶのである。

こうして、旧幕府の連合軍を倒した明治政府は慶応四年三月十四日に、戊辰戦争のさなかに明治天皇が宣布した「五箇条の御誓文」に基づいて、封建制度を終わらせ、近代国家建設の実現を最大目標に掲げるのである。

第二節　大日本帝国はこうして誕生した

明治政府が抱えた二つのジレンマ

このように、明治政府は、幕府の大政奉還によって、政権を受け継ぐと同時に、幕府が西欧列強と結んだ不平等条約も受け継ぐことで、主権国家としての国際法的な地位を得ることができるようになった。

こうした中で、次に明治政府が目指した最大の課題は、西欧列強が認める欧米型の文明国の基準を満たすことによって、不平等条約を改正し、国家の不羈《ふき》独立を維持することであったが、そのために明治政府はベトナムの歴史教科書が

「一八六八年一月、明治天皇は即位後、日本を時代遅れの封建的状況から脱却させるために、一連の改革を実現させた。これが明治維新で、多くの領域にわたり改革が進められた」（ベトナム教育訓練省『八年生の歴史』教育出版社、二〇〇五年版）

と述べているように、多くの領域で改革を進めて行くのである。

これは、言わば、日本は、主権国家としての不羈独立を追求する一方で、西欧列強をモデルに欧米型の近代国家も追求していなければならないという、二つの相反する課題であったと言っていいだろう。

版籍奉還の実施

先述したように、明治政府は、江戸幕府の大政奉還によって政権を受け継ぐと、欧米列強をモデルにして、中央集権国家を建設するために幕藩体制を支えていた藩主が領地と領民を天皇

に返上することを薩長土肥の四藩主に働きかけることにした。

これを「版籍奉還《はんせきほうかん》」と呼ぶが、これによって、四藩主は明治二年一月に、版籍奉還の建白書を朝廷に提出し、他の藩主もこれに倣って知藩事となり、爵位が授けられた。

そして、明治政府は明治四年七月に、廃藩置県を行って、現在の日本の中央集権体制の基礎となる構造改革を終わらせるのであるが、このように、当時の日本人が幕末から明治初期にかけて行った構造改革は、世界史上、ほかに類のないものであった。

それは、西欧列強のような一般市民による下からの改革ではなく、旧時代の支配者（武士）が自らの特権（地位の高い身分と待遇）を放棄し、版籍奉還を行うことによって、西欧列強と肩を並べる近代国家（中央集権国家）建設に貢献するという、言わば、上からの改革であったのである。

征韓論争と西南戦争

ところで、明治四年（一八七一）十一月に、右大臣の岩倉具視を特命全権大使とする「岩倉使節団」が日米修好通商条約を改正するために、欧米列強の視察を兼ねて渡米している間に、留守政府を預かる参議たちは二年の間に、立て続けに進歩的な政策（ヨーロッパ警察制度の導入、太陽暦の採用、国立銀行条例、地租改正条例および学制の発布、徴兵令など）を断行して、文明開化を急ピッチで進めていった。

「欧米巡遊に出かける前、岩倉と木戸・大久保は留守政府に、官制の改革や高官の信任などをしてはならない、と枠をはめていたが、西郷は、それを無視した」からである。

ところが、当時の『時事大勢論』で、

「数百年このかた、収奪と酷貧にあえいできた農民は、西郷の救済策によって前途に光明を見出し、ようやく人間らしい生活ができるようになった」

と絶賛しているように、これらの政策は、庶民寄りだったことから、拍手喝采を博し、西郷の声望は高まったのである。

こうした中で、日本は明治三年と五年に、相次いで朝鮮に使者を派遣したが、回答がなく無視されたことから「征韓論争」が起こるようになり、大久保を中心とする使節団と西郷を中心とする留守政府との間で政治方針をめぐって、齟齬が生まれるようになった。

その年の一月に、西郷が徴兵制を布《し》いて、「自ら使者として朝鮮に渡り、開国を迫ることで、わざと恨みを買って殺され」、戦争を行うことで存在意義を失った士族たちの不満の矛先を朝鮮に向けようとしたことから、大久保利通たちは「今、出兵したら欧米列強の干渉を受けかねない。内容を優先すべき」であると主張したのが「征韓論争」だと言われている。

だが、西郷が「自分が朝鮮に行く」と言ったのは、「士族の不満を逸らす」とか「朝鮮と戦争する」という意味ではなかった明治元年十二月に、新政府が朝鮮と国交を結ぶために外交使節を派遣したが、清国を宗主国と仰ぐ朝鮮政府は、夷狄の欧米列強に対して、開国した日本を軽蔑して国交を拒否してきた。さらに朝鮮政府は明治六年五月に、「釜山の日本公使館への食料等の供給を断ち、門前に日本を侮辱する張り紙」を掲げてきた。

この侮辱に対して、当然のように「朝鮮を討つべし」という議論が起こって朝鮮への出兵が唱えられたが、西郷は、これに反対して「いきなり軍隊を率いた使節を派遣するのではなく、互いに国としての礼を守り、丸腰の使節を派遣することを強く主張した」のである。

確かに、西郷は、板垣に宛てた書簡の中で「そうなれば朝鮮が自分を暴殺するだろうから、そのときこそ出兵して懲らしめの戦《いくさ》をやればよい」と述べているが、これは、日朝間の戦争を恐れた西郷が自ら遣韓使節となって交渉することに同意を得るための方便であろう。

なぜなら西郷は、政変直前の明治六年十月十五日に太政大臣に提出した「朝鮮国交際決定始末書」の中で、「軍隊派遣は隣交を求める天皇の御心に反するから、まず使節を派遣するべきである、暴挙を働くだろうとの疑念をもって護衛の兵を帯同するなど非礼なことをしてはならず、先方の誠意を信頼して話し合いを尽くし、日朝親善関係の実現を貫徹した」と、「信義と公理公道をもって平和的に交渉しようという意思を表明している」からである。

このように西郷は、あくまで平和的交渉による解決を考えていたにもかかわらず、いつのまにか征韓論者と見なされるようになったのである。

むしろ西郷は、尊敬する薩摩藩主島津斉彬《なりあきら》の唱えた「大攘夷」の道（「近代文明を取り入れて力を付け、アジア諸国と結んで西洋列強に対抗し、彼らと対等の立場でアジア諸国の生きる道を切り開くこと」）を求めていたと見ていいだろう。

しかし、西郷が九月に、帰国した岩倉使節団との論争に敗れて、郷里の鹿児島に戻ると、西郷のあとを追って、数千人の士族たちも政府の軍人や役人を辞職して帰郷するが、西郷は帰郷すると、不平士族を教育するために「私学校」を設立して、生徒を警察や県職員などに就職させた。

ところが、最初は、西郷のいる鹿児島に遠慮がちだった大久保も士族の反乱を鎮圧して自信を得ると、新政府の方針に従わない薩摩側を挑発して戦争のきっかけを作るのである。

やがて西郷は、大久保に挑発されたことに激怒した私学校の生徒を抑えることができなくなると、明治十（一八七七）年二月十五日に、ついに挙兵に踏み切った。

士族中心の西郷軍は、鹿児島から北上して熊本城を包囲する一方で、近代化された政府軍と熊本北部の田原坂《たばるざか》で二週間以上もの戦闘を繰り広げた後、敗れて鹿児島市街の城山に立て籠もり、九月二十四日の朝、圧倒的な政府軍からの総攻撃で最期を遂げるのである。

こうして、大久保は、政敵となった西郷軍を倒して、抵抗する不平士族を制圧したが、翌年五月十四日に、東京の紀尾井坂下で西郷に心酔する石川県士族島田一郎ら六名の刺客によって暗殺された。

この大久保の死によって、維新三傑（西郷隆盛・木戸孝允・大久保利通）が政府から姿を消し、以後、長州閥（伊藤博文・山県有朋など）が中心となって政府を主導していくようになる。

自由民権運動の始まり

西郷とともに、征韓論に敗れて下野した板垣退助（元土佐藩士）ら八名の参議たちは明治七（一八七四）年一月に、「天賦《てんぷ》人権説」（「人は生まれながらに自由・平等である」という説）を主張する日本最初の政党である「愛国公党」を結成して、帝国議会の開設を求める「民撰議院設立建白書」を政府に提出していたが、これが「言論の自由」を実現するために行われた「自由民権運動」の始まりであると言われている。

このように、反政府勢力は、西南戦争に敗れると、武力による権力の奪取の方針を断念して、自由民権運動で政治改革を実現することに方針を転換させるのであるが、その運動の先駆けとして、まず民撰議院、すなわち帝国議会を開設する運動を全国に拡大して、二〇〇以上の結社を結成し、機関誌の発行や講演会を各地で行うようになるのである。

こうした中で、明治政府は明治二十二（一八八九）年二月十一日（紀元節）に、アジアで最初の近代憲法を制定することになるが、その理由は、一般に「国民の間から自由民権運動が起こり、その要求に応えるためであった」からだと言われている。

だが、先占の権原によって、西欧列強に不平等条約を押し付けられた明治政府の首脳たちは、何よりも名誉を重んじる武士道精神を持っていたことから、日本が劣等国と見なされることに対して屈辱を感じ、名誉を守りたいという意識が働いたからこそ、日本を西欧列強から近代的な法治国家として認められるために帝国議会を開設したのである。

大日本帝国憲法の誕生

吉田松陰の弟子だった伊藤博文は明治十五（一八八二）年三月十四日に、憲法調査のためにヨーロッパに赴くと、ドイツとオーストリアの二人の法学者（グナイスト教授、シュタイン教授）から、「憲法とはその国の歴史・伝統の上に成り立つもの」だと教えられた。

そこで、伊藤は翌年八月三日に、ヨーロッパから帰国すると、明治十八（一八八五）年に内閣総理大臣に就任して、翌年十一月から井上毅《こわし》、金子堅太郎、伊東巳代治《みよじ》らと協議を重ね、君主が政府組織を任命するプロイセン型の立憲君主制に基づく、日本の歴史・伝統の上に立脚した憲法草案の作成に着手するのである。

そして、明治二十二年一月三十一日に、枢密院で憲法の審議が終了すると、二月十一日の「紀元節」(「神武天皇の即位日を記念した祝日」)に「大日本帝国憲法」(全七章七十六条)が発布されるとともに、わが国の国名を正式に「大日本帝国」と定めるのである。

これによって、わが国にアジアで最初の立憲国家が誕生し、昭和二十二(一九四七)年五月三日に、アメリカ占領軍の作成した「日本国憲法」が施行されるまで、大日本帝国憲法が約五十七年間にわたり、わが国の国家基本法として存続することになったのである。

第三節　日清戦争はなぜ始まったのか

朝鮮半島を狙う大国ロシアの野望

ところで、幕末のペリー艦隊の来航が日本の明治維新に大きな影響を与えたことは事実であるが、実は、幕末に日本が最初に脅威を感じていたのは、イギリスやアメリカよりも、むしろロシアの方だったのである。

そこで、明治政府は、ペリー来航の翌年に、大国ロシアとも「日露和親条約」を結んで、日露国境を定め、明治八(一八七五)年五月七日に、前出の榎本武揚を通じて「樺太・千島交換条約」を結ぶことで、長年にわたって懸案だった北方領土の問題に終止符を打つと、次に、ロシアとからむ朝鮮問題に取り組むのである。

当時のロシアは、世界屈指の陸軍大国で、陸地面積も世界の六分の一を占めていたが、国土の三分の一は寒冷地で、真冬になると、北の海は、ほとんど凍結して使い物にならない状態であった。

そこで、ロシアは、温暖な土地と海洋進出の足がかりとして、真冬でも凍結することのない不凍港を求めて、この三百年間に、シベリアからアラスカまで膨張を続けてきたが、その間に、黒海の不凍港を手に入れるために、オスマン帝国と四回にわたって戦争を繰り返してきた。

これに対して、英仏は、ロシアの野望を挫くために「クリミア戦争」（一八五三〜五六）に参戦して、オスマン帝国を支援するのである。

こうして、ロシアは、西への侵攻に失敗すると、次に西欧列強の勢力がまだ伸びていない東アジアの地域（清国、朝鮮、日本）に狙いを変えて、侵略の魔の手を伸ばすのである。

元々、ロシアの極東艦隊は、冬季の間、日本の港で過ごすことが通例となっていたが、後述の日清戦争の後に、ロシアが日本に対して独仏と行った「三国干渉」によって、そうもいかなくなり、不凍港を求めていかなければならなくなるのである。

このため、ロシアは一八五八年に、第二次アヘン戦争を利用して、清国と「アイグン（愛琿）

条約」を結び、清国の黒竜江（アムール河）を国境と定めて黒竜江以北を領有し、黒竜江と境をなしている松花江（ウスリー川）のある沿海州を両国の共同管理に置いて、日本と「日露修好通常条約」を結んだ。

次いで、ロシアは六〇年に、第二次アヘン戦争で清国と英仏の講和を調停した代償として、清国と「北京条約」を結んで、松花江以東の領有に成功すると、冬期四カ月もの間、氷結する日本海に面した沿海州南端のウラジオストック（「東方を支配する」の意味）に進出して、そこに海軍基地を建設するのである。

さらに、ロシアは八八年に、朝鮮侵攻の前段階として、朝鮮と「露韓陸路通商条約」を結んで、朝鮮東北部の一部を租借するのであるが、これによって明治政府は、ますますロシアを最大の仮想敵国とみなすようになったのである。

明治の元勲である西郷隆盛が「ロシアは満州を取るだけでなく、いずれは朝鮮半島を経て日本に迫りくる」と述べているように、鎌倉時代に朝鮮半島を経て、二度にわたって元の襲来があったことから、朝鮮半島が他国によって支配されることは、日本が外部からの危機に晒されることを意味したからである。

このように、朝鮮半島を地政学的に見ると、昔も今も日本の安全保障にとっては無視できない存在であったことから、日本はロシアの南下を阻止するために、清国とともに朝鮮とも国交を結んで、共同防衛体制を構築する必要があったのである。

朝鮮と同盟を求めた日本

そこで、明治政府は明治元年十二月に、李氏朝鮮（一三九二〜一九一〇）に対して、江戸時代に、朝鮮外交を監督していた対馬藩家老の樋口鉄四郎を使節として釜山に派遣し、朝鮮に対して日本と正常な国交関係を結んで、同盟国となることを求めたが、朝鮮は日本からの申し出を拒否するのである。

当時の朝鮮は、清国を中心に東アジア世界に形成されている「冊封体制」の中に組み込まれ、江戸時代の日本と同じように、鎖国体制をとっていたからである。

その後も、明治政府は、朝鮮に対して五回も使者を派遣して開国を迫ったが、朝鮮はこれを無視した。

ところが、明治四（一八七一）年十二月に、台湾南部に漂着した琉球宮古島民六十六人のうち、五十四人が殺害される事件が起こると、この事件に誠実に対応しない清国政府に対して、明治政府は明治七（一八七四）年五月に、琉球の島民保護を目的に台湾に出兵し、翌月に台湾南部を占領したことから、朝鮮は、日本が出した国書の検討にようやく乗り出してくるのである。

だが、朝鮮は明治八（一八七五）年二月から行われた外交交渉の席で、日本側の洋式大礼服の着用を拒否して、江戸時代の礼服着用を求めてきたことから、日本側が怒って交渉が決裂するのである。

江華島事件の勃発

ところが、この交渉決裂を打開させる事件が同年九月二十日に、朝鮮近海で起こるのである。これを「江華島事件」と呼ぶが、この事件は、明治政府が沿海測量を行うために朝鮮近海に小型砲艦「雲揚」を派遣したとき、朝鮮側が江華島砲台から発砲したことから起こった事件で、その後、雲揚は、江華島砲台を撃破し、さらに永宗島の要塞を占領した。

この事件の責任を追及するために、明治政府は翌年二月十日に、軍艦六隻とともに全権大使の黒田清隆と副使の井上馨《かおる》を派遣して、賠償金とともに、「日朝修好条規」(「江華条約」)の締結を要求し、ようやく朝鮮を開国することに成功するのである。

確かに、この事件は、偶発的に起こったとはいえ、ペリー提督が日本を武力で脅して開国させた砲艦外交に似ていたかもしれないが、もし日本がペリー提督のように、本気で砲艦外交を行おうとするなら、たった一隻ではなく、多くの軍艦を派遣して武力で圧力をかけたことは間違いないだろう。

にもかかわらず、現在の日本の歴史家の間では相変わらず、この事件を契機に日本が朝鮮と結んだ国交を「日本帝国主義」による侵略であるとする歴史認識が主流を占めているが、この条約の第一条に「朝鮮は自主の邦《くに》にして日本国と平等の権利を保有す」という明文を記述して、朝鮮が清国の属国ではないことを強調しているように、日本の目的は、まず朝鮮を清国から干渉されない自主独立の国（主権国家）にすることにあったことは明らかである。

日本が朝鮮を清国から干渉されない自主独立の国にしようとしたのは、当時の朝鮮が十七世紀以来、中国の東北部（満州）にいた満州族が明国を滅ぼして建国した清国の属国となっていたことから、清国は冊封体制の中にある朝鮮の独立を認めようとはしなかったからである。

ロシアが一八六〇年に、第二次アヘン戦争の講和を調停した見返りに、沿海州のウラジオストックに進出し、海軍基地を建設して、朝鮮半島への進出を目論んでいることを朝鮮の人たちに理解してもらい、日本のように近代化と富国強兵を推し進めなければ、やがてロシアの餌食になることは目に見えていた。

もし、そうなれば、日本の独立も危うくなることから、これを機に日本は朝鮮を説得して、開国を迫ることにしたのである。

朝鮮半島をロシアの侵略から守った日朝修好条規

こうした事情から、日本は、この日朝修好条規によって、朝鮮を清国から独立させるのだが、先述した安政の五カ国条約が、たとえ不平等条約であっても「列強のある一国による東アジアの植民地化政策を防止する相互監視機能を併せ持った」条約であったように、日朝修好条規も、この条約のメリットをうまく利用した条約だったのである。

例えば、イギリス公使のパークスも、朝鮮の安全保障の問題について、

「朝鮮の安全は、外国全体との関係に入ることにかかっている。どれか一国との紛争のさいに、朝鮮は多大の関心をもってみられ、それが朝鮮の最善の保護となるであろう」

と述べているように、日本と朝鮮との条約の締結は、西欧列強にとっても「ロシアの南下、朝鮮の植民地化を阻止するという意味において非常に重要であった」のである。

なぜなら「ロシア以外の列強にとって、朝鮮の開国は、ロシアに対抗する外交的手段を得たという効果があった」からである。「つまりこの条約は、朝鮮を万国公法上の国家として承認することにより、ロシアの侵出を牽制する役割を果たし」たのである。

ところが、この日朝修好条規によって、朝鮮を清国から独立させたにもかかわらず、清国は「米朝条約」のときに、「朝鮮は清の属邦である」と明記させ、またイギリスやドイツとの修好条約の交渉でも、清国の指導のもとで行わせようとしたのである。

当時、横浜で英紙『ジャパン・メール』を発行していた社長のブリンクリーが

「日本は、朝鮮の独立を認め、それを前提に清国と条約を結んだにもかかわらず、清朝は頭か

ら無視して、逆に宗属関係を強化するような動きに出る。それは清朝が、日本人が西洋の文物を取り入れ、東洋の伝統に背いたことに憤慨したというよりも以上に、自らの優越性という中華思想の絶対的信仰から、条約の遵守の義務を自覚していなかったからだ」

と述べているように、ここにおいて、朝鮮を清国に服属させている朝貢・冊封体制を崩壊させなければ、朝鮮の完全な独立を実現することはできないことが明確になったわけである。

大津事件と北洋艦隊の訪日

明治二十四（一八九一）年に、日本で開国以来の衝撃を受ける二大事件が起こった。一つは「大津事件」と呼ばれるもので、訪日したロシア皇太子（後のニコライ二世）が五月十一日に、滋賀県大津市の琵琶湖見物に行く途中で、警備中の警官に斬りつけられ、頭に負傷した事件である。

明治天皇は、ただちに京都の常磐ホテルに赴いて皇太子を見舞ったが、京都市役所前では二十七歳の女性が自害までして、日本がロシアに敵意がないことを示したように、当時の政治家や国民は気が狂わんばかりに焦燥したのである。この事件の原因は、明治維新以来のロシアに対する恐怖感が働いたからだと言われている。

次に、日本を震撼させたのは、七月五日に品川港に来航した清国海軍北洋艦隊である。同艦隊司令長官の丁汝昌《ていじょしょう》提督の座乗する旗艦「定遠」と「鎮遠」は、ともに七三〇〇トン級の巨大戦艦であったが、当時の帝国海軍が誇る最大艦の「高千穂」「扶桑」「浪速」でさえも、たった三七〇〇トン級に過ぎなかったことから、日本が大いに慌てたことは容易に想像できるだろう。

このため、薩摩閥の海軍は、北洋艦隊が来航した三日後に、「定遠」と「鎮遠」に対抗できる巨大艦の建造を帝国議会に提案したが、薩長政府への反発から衆議院によって否決されるのである。これによって、「定遠」と「鎮遠」に対抗できる軍艦二隻(「富士」「八島」)の建造が決定されるまでに、二年の歳月を待たねばならなかった。

東学党の乱の発生

こうした中で、明治二十七(一八九四)年三月二十九日に、朝鮮半島南部の全羅道で不正官僚の糾弾や減税を唱える農民たちによって、反政府暴動事件(東学党の乱)が起こると、清国は暴動を鎮圧するために、閔氏派政権の要請によって出兵した。

もし、このまま清軍の駐留を許せば、朝鮮は清国の支配圏に完全に組み込まれることになることから、明治政府(第二次伊藤内閣)は五月七日に、在留邦人と公使館の保護を名目に出兵したが、これに驚いた朝鮮政府と東学党は十一日に、日清両軍の撤収を目的に和睦を結んだことから、朝鮮に出兵した日清両軍は、引くにひけず、にらみあいの状態になった。

朝鮮王宮の占領

明治政府は、東学党の乱の幕引きで駐留の口実を失うと、十五日の閣議で伊藤首相の案（「日清両国が常設委員会を設けて朝鮮の内政改革を行う」）に、二つの項目（「その結果を見るまでは撤退せず」「清国がこれに賛同しない場合は、日本独自で内政改革に取り組む」）の追加を決定して、清国に通告したが、清国は朝鮮への内政干渉を理由に拒否してきた。

そこで、外相の陸奥宗光は七月十九日に、清軍が朝鮮の「保護属邦」を名目に牙山《がざん》に進駐しているのは、朝鮮の自主独立を侵害しているという理由で、清国に撤退を要求し、その回答期限を二十二日までとした。

だが、清国からは期限までに回答を得られなかったことから、清国兼朝鮮公使の大鳥圭介は翌日未明、混成第九旅団とともに、朝鮮王宮を襲撃して占領し、朝鮮軍を武装解除させた。

そして、大鳥公使は、朝鮮政府の最高顧問になると、朝鮮政府に清国との宗主関係を絶ち切って、朝鮮の完全な独立を宣言させ、さらに牙山からの清兵駆逐の要請文を出させ、それを日清開戦の理由にしたのである。

言うなれば、日本の朝鮮出兵の目的は、あくまで東学党の乱を鎮圧することにあり、次いで朝鮮の内政改革を清国とともに行うことにあったが、清国がこの提案を拒否したため、やむなく開戦に踏み切ったということである。

朝鮮の永世中立化を構想した明治政府

ところで、当時の「明治政府が朝鮮の永世中立化構想を抱き、その実現に向けて着実な外交」を展開していたことは、あまり知られていない。

実は、明治十五（一八八二）年七月に、朝鮮で「壬午軍乱《じんご》」（日本の明治維新をモデルに朝鮮の近代化を目指そうとする閔氏派と独立党に反発した排外主義の大院君を中心とする旧守派の事大党が日本の軍事教官、日本公使館員を殺害、日本大使館を焼き打ちした事件）が起こった後、明治政府は十月に、東京駐在欧米列国の公使に対して、朝鮮の永世中立化構想とその共同保障を打診し、また欧米列強と日本がベルギーを模範に共同で朝鮮の独立と中立を保障するための国際会議の開催を提案しているのである。

当時、明治政府は、十九世紀後半から起こった世界的な帝国主義体制の成立をコロンブス以来行われてきた欧米列強による植民地獲得競争の再燃化として捉え、また「朝鮮は日清間の争点のみならず、欧米列強も含めた国際的競合の焦点」となりつつあると見ていた。

このため、明治政府は、この構想によって、次のように日本・清国・朝鮮がそれぞれの国益を保証し合うことができるようになると考え、「列国の朝鮮侵略並びに日清対立を予防し以て安定的な東アジア国際秩序の形成を図ろうとしたのである」

①「第三国が朝鮮を対日攻撃拠点とすることを防ぐことができる。朝鮮は清の支配から脱して自国の存続可能性を大幅に高めることができる」

②「それによって朝鮮をめぐる国際権力闘争を緩和させて相対的に安定した国際環境の下で朝鮮民族の将来を主体的に決定していく余裕を提供する」

③「清にとって朝鮮に保護を与える共同保障国の一員に位置することで自尊心を満足させることができ、清の安全保障上も極めて大きな利益を得ることができる」

そこで、明治政府は翌年八月に、この永世中立化の保障の核を清国と共同で担うために、駐日公使の黎庶昌《れいしょしょう》に対して、この構想を提唱したが、黎公使は一定の理解を示したものの、日清間では琉球問題（台湾出兵を契機に、日本が清国に琉球を日本領と認めさせた問題。「琉球処分」ともいう）が未解決の問題として残されているため、この構想の実現は困難であるとの意見を示した。

黎公使は、その解決策として琉球王国を復活させ、これと朝鮮を一括して共同保護化することを提案してきたが、日本にとって、琉球王国の復活は自国領土の放棄を意味することから、この提案を容認できるものではなかったのである。

こうして、明治政府が実現を模索してきた朝鮮の永世中立化構想は挫折したわけであるが、こうした歴史的な観点で見れば、日本の歴史家が言うように、日本に朝鮮を侵略する意図があったとはとても言えないだろう。

清国との開戦を決定した大本営

こうした国際情勢の中で、帝国陸軍は明治二十七（一八九四）年六月五日に、いち早く参謀本部内に大本営を設置して、開戦準備を整えていくのである。また帝国海軍も七月十七日に、宮中で開催された第一回大本営会議で、常備艦隊二十三隻と警備艦隊から改称した西海艦隊八隻を統合して、「連合艦隊」を編制することを決定した。

こうして、帝国海軍は、日清戦争に備えて編制した連合艦隊三十一隻と、その他の軍港警備艦二十四隻を合わせて、五十五隻（軍艦三十一隻、水雷艇二十四隻）となった。

当初、明治政府がその出発に当たって、最初に保有した艦船は、わずか十四隻であったが、その後、日本は二十年余りで、アジアにおいて清国に次ぐ海軍国を建設するのである。

明治二十七年の夏、帝国海軍の軍艦の中で、三分の一が老朽艦であったが、ともあれ、こうして、二十五隻の軍艦と六隻の水雷艇によって、わが帝国海軍の誇る連合艦隊が誕生するのである。

そして、大本営は六月十九日に、清国との開戦を決定すると、陸軍参謀次長の川上操六中将がもたらした機密情報（清国海軍の主力北洋艦隊が牙山に駐留する軍団へ兵站輸送する）によって、連合艦隊二十三隻を朝鮮半島の牙山に向けて出動させることを決定するのである。

第四節　日清戦争はどのように戦われたのか

豊島沖の海戦

混成第九旅団が朝鮮王宮を占領した七月二十三日に、坪井少将の率いる第一遊撃隊は、牙山方面の清軍の増援を阻止するために、九州・佐世保軍港から出陣すると、単縦陣《たんじゅうじん》（タテ一列の陣形）を組んで、牙山沖の豊島へと向かった。

そして、第一遊撃隊の高速艦「吉野」は二十五日午前六時半に、朝鮮半島西岸にある泰安半島北端に近い位置の浅瀬で、清国海軍の北洋艦隊（司令官丁汝昌提督）の巡洋艦「済遠」と「広乙」に遭遇すると、済遠に向かって先制攻撃を仕掛け、二十分後に、他の二隻も相次いで砲撃を開始した。

こうして、日本が国運を賭けた日清戦争の第一戦は、ここから本格的に始まっていったのであるが、日本側は、済遠が白旗を掲げたことから、降伏と判断して砲撃を中止した。

ところが、済遠は砲撃が止むと、そのまま降伏を偽装して巧妙に逃走を続けたため、なんとか山東半島の威海衛湾にうまく逃げのびたが、広乙は海岸で座礁して降伏した。

後に、清国側は宣戦布告前に、日本側の方から済遠に対して、先制攻撃を仕掛けたことから、日本側に抗議してきたが、国際公法学の権威で、陸軍大学校と海軍大学校で国際法の講師を務めた有賀長雄博士が著書『日清戦役国際公法論』（陸軍大学校発行）で

「今日一般に是認せらるる所の学説に拠《よ》れば交戦は必ずしも一方又は双方の宣告を以て始まるに非ず、而して日清戦争は開戦の宣告なくして始まりたる交戦の実例として国際法の教科書に列挙する所に一例を加ふるものなり」

と述べているように、当時の国際法（ジュネーブ条約）では宣戦布告前の先制攻撃を禁止していなかったことから、何の問題もなかったのである。

ちなみに、戦争開始前に、事前に相手国に通告することが義務付けられたのは、一九〇七年に改定された「ハーグ条約」（一八九九年採択）からであった。

このように、帝国海軍は、この「豊島沖海戦」で初めて外国の艦隊と近代的な海戦を行ったわけであるが、この海戦の第一日目には、次のような別の大事件が豊島沖で起こるのである。

イギリス商船撃沈事件

第一遊撃隊の巡洋艦「浪速」艦長東郷平八郎大佐（後に連合艦隊司令長官）が清国海軍の砲艦「操江《そうこう》」とイギリス商船「高陞号《こうしょう》」を豊島沖で発見したのは、開戦が始まってから二時間後

のことだった。

東郷艦長は、双眼鏡で高陞号を眺めると、甲板に清兵がぎっしりと乗っているのが見えたことから、高陞号に停戦を命じて臨検することにしたが、分隊長の人見大尉が臨検すると、高陞号は、多数の清軍の兵士と武器を仁川に輸送中だったことが分かった。

高陞号は、イギリスの商船ではあるが、もしこれを黙認して清軍の増援部隊を上陸させたら、日本軍の損害を受けることは明らかであった。そこで、東郷艦長は、信号を掲げて高陞号に随行を命じたが、先方はこれを拒否してきたため、やむを得ず赤旗（生命危険信号）を掲げて、攻撃の開始を警告した上で魚雷攻撃と砲撃を行った。

最初の砲弾が高陞号に命中すると、やがて高陞号は黒い煙を吐きながら船尾から沈没し、操江は拿捕されたが、東郷艦長は、すぐに救命艇を下ろして波間に漂う高陞号の船長らを救助するのである。

東郷艦長は、明治政府の見習い士官だった頃、明治四（一八七一）年から七年もの間、イギリスに留学して、「戦時国際法」と「海商法」を学んだ海軍随一の法律の知識人であったことから、当時の戦時国際法では交戦国の軍艦が「いかなる船籍の商船に対しても、公海上なら、停戦を命じ、臨検をおこない、交戦国が保有する、あるいは相手国向けの戦時禁制品を没収し、乗組員を拘束することができる。従わない場合は、船体を撃沈することも」許されていることを知っていたのである。

ところが、この事件がイギリスに伝わると、イギリスの世論は、日本軍がイギリス商船の高陞号を撃沈したことを批判してきた。これに対して、イギリスの国際法学の大家ジョン・ウエストレーキとトーマス・アースキン・ホランド両博士は、八月三日付と七日付の英紙『タイムス』に論説を寄稿して、東郷艦長のとった処置が戦時国際法に適合したもので、少しも難点がないことを論証し、イギリスの世論に警鐘を鳴らしたのである。

後に、イギリス海軍のシプリアン・ブリッジ大将も、「この処置は全く合法的である……頑強に降伏を拒絶する〔敵〕輸送船を撃沈するのをためらう海軍将校は一人もいない」と述べているように、東郷艦長を弁護する意見が多くなると、やがてイギリスの世論は沈静化して、反対に東郷艦長の勇気と果断な処置を讃美するようになるのである。

明治天皇が東郷艦長の名前を記憶されたのは、このときからであったが、陛下は側近に対して、「東郷はよくやった」と仰せられたと言われている。

こうして、東郷艦長は、「一躍、その名を世界にとどろかせた」が、反対に清国は事前戦争計画が暴露され、天津条約に違反した侵略行為であると、世界から見なされるようになったのである。

成歓の戦い

一方、清軍が仁川に出兵して成歓《せいかん》と牙山に布陣したため、前出の大鳥公使に率いられた混成第九旅団も六月十日に、朝鮮半島西岸の仁川に上陸すると、豊島沖海戦が起こった二十五日に、一部が仁川と漢城との間の警備に配置され、残りは南下して成歓と牙山を目指した。

そして、七月二十九日未明に、清軍が主力を成歓と銀杏亭《いちょうてい》高地に置いたことで、混成第九旅団は、兵隊を右翼隊と左翼隊の二つに分けて進軍し、清軍を撃破するが、この勇猛果敢な日本兵の姿に恐れを抱いた清軍は、武器と食糧を放棄して総崩れとなり、牙山から漢城を迂回して平壌へと逃走するのである。

混成第九旅団は三十日に、清軍が布陣していた牙山にも進軍したが、清軍が成歓に移動していなかったことから、そのまま漢城へと向かい、八月五日に凱旋した。

宣戦布告

このように、日本軍が豊島沖の海戦に続いて、この成歓の戦いにも勝つと、明治政府は八月一日に、清国に対して正式に宣戦布告を行うのであるが、日本軍は、この戦争を観戦させるために、欧米列強の「観戦武官や従軍記者を軍艦に乗せ、あるいは陣営に招いて自由に戦闘の模様」を見学させたのである。

これは、開戦の詔勅に「苟《イヤシク》モ国際法ニ戻ラザル限リ各々権能ニ応ジテ一切ノ手段ヲ尽スニ於テ必ズ遺漏ナカランコトヲ期セヨ」とあるように、欧米列強が見守る中で、日本が国際法に則《のっと》った戦い方をすることによって、文明国の一員として認められたという思いがあったことは間違いないだろう。

一方、アヘン戦争以降、清国に権益を持つイギリスは、「戦火を上海地域に及ぼさぬよう日清両軍国に申し入れるとともに厳正中立を宣言」するのである。

ところが、これは、あくまでも表向きであって、高陞号に清軍の兵隊を載せて輸送したように、実際にはイギリスは中立を破って、日本の動向を北洋艦隊に知らせることで、反日と親清的な態度を取り、日本と清国を天秤にかけた外交を行ったのである。

一方、アメリカ、ドイツ、イタリアなども中立を宣言し、大国ロシアも朝鮮国境で自国の権益が侵されない限り、この戦争には干渉しないと宣言したが、朝鮮は日本と攻守同盟を結ぶのである。

その後、陸軍（第五師団の元山支隊、朔寧支隊および混成第九旅団）は九月十五日に、平壌の「王倹城」を包囲して総攻撃を開始したが、元山支隊と朔寧支隊は「平壌北側の城壁によじのぼり占領、平壌市街に迫り午前七時過ぎ玄武門、牡丹台などを占領した」

こうした中で、清軍が午後四時に、突如、白旗を城壁に掲げて、翌朝十六日に開城することを約束したことで、日本軍は平壌城内を簡単に占領することができた。

こうして、陸軍は、陸上戦における最後の決戦である「平壌会戦」に大勝利を収めるのである。

黄海海戦での日本の勝利

一方、わが連合艦隊は、「大本営の作戦では八月中旬までに渤海の制海権をとらないと、氷結のために陸軍の山海関《さんかいかん》上陸、直隷平野の決戦ができず、作戦全般に大きな支障をきたす」ことになることから、清国海軍の北洋艦隊を求めて、大連、旅順、大沽《だいこ》、山海関、牛荘、威海衛の順に、渤海、直隷の沿岸を全面的に捜索することになった。

そこで、連合艦隊司令長官の伊藤祐亨《すけゆき》中将は、第五師団と混成第九旅団が平壌を占領した九月十六日に、第一遊撃隊の旗艦「吉野」以下三隻（「高千穂」「秋津洲」「浪速」）を先鋒に、常備艦隊の旗艦「松島」以下五隻（「千代田」「厳島」「橋立」「比叡」「扶桑」）の本隊と砲艦赤城、巡洋艦代用船の西京丸の二隻を率いて、北朝鮮西岸の仮泊地、チョッペキ岬を出撃した。

わが連合艦隊は十七日午前十時半に、大孤山《だいこさん》沖で演習中の北洋艦隊十隻を発見すると、第一遊撃隊の吉野を先鋒に、他三艦が単縦陣で突進し、その後を常備艦隊の旗艦松島ほか五隻が第二単縦陣で続行した。

これに対して、北洋艦隊の十隻は、清国海軍の誇る主力艦「定遠」と「鎮遠」の二大戦艦（各艦の常備排水量七三三五トン）を中心に、左翼に巡洋艦四隻、右翼に巡洋艦四隻を並べて、単横陣《たんおうじん》（ヨコ一列の陣形）の陣形で肉迫してきた。

十九世紀末の世界の海軍界では決戦陣形として、単横陣と単縦陣の可否が活発に論争され、この「黄海の海戦」（Battle of Yalu）において、日清両軍がとる陣形は世界中の軍事評論家の間で注目の的になっていた。

こうして、人類史上初の近代艦隊戦は午後〇時二十分に、戦艦「定遠」の砲撃から開始され、午後三時半に舷々相摩《げんげんあいま》する戦いで大勢は決し、午後五時四十分に黄海の海戦は終了するのである。このとき、戦艦「定遠」に座乗していた作戦顧問のアメリカ海軍少佐マッギフィンが米誌『センチュリー』で、

「日本艦隊が終始一貫、整然たる単縦陣を守り、快速力を利して自己の有利なる戦いにおいて攻撃を反復したのは、驚嘆事であった。清国艦隊は勢い守勢に立ち、混乱せる陣形において応戦するほかなかった」

と述べているように、単縦陣形をとったわが連合艦隊の二群（第一遊撃隊と常備艦隊）は、六時間にわたる海上決戦で敵を左右に囲い込んで挟撃する一方で、横並びの敵は左右にただ方向を変えながら、低速力で応戦したに過ぎなかったのである。

こうして、わが連合艦隊は、「四二七八トンの海防艦三隻が一番大きいという、言わば軽巡洋艦クラス以下の小型艦艇」をもって、最初の近代海上戦で東アジア最強と謳われた北洋艦隊を打ち破り、黄海の制海権を掌握したわけであるが、この単縦陣が後の日露戦争のときに「日本海海戦」で用いられた「丁字戦法」と「乙字戦法」に受け継がれていくことになる。

このように、わが連合艦隊が制海権を掌握すると、陸軍部隊（第一、第二軍）は何の妨害も受けることなく、「鴨緑江の戦い」（九月二十五日～二十六日）、「旅順港の戦い」（十一月二十一日）、「威海衛の戦い」（一月三十日～二月三日）で、次々と大勝利を収めるのである。

日清講和条約の締結

北洋艦隊が九月十七日に、降伏文書に調印すると、アメリカ、イギリス、ロシアは、十一月上旬から日清両国に対して、調停に動きだしてきた。

そこで、明治政府は翌年一月三十日に、清国使節二名が広島に到着すると、二月一日から講和会議を開催したが、当初、清国使節が持参した全権委任状には不備があったことや、日本側代表の伊藤首相と陸奥外相の地位が低いという理由で、わずか二回で談判が決裂するのである。

このため、清国政府は三月十八日に、アメリカの公使エドウィン・ダンに、明治政府に対して朝鮮の独立を認め、相当な額の賠償金を支払うという条件で講和の斡旋を依頼した。

翌日、清国から全権委任大使として、直隷総督の李鴻章が山口県・赤間関市（現在の下関市）に派遣されると、二十日から同地の割烹旅館「春帆楼《しゅんぱんろう》」で講和会議が開催された。

ところが、講和条件に入った二十四日に、李大使が宿舎の引接寺に戻る途中で、壮士の小山豊太郎にピストルで狙撃される事件が起こった。

李大使は何とか一命をとりとめたが、これによって日本側代表は三十日に、李大使の要求を入れた休戦条約（全六条）に調印することになるのである。

日本側代表は四月一日に、講和条約の草案を提示し、双方で激しい駆け引きを繰り広げながら交渉を重ねたことで、清国側の譲歩を引き出し、十五日に草案の調整を終わらせた。

こうして、日清両国の全権代表は四月十七日に、朝鮮国の不羈独立承認、遼東半島、台湾全島、澎湖諸島の割譲、二億両《テール》の軍費賠償の支払い、通商航海条約の締結、日本国への最恵国待遇の付与などを盛り込んだ「日清講和条約」（全十一条）を締結するのである。

以上が、清国の影響から朝鮮の完全無欠の独立を守ろうとする日本と、朝鮮をあくまでも朝貢・冊封体制の中に置いておこうとする清国との争いの顛末である。

では、この日清戦争は、東アジア世界にどのような影響を与えたのだろうか。

次に、この問題について見ていこう。

第五節　日清戦争は東アジア世界にどのような影響を与えたのか

東アジア世界の国際関係に一大変革をもたらした日清戦争

先述したように、日本は清国との戦いに勝利を収めることによって、清国と朝鮮との間の朝貢・冊封関係に終止符を打たせ、朝鮮を不羈の独立国家にすることに成功するわけであるが、アジア史的視点から見れば、日清戦争とは単に東アジア世界で起こった大国清国と小国日本との戦争というのではなくて、東アジア世界に一大変革をもたらした戦争という捉え方が正しい見方であると言っていいだろう。

確かに、日清戦争は、日本が朝鮮を独立させると同時に、清国を覚醒させることを目的とした戦いであったが、日清戦争は、それだけでなく、「清国が主張する東アジア世界の伝統的な華夷《かい》秩序（吉本注：中華帝国として君臨する清国に対して、「夷（蛮族）」とされる周辺国が朝貢し、安全保障を保護してもらうあり方）と、日本によって持ち込まれ主張された近代国際法秩序という、新旧の外交原理の対立が引き起こした戦争でもあった」からである。

言い換えれば、一八九五年四月二十三日付の英紙『ザ・タイムス』が「極東には新しい世界が誕生したのだ。われわれはそれと共存し、最大限に利用しなければならない」と述べているように、日清戦争とは単に朝鮮の独立をもたらした戦争ではなく、清国の敗北によって、従来の東アジア世界の華夷秩序が崩壊し、東アジア世界に新たな近代国際法秩序の体系を生み出す契機となった戦いでもあったのである。

さらに付言すれば、日清戦争の敗北によって、清国の対外関係が条約に基づいた関係に一元化されたことで、清国と朝鮮との間も、従来の朝貢・冊封関係ではなく、近代国際法的な関係になったということである。

このため、清国は明治三十二（一八九九）年九月十一日に、不羈の独立国家となった朝鮮（大韓帝国）との間で、「韓清通商条約」と、その互換条約を締結することになったのであるが、当時の新政府の政治家や軍人たちは、清国との戦いがその後の東アジア世界の国際関係に一大変革をもたらすことになるとは、夢想だにしなかったであろう。

これこそが、日清戦争のアジア史的意義であるが、当時の日本人が天皇を中心に明治維新を断行して近代化を推進し、国民を一致団結させて日清戦争に勝ったことは、次のように、「ナショナリズムの勝利であり、近代化政策の勝利であるとして、アジア解放の先駆者たち」に勇気と希望を与えたのである。

例えば、日清戦争は、フィリピンでのアメリカに対する革命軍指導者のアギナルド将軍らの独立運動に刺激を与えたことで、日本に対する憧れを抱いたアギナルドらは、「日本の国旗や連隊旗を模倣した革命軍旗や徽章を作って戦った」のである。

第六節　日露戦争はなぜ始まったのか

列強三国に干渉される日本

日本は、日清講和条約（通称・下関条約）によって、清国から軍事賠償などの他に、遼東半島と台湾・澎湖列島を割譲させることに成功したが、ロシアは四月二十三日に、フランスとドイツとともに、「東洋の平和を守るため」と称して、日本に対して遼東半島の返還を要求してくるのである。ロシアは、もし遼東半島南部が日本の領土になれば、ロシアの首都サンクトペテルブルグから、極東までを結ぶシベリア横断鉄道の計画とともに、不凍港の獲得が難しくなってくるからである。

そこで、ロシアは、日本の大陸進出を食い止めるために、露仏同盟を結んでいるフランスと、ロシアに接近をはかるドイツとともに、日本に清国から割譲される遼東半島の返還を要求した。これが、後の日露戦争の遠因となる、有名な「三国干渉」であるが、もし三国干渉を拒否すれば、日本はロシアの極東艦隊と対決を迫られることになることから、遼東半島の全面返還を清国と三国に通知するのである。

このように、日本は講和交渉の成立から、わずか二十日で帝国主義列強の軍事的圧力によって、遼東半島を返還することになるが、このときから日本は中国の故事である「臥薪嘗胆《がしんしょうたん》」（「将来の成功を期して長いあいだ辛苦艱難すること」）を合言葉に、ロシアを仮想敵国と見なして、国民が一致団結して将来のロシアとの戦いに備えていくようになるのである。

列強の半植民地化を招いた清国の弱体化

このように、清国が日清戦争に敗北することによって、それまで東アジア世界に形成されていた華夷秩序が崩壊し、新たに国際法秩序が生み出されたわけであるが、これによって、清国は「張子の虎」を暴露されたことで、弱体化した自己の姿を列強に晒すことになってしまった。言わば、これまで眠れる獅子と呼ばれていた清国のイメージは、日清戦争の敗北によって、大きく崩れ去ってしまったわけである。

この清国の弱体化につけ込んだロシアは、この三国干渉の見返りに、遼東半島南部の旅順・大連両港の租借権（二十五年間）と、満州北部の東清鉄道の敷設権を要求し、長年の間、垂涎《すいぜん》の的だった不凍港の獲得に成功するのである。

続いて、ドイツとフランスも、三国干渉の見返りに、次々と山東半島青島の膠州湾や広東省広州湾などを租借し、イギリスも山東半島の威海衛港や香港対岸にある九龍を租借した。

三国干渉の後、大国ロシアに寝返った朝鮮

日本は、三国干渉によって、遼東半島の割譲を断念せざるをえなくなったが、さらに、それに追い打ちをかけるように、今度は、朝鮮政府が日本と清国の間で交わした下関条約の第一条にある「朝鮮の完全独立」を理由に、日本の保護のもとに入ることをいやがり、今度はロシアに接近していったのである。

そもそも、日本が日清戦争に踏み切ったのは、朝鮮に対する大国ロシアの侵略を防ぐために、まず清国と戦って朝貢・冊封関係を消滅させ、朝鮮を不羈の独立国家にさせてから、日本の主導の下で近代国家に作り替えることにあった。

ところが、日本が三国干渉に屈すると、元々、朝鮮には「事大主義」（「大国に仕えることを国家安泰の要とする朝鮮伝統の政策」）という考え方があったことから、朝鮮内では親露派の勢力が日増しに大きくなり、親日派勢力を政権から追放する動きが出てきた。

これに対してロシアも、朝鮮からの求めに応じて、早速、軍人と政治顧問を朝鮮に派遣して影響力を強めようとしてきた。さらにロシアは、その頃に起こった「義和団事件」（明治三十二（一八九九）年二月に、ドイツの進出やキリスト教の布教に対して、山東省で貧農や労働者らによって起こった抗議運動）の一味が満州に侵入したという口実で、これを鎮圧するために、十六万人の軍隊を満州に派遣

して全域を占領すると、清国にロシアの利権を無理やり認めさせるのである。

日英同盟の締結

こうしたロシアの動きに対して、危機感を抱いた明治政府の首脳たちの間ではロシアの満州支配を認める代わりに、ロシアに朝鮮半島に対する日本の指導・監督権を認めさせて、戦争を避けるか、それとも戦争を覚悟して、ロシアと対決するかで大きく意見が分かれた。

前者を「満韓交換論」と呼ぶが、これを主張したのが「日露協商派」の政治家たち（伊藤博文、井上馨）である。これに対して、日本と同じようにロシアの動向を警戒するイギリスと攻守同盟を結ぶことで、ロシアを牽制することを主張したのが、後者の「日英同盟派」の政治家たち（桂太郎、小村寿太郎）である。

ところが、日露協商派の伊藤博文がロシアと協商を図ろうとしたことに焦りを感じたイギリス側が自ら軍事同盟を日本に持ちかけたことがきっかけとなって、日英同盟派の桂太郎首相と外相の小村寿太郎は明治三十五（一九〇二）年一月三十日に、駐英公使の林薫《ただす》を通じて、イギリス政府と「日英同盟協約」（全文六カ条）を締結するのである。

この協約には、主に「イギリスの清国における利益と、日本の清・韓両国における利益を守るため必要な措置をとること、第三国との戦争では厳正中立を守ること、戦争の相手国に他の国が同盟して参加したときは協同して参戦すること」などが定められていた。

こうして、日本は、イギリスに日本の韓国の政治・経済上の優先権を認めさせることに成功すると、日英同盟をバックにロシアに満州からの撤兵を強く要求するのである。

対露開戦の決意

この日英同盟に脅威を感じたロシアは明治三十五年四月八日に、日本からの要求によって、清国と六カ月ごとに三次にわたって、満州から撤兵し、清国に満州を返還することを明記した「還付条約」に調印したが、ロシアは第二期から撤兵を取りやめ、むしろ増兵の気配を示してくるのである。
その後も、明治政府は、この日英同盟をバックに朝鮮半島に対する日本の指導権・監督権を認めさせるため交渉を続けたが、後年、ロシアのウイッテ蔵相が回想記で
「もし我々が支那との協約を忠実に遵守し、朝鮮に対して十九世紀の世界に不似合いな冒険（中略）を行はなかったならば、また我々が伊藤侯の誠意ある提議に傾聴し、栗野日本公使が開戦の間際に提起した協定に同意する雅量があったならば、日露両国の間に戦火をまじへることは避けえたであろうと信ずる」
と述べているように、ついに実らずに終わったのである。

おりしも明治三十七（一九〇四）年二月三日に、「ロシア艦隊が旅順を出港、行き先不明」との情報がもたされたことで、海軍省は、ロシアが先手をうつための作戦行動に出たと判断したため、明治政府は四日の御前会議で、国交断絶を決定した。

そして、小村外相は六日に、首都サンクトペテルブルグに駐在している栗野公使を通じて、ロシアに対して国交断絶を告げるのであるが、日本から先に戦争を仕掛けてくることはないと思っていた駐日ロシア公使のローゼンは、「これは戦争を意味するのか」と、当惑したという。

元々、ロシア皇帝ニコライ二世は、双方の国力の差（面積六十倍、人口二・六倍、国家歳入八倍、陸軍総兵力十一倍、海軍総トン数一・七倍、鉄鋼生産高三十倍）から、日本から先に戦争を仕掛けてくることはないと思っていたため、「外交交渉で引き伸ばしを画《はか》り、その間に極東の軍備を強化すれば、日本は屈伏すると読んでいた」のである。

ところが、日本はロシアに圧力をかけられると、それが裏目に出てロシアの軍備が整う前に、先制攻撃で叩くのが得策であると判断するのである。このため、「開戦当時、日本にとって最大の問題は、いかにロシア艦隊の妨害を排除して、無傷のまま陸軍を朝鮮に上陸させるかであった」

軍備の拡大

このように刻一刻と、日露関係が悪化していく中で、日清戦争以来、十年ぶりに連合艦隊が編制されたが、日清戦争のときと比べて、戦力は質と量ともに一新していた。

日清戦争の後、日本が列強の三国干渉の圧力に屈したのは、列強に対抗できるだけの軍備が整っていなかったからであった。そこで、帝国海軍は明治二十九（一八九六）年度より、前述の「臥薪嘗胆」を合言葉に、軍備の拡大に奔走したのである。

その結果、新しく編制された連合艦隊には、戦艦「三笠」「朝日」「初瀬」「敷島」「富士」「八島」の第一艦隊第一戦隊と、新造の巡洋艦「出雲」「磐手」「浅間」「常磐」「八雲」「吾妻」からなる第二艦隊第二戦隊が置かれた。

この戦艦六隻と巡洋艦六隻からなる十二隻の艦隊は、通称「六六《ろくろく》艦隊」と呼ばれ、後の有名な「日本海海戦」で、連合艦隊の主力となって戦うのである。

日清戦争のときに、連合艦隊で主力艦だった「松島」「橋立」「厳島」の三景艦は、北洋艦隊から鹵獲した戦艦「鎮遠」とともに、第三艦隊第五戦隊を編制し、巡洋艦「浪速」「高千穂」は、新鋭巡洋艦の「新高」「明石」とともに、第三艦隊第四戦隊を編制した。

第一艦隊（第一、第三戦隊）、第二艦隊（第二、第四戦隊）、第三艦隊（第五戦隊）からなる連合艦隊の総排水量は、二十三万二八九六トンで、そのうち、主力艦の比率は約六割を占めた。

これに対して、ロシア太平洋艦隊は、遼東半島南部の旅順に主力が配備され、支隊は沿海州のウラジオストックと、朝鮮半島西部の仁川に配備されていたが、「主力艦の隻数や性能は若干日本に水をあけられており、総排水量も一九万二七九五トンであった」

また後の日本海海戦で、連合艦隊に敗北するロシア海軍の主力、バルチック艦隊は、三十六隻の戦艦・巡洋艦などと、その他十三隻の運送船などで構成されており、総兵力ではロシア海軍が圧倒的に有利だったのである。

一方、陸軍の方も、日清戦争のときに七個師団だったのを十三個師団にまで増設し、騎兵・砲兵各々二個旅団・一個鉄道隊を新設した。

兵員数は、日清戦争のときに現役約六万人、予備役約九万人、後備役約十四万人だったのを現役約十三万六千人まで増大させたが、これは日清戦争のときの約二倍に相当した。

第七節　日露戦争はどのように戦われたのか

開戦

明治三十七年二月六日午前九時、軍楽隊が演奏する「軍艦行進曲」をバックに、連合艦隊の第一艦隊は、第二艦隊とともにロシア太平洋艦隊が在泊する旅順を目指して、単縦陣となって、佐世保港を出港した。

わが連合艦隊司令長官には海軍中将の東郷平八郎（兼第一艦隊司令長官）が就任した。連合艦隊の任務は、「旅順艦隊とウラジオ艦隊を合同させることなく、黄海の制海権を把握し」、陸軍の上陸部隊を無事に仁川港に揚陸させることであった。

午後になると、第二艦隊の瓜生部隊（第二、第四戦隊）が仁川に上陸する韓国臨時派遣隊（三千人）を乗せた輸送船三隻を護衛して、佐世保を出港した。

一方、第三艦隊の任務は、ウラジオストックに配備されているウラジオ艦隊が旅順艦隊と合流できないように、通過地点の対馬海峡を封鎖して警戒することであった。

日露戦争の第一戦

列強の圧力で韓国が渋々、開港した仁川港には居留民保護の目的から各国の軍艦が多数在泊していたが、その中で帝国海軍の第三艦隊第六戦隊所属の小型巡洋艦「千代田」も、仁川港に在泊するロシア軍艦二隻の動静を監視するために在泊していた。

五日に、日露交渉断絶の連絡を受けて緊張状態にあった千代田は翌日に、瓜生部隊に合流せよとの電信が入ると、七日夜半、暗闇の中をそっと抜け出して南下した。

瓜生部隊は八日未明に、会合地である豊島沖のベーカー付近で千代田からロシア艦隊二隻の報告を受けると、午後四時二十分に三隻の輸送船を護衛しながら、仁川港へ向かった。

瓜生部隊は、仁川港の入口から八浬《カイリ》離れた八尾島にさしかかったとき、港湾から出てくる旧式の砲艦「コレーツ」と遭遇したため、水雷艇「雁」が魚雷を発射したが、コレーツは間一髪のところで針路を変えたことから、魚雷がはずれ、そのまま仁川港へ引き返した。

新興日本が国運を賭けた日露戦争の第一戦が、ここから本格的に始まっていくのであるが、この第一戦が近代戦における「有色人種対白人」の最初の戦いでもあった。

このときも、日本は、日清戦争と同様に攻撃前にロシアに対して、宣戦布告を行わなかったが、これは、当時の英紙『ザ・タイムス』が述べているように「近代戦における多くの戦争で実行された一般のやり方に合致したもの」だったのである。

瓜生部隊は、逃走するコレーツを追って、護衛の輸送船三隻とともに、仁川港に向けて航行し、午後五時半に仁川港に到着して、ロシア艦隊を睨みすえるように投錨した。

仁川沖の海戦

だが、瓜生部隊は、仁川港が中立港のため国際法上、港湾でロシア艦隊に攻撃できないため、八日夜半に港外退去を翌日正午までに求めたことから、二等巡洋艦「ワリャーグ」は九日正午過ぎ、コレーツとともに旅順に向けて出港してきた。

そこで、巡洋艦「浅間」が六八〇〇メートルの距離から八インチ砲を浴びせると、ワリャーグは火災を起こし、コレーツも続いて仁川港へ逃走した。

これが有名な「仁川沖の海戦」であるが、瓜生部隊は満身創痍となったワリャーグを追って、仁川港へと向かい、港外で監視を行った。

ところが、午後四時四十分に、ワリャーグ艦長のルードネフ大佐は、鹵獲を防ぐためにコレーツを自爆させ、ワリャーグを自沈させるのである。翌年八月八日に、ワリャーグは引き揚げられ、軍艦「宗谷」として長く活躍することになった。

旅順艦隊との攻防

ロシア太平洋艦隊の主力である旅順艦隊の任務は、黄海の制海権を奪われないために、日本側の輸送を妨害することにあった。だから、連合艦隊が黄海を制圧しなければ陸軍部隊（第二軍）を遼東半島の大連北東にある塩大澳《えんだいおう》に上陸させることができないことになる。

そこで、連合艦隊第一艦隊の第一、第二、第三駆逐隊の十一隻は二月九日午前零時二十分より、旅順港外に在泊している旅順艦隊を奇襲攻撃した。これによって、旅順艦隊十四隻のうち、戦艦「ツェザレウィチ」「レトウィンザン」、巡洋艦「パルラダ」が損傷を受けたが、二十発中三発しか命中しなかったのである。

一方、東郷司令長官は九日朝、旗艦三笠を先鋒に、第一、第二、第三戦隊を率いて、もう一つの旅順艦隊が在泊している旅順港を目指して単縦陣で出撃した。

そして、午前十一時四十五分頃に、先鋒の三笠が旅順港に在泊する敵艦隊に向かって、三十センチ主砲を発射したが、ロシア側は水上艦に加えて、旅順要塞からも反撃したことから、連合艦隊は港内に接近することができなかった。東郷司令長官は、「開戦の第一撃でロシア太平洋艦隊に大打撃を与えて無力化する」という計画を達成することはできなかったが、旅順艦隊を旅順港内に押し込むことに成功したと判断して、翌日、仁川港外に引揚げて投錨した。

二月九日に、ロシアが対日宣戦を布告すると、日本も紀元節（二月十一日）の前日に、対露宣戦を布告して、本格的に交戦状態に入るのである。

旅順港口閉塞作戦

連合艦隊が港外に引き揚げると、ロシア太平洋艦隊司令長官のスタルク中将は、バルト海のリバウ港に在泊するバルチック艦隊が旅順港まで回航して合流するまで、旅順艦隊を温存させておく方針をとることにした。

先述したように、ロシア太平洋艦隊の戦力は、連合艦隊の戦力と比べて、およそ五分五分であったが、もしバルチック艦隊が旅順艦隊と合流すれば、日本が俄然不利になることから、両艦隊が合流する前に、旅順艦隊を先に撃滅させておく必要があった。

そこで、東郷司令長官は十四日に、海戦での旅順艦隊の撃滅を諦め、代わりに旅順港口（港の出入り口）を閉塞して、完全に旅順艦隊が旅順港から出られないようにする作戦に変更した。

これを「旅順港口閉塞作戦」と呼ぶが、この作戦は、砲弾が飛び交う中で行う決死的な任務であったことから命令ではなく、希望者によって実施することになった。そこで、希望者を募ったところ、定員七十人に対して、希望者は二百人にも上った。

だが、三回（二月二十四日、三月二十七日、五月二日）の作戦で、千トンから四千トンの船舶十四隻を、旅順港口付近に沈めたが、旅順港口を見下ろす砲台の攻撃によって、予定の位置で沈めることができなかったことから、ほとんど効果は得られなかった。

第二回目の作戦のときに、指揮官の広瀬武夫少佐は、行方不明になった部下を探すために沈みつつある閉塞船に戻ったが発見できなかった。このため、帰りのボートの発進が遅れ、集中砲火を浴びて、広瀬少佐の身体が砲弾ごともっていかれた。ボートには鮮血と二銭銅貨大の肉片が残っているだけであった。

このときの閉塞作戦で、壮烈な戦死を遂げた広瀬少佐は、部下思いの責任感の強い指揮官として国民の涙を誘い、「広瀬中佐」という歌にも唄われて日露戦争の「軍神」第一号となるのである。

この三回の失敗で東郷司令長官はついに作戦を断念したが、この間、海軍が日本海や黄海の制海権を掌握して制海権を奪ったことから、次々と陸上部隊（第一、第二軍）が朝鮮半島西岸に上陸した。

その後、陸上部隊は、「鴨緑江の会戦」（四月二十九日〜五月十一日）や、「金州・南山攻略戦」（五月十七日〜二十六日）で大勝利を収めるのである。

死闘、旅順要塞攻略戦

次に、大本営が旅順要塞の攻略のために五月三十一日に、新しく編制したのが、乃木希典中将（六月六日に大将に昇進）の指揮する第三軍（主に第一、第九、第十一師団）であった。

乃木司令官と軍司令部の一行が六月四日に、塩大澳に上陸すると、第三軍は七月二十六日未明から、旅順要塞の外郭部の前進基地を攻撃して占領した。そして、八月十九日に旅順要塞に対して、第一回目の総攻撃を開始した。旅順要塞を攻略すれば、容易に旅順市街を攻撃できると考えたからであるが、敵から頑強な抵抗にあって退けられるのである。

次いで、二十一日にも、第三軍は突撃を行ったが、ロシア軍の抵抗は頑強だったために、日本兵の屍が山腹を埋めた。

二十四日未明に、第三軍の十一師団は望台を奪取したが、後でロシア軍の猛反撃にあって奪還されたことや砲弾が尽きたことから、乃木司令官は午後四時に、攻撃中止の命令を下した。

この攻撃に五万七六五人が参加し、その内、一万五八七七人が死傷するが、これは約一個師団に相当する数であった。

二〇三高地攻略の開始

こうした中で、乃木司令官は、第三軍の星野参謀の提言によって旅順要塞を攻略すると同時に、旅順市街を展望できる二〇三高地を攻略する「二正面作戦」を開始することにした。このため、第三軍は、九月十九日払暁から砲撃を一斉に開始し、二十日に歩兵部隊の肉弾突撃によって、旅順要塞手前の前進堡塁の攻略に成功したが、第一師団の右翼隊は二〇三高地にたどり着くまでに、半数の将兵を失った。

ところが、第三軍が二〇三高地に向かって攻撃を開始すると、その戦略的な価値に気付いたコンドラチェンコ少将は二〇三高地を要塞化し、次々と強力な増援部隊を送り込んだために、第三軍は大損害を受けた。これに対して、第三軍には反撃するだけの砲弾がなかったことから、砲弾の補給を待って、再び旅順要塞を総攻撃することを決定するのである。

第二回、第三回旅順要塞総攻撃の失敗

乃木司令官は、砲弾の不足から第一回総攻撃を失敗したため、参謀の井上幾太郎工兵少佐の進言によって、砲弾が届くまでの間を利用して、従来の「強襲法」から「正攻法」（坑道戦術）による築城攻撃に作戦を変更することに決めた。

乃木司令官が実施した正攻法とは壕を掘って敵陣に接近し、突撃陣地を設けて、最後に坑道を掘って、工兵の爆破で敵陣地を陥落させる戦法である。

ベストセラー作家の司馬遼太郎は、第三軍が強襲法をやったことで、「本来なら死なずにすんだ多くの将兵を犠牲にした」と述べているが、この正攻法が世界で広く用いられるようになるのは、十年後の第一次世界大戦の中盤からであったことから見て、乃木司令官の戦術転換はかなり先進的なものであったと言っていいだろう。

第三軍は、十月二十六日から第二回目の旅順要塞総攻撃を開始し、翌日に正攻法による攻撃によって、堡塁の一部を占領しただけで終わった。

大本営では、バルチック艦隊が十月十五日に、リバウ港を出港したという情報がスウェーデンのストックホルムで、対露工作を実施していた明石元二郎大佐（後に大将、陸軍参謀総長）から入っていたことから、一日も早く、旅順攻略を行う必要があると判断し、新たに第三軍への旭川第七師団の編入を決定した。

第三軍は、二十三日から第三回目の旅順要塞総攻撃を開始したが、各要塞は堅固にできていたことから、まったく歯が立たなかった。そこで、乃木司令官は、奇襲部隊の「特別予備隊（白襷隊）」を編制して、旅順要塞への正面突撃を敢行したが、敵から頑強な抵抗にあったため、ついに退却を余儀なくされるのである。

二〇三高地の占領と旅順要塞の陥落

乃木司令官は、二〇三高地の近くにある南山坡《はさん》山堡塁（別名・海鼠山《なまこやま》堡塁）を占領したという連絡が入ると、そこから旅順市街を展望できることから、旅順艦隊に向かって砲撃を開始することにした。

この砲撃によって乃木司令官は、旅順艦隊を壊滅できたと判断したことから、要塞化した二〇三高地を攻撃する必要はないと考え、海軍からの二〇三高地攻撃の要請を拒否した。

ところが、旅順艦隊の壊滅を信用しようとしない海軍が再度二〇三高地への攻撃を要請したことから、乃木司令官は二十八日から、東北正面への攻撃を中止して、二〇三高地への攻撃に転換し、突撃命令を下すのであるが、二〇三高地の防御は堅牢であったため、一進一退の戦闘を繰り返すのである。

そこで、なかなか二〇三高地を攻略できない乃木司令官に代わって、満州軍総司令部の児玉総参謀長が作戦指導をバットンタッチすると、第七師団の歩兵部隊は十二月五日に、二〇三高地への攻撃を行い、夕方に二〇三高地の西南山頂と東北山頂の占領に成功するのである。

翌日、第三軍は、二〇三高地の頂上に砲兵観測所を設置すると、そこからの指示で前出の南山坡山堡塁から旅順港内の艦船に向かって、二八センチ榴弾砲を浴びせ、十一日までに旅順艦隊を完全に壊滅させたのである。

十五年後に、イギリス国防委員会は、『公刊日露戦争史』の中で、「結論として旅順の事例は今までと同様に、堡塁の攻防の成否は両軍の精神力によってきまることを証明した。最後の決定は従来と同様に歩兵によってもたらされた。作戦準備、リーダーシップ、作戦のミスや怠慢などにどんな欠陥があったとしても、この旅順の戦いは英雄的な献身と卓越した勇気の事例として末永く語り伝えられるであろう」と述べているように、日本兵の犠牲的精神を讃えたのである。

その後、乃木司令官は、攻撃の重点を東北方面に移し、前出の正攻法によって、十八日に東鶏冠山堡塁を攻略すると、三十一日までに旅順を囲む三大堡塁（松樹山、二龍山、望台）を次々と占領した。

こうして、明治三十八（一九〇五）年一月一日午前十一時過ぎに、ロシア軍は降伏を受け入れ、翌日に水師営で日本側代表と降伏条件を協議し、午後四時半に「旅順開城規約」に調印するのである。

日露戦争の関ヶ原、奉天大会戦

一方、前年六月に編制された満州軍は、「遼陽の会戦」（八月二十五日～九月四日）に勝った後、「沙河《さか》の会戦」（十月十日～十七日）では弾薬の不足から攻撃を中止し、それ以降は、ロシア軍と沙河を挟んで対峙することになった。

旅順要塞を陥落させた第三軍に危機感を抱いたロシア軍（シベリア第一軍団）は一月二十四日に、北上してくる第三軍と満州軍が合流する前に、手薄な黒溝台付近で大規模な反撃に出ることにした。そして、ロシア軍は翌日に、黒溝台を占領したが、二十九日に日本軍はようやくロシア軍を撃退させることに成功するのである。

次いで、満州軍は二月二十二日から、日露戦争の関ヶ原と呼ばれる「奉天大会戦」を開始し、二十四日に清河城を占領すると、三月一日から奉天に向けて総攻撃を開始した。満州軍は十日に、ついに奉天城を占領したが、一部の部隊は敵を追撃して、十六日に鉄嶺を占領した。

後に、帝国陸軍は、この奉天大会戦を記念して、三月十日を「陸軍記念日」と定めたように、わずか十日間の戦闘で満州軍は、死傷者七万二八人（戦死者一万六五五三人・戦傷者五万三四七五人）の犠牲を払ったのである。

これに対して、一五五日間にわたる旅順要塞攻略戦の死傷者五万九四〇八人（戦死者一万五四〇〇人・戦傷者四万四〇〇〇人）と比べて、この奉天大会戦がいかに苛烈な戦いであったかが分かるだろう。

この奉天大会戦の勝利によって、大本営では戦争終結への関心が高まったが、満州での日本の権益の拡大を講和条約に盛り込みたいという桂首相と小村外相の思惑から講和交渉の機会が失われるのである。

このため、満州では「日露講和条約」を締結するまで、会戦はなかったことから日露戦争の雌雄を決める最後の決戦は、次の日本海海戦まで待たねばならなかったのである。

日露戦争の最後の決戦、日本海海戦

ロシア海軍が十月十五日に、旅順艦隊の増援艦隊として、リバウ港からバルチック艦隊二十四隻（第二太平洋艦隊）と、その他の艦船十七隻からなる大船団を、ウラジオストックへ向けて派遣させたことは既述した。

ロシア海軍は、旅順艦隊全滅の報に接すると、さらに九千トン級の戦艦「ニコライ一世」を主力とする第三太平洋艦隊を新たに編制して、先発のバルチック艦隊を追尾させた。

一方、別名「六六艦隊」と呼ばれた連合艦隊は、バルチック艦隊が喜望峰を回って、仏領のマダガスカル島に入港したという情報が入ると、早速、朝鮮半島南部の釜山付近にある渤海湾に集結して、二月から五月までの間、猛訓練を実施することにした。

ところが、バルチック艦隊が五月十四日に、バン・フォンを出港した後、十九日にフィリピンのバシー海峡を通過したという情報を最後に、消息が入らなくなっていた。

バルチック艦隊がウラジオストックに向かうには対馬海峡を通って日本海を突っ切るか、それとも太平洋側を迂回して、津軽海峡か宗谷海峡を抜けるかの三つの選択肢しかない。

このことから連合艦隊は、東郷司令長官の「密封命令」を発し、二十六日正午までに敵艦船が対馬海峡に現れなければ、大島（北海道の渡島）に移動することを決めていた。

ところが、二十六日午前零時五分に、バルチック艦隊が二十三日に、東シナ海で石炭積みを終えると、石炭の輸送船六隻を上海へ入港させたという情報が大本営を経由して、連合艦隊に飛び込んでくるのである。

石炭輸送船が要らないということは、バルチック艦隊が最短距離で対馬海峡を通過することを意味したことから、連合艦隊は、予定通りに対馬海峡で哨戒態勢に入ることに決めた。

二十七日未明、哨戒中の仮装巡洋艦「信濃丸」は、五島白瀬の西方約四十浬の地点で、東航するバルチック艦隊に遭遇すると、午前四時四十五分に、「敵艦見ユ、二〇三地点」と第三艦隊に打電し、次いでバルチック艦隊が対馬東水道に針路をとったことを報告した。

東郷司令長官は、第三艦隊の旗艦「厳島」からバルチック艦隊発見の暗号電を受け取ると、全艦隊に出動命令を発した。

かくして、総勢四十四隻からなる連合艦隊の主力は午前六時三十四分に、旗艦「三笠」を先鋒に、隊列を組んで対馬海峡の東水道へと向けて出撃した。

二十七日午後一時三十九分、連合艦隊は、北東に進むバルチック艦隊の姿を発見すると、その十六分後の午後一時五十五分に、旗艦「三笠」に「Z旗」が高々と掲げられた。

「皇国ノ興廃此ノ一戦ニ在リ、各員一層奮励努力セヨ」

東郷司令長官は午後二時二分に、ロシア艦隊に向けて針路を南西に変え、距離を徐々に縮めていった。三分後に、先頭の三笠が敵艦と八千メートルの距離まで接近したとき、東郷司令長官は、単縦陣で直進する三笠を敵の面前で猛烈な勢いで左へUターンさせた。

これが、後に「東郷ターン」と呼ばれる「敵前大回頭《だいかいとう》」であるが、このやり方は自殺行為に等しかった。先頭の三笠が敵前で大回頭している間は敵から集中砲火を浴びることになるからである。このため、三笠の周囲には「巨大な水柱がそそり立ち、甲板や右舷に敵弾が命中する」が、それでも東郷司令長官は砲撃を命じない。ようやく、東郷司令長官が砲撃を命じたのは敵との距離が六千メートルまで近づいたときであった。

第一戦隊と第二戦隊は午後二時八分に、敵前大回頭を終えると、敵より三分遅れて、二時十一分から砲撃を開始し、敵主戦艦隊の頭を押さえながら攻撃する一方で、後続の巡洋艦戦隊（第三、第四、第五、第六戦隊）は、後尾の敵艦隊が逃げられないように押さえながら攻撃した。

これが「肉を切らせて骨を断つ」という、丁字戦法とワンセットになった「乙字戦法」と呼ばれる戦法であるが、これは、前年六月二十三日に、連合艦隊が旅順艦隊に対して「丁字戦法」

（直進してくる敵艦に対して、こちらが敵前で左にUターンして、横一直線になることで、全主砲と片側の全副砲を使う戦法）で決戦に挑んだとき、旅順艦隊は、連合艦隊とは反対方向へ舵を切って、旅順港へ逃げてしまったことから、この戦訓をもとに、連合艦隊先任参謀の秋山真之中佐が山屋他人大佐の考案した「丁字戦法の弱点を改良し、敵艦隊の動きに合わせ、頭を押さえるように並航して臨機応変に対応する戦法」だったのである。

この戦法で、六六艦隊から集中砲火を浴びたバルチック艦隊は、一昼夜の海戦で三十八隻のうち、十六隻が撃沈され、五隻が撃破・自沈、六隻が拿捕されるのである。

この日本海海戦の一部始終を観戦したアルゼンチン海軍のマヌエル・ドメック・ガルシア大佐（後に海軍大将・海軍大臣）が、その著書で「ロシア側は、日本海海戦（対馬海戦）において、過去に世界でも例のない大敗北を強いられたのである」と述べているように、たったの二日間の戦闘で、世界第二位の大艦隊が壊滅的な被害を受けたことは世界の海戦史上において、その類を見ないものであった。

後に、帝国海軍は、この日本海海戦を記念して、五月二十七日を「海軍記念日」と定めるのであるが、奇しくも、この日は、第二回旅順港口閉塞作戦で戦死した広瀬武夫少佐の誕生日だったのである。

敗者に示した東郷司令長官と乃木司令官の武士道

東郷司令長官は五月三十日に、連合艦隊の主力と鹵獲したロシアの軍艦を従えて、佐世保港に入港すると、六月三日に佐世保の海軍病院に入院しているバルチック艦隊司令長官のロジェストウェンスキー中将を見舞った。そのとき、東郷司令長官は、ロジェストウェンスキー中将に対して、ねぎらいの言葉をかけて励ましたが、これに対して、ロジェストウェンスキー中将は、「私は、貴官に敗れたことを悔やんではおりません」と答えたという。

さらに東郷司令長官は、日本海海戦で捕虜になったロシア兵を愛媛の松山でもてなし、また収容所で亡くなった兵士を松山郊外の来迎寺の墓地に埋葬したのである。

一方、乃木司令官も、旅順要塞が陥落した後、水師営で会見したステッセル将軍と「昨日の敵は今日の友」として、勇戦を讃えあったのである。

しかも、勝者と敗者の会見は、この上なくビッグニュースであったことから、アメリカの従軍映画班は、会見の映画撮影を申し込むのであるが、乃木司令官は「会見が終わり友人として同列に並んだところをならよい」と言って、記念写真の撮影だけを許可するのである。

しかも、乃木司令官は彼らの体面を配慮して、撮影の間、帯剣を許すのであるが、このような寛大な取り計らいは世界の戦史において、類例のないものであった。

この映画班によって、世界に配信された記念写真を見た世界の人々は、この勝者と敗者が対等に肩を並べた姿に感銘を受けたと言われている。

この他にも、日本の軍人たちは敗者に対する恩情を示しているが、こうした彼らの道徳意識や考え方の基本になっているのが、日本の武士道なのである。

武士道には七つの徳目（義・勇・仁・礼・誠・名誉・忠義）があって、この中で人に対する「思いやり」を説いているのが「仁」である。「仁」とは弱い者、劣った者、負けた者に対する「思いやり」を意味しており、武士に最もふさわしい道徳として尊ばれたのである。

日本軍に敗れたロシア軍の将兵に対して、この「仁」をもって接したのが東郷司令長官と乃木司令官の武士道であったと言えるであろう。

日本の終戦工作

このように日本軍は、ようやく日本海海戦でバルチック艦隊に勝利を収めることができたが、既に陸軍も海軍も砲弾を使い果たし、それを補充するだけの戦費は底をついていた。

そこで、桂首相と小村外相は五月三十一日に、駐米公使の高平小五郎に打電して、アメリカのルーズベルト大統領に対して、日露講和会議の仲介を依頼するように命じるのである。

ルーズベルトは六月一日に、高平公使から講和の依頼を受けると、日露両国に対して講和を勧告したため、十二日までに日露両国は講和の勧告を受け入れることを表明した。

ロシア側が講和の勧告を受けいれたのは、日本海海戦の敗北で戦争を継続しても勝利の見込みが非常に少ないと思ったからである。

一方、日本は、兵員や物量に富む大国ロシアと比べて国力が小さいことから、日露戦争を実施する期間を約一年間と限定し、戦局が六割ほど日本に有利になるようにもっていきながら、日露の講和を仲介してくれる相手を探そうと計画していたが、ドイツとフランスは、ロシアと三国干渉をしてきた国なので、日本の内情を知らせて頼むわけにはいかない。

では、同盟国のイギリスはというと、ロシアと対立を避けるためにいち早く、「局外中立」宣言しているため頼りにならない。一方、アメリカは、既に世界で大国の一角を占めており、国際社会で発言権を強化していたことから、日本はロシアと対立しているイギリスよりも、戦争勃発から「局外中立」を宣言しているアメリカの方が仲裁に入りやすいと考えたのである。

日露講和会議の開催

十二日以降、日露講和会議の両国全権委員と開催地（米ニューハンプシャー州南東部のポーツマス）が決まると、外相の小村寿太郎全権委員一行は七月八日に、横浜港を出発して、二十五日にニューヨークに到着し、開催地のポーツマスへ移動した。

九日の予備会談を経て、翌日から、いよいよ日露講和会議の第一回会議がポーツマス軍港内にある海軍造船所本部第八十六号ビルの二階会議室で行われることになった。

当日、日本側から、先に十二項目の講和条件が提出されると、十二日の第二回本会議から、その講和条件の内容が審議された。

十七日の第六回会議までに、ロシア側全権委員のウイッテ元蔵相は、日本側が絶対的に必要な条件である「韓国問題、満州還付開放問題、遼東半島租借権譲渡問題、満州鉄道経営問題、満州鉄道支線譲渡問題」については合意を示したが、「樺太割譲、軍費払い戻し、中立国抑留軍艦引渡し、極東海軍力制限」については拒否して保留したままとなった。

そこで、日本は、二十九日午前十時から開催された最後の本会議で、再び樺太全島の割譲を要求したが、ウイッテが同意しなかったことから、樺太全島を放棄する代わりに、北緯五〇度を境界として南樺太の割譲を要求すると、ウイッテは南樺太の割譲に合意するのである。

では、なぜロシアは、後から南樺太の割譲に合意したのだろうか。

ルーズベルトは六月一日に、高平公使から仲介の依頼を受けると、翌二日に駐米ロシア公使のカシニーを招いて、講和交渉を受け入れるように勧告したが、ロシア側にはまだ戦うだけの余力があることから、講和は論外だと言って拒否してきた。

そこで、ルーズベルトは五日に、駐露アメリカ公使のマイヤーに対して、自分の意向をニコライ二世に伝えるように指示したが、その前にドイツ皇帝のウィルヘルム二世にも、ニコライ二世を説得するように依頼したのである。

当初、ロシアが日本との和平交渉に応じないのは「ロシア領土を日本に侵されているわけではない」という理由もあったことから、ルーズベルトは、講和会議を開催する前に、アメリカでの終戦工作のために訪米していた金子堅太郎（貴族院議員）に樺太の占領を提案した。ルーズベルトは、仲介国としての面子を保ち、日本側に講和交渉を有利にさせてロシアの満州進出を封じ、満州の門戸開放を実現させたいと考えたからである。

ニコライ二世は七月二十九日に、日本軍に樺太全島を占領されると、八月二十三日にマイヤー大使からの説得を受けて、北緯五十度を境界線とする南樺太の割譲に同意するのである。

マイヤー公使はニコライ二世の譲歩を、すぐにルーズベルトに伝えたが、ルーズベルトは二十五日に来訪した金子には一切、このことを話そうとはしなかったのである。

ルーズベルトが講和成立を目指していたにもかかわらず、ニコライ二世の譲歩を伝えなかったのは一度交渉を決裂させて、日本とロシアへの国際的非難を高めてから、もう一度、仲介して講和を成立させれば、アメリカに対する国際的な評価が上がると同時に、アジア・太平洋での権益を有利に獲得できるからである。

ところが、マイヤー公使は、ニコライ二世の譲歩を駐露イギリス公使のマクドナルドにも伝えたことから、マクドナルド公使は、旧知の間柄である石井菊次郎（外務省通商局長兼電信課長）を公使館に招いて、このことを伝えるのである。

石井は急いで、その内容を日本政府に打電すると、小村外相にもそのことを伝えた。二十八日に、日本政府から「軍費賠償と樺太割譲の二大要求は放棄しても止むを得ない。この際、講和成立が絶対の急務である」との修正訓示が送られていたが、翌朝、日本から小村外相に再び、「極秘電報一五四号」が送られてきたため、午前十時から開催された最後の本会議で、小村外相は樺太割譲と軍費払い戻しを放棄する代わりに、南樺太の割譲を提案すると、ウイッテがこの提案に合意したことで、ついに講和が成立するのである。

かくして、日露両国の全権委員一行は九月五日午後三時に、ポーツマスの海軍工廠で「日露講和条約」（通称「ポーツマス条約」）に調印し、二十日間にわたる講和交渉を終わらせるのである。

第八節　日露戦争は世界史にどのような影響を与えたのか

世界の民族独立運動を奮起させた日露戦争

このように、日本は、ようやく樺太割譲と軍費払い戻しを除いた講和条約をロシアに飲ませ、朝鮮半島と満州の地から、大国ロシアを追いはらうことに成功するのであるが、当時の世界ではロシアが勝利するということが共通認識であり、同盟国のイギリスや日本に対して同情的だったアメリカでさえも、戦争はロシアに有利であると思っていたことから、日本の勝利は帝国主義列強にとって、驚愕以外の何ものでもなかったのである。

　こうした列強の世論の中で、この勝利をわがことのように喜んだのは、インド初代首相ネルーが「アジアの一国である日本の勝利は、アジアのすべての国々に大きな影響を与えた」と述べているように、コロンブス以来、列強に抑圧されてきたアジア・アフリカ・アラブ諸国の有色人種だったのである。

　彼らが白人に対して、一度も勝てなかったにもかかわらず、近代化に成功した同じ有色人種の日本人が武士道精神をもって、世界屈指の軍事大国であるロシアに捨て身の一撃を加え、朝鮮半島と満州の地から追いはらったからである。

　だが、日露戦争の影響を受けたのは、アジア・アフリカ・アラブ諸国の人々だけではなかった。例えば、民族独立運動家で、ポーランド共和国の初代大統領ピウスツキは、国際連盟事務局次長の新渡戸稲造に対して「あの戦争は、ポーランドの今日をあらしめる重大なる段階でありました」と述べ、日露戦争がポーランドの独立運動に強い影響を与えたこと強調している。

　また後に、フィンランド初代大統領となるシリアクスも、明石元二郎大佐に対して、

「我々フィンランド人は、この皇帝を尊敬しています。極東の一島国日本は、……我々の宿敵であるロシアと戦うまでに、国力をつけられました。フィンランドは、残念ながらロシアの属

国です。しかし日本はそうならずに、堂々と戦っています。我々は明治天皇を尊敬し、日本の勝利を祈るのです」

と述べ、日露戦争での日本の勝利を願っているのである。

このように、日露戦争での日本の勝利によって、ロシアに抑圧されてきたポーランドやフィンランドなどの白人の中にも、民族独立運動が高まって、やがて独立を獲得していったわけである。

世界史に一大変革をもたらした日露戦争

日本の歴史家には「日清戦争は日本が明治維新後初めて、国外への勢力圏拡大を目指し、韓国をめぐって行った帝国主義戦争であり、日露戦争は勢力圏として新たに中国東北部（満州）が対象とされたもので、帝国主義戦争に変わりない」という理由から、「日露戦争は日清戦争の延長線上にあり、新しい現象ではない」と主張する者がいる。

また国際政治の観点から、日露戦争は、「欧米諸国が満州からロシアの勢力を駆逐して、自分たちの利益を得るために日本をけしかけて始めさせた代理戦争の反面をもっていた」と主張する者もいる。

だが、それらの主張は一面的な見方であって、例えば、明治三十八年一月中旬に、亡命先のジュネーブで旅順要塞の陥落の一報を聞いた革命家のレーニンが機関紙『フペリョード』で、「日本にとっておもな目的は達成された。進歩的な、すすんだアジアは、おくれた、反動的なヨーロッパに、取り返しのつかない反撃をあたえた」（『レーニン全集』第八巻、大月書店）と述べているように、日露戦争の世界史的な意義を唱えている者がいるのである。

日露戦争が勃発する前から、スウェーデンのストックホルムで対露工作を実施していた明石元二郎大佐は、バルチック艦隊の動向を探りながら、ロシア国内にいる社会主義者や民族独立運動家と連絡をとって、彼らに武器と活動資金を渡す活動を行っていた。

実は、これが原因となって、一九一七年にロシア革命が起こり、帝政ロシアが滅びて、ソ連という共産主義国家が誕生したことで、世界に東西関係とか、冷戦体制と呼ばれる一大変革がもたらされたのである。

さらに付言すれば、アメリカのジャーナリスト、ノエル・F・ブッシュが、その著書で「あの海域で、アジアの一小国が、地上最大のヨーロッパの帝国を、わずか一時間たらずでうち負かしたあの勝利は、アジア人とヨーロッパ人には質的なひらきがあるという長いあいだの神話を、永久に破壊してしまった。そして、むしろ、質的な差があるとすれば、アジア人のほうに分があるとさえ、この勝利は示唆したのである」

と述べているように、日本海海戦が「白人の世界支配という当時の絶対性を揺るがせた」ことによって、帝国主義列強の抑圧にあえぐ、アジア、アフリカ、アラブ諸国だけでなく、ロシアに抑圧されていたポーランドやフィンランドのような白人の国にさえも、民族独立への夢と希望を与えたのである。

では、最後に日露戦争とは、どのような意味を持った戦争であったのであろうか。

次に、この問題について見ていこう。

二十世紀の世界システムを現出させた日露戦争

これまで述べてきたように、最初の日清戦争は、アジア史的視点で見れば、単に朝鮮の独立をもたらしたという戦争ではなく、清国の敗北によって、従来の東アジア世界に内在した華夷秩序が崩壊し、東アジア世界に新たな国際秩序を生み出す契機となった戦争であった。

一方、日露戦争も、単に日清戦争の延長線上にあるのではなく、元宮内省御用掛のドイツ人内科医エルウィン・フォン・ベルツがその日記で、

「かくてまたもや世界歴史の一ページが――それも、現在ではほとんど見透しのつかない広大な影響を有する一ページが――完結されたのである。

今や日本は陸に、海に、一等国として認められた。われわれが東亜において、徐々ではあるが間断なく発展するのを観たその現象が、今や近世史の完全な新作として、世界の注視の的になっている――アジアは世界の舞台に登場した。

そしてこのアジアは、ヨーロッパ諸国の政策に、従ってわれわれの祖国の政策にもまた、共通の重大な影響を及ぼし得るのであり、また及ぼすはずだ。ヨーロッパだけの政策は、もはや存在しない。世界政策があるのみだ。東亜の出来事は、もはや局部的な意義をもつものではなく、今日ではわれわれにとって極度に重要な関心事である。

これらすべての意義を、世人はいまだに気付かないが、しかし時がこれを教えるだろう」と述べ、また後に中華民国を建国した革命家の孫文が「今ではアジアに日本があることで、白人はアジア人を軽視できなくなってきた。アジア人全体の国際的地位が高くなった」と述べているように、「大国クラブが片手間にアジアを論じていればよかった時代」に終止符を打ち、もはやアジアを無視できないという、二十世紀に新たな国際関係を生みだす戦いであったと言えるのである。

言い換えれば、日露戦争とは、日本民族の国運を賭けた戦争であると同時に、世界史を大きく転換させた戦争だったわけである。このように、日露戦争は、コロンブス以来、人類が経験した戦争の中でも、従来の帝国主義戦争とは全く質を異にする戦争であったことは間違いないのである。

第二部

大東亜戦争とアジアの解放

ＩＮＡ（インド国民軍）首脳とＦ機関
（左より小川少佐・モハンシン総司令官・キャニー参謀長・山口中尉・IN・中宮中尉・原中尉）

第二章　アジアの解放を推進した大東亜戦争の真実

第一節　軍備拡大から軍縮の時代へ

日露戦争後の兵力の増強

日露戦争が勃発したとき、帝国陸軍は、日清戦争のときの七個師団（近衛師団、東京第一師団、仙台第二師団、名古屋第三師団、大阪第四師団、広島第五師団、熊本第六師団）から、さらに六個師団（旭川第七師団、第八師団、第九師団、第十師団、第十一師団、第十二師団）を増設した他に、騎兵・砲兵各々二個旅団・一個鉄道隊を新設した。

兵員数は、日清戦争のときに現役約六万人、予備役約九万人、後備役約十四万だったのを日清戦争のときの約二倍に相当する約十三万六千人まで増大させた。

日露戦争の後、陸軍は一度、戦時編制から平時編制に戻したが、ロシアが「ウラジオ要塞を強化し、シベリア鉄道の複線化に着手し、またブラゴエチェンスクに野戦軍根拠地を作るなど、極東の兵備強化を着々と進めていた」ことから、ロシアを仮想敵国として、戦時中に、臨時に増設した四個師団をそのまま常設させ、その他に二個師団を増設させるのである。

これで師団数は、合計十九個師団となったが、「これと同時に、師団に属さないが、台湾守備隊に属する台湾歩兵第一連隊、同第二連隊をはじめとして、二個騎兵旅団、一個野戦砲兵旅団、一個交通兵団」を増設したことから、常備兵力は二十二万人以上となった。

後に、第一次世界大戦（一九一四～一七）から、戦車や飛行機が出現したことによって、「戦略単位としての師団の価値が小さくなった」が、この当時は、まだ「歩兵中心の師団の数を増やすことがそのまま兵力増強につながったのである」

このように、戦後も、兵力を増強させたのは、第一に日露戦争でロシアから獲得した遼東半島南端地域（関東州）と東清鉄道の一部（長春～旅順）の租借権を割譲されたことで、関東州と満鉄警備のために陸軍部隊（通称、関東軍）を派遣しなければならなくなったからである。

第二の理由は、韓国の警備部隊として、日本から各師団を順番に韓国に派遣するようになったからである。日露戦争の原因の一つは、三国干渉に日本が屈したことで、韓国がロシアを内政に引き入れて開化派を後退させ、第一次、第二次甲午改革（日清戦争後、朝鮮では大院君執政のもと、改革派の金弘集内閣が発足し、近代化への内政改革を実現しようとしたが、親清派と親露派の妨害によって失敗した）を挫折させたことにあった。

地政学上、弱小国の韓国は、大国の清国やロシアに囲まれていることから、「風見鶏《かざみどり》」(「定見を持たず大勢の動向にすぐ順応する」こと)的な外交を展開していかなければ生き残っていけないのである。

だから、もし日本が再び韓国を完全な独立国家として承認すれば、「日和見《ひよりみ》」(「事の成り行きを見て有利な方につこうと形勢をうかがう」)的な韓国は、それをいいことに、再び大国ロシアに擦り寄っていくかもしれない。

現在の韓国も中国に擦り寄っていくのは、伝統的に「寄らば大樹の陰」(「頼る相手を選ぶなら、力のある者がよい」)的な考え方があるからである。

そこで、明治政府は明治三十七年八月二十二日に、韓国が二度とロシアと手を組まないようにするために、「第一次日韓協約」を締結して韓国を保護国化し、外国から干渉されないように、翌年十一月十八日に「第二次日韓協約」を締結して、日本が韓国の外交を行い、韓国に日本の代表者として、統監一名を置くことにしたのである。

こうした理由から、陸軍は大正五年に、韓国に軍隊を常駐させるために二個師団を増設して、合計二十一個師団(歩兵連隊八十四個、台湾歩兵部隊二個、騎兵連隊二十九個、砲兵連隊三十個)となり、常備兵力は約二十六万人となった。

普通、戦争で勝てば、日清戦争のように敗戦国から軍費の賠償金を請求できるのだが、日露戦争では軍費の賠償金を獲得することができなかったこともあって、賠償金を軍事予算にあてることができなかったのである。

このため、日露戦争後も、軍事費の負担が国民に重く圧し掛かることになったことから、明治三十九（一九〇六）年の国債は一七億円となった。

一方、イギリス海軍は、日本海海戦から約一年半後に、ドイツ皇帝のウィルヘルム二世の唱えた建造計画（戦艦三十八隻と大型巡洋艦十四隻）に対抗するために、戦艦「ドレッドノート」（排水量一万七九〇〇トン）と並行して、世界で初めて巡洋戦艦「インビンシブル」（排水量一万七千トン）を建造し、さらに戦艦「オライオン」（排水量二万二千トン）と巡洋戦艦「ライオン」（排水量二万八千トン）を建造した。

またアメリカ海軍も明治三十一（一八九八）年から、海軍の大拡張計画を立案して、それを実行し、「明治三十八年には大西洋と太平洋の両艦隊の自由な運行を計るため、パナマ運河の建設に着手した」が、その目的は極東の権益を脅かす日本の台頭を抑えなければ、自分たちの野望を遂げることができないことを悟り始めたからである。

こうした列強の海軍の大拡張計画に対して、帝国海軍も明治四十（一九〇七）年に、日露戦争の状況と、その戦争指導の反省を踏まえて、陸軍とともに「帝国国防方針」を制定し、「八八艦隊」計画（「対英米七割保有論」）を立案して、対英米建艦競争に邁進するのである。

この八八艦隊とは、当初、「艦齢八年以内の二万トン級戦艦八隻、一万八〇〇〇トン級装甲巡洋艦八隻を基幹とするもので、いずれも日露戦争を戦った六六艦隊を質量ともに大きく上回る」ものであったが、海軍は、この構想を基に第一次世界大戦中の大正五（一九一六）年に、最初に「八四艦隊」を議会に提案した。

この八四艦隊案が大正六（一九一七）年に成立すると、次に「八六艦隊案」が翌年に成立し、最終的には大正九（一九二〇）年に、八八艦隊案が成立するのである。

ワシントン海軍軍縮条約の締結

この八八艦隊が正式に予算化されたとき、既に海軍では八隻の軍艦（金剛・比叡・榛名・霧島・扶桑・山城・伊勢・日向）が完成していたが、大正七（一九一八）年に、第一次世界大戦が終わると、翌年に世界恐慌が起こり、世界中が建艦競争ではなくなったことから、アメリカ大統領ウォーレン・ハーディングの提唱によって、大正十（一九二一）年十一月十一日に、アメリカのワシントンで海軍軍縮会議が開催されることになった。

一般に、ハーディング大統領は、大戦後にますます激しさを増す建艦競争や世界恐慌の影響によって、列強の財政（大正十年の歳出の内、軍事費は日本が四八パーセント、米英は二三パーセントを占めていた）が逼迫したことから、その負担を軽減するために軍縮会議を提唱したと言われている。

だが、この会議の真の目的には、第一次世界大戦のときに、ほとんど損害を受けなかった帝国海軍の対英米建艦競争の拡大にブレーキをかけ、将来の日米戦争で、イギリスが日本につけば主力艦の比率が「日英八・米五」となることから、日英同盟も破棄させることが、アメリカの対日戦略にあったことは明らかであり、財政的な負担を軽減するというのは表向きの理由であった。

前出のドイツ人医師のベイツが日記の中で、オーストリアの元帥ヒュープナー伯から「あなたもやはり、ロシアの勝利を願っていますね、そうでしょう?」と言われたので、「そこで、自分は反対に心から日本の勝利を祈っており、なおまた自分は、日本の勝利を微塵も疑っていないと答えたら、伯は大変驚いていた」と述べているように、「すでにヨーロッパでは日本が日清戦争に勝利した時点で、日本が植民地を解放してしまうのではないかと恐れる黄禍論(黄色人種の台頭)が現われていた」のである。

さらに、日本がロシアに勝って有頂天になっていた頃、欧米のマスコミは、次のような社説や論説を掲載して、たちまち日本を警戒、敵視の対象にしたのである。

「日本が今回の勝利に続いてさらに発展を重ねるならば、イギリスといえども将来、日本に遅れをとることがないとは言えない。さらにアメリカの立場はどうであろうか、二〇世紀のうち

に文明の流れが変わることを予報するものであるかもしれない」（ニューヨーク・サン紙）
「太平洋に出現したこの大海軍国は、今後、列強の勢力関係に大きい動揺を生じさせることになろう。英米の人民も、この点について懸念を抱くに相違ない。フランス人は、日本の力が異常に増進することに懸念を感じている諸国と共同行動をとることになるかもしれない」（フランスのレピュブリーク・フランセーズ紙）
ところが、当時の日本人は、前出の孫文が
「東郷大将がロシアの艦隊を全滅させたニュースが伝わると、全ヨーロッパの人々は父母を失ったように悲しんだ。
日本の同盟国であるイギリスでも、ほとんどの人が眉をひそめ、日本の大勝利は白人の幸福ではないと考えた。つまり血は水よりも濃いということだ」
と警鐘を鳴らしたにもかかわらず、誰もそのことに関心を示さなかったのである。
ところで、当時、八八艦隊の建造費は約九億円であった。大正九年の国家予算総額十五億四〇〇〇万円の内、海軍の予算が三億九八〇〇万円（二六・五パーセント）であったから、陸軍の予算と合わせても、軍事費の割合は国家予算の四二パーセントにも達していた。
欧米列強が日本を警戒していることを知らない日本は、この会議を渡りに船と思って参加したが、これは単なる海軍力の制限だけではなく、日本の大陸政策を封じるための巧妙な牽制でもあったことから、この会議ではアメリカによって、米英日の主力艦（戦艦）および航空母艦のトン数の比率の制限（米国五〇万トン・英国五〇万トン・日本三〇万トン・フランスとイタリア一七・五万トン）と、十年間の主力艦建造禁止を定めた「ワシントン海軍軍備制限条約」の他に、太平洋域の領土と権益の相互尊重と、諸島嶼の非軍事基地化、中国の主権・独立の尊重、領土保全、機会均等、門戸開放が提案された。

全権の海軍大将加藤友三郎は、この提言に反対したが、結局、翌年に、他の二大海軍国（米英）とともに、「九カ国条約」、「四カ国条約」および「ワシントン海軍軍備制限条約」を締結するのである。

これによって、日本は日英同盟を廃棄し、満蒙投資優先権の放棄、山東半島の権益を中国に返還することを余儀なくされたが、この軍備制限条約は昭和十一（一九三六）年十二月三十一日まで有効とされたことから、それまで海軍は八八艦隊の実現はおろか、既存の軍艦を縮小廃棄し、向こう十年の間、軍艦を建造できなくなった。

そこで、海軍は、主力戦艦の保有量の劣性を克服するために、補助艦（巡洋艦、駆逐艦、航空母艦、潜水艦）の建造に力を注ぐと同時に、東郷元帥の「軍備に制限はあっても、訓練に制限はあるまい」の言葉に従って、兵力の不足を訓練で補うために「月月火水木金金」という土曜日も日曜日もない連日にわたっての猛訓練を開始するのである。

一方、明治四十年二月の「帝国国防方針」で、「平時二十五師団、戦時五十個師団」を目標にしていた陸軍の方も、海軍の予算削減と関東大震災による緊縮財政の影響から、「戦時四十個師団」へと目標を変更した。

ロンドン軍縮条約の締結

ワシントン海軍軍縮会議では、主に主力艦に制限が置かれたため、補助艦の建艦競争が激化する状況になったことから、昭和二（一九二七）年に、アメリカは英・日・仏・伊の四国に対して、軍縮会議を提案し、同年六月から、スイスのジュネーブにある国際連盟本部で「ジュネーブ軍縮会議」が開催されることになった。

この会議では、アメリカが「巡洋艦、駆逐艦、潜水艦の三種類を、それぞれ五・五・三の比率にすることを主張して日本は七割を主張し、アメリカと対立した」ことで、八月四日に会議が中止された。

その後、昭和五（一九三〇）年一月二十一日に、イギリスのロンドンで軍縮会議が開催され、海軍軍令部長の加藤寛治中将は七割を主張したが、会議が決裂するのを恐れた前海軍大臣の岡田啓介大将が内閣と海軍の調停工作を行い、軍令部の不満を抑えて、ようやく条約の調印にこぎつけたことで、今まで何の縛りもなかった補助艦に対しても、概ね「五・五・三」の比率でトン数が決められるのである。

この軍備制限条約によって、米・英・日・仏・伊の五カ国は、一切の主力艦の建造を禁止したことで、潜水艦は五万二七〇〇トンで、同トン数であったが、補助艦の内、最も重要な甲級巡洋艦にも六割という制限が加えられた。

この時期を「建艦休止期（ネーバルホリデー）」と呼ぶが、昭和十一（一九三六）年までの五年間、帝国海軍は、戦艦「長門」「陸奥」という世界最大の二大戦艦を持って、アメリカに備えたが、一方では補助艦の不足を補うために、第一に軽快艦艇による夜戦、第二に潜水艦の利用、第三に航空兵力の育成に努力を払うことになるのである。

アメリカ海軍の立案したオレンジ計画

一方、アメリカ海軍は、日露戦争が起こった明治三十七年に、アメリカ陸軍参謀総長のチャフィー大将の提案で、「カラー・プラン」と称する戦争計画を立案したが、その背景には「アメリカが、極東に対する日本の野望を警戒し、なかんずく日本がフィリピンをアメリカの手から奪おうとするのでないかと危惧した」ことが動機となっている。

この計画では仮想敵国のイギリス、ドイツ、メキシコ、日本を、それぞれレッド（赤）、ブラック（黒）、グリーン（緑）、オレンジ（橙《だいだい》）の色で識別したが、最初は「万一日本との戦争が起こった場合の諸原則を述べただけの、いわゆる戦争計画とはほど遠いものであった」

ところが、明治三十八年に、カリフォルニア州議会で日本移民制限に関する決議案が採択されると、「オレンジ計画」にも再検討がなされることになり、明治四十年一月に、対日戦争の拠点として、ハワイのパールハーバーに海軍基地が設置されることになった。

第一次世界大戦後の大正八（一九一九）年に開催された「パリ講和会議」で、西太平洋の赤道以北にある旧ドイツ領諸島、マーシャル、カロリン、マリアナの各諸島が日本の委任統治領となったことで、アメリカは、「今まで大西洋に置いていた主力艦隊を、太平洋に配置変えし、最新鋭の戦艦十二隻がサンフランシスコを基地として活動すること」にした。

このとき、アメリカ海軍の作戦部の中に、戦争計画課が初めて設置され、大正九年に二種類の計画（「日本に対する太平洋渡洋作戦」「日英同盟に対する作戦」）が立案された。

前出のワシントン海軍軍縮条約の第十九条で太平洋の防備が制限されると、アメリカ海軍は、オレンジ計画の全面的な見直しに着手した。

新しく策定されたオレンジ計画（「陸海軍統合作戦計画―オレンジ―」）ではアメリカ海軍がフィリピンを日本から奪還した後、沖縄方面に移動し、日本を海上封鎖して、経済的に孤立させ、消耗させて戦うことや補給体制、後方支援体制が詳細に規定されており、「その後のアメリカの対日戦略の基本として、その役割を果たしていくことになる」のである。

では、次に満州事変から大東亜戦争に至るまでの過程と真相について見ていきたいと思う。

第二節　大東亜戦争はなぜ始まったのか

満州事変への道

前出の孫文が一九一二年に、「辛亥革命」の陰の立役者、梅屋庄吉（日活株式会社の創業者）の経済援助（現在の金額で約一兆円）によって、辛亥革命を果たすと、満州の軍閥、張作霖は、満州に中華民国政府を組織して、奉天、吉林、黒龍江の独立を宣言したことから、帝国陸軍は、日本が満州地域の権益を維持するために張作霖の政治支配を支持した。

こうした中で、昭和四（一九二九）年十月二十四日（暗黒の木曜日）に、ニューヨーク株式取引所で世界恐慌が発生すると、各国では企業・銀行が倒産して、失業者が増大し、社会不安が広がったことで、広大な植民地を持つ欧米列強は、植民地と本国との貿易を優先するため、ブロック外との貿易には高い関税をかけて、海外市場の狭い日独伊の三国を自己市場から排除する行為に出てきた。

これを「ブロック経済化」（排他的経済圏）と呼ぶが、例えば、アメリカ大統領フーヴァーは、関税法案の「スムート＝ホーレム法」を制定して高関税率によって、農産物価格の引き上げを行おうとしたが、この保護貿易的対策によって貿易取引が縮小され、恐慌が悪化した。

日本は、「ニューヨークの株価暴落に対して、金輸出解禁を実施した」が、「これが裏目に出て為替相場は急騰し、輸出は激減して、物価や株価は暴落した。これにつれて、生糸相場の暴落や豊作見込みによる米相場の大暴落が続き、不況はいよいよ深刻になっていった」

この不況によって、日本と満州との相互依存関係が深まる一方で、南下政策を企てるソ連と隣接する満州は、軍事的にも重要な日本防衛の要衝となっていたのである。

満州事変勃発から満州国誕生へ

昭和五（一九三〇）年十二月に、民政党の浜口首相が東京駅で暴漢に狙撃されて重傷を負う事件が発生した。この原因は、昭和恐慌とロンドン海軍軍縮条約と「統帥権干犯問題」（ロンドン軍縮条約をめぐって、政友会が憲法に規定されている統帥権を内閣が侵したと民政党を批判し、これに海軍軍令部長の加藤寛治大将が同調して起こった政治問題）にあったと言われている。

翌年三月と十月に、陸軍中堅将校が結成した「桜会」の中心人物、橋本欣五郎中佐によって、クーデター未遂事件が起こると、同年九月十三日に、満州の権益を脅かす中国の経済建設に対処できない若槻内閣の弱腰外交に不満を抱いた関東軍が「柳条湖事件」を起こし、それを「満州事変」にまで発展させて、翌年に満州国を建設し、一挙に内外問題の解決を図ろうとした。

五族（満州族、漢民族、蒙古族、朝鮮族、大和民族）共和のスローガンを掲げた満州は、「農業をはじめとする産業や商業などが日本主導で興され、満州での鉄鉱石の精錬、石炭とその液化による石油の生産などは、日本は喉から手が出るほど欲しい戦略物資の一部であった」

だが、この満州事変と満州国の誕生は昭和十六年十月十八日に、特高警察に逮捕されたソ連の工作員リヒャルト・ゾルゲ（ナチス党員、フランクフルター・ツァイトゥング特派員）が、「一九三一年の秋に起こった満州事変で、極東における日本の地位は一変した。……ソビエト連邦はこれまで国防上、とかく等閑に付しがちであった広大な辺境地方で直接日本と相対することになった。言い換えるなら、ソ連にとって容易ならざる新事態が起こったのであった」と述べているように、ソ連に脅威を与えたのである。また日本が満州に勢力を伸ばすことに脅威を感じた欧米列強も、蒋介石政権を援助して、日本を牽制しようとする政策をとったことから、日本との対立を深めていくのである。

第一次上海事件から二・二六事件へ

昭和七（一九三二）年一月に、上海の海軍陸戦隊と支那一九路軍とが交戦する事件（「第一次上海事件」）が起こると、続いて二月九日に、右翼団体の「血盟団」によって、井上準之助前蔵相が暗殺され、三月五日には三井合名理事長の団琢磨が暗殺された（「血盟団事件」）。また同年五月十五日には犬養首相が海軍の青年将校らによって暗殺される事件が起こった（「五・一五事件」）。

翌年三月には国際連盟が満州国の独立を批判したリットン調査団の報告書を支持したことから、日本は国際連盟を脱退した。

そして、日本は昭和十一（一九三六）年十一月に、ドイツと対ソ包囲網を確立するために「日独防共協定」（翌年十一月にイタリアが参加）を締結して、ドイツに接近すると同時に、ロンドン軍縮会議を脱退して、ワシントン、ロンドン条約を破棄した。

また国内では同年に、「二・二六事件」が起こり、岡田啓介首相以外の政府の重鎮が暗殺され、岡田内閣は総辞職するのである、

盧溝橋事件から第二次上海事件へ

こうした情勢の中で、昭和十二（一九三七）年七月七日に、後の大東亜戦争の導火線となる支那事変（北平（現在の北京）郊外の盧溝橋で、演習中の日本軍が支那第二十九軍の後方陣地から何者かによって発砲された事件）が起こるのであるが、この日中両軍の武力衝突によって蒋介石は、日本軍に対して徹底抗戦を命じるのである。

このとき、南京上海防衛司令官だった張治中は回想録で、蒋介石の命令で盧溝橋事件の前年

二月から、極秘裡に対日戦の準備を開始していたことを告白しているのである。

「国民政府内部にはなお対日妥協を唱える勢力も存在したが、事ここにいたっては日本との全面的武力衝突も止むなしの声も強く、蒋介石は日本を妄想より覚せいさせるためには、英米と戦わせて敗北させる以外の道はないと考えるようになっており、そのためには日本軍を大陸の奥深くまで誘いこみ、日本の国力を疲弊させるべきであるとの考えに立っていた」からである。

蒋介石によって停戦協定が破られると、張治中は、蒋介石に先制攻撃を具申したが、攻撃開始の時期を待つように返電されてきた。だが、張治中は八月十七日に、上海駐留の日本海軍上海特別陸戦隊に対する先制攻撃を蒋介石から命令され、「第二次上海事変」を引き起こすのである。

翌日、張治中は、蒋介石から出された攻撃中止命令を無視して攻撃を拡大し、日本軍も増援部隊を派遣するに至って、ここに全面戦争は不可避となったのである。

北支事変から支那事変へ

こうして、張治中の策略にまんまと引っ掛かった近衛首相は九月二日に、「北支事変」を「支那事変」と改称して、不拡大方針を放棄し、五日には「支那軍の暴戻《ぼうれい》を膺懲《ようちょう》し、南京政府の反省を促す」との声明を発表して和平への道を閉ざしてしまうのである。

張治中は回想録で、大正十四（一九二五）年に、広東の黄埔軍官学校の学生総隊長をしていた頃、周恩来に共産党への入党を申し出た際、周恩来から国民党にとどまって「ひそかに」中国共産党に協力してほしいと要請されたと告白している。

この共産党の工作員、張治中が仕掛けた第二次上海事件は、昭和十一年十二月に起こった西安事件（「共産党討伐の督促に西安に赴いた蒋介石を張学良が監禁し、内戦停止と抗日を要求」した事件）を利用して、蒋介石と「第二次国共合作」（翌年九月）を実現し、日本を破った後に、国共内戦に勝利して、政権を奪取しようとする中国共産党にとっても好都合であった。

このことは、毛沢東が昭和三十九（一九六四）年七月十日に、北京の人民大会堂で佐々木更三ら、旧日本社会党の訪中代表団たちと会見した際に、

「日本軍国主義は中国に大きな利益をもたらし、中国人民に権力を奪取させてくれました。皆さんの皇軍なしには、我々が権力を奪取することは不可能だったのです」

と、日本軍に謝意を表していることからも明らかである。

日米開戦への道

昭和十六（一九四一）年十二月八日に、日本軍が米英に対して奇襲攻撃を仕掛けたことで、大東亜戦争が勃発するのであるが、その理由は、石油を始めとする海外の戦略物資を確保する

ことにあったからである。

では、日本は、なぜ戦争をしてまで海外の戦略物資を確保しなければならなかったのだろうか。

先述した第二次上海事変で、張治中の罠に掛かった日本軍は、進撃を続けた結果、北平、上海、南京を占領したが、上海に権益を持っていたイギリスは、日本の勢力拡大を阻止するために、蒋介石に対して、主に香港、仏領インドシナ（現在のベトナム、カンボジア、ラオス）およびビルマからのルートを通じて、物資の支援をしながら、次第に日本への非難を強化する一方で、アメリカも昭和十四（一九三九）年七月二十六日に、対日戦略物資の禁輸を実施するために、一方的に「日米通商航海条約」（明治四十四年締結）の破棄を通告し、日本に対する経済制裁の構えを見せてきた。

同年九月一日に、ドイツがポーランドに侵攻したため、英仏はドイツに宣戦布告し、「第二次世界大戦」が勃発した。ドイツは翌年五月に、フランスにも攻撃を開始し、オランダとベルギーを占領すると、六月にフランスを降伏させた。

日本軍は、支那事変から米英が日本軍と戦っている蒋介石を援助するため、仏領インドシナ（以下、仏印と略称）や英領ビルマの国境より中国へ軍事物資を輸送していたことから、なかなか蒋介石を降伏に追い込むことができなかった。

そこで、日本は、フランスが同盟国のドイツに降伏すると、昭和十五（一九四〇）年九月二十二日に、仏領経由の「援蒋ルート」を遮断するために、対独降伏後、ペタン元帥を国家主席とするフランスのヴィシー政権に北部仏印の進駐を了承させ、進駐を開始したが、アメリカは同年十月十六日に、その報復措置として、鉄屑の全面禁輸を実施するのである。

こうした中で、欧州戦線でのドイツの快進撃は、日本に大きな影響を与えた。特に、蘭印（インドネシア）の宗主国であるオランダの対独降伏は、南進して蘭印の豊富な油田地帯（年産約六五〇〇万バレル）と、その他の資源（鉄鉱、ニッケル、錫《すず》、ボーキサイト、マンガン、ゴム、カッポク綿、砂糖）を獲得する上で、絶好のチャンスだったからである。

当時の日本は、年間約四〇〇〇万バレルの石油を海外から輸入していたが、その約八〇パーセントはアメリカからの輸入であったことから、資源の豊富な蘭印の攻略は、大東亜戦争の初期の作戦の中で、最大の目標となっていったのである。

日本は昭和十六年四月十三日に、万一の対米英戦が起こった場合に、後述の南方作戦に専念できるようにと、ソ連のスターリンと「日ソ中立条約」を締結すると、九月二十七日に、勢力の均衡を図って、日米和平交渉を実施するため、「日独伊防共協定」を発展・解消させて「日独伊三国同盟」を締結した。

六月に、前年九月から開始したオランダと日本の石油購入についての交渉が決裂すると、オランダは七月二十六日に、前日に日本の在外資産を凍結したアメリカにならって、イギリスとともに日本の在外資産を凍結するのである。これに対して、日本は七月二十八日に、蘭領に圧力をかけるために南部仏印進駐を開始した。

だが、ルーズベルト大統領は八月一日に、この制裁措置として、対日石油輸出の全面禁止を発令してくるのであるが、これは石油輸入の八〇パーセントをアメリカに依存している日本にとって致命的な打撃であった。

このため、対米戦の主役である帝国海軍の「帝国国策遂行方針」(「十月下旬を目処に戦争準備と外交を併進させ、十月中旬になっても外交が妥結しない場合には実力を発動する」)を基に、「帝国国策遂行要領」(「現下ノ危局ヲ打開シテ自存自衛ヲ完ウシ大東亜ノ新秩序ヲ建設スル為此ノ際対英米蘭戦争ヲ決意シ」)が同年九月三日に、大本営政府連絡会議で討議された。

こうして、対米開戦の目的は、「帝国国策遂行要領」にあるように、まず自存自衛を達成し、しかるのちに「大東亜新秩序」の建設の理想が実現されるべきものとされた。

近衛首相が十月十六日に、帝国議会から「ゾルゲ事件」に関わった朝日新聞記者の尾崎秀実《ほつみ》との関係を追及されて総辞職すると、東條陸相は十八日に、天皇陛下より、対米開戦回避の交渉継続についての大命を受けて、内閣を組閣した。

ところが、アメリカは十一月二十六日に、日本に対して「ハル・ノート」を突きつけてきたため、対米開戦は不可避なものとなっていくのである。

アメリカ国務長官コーデル・ハルの覚書とされる、ハル・ノートとは、日本軍に対して中国や仏印からの即時撤退、満州国および南京政府の否認などの提案からなっていたが、東條内閣は十二月一日の御前会議において、このハル・ノートをアメリカの最後通牒と判断し、対米英蘭の開戦日を十二月八日（日本時間）と決定するのである。

では、なぜルーズベルト大統領は、後の大東亜戦争の直接的な引き金となるハル・ノートを日本に突きつけたのだろうか。

当時のアメリカでは、建国以来の伝統的な孤立主義の外交に基づいて、ヨーロッパとの相互不干渉を宣言した「モンロー主義」の影響が根強く残っていたことから、ルーズベルト大統領は、次の大統領選の公約として、モンロー主義の堅持を誓っていた。ところが、欧州戦が始まると、イギリスの首相チャーチルの要請で、欧州戦線への「参戦に向けて、議会と世論が一致して燃え上がる大義名分」を得なければならなくなるのである。

そこで、ルーズベルトは、国務長官ハルが財務省長官モーゲンソーの試案（「日本への巨額な経済支援と貿易の最恵国待遇の見返りに、中国からの撤兵を求める。日本海軍の艦船の四分の三を、アメリカに売る」）を基にして書いたハル・ノートを日本に突きつけ、日本から先にアメリカを攻撃させることで、自動的に日本と軍事同盟を結んでいるドイツと戦争状態に入ることを画策するのである。

このようにして、ルーズベルトは、日本軍から先制攻撃をやらせることで、議会と世論を喚起させて欧州戦に参戦することに成功するのである。

その証拠に、当時、ルーズベルト政権で陸軍長官を務めていたスチムソンは昭和十六年十一月二十五日付の日記で、その日、ホワイトハウスで開かれた秘密会談で、ルーズベルト大統領が「問題は、どのように日本を操って、われわれにあまり大きな危険をおよぼすことなく、彼らに最初の一発を発射させるような立場に追い込むべきか、ということである。これは難しい注文だ」と言ったことを包み隠さずに述べている。

このスチムソン日記を読んだハワイ太平洋艦隊の駆逐艦部隊司令官シオボールド海軍少将も、その著書で「ルーズベルト大統領が、どんな策略を使って、戦争を始めようとしていたか、そのすべてがここに見られる。アメリカ国民を奮起させ、団結させて戦争に突入させるには、日本の先制攻撃が頼みであった」と述べている。

ところが、今日では、このモーゲンソー試案を書いたのは、財務省特別補佐官のハリー・デクスター・ホワイトというソ連のスパイだったことが明らかにされているのである。

スターリンは、ソ連のＮＫＶＤ（内部人民委員部）工作員ビタリー・グリゴリエッジ・パブロフを通じて、ホワイトにモーゲンソー試案を書かせ、ソ連に脅威をもたらしていた関東軍を満州から撤兵させることを画策した。

ソ連は、先述した日ソ中立条約とハル・ノートによって、関東軍とドイツに挟み撃ちされることなく、独ソ戦に集中できるようになるからである。

このハル・ノートについて、当時、ルーズベルト政権で国務次官を務めたサムナー・ウエルズは回想録で、「一九四一年十一月二十六日の午後、ハル国務長官は、対日休戦や和解のすべての考えを放棄し、十ヵ条からなる最後形式の提案――ハル覚え書――を日本に手渡した。大統領も彼も、この提案を日本が拒否することを知っていた。そこに妥協や融和の考えは毛頭なかった」と述べており、また駐日大使だったジョゼフ・C・グルーも回想録で、「このとき開戦のボタンは押されたのである」と述べている。

後に、「スノー作戦（雪作戦）」と名付けられた、このソ連の秘密工作は、アメリカの対日政策に影響を与える国際的な謀略であり、パブロフも「作戦は見事に成功し、日本に突き付けられた厳しい対日要求、ハルノートがその成果だった」と述べている。

ところが、アメリカ政府の内部に侵入したソ連のスパイは、ホワイトだけではなかったのである。実は、平成七（一九九五）年から、アメリカ国家安全保障局（ＮＳＡ）によって、公開が始まった「ヴェノナ文書」（「第二次世界大戦前後の時期にアメリカ国内のソ連のスパイたちがモスクワの諜報本部とやり取りした秘密通信を、アメリカ陸軍情報部が秘密裡に傍受し解読した記録」）によれば、第二次世界大戦の時期に、「アメリカ政府の内部にソ連・コミンテルンのスパイが大量に潜入し、戦前のアメリカ政府の対日政策だけでなく、戦後のGHQの政策にまで影響を及ぼしている」のである。

こうした国際的な大謀略が繰り広げられている中で、陸軍参謀総長杉山元および海軍軍令部総長永野修身の両名は十二月二日に、列立して機動部隊の奇襲に重点を置いた開戦理由について上奏を行い、十二月十日の政府および統帥部との連絡会議において、「今次ノ対米英戦争及今後情勢ノ推移ニ伴ヒ生起スルコトアルベキ戦争ハ支那事変ヲ含メ大東亜戦争ト呼称ス」と決定するのである。

第三節　真珠湾作戦とフィリピン作戦の開始

山本長官の真珠湾攻撃案

アメリカ海軍が明治三十七年から、オレンジ計画をもとに対日戦の作戦を練っていたのに対して、帝国海軍では日本海海戦の経験から、まずアメリカ艦隊を近海にまで引き寄せて、相手を疲れさせてから、撃滅を図る作戦が練られていた。

具体的に言えば、アメリカと戦う予想会敵海面を沖縄とし、「前哨戦は小笠原諸島を予想して、来航するアメリカ艦隊を途中で待ち受け、潜水艦や快速の巡洋艦などで攻撃してアメリカの主力艦の漸減作戦を採り、最後は両海軍の主力の艦隊決戦で雌雄を決しようとするものであった」

これに対して、連合艦隊司令長官の山本五十六大将は、ワシントン海軍軍縮会議で日本は不利な兵力（対英米六割）を押し付けられたことから、将来、「優秀なる米国海軍と戦うとき、先ず空襲を以て敵に一撃を与える」という考えを持っていた。

そこで、山本長官は昭和十六年一月上旬に、海軍大臣の及川古志郎大将に対して、意見書を提出すると、当時、第十一航空艦隊参謀長だった大西瀧次郎少将（後に中将、「敗戦の翌日、特攻戦死者の後を追って自刃した」）に宛てた手紙で、次のような作戦計画基礎案の作成を命じるのである。

「国際情勢の推移如何によっては、あるいは日米開戦の已《や》むなきに至るかもしれない。日米が干戈《かんか》をとって相戦う場合、わが方としては、何か余程思い切った戦法をとらなければ、勝ちを制することはできない。

それには、開戦劈頭《へきとう》、ハワイ方面にある米国艦隊の主力に対し、わが第一、第二航空戦隊飛行機隊の全力をもって、痛撃を与え、攻撃は雷撃隊による片道攻撃とする。

本作戦は容易ならざることとなるも、本職自らこの空襲部隊の指揮官を拝命し、作戦遂行に全力を挙げる決意である。ついては、この作戦を如何なる方法によって実施すればよいか研究してもらいたい」

山本長官の考えを補足すると、開戦時に陸軍部隊が英領のマレー半島に上陸すれば、必ず、ハワイ太平洋艦隊が作戦を妨害するために出てくることになる。

もし、一度、アメリカに主導権を握られると、長期戦では艦隊決戦のチャンスはめぐってこなくなるため、こちらから出向いて行って真珠湾を先制攻撃し、敵の戦意を喪失させることで早期に講和に持ち込むというものであった。

大西少将から鹿屋基地に呼ばれて、この手紙を読んだ第一航空艦隊参謀の源田実少佐（後に大佐）は回想録で、「西太平洋における邀撃作戦を固定兵術思想とし、艦の設計、製作から艦隊の演習、術科の訓練、兵力構成に至るまで、すべてこの思想をもとに三十数年間、訓練をして過ごしてきた、わが海軍の用兵家にとっては、この山本長官の構想は、全く晴天の霹靂であった」と述べている。

アメリカには「何か在来の兵術常識を超越した新しい戦法とか、新しい兵力構成でも導入しなければ勝ち目はないのであるが、旧海軍のいわゆる主流派は、アメリカと同じような兵力構成と、西太平洋における邀撃作戦という過去の枠組みをはずれて考えることをしなかった。この枠を兵術的に打ち破ったものが、ハワイ攻撃という山本構想であったのである」

こうして、源田少佐は、約一週間後に二つの案を作成して、大西少将に提出し、その後、大西少将が自分の案を作成して、四月初旬に山本長官に提出した。

同年八月一日に、アメリカが日本への石油輸出を全面禁輸すると、海軍内では対米開戦論が台頭し、九月上旬までに、「もし開戦の場合、劈頭に南方の資源地帯を占領し、同時にアメリカ、イギリス、オランダの兵力を撃滅して西太平洋の制空・制海権を握る。その方法としてまず、フィリピンとマレーに同時に侵攻し、この二作戦に沿って南下し、油田地帯を制圧する」という作戦計画案を完成させるのである。

真珠湾攻撃の開始

昭和十六年十一月二十六日午前六時、南雲機動部隊は、千島列島・択捉《えとろふ》島の単冠《ひとかつぷ》湾から針路九七度で、一路、五千数百キロも離れたハワイ・オアフ島の真珠湾を目指して出発した。

そして、十二月八日（ハワイ時間七日午前六時五分）に、真珠湾の北方三六〇キロの地点に到達すると、第一波攻撃隊一八三機は午前七時四十九分に、空母六隻から攻撃機とともに出撃して、オアフ島の真珠湾に在泊する米艦船に奇襲攻撃を行った。

続いて、第二波攻撃隊一七一機も午前九時に、攻撃機とともにオアフ島の真珠湾に突撃を開始して大戦果をあげたが、この第一波、第二波の攻撃に参加した三五四機の内、戦闘機九機、艦爆一五機、艦攻五機と乗員五十四名が未帰還となった。

一方、ハワイ太平洋艦隊は、空母と巡洋艦を除いて戦艦八隻を含む在泊艦船のほとんどすべてが撃沈もしくは大破したが、これは日本海海戦以来のパーフェクト・ゲームであったと言っていいだろう。

こうして、開戦当初、五・五・三の比率で劣勢だった連合艦隊は翌年六月五日に、ミッドウェー海戦で大敗するまで、アメリカ海軍よりも優位に立つことになるのである。

フィリピン作戦の開始

一方、真珠湾攻撃が成功していた頃、台湾南部の高雄、台南の海軍航空隊でも、九六中攻隊や一式陸攻隊が護衛の零戦隊とともに、フィリピンのクラーク基地とイバ基地に対する攻撃準備を整えて待機していた。

高雄基地では夜明け前の午前二時三〇分に、基地を発進して、午前七時三〇分に飛行場を攻撃することになっていたが、濃霧の影響で出撃することができなかった。

午前十時五十五分に、やっと晴れ上がった高雄基地から、零戦隊が発進し、午後一時四〇分頃に、イバ上空に突入して敵機を追いはらうと、今度は地上の敵機に向かって射弾を浴びせ、大戦果をあげた。

一方、台南基地の零戦隊も午前十時四十五分に、一式陸攻隊とともにクラーク基地を目指して発進した。陸攻隊は、クラーク基地の上空に差しかかると、一斉に飛行場に向けて投弾した。

その瞬間、飛行場全体が、パッと褐色の絨毯が覆いかぶさるように見えた。

こうして、零戦隊と陸攻隊は、敵基地への攻撃を終えると、高雄、台南基地に向けて、帰投した。

真珠湾作戦とフィリピン作戦を成功させた零戦の航続能力

戦後の日本では、大戦中に活躍した零戦の格闘戦性能や火力ばかりが強調されて、攻撃機をはるかに超えた零戦の航続能力を軽視した議論が多かったと思う。このため、真珠湾作戦とフィリピン作戦の成功に大きな影響を与えたのが、零戦の航続能力であったことは意外にも知られていないのである。

元第十一航空艦隊参謀の野村了介海軍中佐は回想録で、真珠湾攻撃で攻撃機を掩護するには、「けっきょく、洋上二五〇カイリからの攻撃、すなわち往復五〇〇カイリ、プラス三十分の空戦ができる艦上戦闘機があればよいのだということになる。この要求をみたしたのが零式艦上戦闘機であって、とうじこのような性能をそなえた戦闘機は、世界でも零戦以外には存在しなかった。

もし零戦ができなかったら、連合艦隊もパールハーバーの奇襲を計画できなかったであろうし、軍令部も開戦の決定をしぶったかも知れない」と述べているように、零戦に、もしノンストップで三五〇〇キロも飛翔できる航続能力がなかったら、零戦は空母から片道約二五九カイリ（約四八〇キロ）も離れた真珠湾まで攻撃機を掩護しながら、ハワイ上空で一時間以上にもわたって、戦闘を繰り広げることはできなかっただろう。

当時の世界一流の戦闘機の行動半径が、わずか二〇〇カイリ（約三七〇キロ）に過ぎなかったことを見ても、いかに零戦が真珠湾攻撃の成功に大きく貢献したかが分かるのである。

一方、たとえ零戦であっても、燃料、弾薬を満載し、台湾からフィリピンまで片道五〇〇カイリ（約九二六キロ）におよぶ洋上を往復して空戦すると、どうしても帰りの燃料が不足して帰投できなくなることから、三隻の小型空母に搭載してマニラ沖二〇〇カイリから発進させ、空戦の後、台湾まで帰投することになった。

だが、小型の空母では飛行機の搭載数が少ないため、攻撃力が小さくなる。そこで、台湾の零戦隊は、零戦の巡航速力での燃料消費を節約する訓練を行った結果、普通は一時間に一〇〇リットルの燃料を消費するところを、八〇リットルまで節約することに成功した。

こうして、零戦は、空母を使わずに片道五〇〇カイリ以上の空襲が可能となったことから、アメリカ軍は、零戦が台湾基地からではなく、母艦から発進してきたという戦略的誤判断を犯すのである。

元海軍軍令部航空主務参謀の奥宮正武海軍中佐が、その手記で

「もし、日本の戦闘機が、零戦よりもおとった性能のものであったならば、パールハーバーで、またフィリピンや蘭領東インドで、陸、海、空での勝利をかちとることはできなかったであろう。日本軍の全戦略は、この飛行機の成功にかかっていた」

と述べ、またアメリカの航空記者マーチン・ケイディンも、その著書で

「日本軍の勝利は、戦場上空の零戦の影で織りなされていた」

と述べているように、日本軍は、燃費の訓練を積んだ零戦によって、制空権を確保できたからこそ、真珠湾攻撃やフィリピン攻撃はもとより、後述の南方作戦を有利に戦うことができたのである（詳細は、拙著『世界が語る零戦』を参照）。

第四節　南方作戦はどのような作戦だったのか

北進政策から南進政策へ

ところで、帝国陸軍参謀本部は昭和十六年六月二十二日に、独ソ戦を開始したドイツの要請（日本が北進してソ連を挟み撃ちにする）に対して、当初、条件次第では将来の対ソ武力行使に備えようと考えていた。

だが、ドイツのソ連侵攻作戦は短期的に成功しないし、長期的に見てもドイツに有利ではな

いという情勢判断と、ソ満国境に展開しているソ連軍が目立って減少していないことが決め手となって、対ソ戦を断念すると同時に、「帝国陸軍作戦要綱」を定め、「十一月末を目標として対南方作戦の準備を促進する」ことを確認し、これによってソ連を討つ北進論から蘭印占領を目指す南進論に政策を統一したのである。

この南進政策に従って、先述した石油禁輸などの「ABCD包囲陣」（米・英・中・蘭による経済封鎖）の理由から、南方（東南アジア方面）の資源地帯を確保することを目的とした「南方作戦」が初めて具体的に胎動していったのであるが、この南進政策が推進されていった背景には、日本軍による「援蒋ルート」の遮断を確実に実行するための戦略的拠点であるシンガポール攻略がドイツにとって、イギリスの軍事作戦を二分し、イギリス本土上陸作戦を容易にさせるだけでなく、蒋介石政権に対して、最大の打撃を与えることになるという、オットー駐日ドイツ大使の松岡洋右《ようすけ》外相に対する説得があったと言われている。

これによって、大本営陸海軍部は、この南方作戦の範囲を英領のマレー半島（現在のマレーシア全域）、シンガポール、ビルマ、香港、米領のフィリピンおよびグアム、蘭領東インド（現インドネシア）とするのであるが、その理由は既述したように、当時の南方の大部分がタイを除いて、米・英・蘭・仏の植民地だったことにあった。

このうち、フランスの植民地だった仏印は、開戦前から、日本軍の平和進駐によって、占領下にあった。残るマレー半島、シンガポールおよびビルマは英軍の、フィリピンは米比軍の、インドネシアはオランダ軍の支配下にあったため、彼らを降伏させて、そこを日本の支配下に組み込む必要があった。

このため、彼らを降伏させる作戦を南方作戦と呼称し、これを指揮する南方軍（総司令官寺内寿一大将）の総司令部を南部仏印（ベトナム）のサイゴン（現ホーチミン）に設置して、開戦と同時に、以下の南方軍隷下の四個軍（第十四軍、第十五軍、第十六軍、第二十五軍）と支那派遣軍隷下の第二十三軍は昭和十六年十二月八日より、次のような五大作戦を実施するのである。

ＡＢＣＤ包囲陣によって、戦略物資の輸入を断たれた日本にとって、南方作戦の中でも「蘭印作戦」は、石油資源地帯を確保するための最終目的であったが、日本から蘭印までの間には英領マレー半島やシンガポール、米領のフィリピンやグアムの米英軍が障害となっていることから、先に蘭印攻略戦の妨げとなる米英軍を一掃した上で、蘭印を攻略する必要があったのである。

南方作戦の第一段作戦

このため、南方作戦の第一段作戦の時期は、次の三期に区分された。

第一期は、第二十五軍（司令官山下奉文《ともふみ》中将）による「マレー作戦・シンガポール攻略戦」（十二月八日〜一月十五日）と第十四軍（司令官本間雅晴中将）による「フィリピン攻略戦」（十二月十日〜五月七日）が主なもので、南方における米英の軍事基地の拠点を壊滅させるのが主要な目的であった。

他には支那派遣軍の第二十三軍（司令官酒井隆中将）による「香港攻略戦」（十二月八日〜二十五日）や、ボルネオ方面の坂口支隊および川口支隊による「蘭印攻略」の前哨戦があった。

第二期は、第十六軍（司令官今村均中将）による「蘭印攻略戦」（一月十日〜三月九日）と第十五軍（司令官飯田祥二郎中将）による「ビルマ攻略戦」（一月二十日〜五月十八日）であった。

石油資源地帯の占領を目的とする蘭印攻略戦の構想は、マレー作戦・シンガポール攻略戦に続いて、スマトラ南部地域に航空基地を整備する一方で、ボルネオとセレベスの二方面から順次に基地を整備し、蘭印軍の制空権を制圧してから、東西同時に上陸し、同島を攻略するのが主要な目的であった。

次のビルマ攻略戦の構想は、当初ビルマ攻略を目的とする第十五軍を創設して、ビルマ方面からの援蒋ルートを遮断することを主要な目的とした。

だが、満州の関東軍（十三個師団）と朝鮮半島の朝鮮軍（二個師団）以外にも、支那事変以来、中国全土に日本軍（二十四個師団）が釘付けとなっていたことから、ビルマ作戦に兵力を割く余裕がないため、他の作戦が片付いてからビルマ作戦を実施することになった。

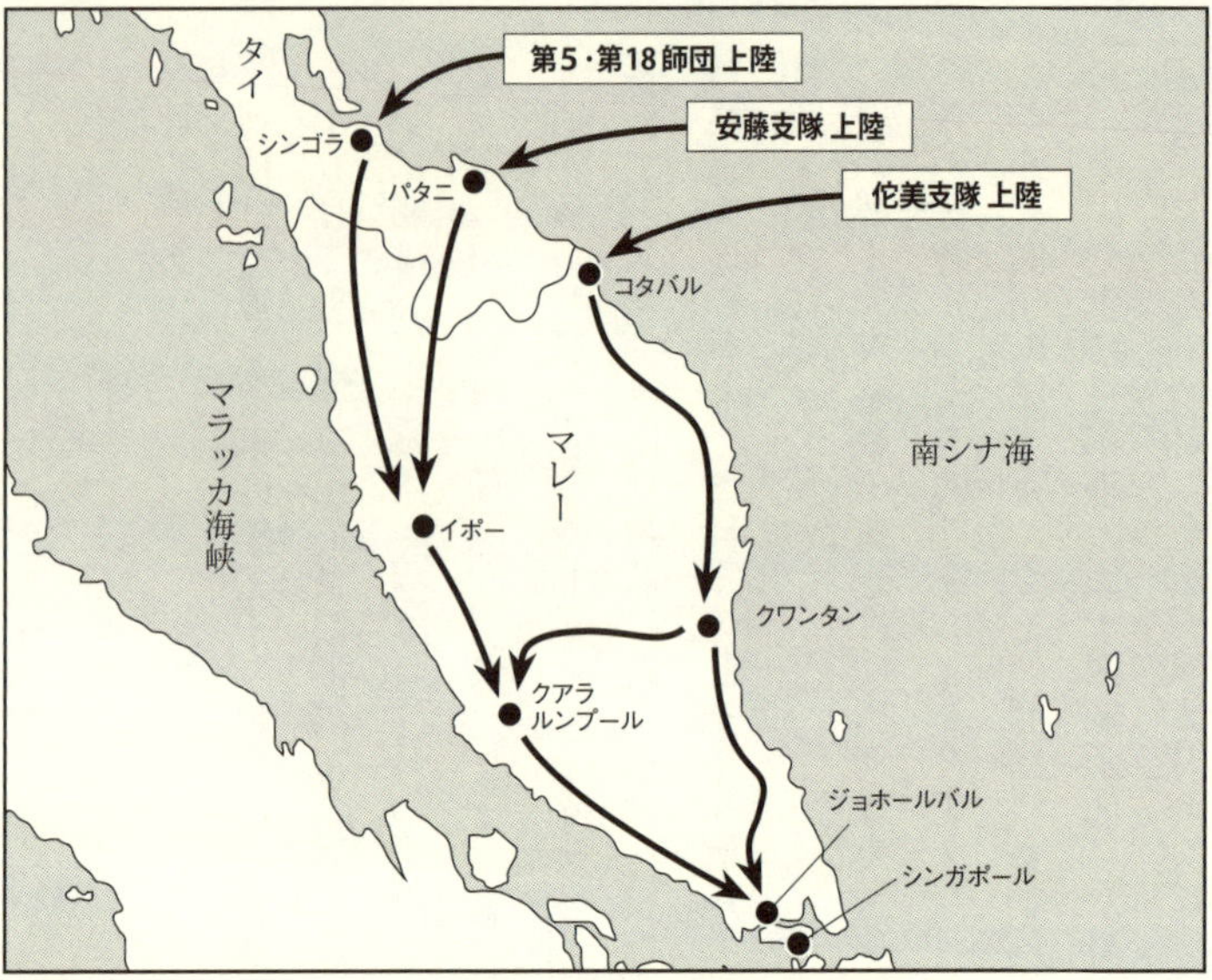

マレー作戦・シンガポール攻略戦（第25軍）

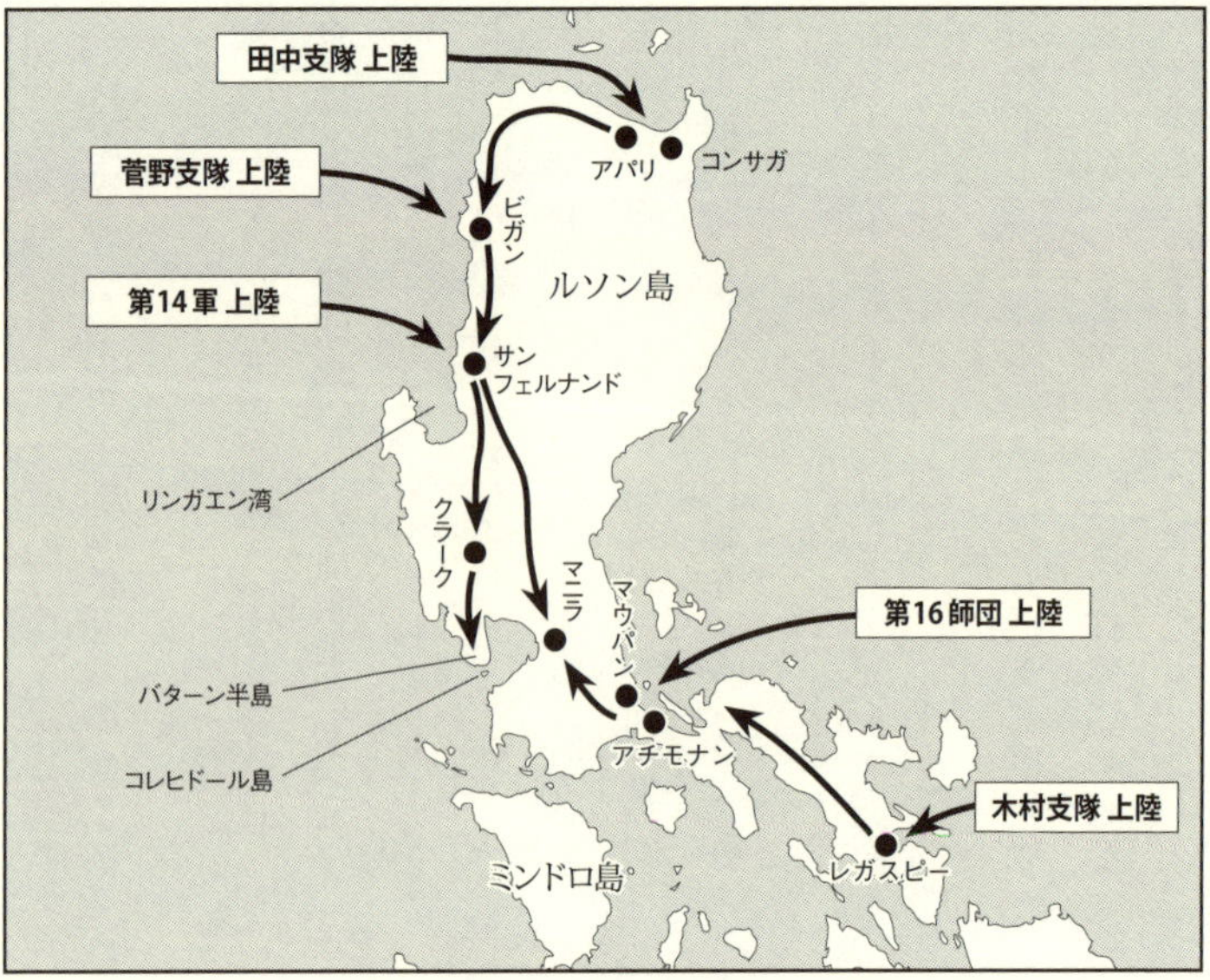

フィリピン攻略戦（第14軍）

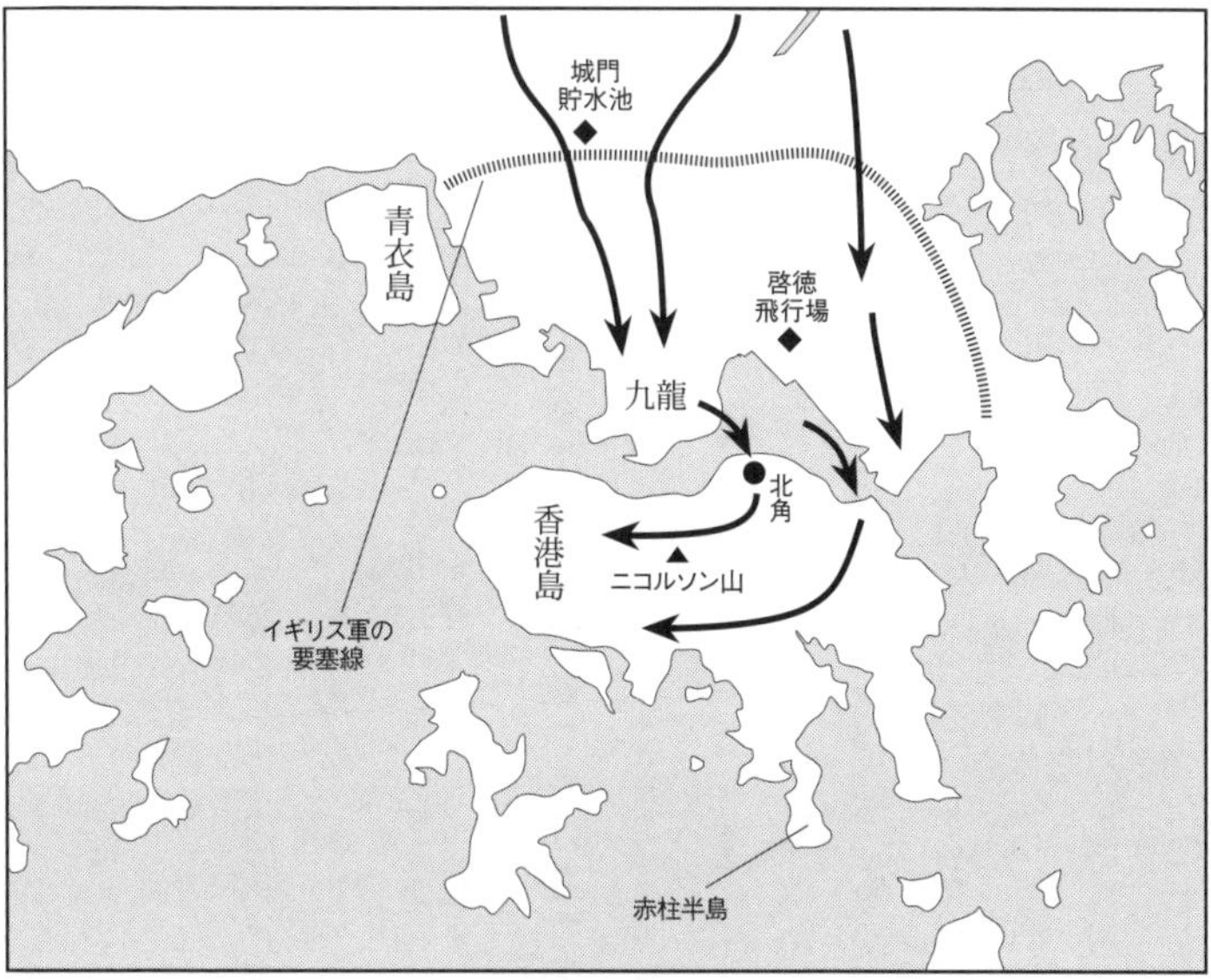

香港攻略戦（第23軍）

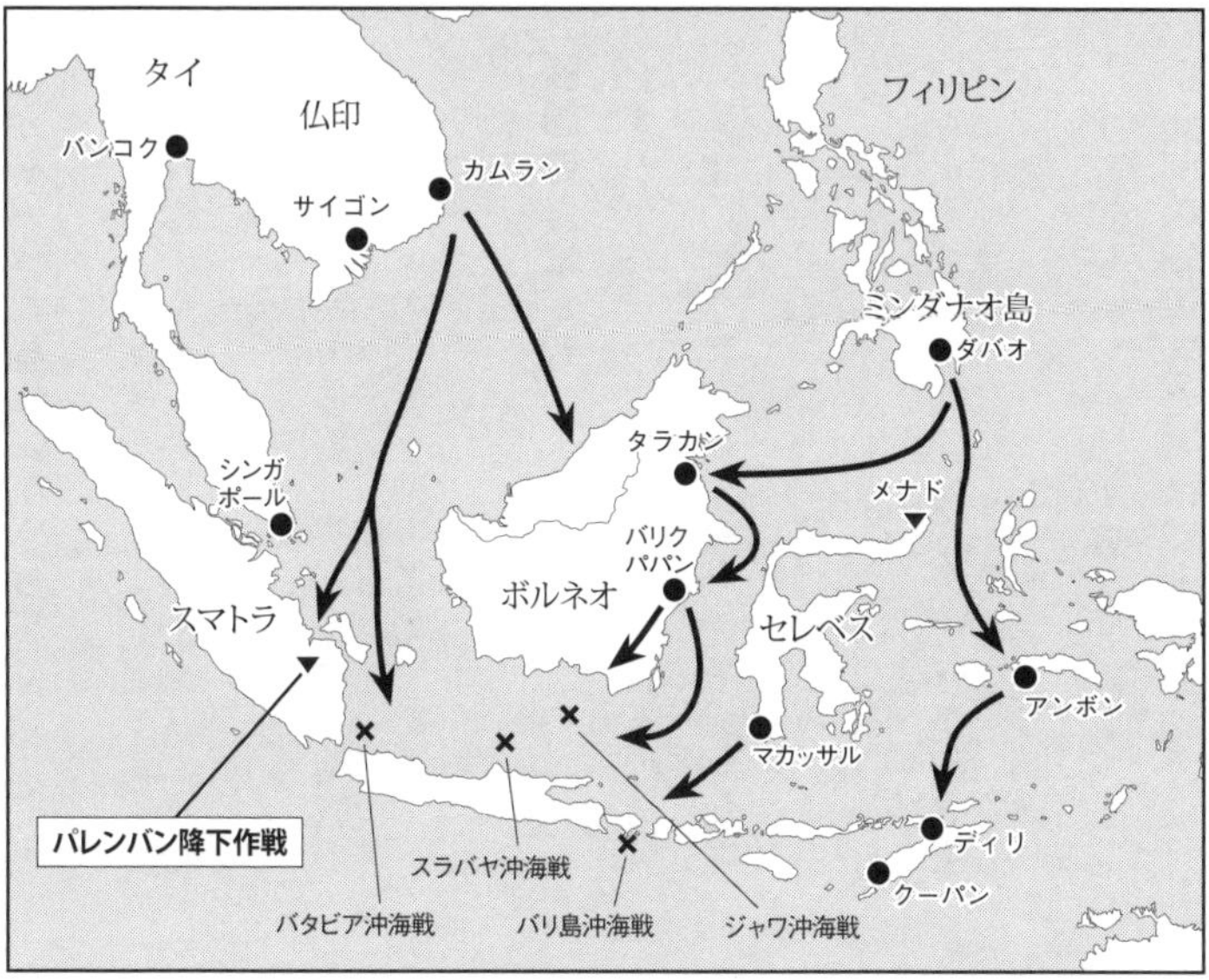

蘭印攻略戦（第16軍）

このため、実際には南部ビルマ方面の航空基地の整備が終わった後に、第十五軍によって実施されたビルマ攻略戦が第三期となったのである。

他には、太平洋方面での南海支隊のグアム島占領や海軍部隊のウェーク島占領があり、また両部隊のビスマルク諸島上陸や東方支隊のチモール島上陸があった。

以上のように、アジアに衝撃をもたらした大東亜戦争における南方作戦は、ビルマ攻略戦の終焉をもって一段落し、東南アジア全域と南太平洋の一部が日本の支配下に入るのである。

戦時中、日本軍から軍事訓練を受けた東南アジア諸国の青年たち

ところで、戦後の日本では大東亜戦争の初期作戦がわずか半年足らずで完遂し、日本の敗戦後、数年の内に、アジア諸国が次々と独立した背景に、陸軍中野学校（秘密戦士の養成と秘密戦の研究機関）出身者を中心とする特務機関の活躍があったことは、あまり知られていない。

戦後の東南アジア諸国では軍部が指導的役割を持って、政治力を行使するようになるのであるが、その原因は、戦時中、日本軍から軍事訓練を受けた東南アジア諸国の青年たちが独立を達成した後、軍部の指導層の一員となっていったことにある。

後述するように、大東亜戦争が開始されるまで、アジア諸民族は、西欧列強を駆逐して独立を達成できるとは夢にも思わなかったことから、アジア諸国の指導者たちは、大東亜戦争に対

して高い評価を与えているのである。では、彼らは、日本軍からどのような軍事訓練を受けて、戦後、アジアの指導者になっていったのだろうか。

次章からは日露戦争以来、高まりを見せていたアジア諸国の民族独立運動に注目して、英蘭からの独立を陰から支援することで、背後から敵軍の撹乱工作を行った特務機関の活躍を明らかにしながら、戦後、東南アジア諸国の指導者となる青年たちをどのように教育したのかを見ていきたいと思う。

第三章　藤原機関とインド国民軍の真実

第一節　開戦前のマレー独立運動の状況

マレーシアの英領化とマレー人の抵抗

イギリスが東南アジアに進出するようになると、マレーシアは一七八六年に、マレー半島のペナン島をイギリスの東インド会社に割譲され、次いで一八一九年に、シンガポールが割譲された後、徐々にイギリスの支配下に入り、十九世紀後半には全域がイギリスの植民地になった。

このように、マレーシアが英領化さると、一九三八年に、ジャーナリストのイブラ・ヒム・ヤーコブとイシャク・ビン・ハジ・モハメドが、他の親インドネシア的民族主義者を誘って、クアラルンプールで「マレー青年連盟」（以下、ＹＭＡと略称）を結成した。

だが、この二人は、植民地主義に反対して、一貫して反英的な論調を貫いたことから、発禁処分を受けることもあった。これは、東南アジアの民族主義運動で弁護士が重要な役割を果たしたしたように、マレーシアの民族主義運動ではジャーナリストがこれに匹敵するような役割を演じたからである。

ＹＭＡの「目的は植民地体制を打倒し、インドネシアと政治的統合をなしとげることであった」が、活動が活発なわりにはＹＭＡの組織は小さく、マラッカのサルタン（君主）に服従する「マレー系農民から絶対的な信頼をかちとることができなかった」

また「インドネシアとの合同という主張はマレー人のあいだでは不許であった」ことから、マレーシアの民族主義運動は、「ジャワやビルマと比べて、発展が遅れていたし、東南アジアから起ったインド人の民族主義運動と比べても、ずっと遅れていた」のである。

第二節　開戦前のインド独立運動の状況

宣伝工作を基盤とする対インド政策

一方、インドの独立運動は、日本が日露戦争において西欧列強屈指の大国ロシアに一撃を与えたことで、大きな高まりを見せたのであるが、インド独立の志士が実際に日本の民族主義者と接触を持つようになっていったのは、大正の初期からであった。

「第一次大戦の勃発を契機として、日本とインド人志士との関係がにわかに密接になった。

当時英国がドイツとの戦いにその国力を傾けている間、インド独立の宿志をこの機会に達成しようと考えたインドの志士たちは、海外亡命中のものたちと逐次連絡を回復し、ひそかに気脈を通じて独立運動の具体化に乗り出した。

このころ海外に亡命していたインド人はインドとの連絡の便を求めて逐次日本に渡来し、在日志士と会同して画策を進めるようになり、一時東京は東洋におけるインド人志士の策源地の観があった」のである。

ところで、日米開戦が始まったとき、日露戦争以来、伝統的に北進政策を進めてきた参謀本部内には南方の図上作戦が新規に設けられたばかりであった。

一方、対インド政策の立案においても、参謀本部内にはインドの専門家はいないどころか、日本においても、インドについての専門家はごく稀であった。

「外務省でさえ、英領インドには、主要都市に領事館を置いていた程度であって、外相の立場も大本営政府連絡会議（戦時の最高意思決定機構。当初、陸海相互の調整、統帥、国務の連絡を目的としたが、重要な意思決定がなされた）においては、軍部出身の大臣や各軍の参謀総長に押され気味であった。一九四一年当時の日本にとってはインドは周辺的な関心の的でしかなかったのである」

日米開戦の前には、先述した南方軍が編制され、南方軍の総司令部に情報担当の第二課が設置された。また別に、情報主任参謀と宣伝謀略主任参謀が置かれた。その他に、約五十人からなる南方軍特情（特別情報）班が設けられ、各班には情報将校が配属されたのである

そして、南方軍の内、第十四軍がフィリピン、第十五軍がビルマ、第十六軍がジャワ（インドネシア）、第二十五軍がマレーの各地域を担当した。

陸軍参謀本部は、インドと南方についての情報不足を補うために、南方の各地に配置した情報将校の収集した情報に基づいて、南方作戦を決定したのである。

では、帝国陸軍は、南方作戦を開始したとき、マレーではどのような宣伝工作を行ったのであろうか。次に、この問題について見ていこう。

第三節　開戦前の対マレーシア、インド工作の状況

伝単作戦の始まり

元大本営陸軍部宣伝主任参謀の恒石重嗣《しげつぐ》中佐は回想録で、マレー作戦での宣伝工作の効果について、次のように述懐している。

『この快進撃はわが作戦宣しき得、第一線部隊将兵とくに戦車部隊、銀輪（自転車）部隊の勇戦奮闘によることはむろんであるが、一方、伝単《でんたん》（宣伝ビラ）作戦の効果も見逃すことはでき

なかった。

第五師団正面の敵は、英印軍第十一師団であり、佗美《たくみ》支隊正面は英印軍第八旅団、同第二十二旅団と第十二国境守備大隊であって、共に少数の英人を幹部とし下級幹部や兵士はことごとくインド兵から成っており、その団結は十分とはいえなかった。

かかる敵部隊に対するわが怒濤のごとき進撃と相呼応する「アジア解放、インド独立」の呼びかけは効果的であるはずであった』

この伝単作戦は、一八七一年のパリ・コミューンの際に、反革命軍がアドバルーンによって撒《ま》いたのが始まりである。

伝単は、「第一次大戦中における飛行機の発達とともに、心理作戦用に大量に作られて、ヨーロッパ戦線で散布された。第一次大戦後は、商業広告ビラが使われるようになったが」、昭和十一（一九三六）年以降は、再び心理戦略用に使用されるようになった。

支那事変の勃発後は、日中双方とも宣伝ビラを大量に散布していたが、大東亜戦争で撒かれた伝単の作製は、昭和十五（一九四〇）年八月から、東京神田淡路町の荒井ビルで行われていた。

伝単作製は、参謀本部第二部第八課の参謀多田督知中佐と藤原岩市少佐が担当し、直接の指導監督は、小岩井光男大尉が担当した。

こうして、「南進政策が論議せられるに及び、対南作戦を考慮し、南方各地の原住民、英印軍、米比軍、蘭印軍などを対象とする伝単の作製は、着々極秘裏に進められていった」のである。

伝単を作成する場合、まず宣伝の相手（米人、英人、豪人、マレー人、ビルマ人、インド人、フィリピン人、ジャワ人など）を選定し、その宣伝相手に応じて、次のような宣伝文句を作製した。

（一）日本兵は民族独立を促進するための天使であるとの認識を与える。
（二）永年にわたる植民地政策に見る悪政の数々の暴露。
（三）白人の人種的偏見を糾弾。
（四）幹部の横暴と自己保全を衝く。
（五）軍隊の反乱・崩壊を示唆する。
（六）独立のチャンスを逃がすな。
（七）英米軍と濠兵《ごうへい》（吉本注：オーストラリア兵）あるいは重慶兵との離間《りかん》を図る。
（八）郷愁をそそる。
（九）本国にあって暴利をむさぼる者への反感促進。
（十）死の恐怖。
（十一）投降票（これを拾って投降すれば生命を保証する）。

以上のような内容を図案化して、これに適切な宣伝文句をつけ、「短切よく肺腑《はいふ》を刺す煽動的な言葉が必要」であり、また呑《の》み込みやすい「キャッチフレーズ」も大切であった。

伝単作戦の効果

前出の恒石中佐は、大東亜戦争の初期作戦における伝単の効果について、次のように述懐している。

「伝単が紙の爆弾として明白にその真価を発揮したのは、開戦初期マレー戦線において対英印軍宣伝に使用されたときであった。要するに英国の永年にわたる老獪《ろうかい》なる植民地政策を暴き、独立獲得を呼びかけた伝単は、インド兵の心をゆさぶった。

少数の英人幹部よりなる英印軍の中のインド兵は、日本軍の進攻に伴い、道路わきの樹林に逃避し、撒布せられた伝単とくに投降票を拾って大切に懐に入れ、続々として投降したので、事実上軍隊は崩壊したのである。

そしてシンガポール要塞攻撃前に投降したインド兵は数千名に達した。すなわち彼我の出血を最小限に止めて投降を促進することができたのであって、これこそ伝単戦の真髄というべきであろう」

後述の藤原機関（以下、F機関と略称）で、対インド工作を担当した山口中尉も、マレー作戦での伝単の効果について、次のように述壊している。

「マレー戦線で使用した伝単はほとんど大本営から送付されたものであった。F機関は人少でもあり移動ははげしく伝単作製の時間的余裕がなかった。伝単の内容はエログロ的なものよりも実用本位の投降票の方が価値が大きかった。投降インド兵で投降票を所持していない者はなかった」


日本にとって、「米国の戦意喪失を図るためには東は蔣政権、西は英国の屈服が重大要件であった。そして英の屈服のためにはドイツに期待するところが大きかったが、わが国としてはインドを脱落せしめることが肝要であった。

ゆえにインドはわが重要な宣伝対象であり、努めてその反英独立気運を激化して英国よりの離脱を」策さなければならなかった。

このため、F機関のメンバーは、対米開戦勃発の約二カ月前から、偽装変名して「逐次タイ国内に潜伏し、タイ国駐在武官の田村大佐の指導の下に、秘かにインド独立連盟の指導者アマルシンや書記のプリタムシンと連絡をとり、またマレーに反乱を起こさせるために」、マレー人三千人の子分を持つ、日本人青年の谷豊《たにゆたか》（通称ハリマオ）とも「気脈を通じて工作準備に専念」していった。

だが、「生命の危険をいとわず両軍の最前線を出入りすることを繰り返して、その目的を達した蔭には、インド独立連盟の人々の悲願が込められていたのみならず、これを巧みに誘導したF機関員の」勇気と信念があったのである。

第四節　藤原機関の誕生と対マレー、華僑、インド工作の準備

インド人志士のバンコック密航

対米開戦の前年十二月のある日、広東の第二十一軍司令部の参謀長が、陸軍参謀本部第二部（情報・宣伝謀略等）第八課（総合情勢判断、宣伝、謀略、特殊情報すなわち暗号解読、防諜）所属の門松中佐に対して、香港の監獄から脱出して、司令部にたどり着いた反英独立運動のインド人志士三名を神戸から出港する汽船に乗せ、バンコックに送り届けてもらいたい旨を電報で依頼してきた。

藤原岩市

門松中佐は、部下の藤原岩市少佐（当時、大尉）に、インド人志士三名をバンコックに密航させる処置を命じ、補佐役に小岩井大尉を付けた。

小岩井大尉は、広東から日本に亡命して来たインド人志士三名を三井

物産所属の三井山丸の倉庫に潜伏させて、神戸からバンコックに向かわせた。

事前に、バンコック駐在武官の田村浩大佐に、インド人志士三名がバンコックに到着したら、無事に上陸できるようにと、手配の依頼を打電してあったので、間もなく彼らのバンコック到着を知らせる電報が届いた。

それによれば、彼らの一人が『「バンコックにアマールシンなる老同志がいる。その同志は当地に本部を有するＩＩＬの指導者である。その下に書記長としてプリタムシンという若い印度人がいてアマールシンを補佐している。

ＩＩＬというのは、印度《インド》の解放と独立をめざすシーク族の秘密結社であって、香港・上海・東京・サンフランシスコ・ベルリン等に広く同志が散在している」旨を率直に語り明かした』という。

その夜、インド人志士三名は、同志のもとに身を寄せるため、田村大佐の宿舎を後にした。数日して、白いターバンを巻いたＩＩＬ（インド独立連盟）の中心人物プリタムシン氏（以下、プ氏と略称）が田村大佐のもとに現れた。

田村大佐は、その後も彼らと密会を重ねた結果、「ＩＩＬが実力抗争も辞さない反英独立運動を目的とする秘密政治結社であることと、ＩＩＬは弱体ながら東京・上海・香港・南泰・マレイ・印度・ベルリン等に同志の網をもっていることなどを確かめた。

またこのＩＩＬを通じ、印度の政治情勢やマレイの軍情など断片的情報を入手し得る希望もつかむことができた。またプ氏、アマールシン両氏も田村武官を通じて、日本側の誠意を確かめることができたのであった」

武官室の密談

藤原少佐の回想録によれば、田村大佐は昭和十六（一九四一）年七月頃、東京から出張して来た門松中佐と武官室で密談を行い、その中で、後述の新しい三つの工作（インド工作、華僑工作、ハリマオ工作）の可能性を教えた。

門松中佐は、田村大佐に「この工作のため早急に適当な将校と必要な経費を手配する約束をして」帰国した後、班長の武田中佐に田村大佐から受けた情報を報告するのである。

田村機関の誕生

藤原少佐は同年九月十日午後、門松中佐から、田村大佐から受けた情報を知らされた後、近日に、バンコックに行って田村大佐を補佐し、マレイ方面に対する準備工作を行うことや日英戦争勃発の暁には貴官は「近く編制される南方軍参謀に補任せられたうえ、もっぱらマレイ方面の工作を担当することとなる」という宣告を受けた。

そして、この任務には陸軍中野学校出身の将校五名（土持大尉、山口・中宮両中尉、米村・瀬川両少尉）と下士官一名（滝村軍曹）の他、東京外語学校インド語部在学中の青年一名（石川義吉）がつけられることになった。

だが、藤原少佐は回想録で、次の理由から、門松中佐から受けた任務を無条件にすぐに快諾することは出来なかったと述懐している。

「われわれは軍人である。いつどんな無理な命令をもらっても、黙々拝受して任務にまい進するようにしつけられ、習慣づけられていた。しかし、いかに軍人でも、この種の仕事は別である。

こんな仕事には特殊の知識と経験と、そしていま関係せんとする任務と深い因縁が必要だし、更に必要なのは当人の自信である。悲しい事に私は今まで戦況報道や一般宣伝の仕事に関係してきて、工作だの、謀略だのといったような仕事に知識も経験ももっていなかった。（中略）

また私はこの種の仕事に対する見解の根本において、この二人の先任将校と幾分ちがった思想をいだいていた。私は亜細亜における日本の工作は、民族の自主と解放と独立を理解し、支援する線に沿って行われるべきであると信じていた。

近代戦における工作は、高いそして普遍性をもつ政治理念に確固たる基礎をもつイデオロギーを振りかざし、堂々と思想戦を展開することの重要性を主張するものであった。その対象は特殊の個人よりも大衆を重視すべきだと考えていた。

私は術策を偏重する秘密の取引より大事をなさんとする行き方には疑念をいだいていた。それは日本が従来支那で慣用してきたこのような工作の成行きを、余りにも多く見せつけられていたからである。特に理念に乏しく、即効を狙い、利用を本旨とし、功利を主とする行き方にあきたらなかった」


門松中佐から宣告を受けたその日、松蔭神社を参拝した藤原少佐は、敬慕する吉田松蔭の霊前にぬかずいて、自分の行くべき道について神の啓示を得ることを願った。

藤原少佐は、「自分はこの大先生の信念と至誠と情熱と仁愛とに学び、日本武士道精神の真髄にのっとって工作の新生面を開拓すればよいのだ。知識や経験や語学の貧困と、いま接触し得る工作路線の貧困などに当惑してはならない」というような思慮に拠りどころを得たような気持ちになって、神前をあとに家路についたが、その夜、種々の想念にかられて眠ることができなかった。

だが、以前に自分たちの手で、バンコックへ密航させたインド人志士三人が偶然にもＩＩＬと日本軍との奇縁となって、自分がそれにつながる仕事に出ていくことを神の取り持つ縁であるかもしれないと思い、「かねての主張である信念・至誠・情熱・仁愛を信条とする思想戦のイデオロギーを実践して最善を尽く」すことや、五名の将校が自分とともに、「この困難な任務につくことを喜んでくれるなら、男らしく任務を拝受しようと決心した」のである。

藤原少佐と五名の将校は同年九月十八日に、参謀総長の杉山元大将の部屋に呼び出され、次のように、タイプされた訓令を手交された。

「貴官らはバンコックに出張し、泰《タイ》国駐在武官田村大佐のもとにおいて、主としてマレイ方面の工作、特に印度独立連盟およびマレイ人・支那人らの反英団体との連絡ならびにその運動の支援に関し、田村大佐を補佐すべし」

若い頃、インドに駐在した経験のある杉山大将は、この訓令の他に次のようなことをねんごろに諭《さと》した。

「貴官の任務は、差当り日英戦争が勃発するようなことになった場合、日本軍の作戦を容易にし、かつ日本軍とマレイ住民との親善協力を促進する準備に当たるのであるが、大東亜共栄圏の建設という見地に立って、印度全局を注視し、将来に日印関係を考慮に入れて仕事をされたい」

インド独立運動の指導者の一人、ラシュ・ビハリー・ボースの片腕だったA・M・ナイル氏は回想録で、日本軍が「東南アジアでかなりの勢力を占めるインド人との友好関係」の確立を考えて、「一九四一年九月にはすでに、二〇〇万人に達しようというインド人居留民との接触を保つための連絡グループの組織化」を始めた理由について、次のように述懐している。

『インド人の中には、インド独立運動の支援者がたくさんいた。大東亜戦争にとっては、かれらの協力がいろいろの意味で重要だった。（中略）インド人居留民に関する事項を扱う機関の設立計画を支持したのも、この杉山大将だった。

杉山大将は、その機関をバンコックに常設し、タイ駐在の武官だった田村浩大佐にまかすことに決めた。バンコックは、東南アジア各地のインド人に対する工作を効果的に調整するのに最適だったからだ。

藤原岩市という少佐と諜報工作の経験が豊かな二〇名ほどのスタッフが田村大佐の下に配属されたが、彼らの中にはかなり英語ができる者もいたし、ヒンドゥスタニー語（北部インドの共通語）を少しは話せる者も二、三人はいた。

わたしは東京の参謀本部と「田村機関」と呼ばれたこのバンコックの新設機関との間の連絡をつとめることになった』

その日、藤原少佐と「任務に就くにあたって、一切の名利も地位も求めず、日本の捨石として朽ち果てることを信条とした」陸軍中野学校出身の五名の将校は、全員で明治神宮に参拝し、大東亜新秩序の人柱になろうとする誓願を行った後、壮途を祝う夜の宴を、少佐の自宅で開くのである。

二日後、藤原少佐は、門松中佐から、マレーとスマトラに二十年も過ごしたという増淵《ますぶち》佐平という六十歳に近い紳士を紹介されたが、その紳士は、マレー語に堪能であり、軍に従軍して南方に利権を得ようとするような不純な考え方を微塵も持ちあわせていない人であった。

バンコックへ出発

藤原少佐は、山下浩一という名前に変名すると、九月二十九日に、山口中尉とともにバンコック日本大使館の嘱託という肩書で、先に羽田飛行場を出発して福岡で一泊したが、翌日に、上海から台湾へ向かう途中、機内で山口中尉が盲腸炎を発症したため、急遽、台北の陸軍病院で、山口中尉の手術が行われることになった。

このように、前途多難に不安を覚えながら単独で、台北を出発した藤原少佐は十月一日に、バンコックのドムアン飛行場に到着すると、市内にある日本人経営のタイランドホテルに宿泊した。そして、数日後、米村少尉も、同ホテルのボーイとして到着した。

翌朝、車で田村大佐の宿舎に着いた藤原少佐は、待ちわびていた田村大佐と朝食を食べた後、武官の居室に案内された。田村大佐は、藤原少佐が差し出した参謀総長の訓令を熟読した後、おもむろに口を開いた。

「君は私のもとでIILとの連絡、田代氏の担任している華僑工作と神本氏の担任しているハリマオ工作の指導を補佐してもらおう。しかし諜報に関することは補佐官（飯野中佐―陸大同期）が直接担任する。差当りはバンコックのふん囲気になれるように当地の情勢を観察することだ。近日IILのプリタムシン氏に引き合わせよう。また南泰《みなみたい》にいる田代、神本両氏を招致して合わせるように手配しよう」

ここで、IILとの連絡、華僑工作、ハリマオ工作について、先に説明しておかなければならない。

第一に、IILとの連絡とは対インド人工作のことである。「この工作の目的はマレー英印軍内インド兵の戦意破砕、投降と背反をうながし、マレー在住のインド人（九十万人）の反英対日協力を獲得することにある。

この路線は、バンコクに本部を持つインド独立連盟（IIL）という反英独立運動の秘密結社を利用する工作である。この結社は、シーク族が主体で、南タイ各地をはじめ香港、上海、東京、ニューヨーク、ベルリンなどに同志を持つ組織で、従来インド独立の主流からはずされた微力なものだった」のである。

第二に、華僑工作の目的は、「シンガポールの華僑、特に埠頭のはしけ人夫、工場などの組織労働者の反英デモや怠業などを促進させることである」

これは佐賀県出身で、シンガポールに永年在住し、華僑事情に明るく、知己の多い田代重造が担当したが、彼によれば「シンガポールの華僑、特に埠頭苦力《クーリー》を反英運動に決起させ得る見込みがあるという」ことであった。

第三に、ハリマオ工作とは、対マレー人工作のことである。この工作の目的は、「マレー人の反英、対日協力を醸成、促進する」ことにあった。

この路線は四月頃に、イギリスの警察に追われて、南タイに逃げていた「マレイのハリマオ」こと、日本人の谷豊を現地で発見した中野学校出身の神本利男（拓殖大学出身）が谷を説得して、反英活動に協力させようとするものであった。

プ氏との密会

藤原少佐は十月十日正午、田村武官の宿舎で、ＩＩＬ書記長のプ氏と初めて密会したが、約束の時間に現れたプ氏は、両掌を胸の前に合わせて敬虔な祈りの挨拶を行った後、藤原少佐の手をしびれるほど固く握りしめた。

藤原少佐は、『誠実と情熱と信頼とをこめた彼の挨拶に感動し、固い握手を返しつつ答えた。「私は貴方の崇高なる理想の実現に協力するため、私のすべてを捧げて協力する用意をもって参りました。それは至誠と情熱と情義と印度の自由が必ず実現されねばならないという信念であります。おたがいに誠心と信頼と情義をもって協力致しましょう」といった意味を述べた』

藤原少佐が田村大佐の通訳を介して、広東からバンコックに送り届けたインド人志士三名の消息を尋ねると、プ氏は「彼らはそれぞれ計画どおりにマレイと印度とベルリンに潜行」したことを告げ、感謝の意を表した。

それから二人は、二時間にわたって、インドの独立運動について意見を交換した。プ氏は、「第一次大戦の際に、英国が印度を欺いた憤懣を語り、印度は印度人の奮起なくして解放と自由をかち得ない信念を吐露した。

それがためには、第二次欧洲大戦の好機に実力による独立闘争の必要を吐露した。（中略）次いで印度はいかなる国々にも拘束されることのない完全な独立を唯一の目標にしているのだ。

われわれの独立運動は、外国の力を借りる場合においても、そのかいらいであり、利用されているといったような印象を印度の同胞に与えたら、われわれの純情なる運動も全印度人の支持を失う。

しかしわれわれは無力である。印度独立をこの好機に獲得するため、外国の力を借りざるを得ないと信ずる。これがわれわれの苦衷の存するところであると強調した」のである。

藤原少佐とプ氏は、最初の会合が終わった後、次の会合場所を決めて別れた。三日後に、プ氏と再会した藤原少佐は、プ氏から「ＩＩＬの南泰・マレイにおける活動の実態や、バンコックにおける印度人の動向について知識を得ると共に、氏がいだいている独立運動展開に関する構想を聞き」とろうと思っていた。

プ氏によれば、バンコックにはＩＩＬの他に、国民会議派系の思想団体があり、ＩＩＬに比べて、はるかに有力であるが、シーク族を主体とするＩＩＬと反目的関係にあること。また彼の反英の宣伝工作は、「まだマレイの内部、特に英軍内のインド兵に浸透していない」ようであったが、プ氏はやがて勃発する日英戦争の必然性を信じており、「そのときには、日本軍の援助を要請して英印軍内の印度将兵や泰、マレイ、ビルマ各地の同志を糾合し、印度独立軍を創設して闘争したい」との抱負を語るのである。

プ氏からこの言葉を聞いた藤原少佐は、この抱負に心から共鳴し、協力を約束して別れた。

アマールシンとの密会

藤原少佐は十一月の初め、南タイから戻ってきたプ氏から、ＩＩＬの指導者アマールシン翁を紹介された。

翁は、大英帝国のインド征服と統治の非道と欺瞞をなじりながら、祖国の解放と同胞の自由を獲得するために若年の頃より、その全身全霊を捧げて闘ったことや、「アンダマン、ラングーンの監獄に十年余りつながれ、その間、手足を重い鉄鎖でつながれた悲憤の回想と、この間、ますます反英独立の闘志をつちかった想い出をのろうがごとく語った」

翁が語り終わってから藤原少佐は、プ氏に南タイ、特に「国境方面における同志の配置や、コタバルの同志の状況とそれらの活動方法について状況を尋ねたが、プ氏は語ることを欲しない様子に見えたのでせん索をやめた。おたがいに信頼して、それぞれ自主的に協力すればよいのだと思い直した。

その夜、話が印度国民とくに指導者の日本観に移り、止めどもなく発展した」

そこで、藤原少佐は、インドの指導者や民衆の日本観についての忌憚のない意見を求めると、プ氏は「初めは遠慮がちであったが、また英米諸国や重慶政府の宣伝の巧妙なるに比べて、日本の宣伝が拙劣なるせいもあるがと前提しつつ」、「朝鮮や台湾における植民地政策と満州及び支那における日本の軍事行動や政策を侵略的だと見る傾向が多く、日本が印度人の眼に好戦的かつ侵略的性格に映っていることを指摘した。

また、支那における日本軍将兵の一般民衆に対するりゃく奪、暴行、残虐行為についても重慶側や英米側の報道を例証として遺憾の意を表した。日本政府の宣伝と実際の行動が一致していない印象を受けることに関しても忠告してくれた。印度人は支那人に比して、この種の政策や軍事行動や、非道の行為に対する憎悪の感情が一段と強いことを強調した」のである。

藤原少佐は、『それらの宣伝が悪意に基いて、作為的に誇張されているところが多いことについて注意を喚起した後、私見として日本が朝鮮や台湾においてとっている植民地政策や満支における従来の政策ないし軍事行動が批判と是正の余地の大なることを率直に認めた。

しかし、日本とくに陛下の大御心は、東亜の諸民族がすべて解放されて自由と平等の立場において相提携し、東亜の平和と繁栄を築くことを念願しておいでになることを説明した。

また支那に対する政策や一部将兵の非道の行為についても、南京陥落後は大御心にそって是正されつつあることを強調した。近衛声明の理念を例証し、また「派遣軍将兵に告ぐ」と題する畑総司令官のパンフレットの内容を説明した』

また「日本民族の伝統的美点についても数々の例証を挙げてプ氏の理解を要望した。東亜新秩序を主導しつつある日本も、また必然的に自己の省察と改造を促されつつありと信ずる」藤原少佐の思いをプ氏は、心よく聞きいれてくれた。

このようにして、二人は、「日印両民族提携の理想は、搾取も圧制も支配もなく、相こくと対立を超越し、しかもたがいに民族の文化伝統と政治的念願を尊重しつつ、共存共栄する東洋哲理の一体観に立つべき見解において完全に相共鳴した。

そして、おたがいにこの理想実現の陣頭に立って闘争せんことを誓いあった」のである。

二人の「会話がこの結語に至ったとき、翁はひざを打って喜んだ。そして、やおら起きあがって祈りを捧げつつ、神は必ずわれわれを加護し給うべしと叫んだ」

時計を見ると、既に午前四時を回っていた。二人は、今度の会見を五日後に約束し、防諜上、同じ場所を再び会見場所に使用しないことに決めて別れた。

「田村・プリタムシン覚書」の調印

二人が「こうして密会を重ね、今後の仕事に必要な意志の疎通と基礎理念の共感に苦心している間に、太平洋の情勢はいよいよ最悪コースをばく進しつつあった」

藤原少佐は、「山下奉文中将の率いる第二十五軍が、シンガポール攻略の任務を帯び、部隊は海南島に集中しつつあることや、軍司令部は仏印に進出して準備を進めつつあること」を間接的に聞いていた。

刻々と、対米開戦が迫りくる中で、十一月上旬から中旬に、更に二、三回にわたって、プ氏との密会を重ねたが、藤原少佐の練った構想は「開戦と同時に、ＩＩＬの同志を支援して敵線内に挺進し、直接英印軍内に同志を獲得することであった」

そして、タイと「マレイ在住の全印度人民衆に急速にＩＩＬの組織と、その運動を拡大することであった。開戦におけるＩＩＬの運動は、このように英印軍内印度兵と一般印度人に指向することであった。

英印軍内印度兵に対する工作は、ＩＩＬやＦ機関のメンバーが身をもって印度兵捕虜をひ護し、ＩＩＬの思想と日本の真意を宣伝し感得させて、プ氏が熱望するように早急に印度独立後、義勇軍（印度国民軍―ＩＮＡ）の建設に発展させ、これをもって英印軍内印度兵に呼びかけることである。一般印度人民衆に対する工作は、ＩＩＬやＦ機関のメンバーが哨煙の中に焦慮しつつある民衆を身をもってひ護し、ＩＩＬと日本軍の真意を伝え、民衆が進んでＩＩＬの運動に参加するように呼びかけ、全戦場にＩＩＬの組織を拡大し、更に敵軍勢力圏の印度人民衆に及ぼすことである。（中略）また日本人が、現地印度人や印度兵捕虜に対していささかの非行行為をしないのみならず、進んでその愛国運動を支援し、その生命や財産や自由をひ護するだけの理解と温情を持つことが必要である」

こうした考えから、藤原少佐は、インド人の共鳴を得ること以上に、日本側の理解と協力の獲得に、より大きな努力の必要性を感じるのである。また十一月下旬には、反英地下活動を行っている秘密結社のＹＭＡとの連絡協力が新たな課題になってきた。

藤原少佐は十一月二十八日の朝、徳永補佐官から「日米交渉がいよいよ絶望状態に立ち至ったこと、開戦は上旬たるべきこと」などを知らされると、プ氏と活動の具体的方策を協議しなければならないことや開戦と同時に、どうやってプ氏ら、ＩＩＬメンバーとＦ機関のメンバーが南タイの戦機に間に合うようにするかなどを相談するために、プ氏と三菱支店長の社宅で会見した。

藤原少佐が、開戦の時機が迫っているため、活動の具体的計画を協議する必要を述べて、その夜から連夜四回にわたって、研究と協議を重ねた結果、両者の構想は、ほとんど一致するのである。

藤原少佐の計画案は、「作戦の具体的な計画やその推移が予想もできないので、抽象的なものとならざるを」得なかったが、次のような内容の覚書（日英両文）が田村大佐とプ氏との間で、十二月一日の夜に調印された。

「1、われわれの協力は、日印両国がそれぞれ完全な独立国として自由かつ平等なる親善関係を成就し、相提携して大東亜の平和と自由と繁栄とを完成することを終局の念願としてなさるべきものとする。

2、IILは、印度の急速かつ完全なる独立獲得のため、対英実力闘争を遂行するものとする。これがため日本の全幅的援助を歓迎するものとする。

ただし、日本は印度に対し領土、軍事、政治、経済、宗教等にわたり一切野心を有せざること、いかなる要求をも持たざることを保証するものである。

3、IILは種族、宗教、政党を超越し、反英独立闘争の念願において一致するすべての印度人を抱擁するものとする。また第一項の趣旨に基き、作戦地域の他民族と印度人間の親和協力を推進するものとする。

4、日清戦争ぼっ発に伴い、IILは差当り左の運動を展開するものとする。
(1)IILは、日本軍と共にまず南泰、マレイに前進し、IILを同地区に拡大し、同地区一般印度人および英印軍内印度人将兵に対し反英独立闘争気運を高揚し、かつ日本軍との親善協力気運を醸成するものとする。
(2)IILは、なるべく速かに英印軍内印度人将兵およびマレイ地区一般印度人中より同志を糾合し、印度独立義勇軍を編成し、将来の独立闘争を準備する。
(3)機をみてIILの前二項運動を東亜の他の地域に拡大するものとする。
5、日本軍は、前各項IILの運動を成功に導くため、左の支援を与えるものとする。
(1)日本軍は、作戦上とくにやむを得ざる場合のほか、その作戦地域ならびに勢力圏におけるIILの自主自由なる活動を容認し、かつこれを保護支援するものとする。
(2)日本軍は、藤原機関（仮称、開戦と同時に正式編制される予定）をして日本軍とIILとの間の連絡ならびに直接援助に当らしめ、IILの運動遂行を容易ならしめるものとする。
(3)日本軍は、作戦地一般印度人ならびに印度人投降者（捕虜を含む）を敵性人と認めざるのみならず、同胞の友愛をもって遇し、その生命、財産、自由、名誉を尊重するものとする。またその信仰を尊重するため寺院を保護し、日本軍の寺院使用を禁ずるものとする。これがため作戦軍将兵にその趣旨を普及理解せしめ、その実践の徹底を期するものとする。

(4)日本軍は、IILの宣伝活動を有効ならしめるため、東京放送局ならびに占領地放送局の利用、バンコック放送局の利用あっ旋等に協力するものとする。また敵勢力圏に対するIILの宣伝資料撒布に関し、日本軍は飛行機をもって協力するものとする。

(5)日本軍は、在ベルリンのチャンドラボース氏とIILとの連絡をあっ旋するものとする。

(6)IILの活動に必要な資材、資金等は、特に必要なるものはプ氏の要請に基いて日本において準備するものとする。またIILが作戦地域印度人有志よりこれらの自発的供与を受けるを妨げざるものとする」

この他に、彼らは、次のような事項も協議した。

「(1)開戦直後、バンコックにあるIIL及び藤原機関のメムバー《(ママ)》は、日本の準備する飛行機により南泰に前進する。

(2)IILは覚書の趣旨に添う宣伝資料を準備する。

(3)敵との識別を明らかにし、かつIILメムバーの戦場における自由かつ安全なる活動を保証するために標識を決定し、これを日本軍将兵に徹底させる。

（注）この標識については、種々談合の結果、プ氏の発意により、日本軍将兵の諒解が容易で、しかもフレンド・シップ、

フリーダムの頭文字であり、かつ藤原の頭文字である「F」を標識として採用することになった。

(4)IILの南泰進出と共にIILを同地に組織し、かつマレイ地区に数組の宣伝班を派遣し、英印軍印度兵および英軍勢力地区一般印度人に対する宣伝を遂行し得るごとく準備する」

そして、「この覚書の写しは直ちに山口中尉に携行されて、サイゴンの南方軍総司令部及び第二五軍司令部に提出され、その認可もしくは諒解を得た。更に別の一部は大本営陸軍部に送付された」のである。

この覚書が調印された十二月一日は、偶然にも東京において、前述のハル・ノートをアメリカの最後通牒と判断し、対米(英蘭)の開戦日を十二月八日と決定した御前会議が開催された日であった。

このとき、いち早く第二十五軍隷下の第五師団主力と、第十八師団の侘美支隊は、マレー進撃を前に海南島の三亜に待機し、近衛師団も仏印国境に勢ぞろいして、杉山大将から開戦日を知らせる暗号電報(『「ヒノデ」ハ「ヤマガタ」トス』)を待っていた。

また南雲機動部隊も、真珠湾を攻撃するために、パールハーバーに近づきつつあった。藤原少佐たちは、そのことを知る由もなかったが、このように、十二月一日は日本の運命を決定する日であったのである。

第五節　藤原機関の対マレー、華僑、インド工作の開始

大本営発令と開戦準備

十二月四日午後、武官室電報班に、大本営から「X日は十二月八日の予定」と、開戦日を知らせる暗号電報が入ってきた。

このとき、藤原少佐は、「ああ遂に矢は弦を離れたのだ。日英米戦争が遂に現実となったのだ。われわれはただ一途《いちず》に日本の戦勝を信じ、最後の血の一滴まで戦う道があるのみだ」と思った。

この日、相次いで受領した大本営命令によって、かねてより内示されていた通り、藤原少佐が担当しているマレイ工作は、南方軍総司令官寺内大将に移管され、第二十五軍司令官山下大将に、その区署が命ぜられた。

藤原少佐は、ここで大本営参謀本部から南方軍総司令部の参謀に転じ、その他のメンバーも、南方軍総司令部の一員に転補された。南方軍総司令官寺内大将は、彼らを第二十五軍に派遣して、山下中将に彼らを区署する権限を与えた。

藤原少佐たちは、かねてより自分たちの仕事は「力をもって敵や住民を屈服するのではない。威容をもって敵や住民を威服するものではない」「徳義と誠心を唯一の武器として、敵に住民

に臨むのである」と思っていた。

そこで、藤原少佐たちは、出陣の日が近づくと、いかめしい軍装ではなく、むしろ相手に親しみやすい感じを与えるカーキ色の乗馬服を準備して、開戦と出陣の日を待つことにしたのである。

藤原機関長とプ氏一行の出陣

昭和十六年十二月八日未明、帝国陸軍がタイ南部東海岸のシンゴラ、パタニおよびタペーとマレイ北部東海岸のコタバルに上陸すると、その一時間四十九分後に、南雲機動部隊によってハワイの真珠湾が奇襲攻撃され、大きな戦果をあげるのである。

翌日、日本軍は、タイのバンコック、ルンビニアン公園に充満した。事実上、イギリスの保護国ともいわれるタイのピブン首相の抵抗により、協定の成立が遅れたことから、タイ南部と仏印国境で、日タイ両軍の間で戦闘が始まったが、ピブン首相がラジオで日タイ協力を宣言してからは、日タイ間の感情は「台風一過の後のように穏やかになった」のである。

十二月十日午前十時、藤原少佐たちとプ氏の一行を乗せたダグラス機は、一路タイ南部のシンゴラ飛行場を目指して、ドムアン飛行場を離陸した。

戦闘機で一杯のシンゴラ飛行場に到着した藤原少佐は、待ち受けていた土持大尉からタイ南部のF機関のメンバーの状況を尋ねた後、第二十五軍司令部へ出頭した。

第二十五軍参謀長の鈴木少将は、藤原少佐が今後の活動について指示を乞うと、F機関を編制して、ただちに行動を開始すべきことを命じた。

その任務の内容は、藤原機関長が以前に、「山口中尉を派遣して報告させておいた田村、プリタムシン覚書の趣旨に基いて、IILの運動を支援することを藤原機関の任務の重点として指示した（各作戦軍縦隊に連絡班を派遣して作戦部隊より印度兵捕虜を接収し、IILの工作を容易にすべきことを付言した）」ことや「そのほかマレー青年連盟およびハリマオを通ずるマレイ人に対する宣伝や田代氏の担任する華僑工作を並行するように要求」するものであった。

藤原機関長が土持大尉の用意した一台の小型自動車に乗って、ハヂャイに向かうと、他のメンバーは、既に大南公司に待機していたが、新しいメンバー（日本人青年六名・台湾青年二名・タイ人二名）がF機関に参加していた。

アロルスターに向けて前進

今後の活動内容についての協議が終わると、IILの一宣伝班として日本人四名とバンコックから同行したプ氏の腹心二名を選んで、第五師団主力の進路であるアロルスターの戦線に派遣した。

土持大尉は、Ｆ機関の本部として田代氏の住んでいた町外れの二階建ての住宅を用意していた。このことを喜んだプ氏は、ただちにバンコックから携行してきたインドの大国旗を二階のベランダに掲げると、続いて大布にインド語と日本語で記されたＩＩＬの看板をベランダの手すりに貼り広げた。

翌朝、藤原機関長は、自動車で、サダオ方面国境の同志糾合に向かうプ氏に同行した。彼の指示で、サダオ街道から間道に入り、掘立小屋にたどり着くと、中からシーク教徒の男が現れた。

プ氏が紹介したサダールシンという男は、藤原機関長に「昨日サダオ付近で一部の英印軍を撃退して国境に急進して行った日本軍の勇強さ」を激賞した。

プ氏は、この同志とともに「この方面に配置していた他の二名の同志を順々に自動車に収容してハヂャイに引き上げた。ハヂャイのあちこちの町の角には、プ氏が携行したＩＩＬの宣伝ポスターが張り出されていた。たくさんの印度人がその前に群がっていた。午後、ＩＩＬの本部の前庭に続々町の印度人」が集まってきた。

プ氏が祖国の国旗が翻るバルコニーに立って、二〇〇人ほど集まった聴衆の前でヒンズー語で熱弁を振るうと、聴衆から熱狂的な拍手が送られてきた。

プ氏は十二日に、Ｆ機関の二名とともに、「ヤラの同志を糾合してＩＩＬ宣伝班二組を編成し、その一組をヤラーベトン道を急進中の安藤支隊の方面に派遣した」

「ハリマオ一派も米村少尉指導のもとに、この方面より英軍内に潜入していった」。別の一組も、F機関の三名を同行して「折柄《おりから》開通した軌道車に便乗してコタバルの戦線に向かって出発した」

「第五師団主力の先遣隊が十一日午後ジットラーの北方アースン付近において英印軍を急襲突破し、続いて今朝来ジットラーラインに対する攻撃を開始」した後、十三日の朝、F機関とIILは、アロルスターの戦線に向かって出発した。

十二日に、再び日本軍第五師団の一部の強襲を受けたジットラーラインの英軍は、その日の夕刻に、ペラク河の線に向かった。そして第五師団は、この敵軍を急迫してアロルスターを占領した。

F機関はアロルスターの市街に入ると、ただちに十字街の警察署にF機関とIILの本部を開設した。「さきにジットラー戦線に派遣した山口、中宮工作班は、IIL工作班と協力して早くも同戦線で獲得した印度人将校パトナム軍少佐を初め五名の俘虜印度兵を教育して、敵線に投入する工作を開始し、自信を得つつあった」

プ氏が「早くもIILメンバーを八方に活躍させて宣伝の手配」を進め、午後五時頃に、本部に引き上げると、「既に数百万の印度人民衆が十字街の国旗のもとに群集していた。印度人のほかにマレイ人の民衆も続々あつまり、十字街の相ぼうはたちまち活気を取戻した。午後六時頃、プ氏は民衆の歓呼と拍手に迎えられてバルコニーに立った。プ氏はヒンズー語でIIL

独立運動の目的と計画とを熱弁を振って民衆に訴えた。また日本軍の誠意ある援助を説明した。タミール語でその一節一節が通訳された。一句ごとに割れるような拍手と共鳴の歓呼があった」

続いて、サルタン一族でただ一人アロルスターに踏み止まっていたプ氏の弟は、プ氏に代わって、自ら進んでバルコニーに立つと演説を始め、「IILの運動に対し熱烈なる声援と敬意を表明すると共に、マレイ人、印度人、支那人が日本軍の提唱する東亜新秩序の理念に基いて同胞のごとく、相提携相和してそれぞれの自由と繁栄のために協力せんことを訴えた」のである。

藤原機関長も二人に続いて、バルコニーに立つと、「東亜の民族を解放し、相剋と対立を越え、自由と平等と共栄を目的とする東亜の再建について」、「熱烈なる念願を説明し、民衆の奮起と協力とを求めた。更に印度独立支援に対する日本の誠意をひれきした。聴衆は双手を上げて共鳴の意を表した」のである。

投降勧告の開始

大会終了後、すぐにプ氏は、かねがね気脈を通じている数名のゴム園経営者のシーク人を伴って、藤原機関長の部屋を訪ねてきた。彼らによると、イギリス人の大隊長を除いて中隊長以下全員がインド兵で構成されている英印軍の一大隊が、一昨日のジットラー付近の戦闘で退路を断たれたことから、昨日、アロルスター東方三〇マイルのタニンコンに脱出してきたが、疲労困憊で士気を喪失しているという。

インド兵が昨日から、代わるがわるゴム園にやって来て、いろいろ情報を集めたり、ラジオの戦況放送を聞いたりしていた。「園主がこの微妙な彼らの心理状態を看破して、真珠湾やマレイ沖航空戦の状況と、アロルスター方面英軍の敗走振りを誇張したり、ＩＩＬの宣伝を試みたところ将兵の微妙な心理的反応を見てとり、帰順工作が成功するかもしれないとのことだった」

藤原機関長は、「プ氏と協議のすえ、本夜、更に園主等が彼らの印度人将校に戦況やＩＩＬの運動の趣旨を説明し、その参加を勧める工作」を続け、「プ氏と明十四日未明にでかけて行って直接説得することとし」、明朝園主に案内するように依頼したが、プ氏は藤原機関長の身辺に危険があると申し訳ないので、明朝に自分が先に単身工作に出かけると言ってきた。

だが、藤原機関長は、「われわれの理想を条理と誠意を尽くして英印軍印度兵を説得すれば必ず彼等の共鳴を得られる」という信念から、この申し出を断るのである。

藤原機関長たちは十四日未明、身に寸鉄を帯びずに、インド国旗とＩＩＬの布標で覆われた二台の自動車に乗って、プ氏一行とタニンコに向かって出発した。

モハンシン大尉との出会い

彼らが「アロルスターの街を離れて十分も走ったところ、先方からあふれるほどの印度人を乗せた小型自動車が疾走して来た」

車内から昨日の園主一行が降りてきた。園主によれば、「大隊の将校は昨夜の説得によって意の動いているものもあるが、まだ全員の意向をまとめるところまでにはなっていないし、大隊長たる英人中佐の意向が計りかねるので印度人将校はちゅうちょの態である」ため、全員が武装している現場に直行するのは危険であるとのことだった。

そこで、藤原機関長は、大隊長との直接交渉を避け、まず使者を遣わしてからゴム園で大隊長と会見することにした。

藤原機関長は、ゴム園に着くと「簡単に件《くだん》の大隊が当面している絶望的な状況ならびに誠意をもっての投降交渉に応ずる当方の用意」を述べた信書を使者に持たせて出発させた。

間もなくして自動車で、大隊長が到来すると、藤原機関長は自動車まで足を運んで、大隊長に握手を差し伸べた後、自ら休憩所に案内して椅子を与え、温かいコーヒーを勧めた。

藤原機関長は、まず戦況を説明した後、これ以上の抵抗は無益であることや軍紀ある投降の道を選ぶことを勧めた。また日本の武士道精神に則って、投降将兵を処遇する用意があることも付言した。

藤原機関長は、大隊長が長い沈黙の後、無条件に勧告を受諾してきたため、降伏文書にサインを求め、大隊長と車で、たくさんのインド人将兵のいる広場に行くと、大田黒通訳を通じて

「印度人将兵との友好を取り結ぶためにきた日本軍の藤原機関長である」ことや大隊長が降伏文書に署名したことを宣言した。

次いで、大隊長に「全員の集合、人員の点呼、武装の完全解除、患者の特別措置を要求」すると、大隊長は、このことを四名の中隊長に命じた。すると、藤原機関長は、その中に、シークの小柄な大尉がいることに気がついた。「取り分け態度が厳粛できびきびしていたからである。年のころ三〇歳前後と思われる。その眼には鋭い英智と清純な情熱と強い意志のほのめきが見てとれた」

藤原機関長は、二〇〇人足らずのインド人将兵を武装解除して、アロルスターに連れて帰ったが、このとき、上官の命令に従って手際よく武装解除をしたのが、後述のインド国民軍（INA）の創設者となるモハンシン大尉（以下、モ大尉と略称）であった。

「アロルスターの警察の宿舎に、タニコンから連れてきたインド兵捕虜を収容したのであるが、あとからあとから投降兵がやってきた。たちまち二〇〇人が五〇〇人を超える勢いになった。IILとF機関の最初の投降勧告は見事に成功したのである」

プ氏は、園主や村のインド人代表者とインド人将校をハウスの一室に案内して祝杯をあげた後、その席で、「IIL独立運動の目的、計画、今日までの経緯を説明」して藤原機関長のとった熱意ある行動を称賛した。

次いで、藤原機関長も「印度独立支援に対する日本軍の誠意と、開戦前よりのプ氏の愛国行動に対する」感謝の気持ちを表した。

やがて、藤原機関長一行は、園主が用意してくれたトラックに乗って、アロルスターのIIL本部へ向かったが、途中で「この光景を道路の両側や村端に潜伏し窺っていた印度人の敗残兵は、何ら躊躇もなく路上に躍り出してローリー」を止めて車上の人となった。そして、「車上の印度兵の数は段々増えて、すし詰めになって行った」

藤原機関長が正午過ぎに、アロルスターに着くと、英軍大隊長は、「F機関本部で傷の手当とマラリアの予防薬を終え暫時睡眠をとった」後に、藤原機関長とモ大尉に別れを告げて、日本軍司令部へ出頭した。

ところで、アロルスターの街は、支那事変以来もつれていた日中民族間の感情のせいか、日本軍の報復的暴行を恐れて家を閉ざし、郊外に避難する者が多数にのぼったが、マレイ人やインド人は、「支那人の経済的搾取に羨望と反感を根深く持っていた」

「日本軍がペラク河に向かって英軍を追撃したために、この都の警備は一時真空状態が現出した。その隙を狙って、マレイ人や印度人の不ていい分子が眼の仇のように白昼堂々支那人の家を襲い家財を運び始めた」のである。

このため、F機関が市民の生命と財産を保護しなければならなくなったが、「大部分が現地で臨時に参加したシビリアン」であったことから、「F機関には一名の武装歩兵もいなかった」のである。

そこで、藤原機関長は、「絶対の信頼と敬愛を得ようとすれば、まず自ら相手にそれを示す必要がある」と考え、プ氏と相談の上、モ大尉に市民の保護に協力を求めると、早速、モ大尉の副官であるアグナム大尉が警察署にある棍棒と手錠を持った七〇～八〇名の兵を率いて、市民保護の任に当たったことから、「アロルスターの街は一時間も経たないうちに整然たる秩序に還った」のである。

こうした光景に驚いた日本軍将兵の間からは、F機関への信頼が次第に生まれ、インド兵への親しみと信頼の兆しが見えてきた。

「このことは、波紋のように近隣に伝播し、各地区に潜んでいたインド人将兵がIILの工作と相まって、続々と投降し、すでに七〇〇人を超す勢いとなった」が、「この七〇〇人のインド人捕虜は、一人の日本兵の監視も受けることなく、モ大尉の指揮のもとに自由に起居するようになった」のである。

瀬川少尉の戦死

ところが、このような快報に反して、藤原機関長のもとに、二人のマレイ人が「カタバルに派遣した瀬川少尉が敵線に進出して英印軍印度兵に宣伝工作中、敵弾のために壮烈なる戦死を遂げた」ことを知らせるために、瀬川少尉の遺骨とともに現れたのである。

藤原機関長は去る十月、東京からFメンバーとして派遣されてきた瀬川少尉の訃報を聞いて悲嘆に暮れたが、「眼の廻るようなこの繁忙とＩＩＬメンバー印度兵諸君の手前」、静かに彼を追悼している余裕はなかった。藤原機関長は、悲壮を胸に包みながらも、工作の任務に邁進していかなければならなかったからである。

だが、この二人のマレイ人の報告によると、ＹＭＡやＩＩＬ同志の宣伝効果のせいか、日本軍に対するコタバル方面のマレイ人やインド人の親善協力の気運がさかんに起こっていることが分かったのである。

深夜までの討論

藤原機関長は、その夜から今朝まで、以前は敵対関係にあったモ大尉とプ氏を交えて、「印度独立支援に関する日本軍の真意とＩＩＬとの協力の経緯を日本軍の見地から」説明し、インド独立の達成に関する見解を披歴した。

そして、「隷属民族の悲哀と不名誉を指摘し、印度の独立は印度人の奮起と闘争なくして絶対に実現をみることなしと判断すると強調した。更に第二次欧州大戦に続く今次の大東亜戦争こそ、印度民族が決起してその自由と独立の光栄をかち得る唯一かつ最後のチャンスたるべきことを力説した」のである。

藤原機関長は、「日本が印度独立運動をかくのごとき熱誠をもって支援する根拠について、今次戦争目的に掲げられた理念のほか、四つの私的見解を率直に付言した。その一つは、日本と印度はその目的達成のために敵を共通にしていること、その二は、印度を信仰と文化の母とする日本との歴史的因縁、その三は、東亜における地理的因縁と血縁的因縁、その四は、印度民族の隷属的地位に対する日本民族の義憤であった」

モ大尉は、「英国の印度支配や英人の印度人に対する差別待遇などにつき自ら幾多の事例を上げて悲憤し、自由と独立なき民族の不幸と不名誉を痛論した。また印度の独立が印度民族の奮起に待つべきことについても」、藤原機関長の「所信に共鳴してモ大尉自身祖国の開放《(ママ)》に関する熱意については、決して人後に落ちないものであるといい切った」

そして「日本軍の印度独立運動支援の真意やこれに関する」藤原機関長の所見についても共感したのである。

しかし、一方では「日本の台湾、朝鮮の統治、満州、支那における政策乃至《ないし》軍の行動について印度人に与えている悪印象」を率直に述べた。

さらに、彼は「印度政治運動の主軸をなす国民会議派の同調支援を受けるものでなければ決して成功し得ないとみる所信を強調した」のである。

藤原機関長は、この所信が「モ大尉の決起と日本軍との積極的協力の決意を抑制するものであること」が分かると、続けて「国民会議派といえども情勢の推移に伴い、その政治運動の方式に変換をみることが必至であるとの見解を述べた。

スバス・チャンドラ・ボース

印度国民が、行動派のチャンドラボース氏やこのＩＩＬの運動等が幸いに大きな実力を養い得て、直接祖国の解放に必成の行動を起し得る事態となれば、まず印度国民がこれに同調するであろうし、勢い国民会議派もこれを支援するであろうと強調した」

藤原機関長は、この討議によって「モ大尉の祖国に対する熱烈なる愛情と英国の支配に対する義憤を確認」して満足したが、モ大尉の「決起は早急に期待できないが、誠意を傾けて討議を重ねれば必ず同調すると判断した。時は既に午前三時を過ぎていた」ため、明晩の討議を約束して眠りについたのである。

インド兵捕虜との会食

藤原機関長は十七日正午に、Ｆ機関とＩＩＬのメンバーと、モ大尉グループのインド人将校、下士官全員との合同の会食を行うために、インド兵が好きなインド料理を出すようにモ大尉に依頼した。

ところが、モ大尉には「戦勝軍の要職にある日本軍参謀が、一昨日投降したばかりの敗戦軍の印度兵捕虜、それも下士官まで加えて、同じ食卓で印度料理の会食をするなどということは、英軍のなかではなにびとも夢想だにできないことであった」らしい。

モ大尉は、「藤原機関長の、この敵味方、勝者敗者、民族の相違を超えた、温い催しこそは、一昨日来われわれに示されつつある友愛の実践と共に、日本の印度に対する誠意の千万言にも優る実証である」と述べた。

こうして、十七日の会食以来、F機関のメンバーとインド将兵の関係は、全く戦友のようになっていった。藤原機関長には、連日連夜にわたって、インド独立の方法と独立義勇軍の結成について協議を続けていく中で、モ大尉が祖国の解放運動に挺身する決意に近づきつつあるように見えてきたが、急ぐことなく、慎重に熟慮するように希望した。

そして、二十日の午後、藤原機関長は、杉田参謀の助言もあって、プ氏とモ大尉を山下軍司令官のいるアロルスターの軍司令部に同行した。

山下軍司令官は、彼らの来訪を衷心より歓迎し、「自ら大きな掌で作戦図を指し示しつつ、太平洋全域にわたる作戦経過を懇切に説明した。そして親しさに満ちた態度で、日本軍の印度独立支援に関する熱意を率直にひれきし、藤原機関長を通じてＩＩＬの運動に対し全幅の支援を与える用意を述べ、いかなる希望でも遠慮なく申し出るように付言した」

彼らは日本軍の好意を厚く感謝し、また山下軍司令官も一同の辞去に当たって、彼らに金一封（一万円在中）と清酒二本を陣中見舞として贈り激励したが、藤原機関長は、この面談によって、モ大尉決起の決意が一層促進されたと見て安心した。

ピナンの大会

日本軍の快調な進撃に伴い、IILやF機関の本部は二十日夕、現在のアロルスターからスンゲイパタニへ、次いでタイピンへと躍進をしていかなければならなかった。

藤原機関長たちは、「スンゲイパタニやクルン、クリムにおけるIILの結成と、印度兵捕虜の保護と、支那人に対する宣伝のために」、「スンゲイパタニに四日間の滞在を必要とした」

この間、藤原機関長は、先に中宮中尉の救出したケダ州サルタンの長男ラーマン（独立後のマラヤ連邦の初代首相）がいるスンゲイパタニ南方のクリムの別邸を訪問した。

このとき、ラーマンは、藤原機関長の来訪を心から歓迎し、F機関の保護を感謝してくれた。藤原機関長は、「別邸に一夜の宿を借りてアジアの将来、日本とマレイ民族の協力、マレイにおけるマレイ人、印度人、華僑の親和問題等を心ゆくまで討議し共鳴し合った」

そして、ラーマンは、自らベナン放送を利用して、マレイとスマトラの住民に対して、日本軍への協力を呼びかける藤原機関長からの申し出に心から賛同したのである。

既に、日本軍は十二月二十三日に、タイピンを占領し、ペラク河の北岸に進出中であった。プ氏と藤原機関長は、三日間の予定でピナンへ車で向かった。対岸から美しく見えたピナンに上陸すると、街は「到るところ日本軍の爆撃を被って無数の浅傷《あさで》、深傷《ふかで》を負って」いるのが分かった。

藤原機関長が予科士官学校時代の教官だった河瀬中佐に会って、インド独立連盟の保護と育成を懇願した後、プ氏は、ただちにインド独立連盟の宣伝に取りかかることにした。

プ氏は翌日午前に、IIL結成大会で、一万人を超えるインド人の大衆を前に、「IILの目的や運動の経緯を語ったのち、アロルスターやスンゲイパタニにおいて、IILの下に保護されつつある印度兵捕虜や住民の幸福な状況を説明し、更に近き日にそれらの印度人有志をもって印度独立義勇軍を結成し、祖国のしっこくを断ち切らんとする烈々たる決意を強調した」のである。

次いで、藤原機関長も檀上に登り、「将来印度独立義勇軍が祖国解放の遠征にのぼる時来たらば、日本軍もまた旗鼓《きこ》相和して支援すべき抱負を述べた」のである。

こうして、大会が終了すると、インド人の大衆はIILに参加し、IILの運動とインド兵捕虜を救済するために義援金を申し出たのである。

第六節　インド国民軍の誕生

モ大尉の決起

モ大尉は十二月三十一日の日没に、アロルスターからアグナム大尉と通訳の国塚大尉を同行して、藤原機関長を訪ねてきた。

そして、モ大尉は藤原機関長に対して、「われわれ将兵は数次の慎重なる協議ののち、次に述べる条件が日本軍によって容認されることを前提として、全員一致、祖国の解放と自由獲得のため決起する決意を固めた」ことを述べた。

「（1）モ大尉は印度国民軍（ＩＮＡ）編成に着手する。
（2）これに対して日本軍は全幅に支援を供与する。
（3）ＩＮＡとＩＩＬは差当り協力関係とする。
（4）日本軍は印度兵捕虜の指導をモ大尉に委任する。
（5）日本軍は印度兵捕虜に友情をもって遇し、ＩＮＡに参加するものは解放する。
（6）ＩＮＡは日本軍と同盟関係の友軍と見做す」

これに対して、藤原機関長は、ＩＮＡとＩＩＬとの関係は車の両輪、鳥の双翼の関係でなければならない、モ大尉がインド独立義勇軍の名を排し、インド国民軍（India National Army：I.N.A）の名称を採用したのは、国民の全面的支援の上に立つ組織ではなくては大成できないという趣旨を考慮したものだと思った。

「または英印軍にあった印度人将兵だけではなく、一般印度人の同志も広く包含する必要がある。ＩＮＡは革命軍たる本質にかんがみて、殉国の志操堅固なる精兵主義を採るべきである等々を強調した」

だが、「種々談合の結果、差当りはＩＮＡとＩＩＬとの関係とは協力関係とし、ＩＩＬの支援のもとに編成し育成することと、まず印度兵捕虜を主体として組成することを申合せた。ＩＮＡを急速に強化するため、モ大尉はＩＮＡの優秀なる分子を戦線の英印軍に潜入させて、同志を糾合する工作を速やかに開始することとなった」のである。

ＩＮＡの誕生

藤原機関長は、モ大尉の了解の上に、司令部の鈴木参謀長と杉田参謀を訪れて、彼らからの申し出を報告して経緯を説明した。

鈴木参謀長は、「第六項の日本軍と国民軍との関係については、同盟関係とすることは戦闘中の現段階では技術的に困難だとする意見が日本側に強く、さしあたりモ大尉らの希望に実質的に応ずるようにするということ」で、モ大尉の提案を容認し、山下軍司令官の認可を受けることに成功した。

かくして、開戦日より数えて、わずか二十四日目の昭和十六年十二月三十一日に、マレーのペラク州首都タイピンにおいて、インド独立運動史に永遠に名を残す「インド国民軍（ＩＮＡ）」が誕生するのである。

ＩＮＡ宣伝班の活躍

こうして、ＩＮＡが誕生すると、モ大尉は、争うように志願してくる将兵の中から、ＩＮＡ宣伝班の要員を自ら厳選し、数日間、連日連夜にわたって、インド独立運動の思想教育と敵地に潜入して同志を集める方法を教えた。

モ大尉は翌年一月三日に、「アグナム大尉を始め、ＩＮＡの本部と数十名の宣伝要員を率いてイッポーに乗り込んできた」が、イッポーに到着した日からも、宣伝要員の訓練を続けた。

この宣伝要員は数名のグループで編制され、「敵線内の行動を容易にするため敗残兵や一般市民の風体に変装した。また「必要に応じて英印正規兵の服装にも変更し得るように準備された。日本軍の戦線を無事に通過するためのFの標識のほかに、F機関の証明書を懐中にしのばせた。INAの参加勧告伝単も懐中にしまい込んでいた」

首尾よく、IILの宣伝班を敵線内に潜入させると、「カンパル戦線から一〇〇名以上の投降印度兵が伴われてきた」ため、モ大尉は「彼らを迎え、ねんごろな訓示と激励を与えた」

その夜、「まずINA宣伝班の第一班と中宮連絡班が出発した」。そして、「その翌日からINA第二、第三の宣伝班がF機関の連絡班と共に相次いで出発した」

INA将兵の宣伝班員は、IILとF機関の連絡班とともに敵弾の間断を縫って、ゴムの木の根をたどり、日本軍の散兵線にたどり着いた後、連絡班のメンバーと別れて敵の射撃と監視の隙をついて敵線内に潜入して行った。

「彼らは英人指揮官や英兵の居ない印度兵のグループを求めて進むのである。連絡班は宣伝班員の潜入を確かめたうえ、後方に退って各部隊の手に入っている印度兵捕虜を接収して本部に引き上げてくる」のである。

当時のF機関の連絡班には次の三つの苦心があった。

一つは、IILとINAの宣伝班と日本軍将兵との誤解に基づく摩擦や誤射であった。こうしたことが起こらないように、彼らを最前線まで付き添って誘導しなければならなかった。

二つは、この仕事を理解しようとしない日本軍の指揮官や参謀を説得することであった。

藤原中佐が回想録で、

「私達はそのような不幸な懸念は絶対に起こらないことをF機関の全責任において保証するといい切って協力を求めた。（中略）

ＩＮＡの宣伝員を初めて戦線に送るこのころでは、F機関の私達でさえ、内心では一まつの不安を持っていたのが事実であった。当時の私はこのような不幸な事件が、時には必ず起こることを予期し覚悟しつつも、大きな目的を達成するために、敢えてこの冒険を断行してみる決心をとらざるを得なかった」

と述懐しているように、彼らは、昨日まで英軍の一員であったＩＮＡのインド兵が寝返って英軍に通牒することを恐れたからである。

しかし、藤原機関長の懸念は十日も経たないうちに、とり越し苦労であることが分かった。スリムの戦線に送られたＩＩＬやＩＮＡの宣伝員の中で、英軍に寝返る者が一人もいなかったからである。

苦心の三つ目は、三つか四つの連絡班で、二〇〇キロ以上離れた戦線と本部の間を頻繁に活動しなければならないことであった。さらに、宣伝班員が英印軍内に潜入して苦心の末、インド兵を勧誘しても、彼らを同伴して再び日本軍の戦線を越えることが困難なことであった。殺気立った日本軍の誤解を避け、誤射を受けないようにすることは至難であった。もし、こうした事態が起きたならば、これまでの苦労は水泡に帰することになる。

そこで、藤原機関長とモ大尉は、こうした問題と彼らが英軍の捕虜にならないように、次のような方法を定めて指令した。
①敵線内に潜入したら、英人将兵のいないインド兵のグループをさがす　②単独か少人数のグループをさがす　③自分の所属部隊の者をさがす　④信用できるインド兵を発見したら、IILとINAの話をかいつまんで話す　⑤日本軍がインド兵捕虜をいかに優遇しているかを話す　⑥投降に同意したら、他の戦友にも勧誘するように奨める　⑦投降の要領は次のように伝える　⑧戦線を離脱して付近の密林の中に潜伏する　⑨指揮官の監視が厳しく危険が予想されるときは、日本軍が英軍の戦線を突破して、英軍戦線が混乱に陥るときまで時機を待つ　⑩日本軍に向かって射撃するときは銃口を空に向ける　⑪時機がきたら英軍の混乱した機に乗じて付近の密林の中に潜伏する　⑫英軍指揮官が退却を命じてもこれについて行かない　⑬武器は密林内に隠しておく　⑭日本軍の第一線部隊が通過した後、白旗を立てて出て行く　⑮INAの参加勧告文を日本軍に示す。
もし、このような詳細な宣伝が伝達できない場合は、この内容を列記したINAの参加勧告文を準備し、手交することが指令された。こうしたINA宣伝班の活動は、INAの非常に輝かしい前途と民族の魂の偉大さを証明するものとなった。

YMAの活動

藤原機関長は四日の夜、イッポーに進出したYMAの副会長オナム氏からYMAの活動について、次のような提議を受けた。

第一は、「シンガポールの監獄に収監されている会長イブラヒム氏以下の救出に関する協力要求であった」

第二は、「日マレイ親善宣伝と、マレイにおけるマレイ人の民族運動に対する日本軍の支援要求であった」

第三は、「YMA会員の作戦協力に対する申出であった」

藤原機関長は、まず第一の提議に対して、日本軍の協力を約束した。YMA会員も、一緒になって監獄からの同志救出を勧告した。

第二の提議に対しては、「日マレイ親善の宣伝に関しては異存はないが、支那人と華僑を排撃するマレイの民族運動や、サルタン始め現在のマレイ人指導者階級を急激に排斥せんとする思想は、日本軍の東亜新秩序建設の理念や、マレイにおける軍政の根本方針に背馳《はいち》することを説明して異議を表明した」

藤原機関長は、「マレイ人の民族的感情には十分に同情する」が、支那人やインド人に経済的な実権を握られた責任の一端は、「明らかにマレイ人の低い政治文化的水準や、怠だな風習や、悪条件の体位などに帰せられるべきである」から、オナム氏に対して、マレイ人の欠陥を是正する一大青年文化運動の推進を提案した。

第三の提議に対しては、訓練の未熟で僅少な会員が直接に作戦行動に協力することは適当ではないと考え、「協議の結果、英軍後方のマレイ人に対して、日本軍に対する親善協力の宣伝を実施することと、できれば英軍の監視の乏しい地区の軍用電話線の切断、遺棄兵器の収集などに協力すること」になった。

米村少尉がＹＭＡとの連絡主任に当たり、オナム氏は糾合した会員二十五名を教育した。三日間の速成教育で、一グループ二名の宣伝班を五、六組編制した。

「これらの宣伝班はまずクアラルンプールやマラッカを中心とする地域のマレイ人に対する宣伝任務が与えられ、英軍電話線の切断が副任務として付加された」

また「米村少尉がこの宣伝班を戦線に誘導して、日本軍と連絡のうえ潜入を指導した」のである。

伝単撒布の活動

マレー作戦の宣伝作戦において、伝単作戦が、インド兵の独立に対する気持ちを覚醒させるのに、大きな効果を発揮したことは既述した。

一月三日、イッポーIIL支部の奔走によって、ウルヅー語とヒンヅー語の活字を発見し、貧弱な手刷りの印刷機を入手した藤原機関長は、「プ氏とモ大尉の要請に答えて、空から全戦線の印度兵に呼びかけるかねての計画を速急に実施に移す」ことにした。

全戦線のインド兵に対する呼びかけは、IILやINAの宣伝班の活動だけでは不十分だからである。

モ大尉が、「INAの目的とINA宣伝班に与えた既述のような投降要領」を列記した「インド人将兵に告ぐ」と題するINA参加勧告文を作成し、「IILもまたその政治目的とIILの運動に参加を勧誘する伝単を調製した」

藤原中佐は回想録で、伝単の撒布は、イッポーでマレー方面の航空作戦を担当する第三飛行団が行ったが、思想戦、宣伝戦軽視の風潮のためか、伝単の一部がジャングルの中に束のまま投棄されていることがあり、モ大尉から「飛行機撒布のビラにより投降したものと、潜入工作員の説得によって投降して来たものとの比率は、四・一である」ため、「これ程貴重なビラを、束のまま、敵部隊の少ない地域に投棄するとは心外だ」。善処してほしいとの要求を受け、返事に窮する一幕があったと述べている。

マレー作戦の快進撃は、第一線部隊の将兵、特に戦車部隊、銀輪（自転車）部隊の勇戦奮闘と後述の日本軍工兵部隊の活躍によることはむろんであるが、伝単作戦がインド兵の投降を促進し、マレー作戦を短期間で完遂させる上で、大きな効果を発揮したことは看過してはならないだろう。

ハリマオとの初会見

藤原機関長が「戦線におけるＦ機関員やＩＮＡ、ＩＩＬ宣伝班の活動を親しく激励し、その活動成果を確認するため」、カンパルの村に入ったとき、思いがけず米村少尉と一緒の「マレーのハリマオ・谷豊と対面した。谷は遠く英軍の背後で、電話線の切断や英軍の橋梁爆破装置の撤去などをしてきたことを、謙虚な態度で報告」した。

藤原機関長は、ハリマオの子分たちが作ってくれたマレイ料理で腹ごしらえを済ませ、再びスリム戦線へと急いだ。

クアラルンプールへ

このように、Ｆ機関の工作は、「国境会戦以来、日本軍の電撃作戦に、敵が潰乱敗走を反復しつつある絶好の条件に恵まれて、急速に英印軍第一一師団と第九師団に浸透し始めた」が、「スリム会戦を契機として、マレイ半島における英軍の兵力部署に根本的変更が始まり」、「絶好の宣伝対象として成熟しつつあった英印軍兵団の大部は、遠くシンガポールに撤退させられ、白人兵団が続々と入換わりに北上してきたとの情報」が軍参謀の杉田中佐から提供された。

また「日本軍の手に落ちた英軍の情報記録によると、英軍司令部は、早くもF機関の活動に神経を尖らせつつあることがうかがわれた」。そして、藤原機関長の首に何万ポンドもの懸賞がかかっており、今後の工作に対して、英軍の積極的防衛対策が練られることが予想された。

第二十五軍司令部の首脳たちは、「南部マレイにおいて行われつつある英軍のこの大規模な兵力移動と、この地域の地勢判断に基いて」、英軍は「マラッカ、ムアル、ゲマスを結ぶ要線、若しくはバトパハからクルアンに至る要線の何れかで日本軍の突進を阻止反撃して、戦勢のばん回を企図するか、あるいはこれらの線で持久に努め、この間シンガポールの防備を緊急増強して、最後の大決戦をシンガポールに準備せんと企図するかのいずれか」をすると判断した。

だが、「いずれにしても、首都クアラルンプールにおける大きな抵抗は予想されなかった」が、こうした中で、藤原機関長は、モ大尉とプ氏との協議のうえ、「まずF機関の本部とIILの本部とは一月九日、クアラルンプールへ躍進する」ことにした。

英軍は、退却しながら大小余さず一切の橋梁を破壊し尽くしたが、日本軍工兵隊が一二〇〇キロにも及ぶマレー半島の追撃戦において、六〇日間に大小二五三の橋梁を補修して追撃を推進した。正に、「日本軍の追撃速度は、一にこの日本軍工兵隊の橋梁修理速度にかかっていた」のである。

Ｆ機関が追撃部隊に追尾して前進すると、沿道に驚くべき成果を発見した。「それは三〇名、五〇のグループをなす投降印度兵が、一人の日本兵も、一人のＦメンバーの誘導監視も受けることなく、Ｆ標識をしたための白旗を押し立て、隊伍を組んで、追撃部隊の間に混じって、クアラルンプールに向かって前進する光景であった」

白旗を掲げたインド人将兵は、Ｆメンバーに証明書を示すのを常とし、「その他に、空から、あるいは地上から撒布されたＩＮＡの投降勧告文や日本軍の宣伝文を懐に暖めていた。この光景は満州、支那において十年来戦ってきた日本軍将兵が絶えて認めた事のない現象であったし、他の国の戦史にも珍しい光景で」あった。

「追撃部隊の将兵は、この異様な光景に眼を見張って通過していたが、いつのほどか、日本軍部隊は自発的にこの投降印度兵を彼らの自動車に収容して、クアラルンプールのＦ機関まで追送してくれるようになった。

初めＦ機関の仕事に疑念をもっていた一部の日本軍部隊の指揮官や参謀も、段々、認識を改めてくれるようになったし、Ｆ機関の名前と性格は現住民は勿論、日本軍将兵にも認識されるようになった」のである。

「スリム開戦後、各地で投降した印度兵が続々クアラルンプールのキャンプに到着し、たちまち一〇〇〇名に達した。その中にはボートスイテンハムの方から、日本軍の飛行機の撒布した一枚の投降通告書を携え、徒歩行軍でクアラルンプールに集まってきた中隊もあった」ことから、既に投降インド兵の数は、各地で二五〇〇名を突破しつつあると考えられた。

モ大尉は、INAを拡充強化するためにも、また指揮、訓練、警備、軍紀、給養、衛生等の見地からも、「これらの印度兵をクアラルンプールに集結したい意向を訴えた」ことから、この意向が司令部に認められたことによって、「モ大尉はアロルスター、スンゲイパダニー、イッポー、ピナンに散在する全兵力をこの首都に集結する措置を進めた」

モ大尉は、このほかに、さらに三つの新しい計画を立案した。その一つは、INAの一部を武装し訓練することであった。二つは、英印軍内のインド人将兵をさらに大規模にINAに参加させるため、強力なる宣伝班を編制することであった。

三つ目は、「サイゴン放送局を利用して、印度を初め、敵域の印度人将兵や印度人に対して、有効なる放送宣伝を実施することであった」

藤原機関長は、これらの計画に同意して、全面的な協力を約束し、杉田参謀の認可を得て、とりあえず二中隊分の軽兵器をINAに譲渡した。

大インド施策に関する意見の具申

「モアルに収容された印度兵は六〇〇に達した。ランプール兵営のＩＮＡは三五〇〇の優勢となった。日本軍はバトパハ、ゲマスにおいて撃破した英軍を追ってジョホールバルに向かって殺到しつつあった。

ジョホールバルの陥落も一両日中に迫った。山下将軍の司令部はランプールからクルアンに前進した。マレイ半島の作戦は正に大詰めになった。日本軍はいよいよ東亜における大英帝国の牙城シンガポール要塞に立ち向かうこととなった」

この頃、フィリピン方面では、第十四軍（司令官本間雅晴中将）が昭和十七年一月二日に、首都マニラの占領に成功し、一月末から「第二次バターン攻略戦」を開始した。

一方、第十五軍（司令官飯田祥二郎中将）隷下の第五十五師団と後続の第三十三師団も、同年一月二十日に、ビルマ・ルートの遮断とビルマ解放を目指して、タイ南部国境を突破して進撃中であった。

「ボルネオの要域は、日本軍陸海軍部隊によって占領された。更に南東太平洋方面では、一月二十三日から二十四日にわたって、セレベス島も、ニューブリテンの要域も占領した。太平洋および南方諸域に対する日本軍の作戦は、超快調をもって進展しつつあった」

このような情勢にかんがみて、藤原機関長は、かねてより彼の「脳中に策案しつつあった帝国の大印度施策を、総司令部と大本営に意見を具申し、その採択を要請すべき時が来たと考えた」のである。

折よく、サイゴン総司令部参謀の大槻中佐から電話があり、クルアン司令部に出頭して、仕事の状況報告と大インド施策に関する意見書を持参するようにとの指令を受けた。

藤原機関長は、深夜にかけて精魂と情熱を傾けて計画案を脱稿した。早朝、中宮中尉が前線から連絡に帰ってきた。この日、山口、中宮両中尉と国塚少尉は、協力して原稿を浄書し、公式の書類に仕上げてくれた。

藤原機関長が山下軍司令官、寺内大将と大本営あての三部の計画を携えて、クルアンの司令部に到着すると、知己の大本営参謀の岡村中佐、近藤中佐の両名が「陸軍大臣東条英機大将の代理として陸軍省人事局長富永中将と、参謀総長代理として、大本営作戦部長田中中将がそれぞれ数名の幕僚を従えて、戦線視察と要務連絡のために、丁度昨日来この司令部に来合せていることを」教えてくれた。

藤原機関長は、大槻中佐に寺内大将に対する意見具申を説明し、杉田参謀にも報告を終えて外に出ると、偶然にも両将軍から呼び止められた。

藤原機関長は、両将軍に「中央部において私の仕事を全東亜、全印度を対象とする施策に拡大して、直ちに実行に移して頂くための意見具申に参りました」と述べた。

田中中将が「うん。成功しているか。どんなことが成功しているのか。どんなに成功しているのだ」と誘い水を出してくれた。

すると、藤原機関長は、「クアラルンプールで数千のＩＮＡが結成されました。立派な革命軍に育ちつつあります。シンガポールの工作が上首尾に行けば、急速に拡大する見込みがあります。ＩＩＬの政治運動は既に全マレイをおおいつつあります。ビルマへ、東亜の他の地域へ、大印度にこの施策を拡大する基礎が出来上がりつつあります」と即答した。

そこで、藤原機関長の報告を聞いた両将軍は、クアラルンプールに行ってＩＮＡを視察することにした。

藤原機関長は、大槻中佐のところへ行って、このことを報告すると、「大本営参謀の両中佐の骨折りだと聞かしてくれた。そしてクアラルンプールで両将軍をしっかり口説くように激励してくれた」

藤原機関長は、両将軍がクアラルンプールに到着した後、「まずＩＮＡの兵営視察、閲兵、ＩＮＡ司令部におけるプ氏、モ大尉と両将軍との面談、次いで日本軍司令部における大本営幕僚とモ大尉の懇談、最後に両将軍に対する」自分の報告という段取りを行った。

プ氏とモ大尉はただちに準備に着手し、午後四時頃に視察と閲兵を実施した。次いで、ＩＮＡ司令部において、両将軍とモ大尉との間で挨拶が行われた後、藤原機関長は、ただちにモ大尉とアグナム副官を随員して後方司令部に行き、モ大尉と大本営参謀との懇談に臨んだ。

大本営参謀の岡村中佐は、モ大尉が「果たして日本が国策として国家をあげて支援するに足る人物であるか否かを確かめる」ため、さまざまな質問（日本の国民性について、インドの宗教対立やカースト制度の中で、統一した独立運動は可能かどうか、ビルマ人とインド人の対立問題について）を行ってきた。

モ大尉は、この懇談の間に「信念と識見と情熱と人格を大本営参謀に遺憾なく諒解させた」ため、彼らに大きな感銘を与えた。

モ大尉と大本営参謀との懇談が終了した後、藤原機関長は、将軍の部屋に呼ばれ、岡村中佐から報告を受けた。

藤原機関長は、田中将軍から「モ大尉はそれほど大した人物ではない」という酷評を受けると、モ大尉がたとえ無名の青年であっても、「祖国に対する無私の愛情と、革命に対する熱情と、烈々たる実行力と、識見と、徳望があれば」「やがて偉大な革命家に」なると応答した。

さらに、今こそインドの独立と日印の提携協力が必要なときはないことを具申すると、田中将軍は、今までの高圧的な態度をなごませて、計画に関する具体的な意見の報告を求めてきた。

説明が終わると、田中将軍は、「君の今の報告は参考のために聞き置く」と一言で片づけてしまった。自分の意見の具申が成功か否かの判断に窮した藤原機関長は、富永将軍にインド施策が拡大された場合のＦ機関に代わる強大な支援機関の必要性を強調すると、「機関長たるべき意中の人について」の自分の意見を尋ねてきたので、一層自信を強め、「政治的識見の高い、重厚誠実で博識の人物を希望」することを伝えた。

後で、藤原機関長は、田中将軍は自分の信念を試し、また自分を教育するつもりで、腹とは違った態度を示したのだと思った。

翌朝、藤原機関長が山口中尉と一緒に、クアラルンプールの飛行場からサイゴンに向かう将軍一行を見送った後、近藤参謀から「君の仕事はきわめて重要だ。いままでの成功を喜んでいる。ますます精魂を傾けてやってくれ」との田中将軍からの伝言を受けた。

さらに「君の報告は両将軍の共鳴を受けている。必ず中央において採択されるであろう」との言葉を付言されたのである。

ビルマへの出発

藤原機関長は同年二月四日に、第二十五軍司令部から二通の命令を受領した。「それはサイゴンにある南方軍総司令官寺内大将から山下将軍に与えた命令の写しと、これに基く山下将軍」の自分に対する命令であった。

寺内大将からは、「藤原機関の一部をビルマに派遣して、第一五軍司令官飯田中将指揮のもとに、同方面に対するIIL、INA運動を拡大推進せしむべし」との命令であった。

山下将軍からは、「藤原機関長は、速やかに藤原機関の一部をビルマに派遣し、IIL、INAの活動を支援拡大せよ」というものであった。

前出の近藤参謀の予言通り、藤原機関長の意見具申の一つが中央に採用されたのである。二〇〇万以上のインド人が住み、インドに隣接するビルマは、F機関の仕事に大きな発展のチャンスを与えた。しかし、シンガポールの進攻が真近に迫る中で、ごくわずかのF機関のメンバーをビルマへ割くことは余りにも重い負担であった。

藤原機関長は、モ大尉とプ氏との面談のうえ、「差当りIILはゴパールシン氏を長とする宣伝班を、またINAはラムスループ大尉を長とする六〇名の宣伝要員を、F機関から土持大尉以下四名の連絡班を、それぞれビルマに派遣することに決定した。ただちに準備に着手して、二月九日、クアラルンプールから汽車輸送で出発させる」ことにした。

一方、陸軍参謀本部の鈴木敬司大佐は昭和十五年六月に、第十五軍のビルマ進攻作戦と並行して、援蒋ルートの一つであるイギリスのビルマ・ルートを妨害し、阻止するにはビルマの若い活動家たちと手を結んで破壊工作を行うのが得策だと考えて、ビルマに潜入した後、タキン・アウンサン〔現ミャンマー下院議員・国民民主連盟（NLD）議長アウンサン・スーチーの実父〕を始めとするタキン党（独立党）の青年民族主義者と接触し、南機関を設立して、ビルマ人志士三十人を陸路あるいは海路から脱出させて、海南島の三亜において秘かに軍事訓練を実施していた。やがて、南機関は、日米開戦の始まる十二月頃に、ビルマ人志士とともに、タイに前進して、タイ領に居住するビルマ人有志から成る「ビルマ独立義勇軍（ＢＩＡ）」を編制して、第十五軍とビルマ進攻を開始した。

このＢＩＡの進撃は、「南部ビルマにおいて早くも全ビルマ国民の熱狂的歓呼を受け、ビルマ青年が続々これに馳せ参じて」、「ビルマ国民の民族意識を覚醒させ、その反英、独立、親日気運をほうはいと高めつつあった」のである。

だが、「このビルマ国民の民族運動と、ビルマにおけるＦ機関のＩＩＬやＩＮＡの活動との間には、機微な問題が介在していた。ビルマ在住印度人に対するビルマ人の潜在的反感が必然的に表面化する恐れが」あったからである。

藤原機関長は、「本来この問題は、本質的には相容れられないものではないと信じていた」「ビルマ方面日本軍首脳者とビルマ民族運動者ならびに印度人指導者の賢明な理解と措置が伴えば、調整し得る問題だと信じていた」からである。

藤原機関長は二月九日に、翌日ビルマに出発する土持大尉に対して、このような問題についての詳細な指示や説明を与えた後、二月八日二十四時を期して開始されるシンガポール攻略戦に出発したＩＮＡの宣伝班とＦ機関のメンバーの後を追って前線に出発した。

シンガポール総攻撃の開始

後方からIILとF機関の支援を受けながら、第五師団の前衛が一月三十日に、ついにシンガポールの対岸にあるジョホールバルを占領すると、マレー半島西海岸の北部から進軍してきた近衛師団と、その他の上陸部隊が開戦日から五十五日目の三十一日に、約一一〇〇キロ離れたシンガポール南端のジョホールバルに続々と到着してきた。

約五万人からなる第二十五軍は二月八日と九日に、東西と中央の三方向からジョホール水道を渡河して、シンガポールの各地（ブキテマ高地とマンダイ高地）で、二倍の兵力を持つ英印豪軍と本格的に戦闘を開始した。

この上陸作戦では近衛師団が東側から陽動作戦を、第五師団と第十八師団が主攻撃方面（中央から西側）を担当したが、INAの宣伝班とF機関メンバーも、シンガポールのインド兵に対する宣伝工作を実施するために前線に進出してきた。

「かねてこの決戦に備えて、モ大尉はクアラルンプールでアラデタ大尉を班長とする有力な宣伝隊を編成し訓練していた」「アラデタパーティの主力は近衛師団の一部と共にウビン島に根拠を占領して、チャンギー方面の英印軍に対する宣伝を担当することとなった」

また「アラデタパーティの一部は近衛師団の主力に同行して、マダイ高地方面の英印軍に対する宣伝を担当することとなり、他の一班は予備として本部に待機することとなった」が、「十一日以来のニースン英印軍陣地に対する近衛師団の攻撃は、十三日になっても成功しなかった」

この英印軍がインド兵部隊の一大隊であったため、「中宮中尉の連絡班とＩＮＡ連絡班長アラデタ大尉は協議のうえ、敢然として第一線に進出して行った」

アラデタ大尉は、「最前線に突き進んでゴムの木を楯に取って仁王立ちとなり、印度人将兵に対して大声で参加を勧告」した。彼の肺腑からほとばしる民族の解放と自由の信念を説いた勧告は、インド人将兵の魂をゆさぶった。

「彼らは期せずして射撃を中止し、固唾を呑んで、その勧告を傾聴した。将兵はわれを忘れその勧告に共鳴し歓呼をあげた。この一瞬、英印軍の抵抗は終えんした。そしてこの正面の英印軍一ヶ大隊は、卒然として武器をすててＩＮＡに参加してしまった」のである。

この出来事は、またたくまに後方の英印軍砲兵部隊にも波及した。中宮中尉から証明書をもらった英印軍の投降部隊は、中隊ごとに隊伍を整えて近衛師団の諸部隊の中を縫ってプキパンジャの十字路に行進して行った。

この光景を見た第二十五軍参謀副長の馬奈木《まなき》少将と総司令部の参謀は、藤原機関長に対して、Ｆ機関の仕事の意義を賞賛した。

しかし、英印軍の抵抗は頑強をきわめたことから、第十八師団と第五師団の損害は、三〇パーセント以上にも達しつつあった。そこで、鈴木参謀長は、藤原機関長を軍司令部に呼んで、「戦況の重大性を述べたのち、F機関はINA、IILと協力、全力をあげて英印軍印度人将兵に呼びかけてその抵抗を終息せしめんことを切望した」のである。

藤原機関長は、「プキパンジャンに予備として待機しつつあるINA、IIL宣伝班と共に自ら最激戦正面のブキテマ道の方面に潜入して英印軍将兵に宣伝すべく決意した」

その後、藤原機関長がプキパンジャンの本部に到着すると、前出の神本利男は沈痛な面持ちで、「ハリマオ（谷君）が一月下旬ゲマス付近に潜入して活躍中、マラリヤが再発して重態だ」と伝えた。

「ハリマオはゲマス付近の英軍の後方に進出して機関車の転覆、電話線の切断、マレイ人義勇兵に対する宣伝に活躍中、マラリヤを再発しながら無理をおしていたのが悪かったという説明であった」

藤原機関長は、大本営の参謀からイッポーで受け取ったハリマオのお母さんの手紙を神本に渡して、「絶対に病死させるな」と命じた。

F機関ができる前の昨年四月以来、彼と一心同体となって活動してきた神本は、「この手紙を見せたらハリマオも元気がでるでしょう。必ず治して見せます」と言って、ゲマスへ出発して行った。

シンガポール陥落

軍司令部では二月十一日の紀元節（神武天皇即位の日）までに、シンガポールの完全占領を達成する目標を立てていたが、十四日になっても激戦が続いていた。

軍司令部は十四日に、補給の遅れで砲弾が底をついてきたため、新たな砲弾が到着するまで、一時的に攻撃を中止するべきかどうかを検討していた。ところが、翌日の午後二時頃、「英軍の軍使が投降を申出てきたという報が電撃のように戦場に伝わった」のである。

山下中将と英軍パーシバル中将の降伏交渉

藤原機関長は、「午後四時からブキテマのフォード工場で日英両最高指揮官の降伏交渉が開かれるという」報告をＩＮＡ、ＩＩＬ宣伝班に伝達したうえ、軍司令部に急ぎ、午後六時から、フォード自動車会社の事務室で行われる軍司令官山下中将とマレー連合軍司令官パーシバル中将の降伏交渉に立ち会った。

無条件降伏の会議を巧みに停戦交渉にすり変えようとしたパーシバル中将の意図を見抜いた山下中将は、「イエス」か「ノー」かと詰め寄り、十五日の午後七時十五分に、ついに無条件降伏を成立させたのである。

銃砲の射撃を観測していたブキジャンの日本軍の気球に、「敵降伏」の大文字が吊るされるや、これを仰いだ前線の将兵が感極まって抱擁して泣き、方々の山々からは万雷のような万歳のどよめきが伝わったのである。

こうして、大英帝国が「難攻不落の城壁」「帝国の堡塁」「極東のジブラルタル」と豪語した東南アジアの牙城がついに陥落したのであるが、戦後、フランス第五共和制の初代大統領となるドゴール将軍が日記の中で

「シンガポールの陥落は植民地主義の終わりを意味する」

と述べているように、このシンガポールの陥落は、コロンブス以来の西欧列強の植民地支配の終わりを告げる劇的な晩鐘であった。

藤原機関長のファラパーク・スピーチ

こうして、大英帝国の東洋最大の拠点であるシンガポールが陥落すると、軍司令部はシンガポールの接収を命令し、F機関にも「印度兵捕虜の接収と英軍に捕らわれている、政治思想犯の資料収集の任務が新たに付加された」のである。

藤原機関長は、「直ちに山口中尉をランプールに急派してINA、IIL、スマトラ青年団本部にこの報を伝達してシンガポールへの前進を要望させた。中宮中尉にはシンガポールの部隊に、F機関本部、IIL、INA、YMA、スマトラ青年団本部の設営準備を命じた」

藤原機関長は十六日朝、軍参謀長の認可を受け、ＩＮＡとＩＩＬの本部をシンガポールに移転させた。午後には軍司令部、ＩＮＡ本部およびスマトラ青年団が続々と到着した。

「夕刻、フォートカニングの英軍司令部でシンガポール接収に関する日英両軍の委員会が開催された。この委員会において、Ｆ機関が接収すべく命ぜられた印度兵捕虜は、明十七日午後、ファラパークの公園において接収することが打ち合わされた」のである。

英軍委員は、インド兵の数は五万人、白人捕虜もほぼ同数と報告したが、日本軍委員は、「シンガポール島の英軍総兵力を三万、そのうち印度兵の数は一万ないし一万五千と判断していた」ことから、この報告に驚いた。

もし、英軍が事前に日本軍の兵力と弾薬の欠乏を知っていたら、恐るべき事態が日本軍を見舞ったことが想像できたからである。

次に、藤原機関長の脳裏をかすめた懸念は、わずか四名の将校と、十余名のシビリアンで、いかに五万人のインド兵を接収し、その宿営、給養、衛生を完備するかであった。

そこで、藤原機関長は、ＩＮＡ司令部の将校の手を借りて、中宮中尉と米村中尉に、「シンガポール全島にわたって五万の印度兵を収容するに足る兵営とその施設の偵察と宿営の配分、糧まつ、衛生材料の入手に関する研究を命じた」

その後、藤原機関長は、モ大尉およびプ氏と翌日の接収儀式に関する打ち合わせを行って、翌日の十七日午後一時に、「英軍代表者から正式に印度兵捕虜を接収したのち、まず日本軍を代表して」藤原機関長が、「次いでＩＮＡ司令官モ大尉、ＩＩＬ代表プ氏の順序で演説を行うこと」にした。

そして、さらにインド人将校一同と藤原機関長との懇談を実施した後、計画的に兵営に分宿することになった。

このため、藤原機関長は、夜半近くまで翌日の接収儀式での演説に備えて草稿を起草した。「翌日早朝から更に兵営の視察、ファラパーク式場の準備などでごったがえした」

藤原機関長は午前十時に、モ大尉とプ氏とともに、ファラパークに赴いたが、「正午ごろには、旧競馬場のこの広いパークが、印度兵で埋まるように見えた」

「立派な風ぼうと偉軀のシークの中佐が懇切丁寧に各部隊に指示を与えている」姿を見た藤原機関長は、モ大尉から、ギル中佐を紹介された。ギル中佐は、「シンガポール英軍の印度人将校の中の最先任将校で、権威と信望のあることがうかがわれた」

そこで、藤原機関長が本日の自分の演説をヒンズー語に通訳する役目を引受けてくれるように、ギル中佐に依頼すると、彼は躊躇なく承諾してくれた。

午後二時になっても、部隊の集結は終わらなかったが、時間の関係からこれ以上の遅延は許されなかったため、ただちに接収の儀式を開始することにした。

英軍参謀のハント中佐は、スタンドの正面に危座《きざ》を命ぜられた全インド兵の面前で、マイクを通じて、藤原機関長に極めて簡潔に「印度兵捕虜をこのときをもって日本軍に引渡すことになったから、じ後は日本軍当局の指導に基いて行動すべし」という意味を語った後、捕虜の人員名簿を手渡し、「これをもって全印度人将兵が日本軍の手に接収された」のである。

その後、藤原機関長は、シンガポール旧競馬場のファラパークに集めた約五万人のインド兵捕虜に対して、インドの解放と独立を力強く呼びかけるのであるが、そのときのことを回想録で、次のように述懐している。

『かねてのプランに基いて、私はまず壇上に立ってマイクに身を寄せた。一〇万の視線が私の両眼に注がれた。水を打ったような静粛に帰った。私の左に英語通訳に当たる国塚少尉が、更にその左隣にヒンズー語通訳に当たるギル中佐が立った。日本軍を代表してこの高檀に立ち、五万になんなんとする印度人将兵に私の使命の理想を宣言する歴史的行事に当たろうとするのである。全身の血がたぎるような感激を覚えた。

私は草稿を片手に握りしめたまま、満場の印度兵諸君に、まず友愛の誠心を示すために敬礼した。き坐して私を見上げている印度人将兵の多くが期せずしてこう頭、挙手の敬礼、合掌など思い思いの形式で反射的に答礼をもって答えた。この一瞬私と印度兵諸君との間に以心伝心友愛の情が相通じたことが意識された。

私は改めてマイクの位置を確かめたのち、全印度将兵を見渡しつつ「親愛なる印度兵諸君！」と呼びかけた。数万の視聴は私の口もとに注がれた。

語を継いで「私は日本軍を代表して英軍当局から印度兵諸君を接収し、諸君と日本軍との友愛を取り結ぶために参ったF機関長藤原少佐であります」と自己紹介の前言を述べた。

私のほとばしる文句が国塚少尉によって英語に訳されると、前列の将校がまずうなづいた。次いで、ギル中佐によって、ヒンズー語に訳されると、その後方の数万の印度兵がうなずいた。

私と聴衆との心は、見事に交流していた。私が東亜の共栄体制を打ち立てんとする日本の理想を説き、印度独立支援に対する日本の熱意を宣明するや、五万の聴衆は熱狂してきた。シンガポールの牙城の崩壊は、英帝国とオランダの支配下にある東亜諸民族のしっこくの鉄鎖を寸断し、その解放を実現する歴史的契機となるであろう、と私の所信を述べるや、満場の聴衆は熱狂状態に入った。拍手と歓声とでパークはどよめいた。聴衆が静まるまでしばしば私は語を継ぐことができないほどであった。

プ氏の率いるＩＩＬと、モ大尉の統率するＩＮＡの偉業を紹介し、日本軍の全面的支援の態度を宣明するや、全聴衆は一斉に私の後に立っている両氏に視線を変えて割れるような拍手を送った。

私が日本軍は印度兵諸君を捕虜という観念でみていない。日本軍は印度兵諸君を兄弟の情愛をもってみているのである。日本軍は諸君と闘うべき何らの理由もない。諸君と戦線において武器をとって戦わねばならなかった今日までの宿命を悲しんでいたのである。しかし、今日われわれがその宿命から解放されて、神の意志に添う友愛を取結ぶことができたのである。

そもそも民族の光輝ある自由と独立とは、その民族自らが決起して、自らの力をもって闘い取られたものでなければならない。

日本軍は印度兵諸君が自ら進んで祖国の解放と独立の闘いのために忠誠を誓い、INAに参加を希望するにおいては、日本軍捕虜としての扱いを停止し、諸君の闘争の自由を認め、また全面的支援を与えんとするものである、と宣言するや、全印度兵は総立ちとなって狂喜歓呼した。幾千の帽子が空中に舞い上がった。

上げられた数万の隻手によってその意志が最も鮮明に表示された。劇的感激がパークを圧した。私の演説は四〇分にわたった。

この私の演説は偉大なるINA生誕の歴史的契機となった。プ氏とモ氏の演説と共にファラパーク・スピーチとして印度独立運動史に記録される歴史的宣言となった。後日デリーの軍事法廷で、弁護側が最も引用し、活用したのはこのファラパーク・スピーチであった。

すなわち、ハント中佐の指示により印度人将兵は英国王に対する忠誠の義務を解かれ、羊群の如く粗末に日本軍に引き渡されたと主張した。そして唯一つ残った祖国印度に対する忠誠に

け っ起したのだ。日本軍の解放保障の宣言に基いてＩＮＡ将兵は俘虜ではない。又日本軍に強制されて参加したのではないと主張した。

私に次いでプ氏とモ大尉が相次いで壇上に立った。いずれもヒンズー語をもって演説を行った。ＩＩＬ、ＩＮＡの独立運動の趣旨と今日までの活躍を報告し、両氏自ら祖国の解放と自由獲得の戦いの陣頭に立って、国家と民族の礎石たらんとする烈々たる決意をひれきした。

自由と独立のない印度民族の生けるしかばねに等しい屈辱を解明し、百数十年にわたるれい属印度民族の悲劇を看破し、いまこそ天与の機に乗じて祖国のために奮起せんことを要望した。肺腑を絞る熱弁の一句一句は満場の聴衆を沸騰させた。

鳴りやまぬ拍手、舞上がる帽子、打ち振る隻手、果ては起ってスタンドに押し寄せんとする興奮のどよめき、正にパークは裂けるような感激のるつぼと化した。数万の全将兵は既にモ大尉と共に祖国の解放に挺身せんとする決意に燃えあがっていた。ファラパークの大会はかくして盛会りに終わった』

ＩＮＡ全国在郷軍人会代表で、元ＩＮＡ大尉のＳ・Ｓ・ヤダバ氏は、終戦五十周年国民委員会が行ったインタビューで、ＩＮＡに参加した動機について、次のように述懐している。

「私が、最も日本人が好きになったのは、シンガポールが陥落した頃、捕虜となった我々を兄弟のように扱ってくれたことでした。

イギリス人は、我々を差別して、一緒に食事もしないし、同じ車にも乗りませんでした。ところが、日本人は、よろこんで我々と一緒に食事をしてくれました。

このように、人種や身分といった差別を抜きにして同じ釜の飯をたべ、平等な取り扱いをうけたことが、我々、インド国民軍に大きな精神的影響を及ぼしたのです」


大会終了後、藤原機関長は、ギル中佐とモ大尉に、インド人将校の全員とホールで、彼らの質疑や希望を聴取する会談を提起した。彼らからは、日本の印度独立運動支援の真意、日本の援助の内容、INAと日本軍との協力関係、INAの編制、装備等いろいろの質問が活発に提示された。これに対して藤原機関長は、「田村、プ氏間の覚書やタイピンにおけるモ大尉との会談記録によって回答した」


会談終了後、ギル中佐から宿営の配備が指令され、パークを埋めていた五万人のインド兵は、湖水の水を切ったように宿営地に向かって前進した。

「投降将校の中には、ギル中佐やボンスレー少佐（何れも英本国の士官学校、陸軍大学校修学者）等の二〇名近い先任将校がいた」が、モ大尉はINA将校の推薦と了解を得て、少将に昇進して、革命軍INA司令官となり、「作戦中の投降兵を加えて五万五千の印度人将兵を掌握することとなった。そしていよいよ、ＩＮＡの組織に着手した」のである。

ＹＭＡ同志との協力

十八日正午、シンガポールのインド人有力者三十名以上の共同主催で、Ｆ機関、ＩＩＬ、ＩＮＡの幹部と昨日投降したインド人将校の有力者の招宴がインド人商工会議所で開催された。

藤原機関長が日印両国の友情についてのスピーチを終えて本部に帰ると、「十六日、中宮中尉とＹＭＡ同志によってチャンギーの監獄から救出されたＹＭＡ会長イブラヒム氏がオナム氏に案内されて」彼を待っていた。

イブラヒム氏が「Ｆ機関の好意ある支持と同氏救出の労とを」彼に対して「厚く感謝したのち、今後日本軍の好意ある支持指導のもとに、日本軍とマレイ人との協力に奉仕致したい旨の挨拶を述べる」と、藤原機関長は、「ＹＭＡの今後の本格的活動については改めて協議することとし、差し当たりワルタマライヤの再刊とＹＭＡ同志の困窮者に対して、できるだけの援助を提供致したい旨を申し出た」

イブラヒム氏が退去すると藤原機関長は、「ただちに軍参謀副長馬奈木少将を訪ね、ＹＭＡが今後政治結社としての性格を脱し、文化団体としてマレイ人の文化的向上を先導することについての諒解と支援を求めた」

藤原機関長は、「当時、軍は現住民の政治、文化、経済上の諸団体を否認する頑迷短見な方針を採ろうとしていた」ことから、そのような無理解な軍政の方針をとる軍の背信が満州や支那において他民族の信頼を失ったことを指摘し、自分や部下は詔書や声明に表れた尊い理想に情熱を傾けて、インド人、マレイ人、スマトラ人の共鳴を求めてきたことを述べた。

こうして、数十分にわたる説得の結果、馬奈木少将は、ついに藤原機関長の所信を承諾するのである。

シンガポールのＩＩＬ支部の結成

十九日、先述したファラパークにおいて、「シンガポール印度人大会」が開催された。シンガポールのＩＩＬ支部が結成され、タイ、マレイをカバーするＩＩＬの組織が完成した。「いまやシンガポールはＩＩＬとＩＮＡの本拠となり、これを基点として新しい発展に進む段階に入ったのである」

ハリマオの見舞い

一方、藤原機関長は、ジョホールバルの兵站病院で療養中のハリマオをシンガポールの兵站病院に移動させることを決め、さらに馬奈木少将に軍政幹部の一員として彼を起用することを約束させた。

藤原機関長は、シンガポールの兵站病院にいるハリマオを見舞って、「気分はどうか。本当に御苦労だった。苦しかったろう。よくやってくれた。早く治ってくれ」と慰労の言葉をかけた。するとハリマオは、「十分な働きができないうちに、こんな病気になってしまって申訳ありません」と謙虚に詫びた。藤原機関長は病気が治りしだい、軍政監部の官吏になれることを告げると、ハリマオは彼の視線を見つめつつ、「私が！ 谷が！ 日本の官吏さんに！」と叫ぶように喜んだ。

この余りの喜びように驚いた藤原機関長は、「幼いころ、祖国の母から官吏さんは高貴なもの、偉いものと聞かされていた」からだろうと思った。

アチェからの急報

藤原機関長は三月初旬に、司令部からスマトラ北部の「アチェから、日本軍との連絡のために重要な密使がピナンに到着し、ピナンの軍当局から送致してきたから藤原機関長に引渡す。直ちに案内者を司令部に派遣せよ」という電話を受けた。

マレーからのスマトラの潜入に成功したFメンバーの宣伝活動によって、アチェ民族が日本軍に呼応して決起する用意があるとの連絡をよこして来たのである。

スマトラ北部のアチェ州に住むアチェ人たちが「オランダの植民地統治に反抗して、一八七五年から一九〇八年まで、独自の独立戦争を展開した経験」から「東京の大本営は、こうしたアチェ人の歴史的な立場と誇りを認め、杉山元帥は藤原少佐に対し、一九四一年、アチェ人と連絡をとり、同地に親日・反オランダ感情を高める情報宣伝工作を進めるよう、命令」していた。

中宮中尉に案内されてF機関に到着した密使は、全部で三組であった。「いずれも日本軍当局に、アチェ民族のオランダに対する抗争状況や、日本軍に対する忠誠心の誓いを報告し、日本軍の急援を要請する使命をもってきた決死の密使であった」

この密使の報告によって、スマトラのオランダ軍に関する最新の情報を詳細に知った藤原機関長は三月十三日に、スマトラに上陸する予定の近衛師団に対して、Fメンバーの敬愛を受けている増淵佐平氏を同行させ、スマトラ民衆と日本軍との提携融和のために、アチェ軍政部の重要幹部に起用してもらうように具申し承諾を得た。

藤原機関長は、さっそく機関本部に帰り、増淵氏にこの責任を依頼して同意を得た。「かくてスマトラ、プサ団から派遣された密使の一行およびFメンバーなど約二〇名のスマトラの同志と共に増淵氏は、三月五日、スマトラに進攻する輸送船団に乗るために本部を出発した」

こうして、F機関の任務は、シンガポールを中心にマレイ、タイ、ビルマ、スマトラの地域にまで拡大していったのである。

第七節　藤原機関の解散と岩畔機関の誕生

IIL東京会議の開催

藤原機関長は、プ氏とモ大尉がINAの強化拡大について日夜奔走しているとき、大本営から南方軍総司令部を経て、一通の電報を受領した。

「その内容は日本大本営の肝入りで、東京にあるラース・ビハリ・ボース氏《（ママ）》（新宿中村屋の主人相馬氏の女婿）が、東亜各地の印度人代表を招請して祖国印度の解放に関する政治問題の懇談を遂げ、かたがた日本側との親善を計るため、マレイ、泰方面のIIL、INA代表約一〇名を三月一九日までに東京に到着するように、招請されたものであった」

藤原機関長は、ただちにこの招電をプ氏とモ大尉に提示し、協議を経た結果、IIL六名、INA三名の代表者を選出派遣することを決定し、三月三日にシンガポールのゴーホー氏の邸宅で支部長会議を開催した。

この支部長会議では東京使節団メンバーにIIL代表六名（プリタムシン、ゴーホー、メノン、ラガバン、スワミイ、アイヤル）とINA代表三名（モ大尉、ギル中佐、アグナム大尉）が選出された。

藤原機関長と東京使節団の一行は十日に、カランの飛行場から東京に向けて出発した。かつて、コタバルの戦場で倒れた瀬川中尉の遺骨を抱いて、故郷の父兄に届けるべく搭乗した。

この東京大会には岩畔豪雄《いわくろひでお》大佐（後に少将、第二十八軍参謀長）の参加が要求されていたため、サイゴンから岩畔大佐が随行する予定になっていた。

藤原機関長は、英語通訳の太田黒《おおたぐろ》とサイゴンで一泊するとともに、メナム河の辺りの兵站宿舎に岩畔大佐を訪問して、今まで実施してきた仕事の経緯と自分の所信を披歴した。

そして、「日本の印度施策は、かつて支那において行われた幾多の謀略の行き方を一てきして、堂々天下に宣明し得る国家の大経綸を確定し、三億五千万の印度国民を対象とし、その全共鳴を受けられるような公開の大施策を展開する必要性を強調した」

また「岩畔機関は戦場の謀略機関であってはならない。やがて独立すべき印度に使する大日本大使でなくてはならないことを熱心に主張した。もし東京の当事者が、軍の作戦を容易にする単なる戦場工作としてとりあげるようなことがあったら、断乎として排撃し、その観念を是正されんことを願望」すると、岩畔大佐は、藤原機関長の所信と熱意に共感を示した。

「岩畔大佐は、日本陸軍省の枢要の地位を経歴し、また開戦直前には日米和平工作の側面工作に関する使命を帯びて、米国に使した経歴を持っていた。陸軍の中でも達識と政治的才腕において指を屈せられる有能の士であったし、政府や民間方面の有力者に多数の知己を持っている特異な軍人であった。官民の総力を動員して印度施策を支持する情勢に導く上にも、また印度側の政治折衝にも好適の人物であった」

藤原機関長は、この重大な仕事に関して「岩畔大佐のような有能な先輩の共感を得たことが何よりもうれしかった。またこのような達識の士を、日本の印度施策の代行機関長に得たことを心からたのもしく思った。この種の仕事に理解の乏しい軍や、政府や、議会の積極的支援と、全国民の支持を誘導する仕事は最も困難で、しかも重要な問題であった。この意味で岩畔大佐は得難い適任者であった」

東京使節団の一行は、飛行機の都合でサイゴンから二組に分かれて出発しなければならなかった。このため、藤原機関長は翌日、岩畔大佐、モ大尉、ギル中佐、ラガバン、ゴーホー、メノンの七名と東京に直行したが、残りの太田黒、スワミイ、プリタムシン、アイヤル、アグナム大尉の五名は二日遅れて、サイゴンを出発することになった。

だが、先に出発した藤原機関長一行は、途中の海南島の飛行場で、エンジンに故障をきたしたため、二日間も到着が遅れてしまった。

エンジンが直ると、台北、上海経由で無事に、東京の羽田飛行場に到着した藤原機関長一行は、大本営の案内で山王ホテルに落ち着いた。藤原機関長は翌日、岩畔大佐と一緒に大本営に出頭して、参謀総長と大本営の関係首脳部に対して、従来の仕事の経緯を報告し、次のようなインド施策に関する所信を率直に熱烈に主張した。

「(1) 一月二〇日議会において宣言された東条総理大臣の対印声明に基く、帝国不変の対印具体的政策を確立し、最も速やかにこれを全世界に宣明する必要があること、そして (2) 日本の朝野をあげてその政策を最も誠実に正々堂々施策すること。まず (3) 南方占領地の施策の公正を期し、東亜新秩序建設の範を実証することが先決条件たること、(4) あくまで印度人の自主自由なる運動の展開を支持支援して、不当の干渉と術策を排すること」「また藤原機関に代わって、新たに対印施策を代行する岩畔機関は、特務機関といわんより大使館のごとき外交機関的性格を付与せらるべきこと」

藤原機関長の報告が終わると、参列者は相当の感銘を受けている様子だった。藤原機関長は報告終了後、大本営の計画 (案) を披見し、所見を述べる機会を得たが、「印度に対する政治施策は大本営が直接管掌し、岩畔機関は作戦地の一特務機関としての範囲の仕事を担当せしむる考え方であった」

藤原機関長は、岩畔大佐から、この観念と構想の是正を要望する支持を得て、二日間の討議を経て、この大本営計画案の表題である「印度謀略計画 (案)」から「印度施策計画」に変更させ、その内容の謀略的色彩をおおむね払拭させたのである。

ＩＩＬ使節団一行の遭難

こうした中で、東京会議が開幕される前日、悲しい事件が起こった。羽田飛行場からサイゴンに戻って、プリタムシン一行を乗せた飛行機が、上海から乗った数名の日本軍将校とともに、伊勢湾上空を通過した後、消息を絶ち、どこかで遭難したからである。

「各方面から得た情報によると上海から興亜院中支連絡部の中山大佐が、このＩＩＬ使節団の専用機に便乗して、悪天候を無視して飛行を強要したもののようであった。この大佐は要談のためにこの日夜、東京に到着する必要があったからである。この飛行機は正午ごろ、九州の大刀洗飛行場に着陸して給油を行った。

飛行場当局者は天候の険悪を告げて飛行の中止を勧めたが、中山大佐は自分個人の都合のために東京への飛行を操縦士に強要したということが判った。いわば一日本将校のわがままな便乗と飛行の強要とが、この惨事の原因となったのである」

藤原機関長は、モ大尉を始め四名の東京使節団一行と、九州から愛児を抱いて上京し、夫に面会しにやって来た太田黒夫人に対して、最悪の事態の可能性を宣告しなければならなかった。

ＩＩＬ東京会議の開催

昭和十七年三月二十日、東京赤坂の山王ホテルにおいて、ＩＩＬ東京会議が開催された。会議には、マレーからの東京使節団（五名）、在日インド人代表九名（ラシュ・ビハリー・ボース、A・M・ナイル、D・S・デーシュパーンデー、V・C・リンガム、B・D・グプタ、S・N・セーン、ラージャ・シャルマン、L・R・ミグラニ、K・V・ナーラーヤン）、香港代表二名（D・N・カーン、M・R・マリク）、上海代表二名（O・アースマーン、ピャーラー・シン）の他に、オブザーバーとして、藤原少佐と岩畔大佐を含む、合計約二十五名の代表が参加し、ホテルは会期中、IIL東京会議の専用となった。

会議で、ラシュ・ビハリー・ボースが推挙されて、議長に選出された後、冒頭から「IIL、INA使節四名の殉難の予想を悲しんだのち、遠来の各地使節に対する歓迎の辞を述べた。次いで、東条声明において宣言された日本の印度独立支援に対する基本態度と日本軍の勝利によって急速に到来されつつある印度独立の天機について感激の意を表し、またIIL、INA使節の南方における挺身的活動を絶讃し、感謝を述べた。

更に、このたびの山王会談においては、まず各地代表の懇親を結び、自由かつ卒直に印度独立に関する政治問題を討議し、祖国解放のため全東亜印度人の政治的結束を計る方策を探究せんとするにある旨をひれきした。（中略）使節一行は会議の席上において、あるいは個別に、連日こもごも真しなる意見の交換、討議の反覆を行った。その結果、IILを東亜全印度人の印度独立運動団体として確認された」

また東南アジアにいるインド人ができるだけ広範囲に討議できるように、次は東京ではなく、東南アジアの中心部であるバンコックで連盟総会を開き、連盟の組織、運動の方策を再討議することになり、時期は六カ月以内と決まった。

「執行委員会――ラシュ・ビハリー・ボースを会長に、N・ラグヴァーン、K・P・ケーシャブ・メノン、S・C・ゴーホー、モハンシン大尉らを委員とする執行委員会の設置も暫定的に承認され、バンコク会議で正式に承認されることになった」のである。

IIL東京会議の不和

だが、この東京会議では、途中から東京使節団と在日インド代表との間に不和が起こる事態が起こっていた。藤原機関長は回想録で、この問題について、次のように述懐している。

「IIL、INA代表のいい分によると在日印度人は久しく日本に居住し、日本の官みんのひ護を受けてきた関係か、その言動が自主性を欠いていて、ややもすると日本のかいらいに堕する傾向のあることを非難するものであった。ことにラース・ビハリ・ボース氏は日本の婦人と結婚し、日本における数十年にわたる亡命生活の結果、印度人的なものを失っているという不満であった。

一方在日印度人側では、IIL、INA代表は最近まで英国の統治下において英国に忠誠を尽くしてきたものが多く、革命家としての資格において欠けているにも拘らず、在日印度人志士に対する態度にあきたらないものがあるというものであった」

さらに参謀本部嘱託で、一行の世話役である木村日紀氏による日本人特有の独善的な振る舞いや言動が、一層このまずい雰囲気を助長させた。

一方、この会議に参加した在日インド人の一人であるA・M・ナイル氏も回想録で、この問題について、次のように述懐している。

『しかしながら、会議の進行が順風満帆というわけではなかった。マレーからの代表は民間人も軍関係者も、日本が支援の手をさしのべ、援助の約束をしていたことについては懐疑的だった。異常な情況下にあっただけに、代表たちに事を正しく判断してもらうことができず、いらいらさせられたこともあった。マレー支部は、インド人の日本への協力とインド独立運動に対する日本の支援の約束に対して、かなり形式主義的な考え方を示した。まるで裁判所で論じ合うような見方をとることもしばしばだった。(中略)

ラシュ・ビハリもわたしと同じ不安を抱いていた。マレー代表がもう少し協力的であってくれれば、とかれは嘆いた。かれは、会議の参加者はみんな意見が一致するものと期待していた。それなのに残念ながら、ばらばらだったのである。人によっては、わわわれ「東京グループ」の愛国心まで疑ってかかる者がいた。(中略)

山王ホテルでの三日間の会議を終えたラシュ・ビハリら全代表は、東条首相を表敬訪問した。幸いシンガポールやペナンからの参加者も、その時にはもう打ちとけた雰囲気になっていた。ラグヴァーンも、マレーの代表たちが会議中、東京グループを日本政府の傀儡と疑ったのは申しわけなかったと言ってきた。過ちを認めてきちんとわびてきたのは偉かった』

F機関から岩畔機関へ

ＩＩＬと岩畔機関の活動は、次のバンコック大会を機に本格的に開始されることになった。「岩畔大佐は新任務遂行に関する構想を練り、民間から有能なスタッフを物色し、強力なる機関の編成を急いだ。このため大佐は当分東京に留まらなければならなかった」が、今までのＦ機関メンバーは、藤原機関長と一部の臨時軍属を除いて、大半の者が岩畔機関に編入されることになった。

藤原機関長は、サイゴンの第二十五軍総司令部に復帰することになったが、岩畔機関が現地に進出するまで、現在の任務を続行することになり、使節団一行に先立って、シンガポールに帰任しなければならなくなった。

この出発に先立って、先述したプリタムシン一行の遭難が決定的となる悲報が藤原機関長のもとに届いた。「一行の搭乗機は豪雨の天候に航路を誤って、長野県の日本アルプス焼岳に衝突したのであった」

ハリマオの死

また一行の遭難のゆくえを探索しつつあるとき、シンガポールの病院で療養中だったハリマオ死去の悲報を知らせる第二十五軍参謀長の公電が届いた。

藤原機関長は、彼を正式の軍属として陸軍省に登記してもらうように措置をとった後、彼の数奇な半生と英雄的活動が大新聞に報じられ、「マレーのハリマオ」の名は一躍有名になった。彼の霊は、東京九段坂の靖國神社に祀られた。

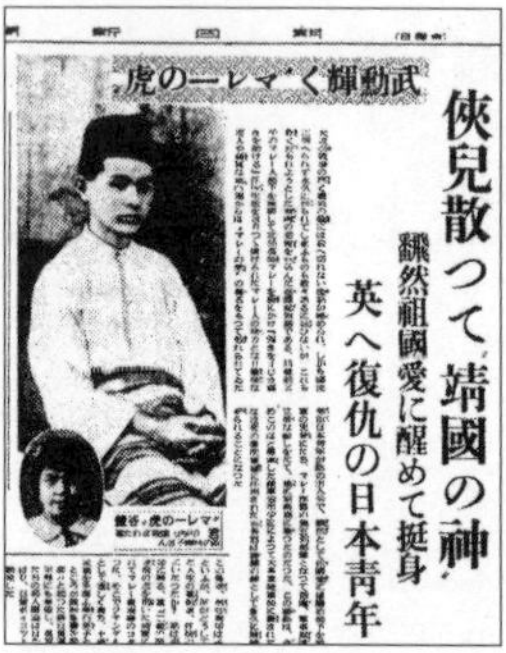
武勳輝く'マレーの虎'
俠兒散って靖國の神
飜然祖國愛に醒めて挺身
英へ復仇の日本青年

マレーの虎・ハリマオの活躍を報じた『朝日新聞』（昭和十七年四月三日付）

さらに藤原機関長は、帰途中の福岡飛行場で、ハリマオの母親と姉に会い、彼が「英軍の戦線に神出鬼没の大活躍を演じ、ついに敵の牙城シンガポール陥落直後、その地で病床に伏して昇天した」が、祖国のために身命を奉仕し得たことを衷心より感謝すると、彼らはハリマオの功業に心から満足した。

岩畔機関の誕生

その後、サイゴン総司令部に帰任した藤原機関長は、参謀の大槻中佐に東京の報告と次回の「バンコック大会開催に関する日本軍の手配を措置した後、四月末を期して岩畔機関と交代する手順を決定した」

そして、広範なF機関の仕事を容易にするため新たに増強された中野学校出身の金子中尉と藤井、塚本両少尉をビルマの首都ラングーン（現在のヤンゴン）の土持大尉に配属し、原中尉、松重少尉、東山軍曹をシンガポールのF機関に配属した後、四月五日にシンガポールに帰任した。

東京会議が開催されつつあるとき、大東亜地域の戦局は、わが方に有利な形で進展していた。ビルマ方面において日本軍は、前述した南機関やビルマ独立義勇軍（BIA）の活躍によって、三月八日にラングーンを占領し、中、北ビルマに対する大進撃を展開しつつあった。

さらに、先述した近衛師団は三月十三日に、F機関メンバーの支援のもとで、スマトラ北部に上陸し、同日に一部隊がアンダマン列島を占領するのである。

惜別

藤原機関長は、帰還早々、「マレイ各地の同志と離別の挨拶を交わすため、一週間にわたるマレイ行脚を計画した」

このマレー行脚から戻ると、モ大尉一行を乗せた飛行機が、シンガポールのカラン飛行場に帰着した。東京へ出発した時、九名だったインド人使節の内、四名が不慮の死を遂げ、シンガポールに戻ることはなかったが、モ大尉は帰着草々、ＩＮＡの編制と強化の準備活動に着手した。

藤原機関長は四月二十日に、サイゴンの第二十五軍総司令部より正式に帰任の電報を受け取った。そして、この命令をモ大尉ら同志に通告すると、彼らはいずれも涙を浮かべて、この通告を聞き取った。

その後、藤原機関長は、ＹＭＡと田代氏が指導していた華僑との離別やＦ機関メンバーの措置に追われたが、「このメンバーとも別れるときがきた。皆異口同音に、生涯を通じて、再びこんな感激に満ちた体験を味わうことはないであろうと、声をつまらせて別れを惜しんだ」

シンガポールのカラン飛行場に帰着したモ大尉

四月二十八日、藤原機関長がいよいよシンガポールを去る前日、「ＩＮＡ将兵から好意に満ちた二つの申出があった。一つは、今夕、ＩＮＡ幹部の送別の招宴であった。一つは明朝全ＩＮＡ将兵（五万人）がＦ機関本部からカラン飛行場に至る沿道にと列して」、機関長を見送るという計画であった。
藤原機関長は、第一番目の申し出を受けたが、第二番目の申出は自分にとって「余りにも過分に思われたので辞退したが、モハーシン大尉の強い申出を辞し難く、結局軍楽隊と一ヶ大隊のと列、カラン飛行場におけるＩＮＡ全将兵の見送り」を受けることにした。

Ｆ機関で通訳を担当した国塚少尉は回想録で、藤原機関長の送別の模様について、次のように述懐している。

「二十八日夕方、同少佐の送別の宴がモン・シン《（ママ）》大尉の公邸においてもよおされた。（中略）モン・シン大尉が立ちあがった。切々胸を打つような惜別の辞が述べられる。私が通訳する。藤原少佐を印度国民軍の生みの親とたたえ、印度の独立を支援するため少佐が国民軍にささげた熱情、誠意を、全将兵の名において感謝し、その名は、印度独立運動史の一ページに金文字で飾られるであろう、と結んで、立派な額縁におさめられた表彰状が贈られた。（中略）

その翌朝、藤原少佐は、モン・シン大尉の先導で機関本部を出た。美しい芝生をぬって走る道路には、印度国民軍の軍楽隊と一個大隊の儀仗兵が堵列《とれつ》していた。

指揮棒一閃《いっせん》、別かれの曲は、軍楽隊によって奏せられた。そのなかを、感慨無量のおももちをした少佐が歩を運んだ。愛する藤原少佐を見送る国民軍の兵の表情も、心なしか寂しかった。

昭南のカラン飛行場には、千名に達する人びとがつめかけていた。国民軍全将校、独立連盟幹部、マレーの青年、それぞれが手に手に花輪を持っていた。前途の多幸を祈る美しい花輪が、つぎからつぎへと、少佐の首がうまるほどに掛けられた。飛行機のタラップに彼の足がかかるとき、いつまでも、いつまでも、サイゴン目ざして飛び去った飛行機のあとを、追っていた」

藤原機関長も回想録で、この送別の模様について、次のように述懐している。

「ＩＮＡの重要幹部が列席した。開宴に当たってモハーシン大尉から、切々胸を打つような懇篤な惜別の辞があったのち、立派な額に納められた英文の大きな感謝状が贈られた。贈るモハーン《（ママ）》シン大尉の手、贈られる私の手は感激に打ち震えた。私達の両眼は感涙に曇った。

（中略）

私は、この感謝状の光栄は、Ｆ機関の全メンバーが受くべきもので、私独りが光栄を独占すべきものではないと考えた。そして、この感謝状はＦ機関に代わって、ＩＮＡの支援に任ずる岩畔機関に保存すべきものであると考え、これをＦ機関の本部に残置した。

この私の措置のために、この感謝状は、一九四五年八月終戦のとき、他の重要な書類と共に焼却されてしまった。ＩＮＡ将兵諸君の御好意に対して真に相済まぬことをした。（中略）

Ｆ機関長としての私の使命は、これをもって終わった。しかし、私はこの友の熱い友情に報いるため、サイゴンの南方軍総司令部に帰任したのち、私の地位と任務を通じて、ＩＩＬやＩＮＡの支援に私の全誠心を尽くさんことを固く自分の心に誓った。機中私の胸中を走馬灯のようにマレイの回想がかけめぐった」

F機関の諸工作はなぜ予想以上の成功を収めたのか

ここで、F機関の宣伝工作は、なぜ予想以上の成功を収めたのかを考察したいと思う。

終戦後、INAを裁く英軍事法廷の証人として、召喚された藤原機関長は回想録で、日本側の証言が終わると、クアラルンプールの探偵局に連行され、局長から、次のような訊問を受けたと述懐している。

『最後の日、訊問が終わった時、局長は私に茶と煙草を奨めた後、思い入れる口調で「貴官の工作は、真にグローリアス・サクセスであった。敬意を表する。（中略）」と述べた。そしてやきびしい口調で「貴官の詳細な応答は多とするが、なんとしても納得しかねる疑点がある。それを解明して貰いたい。

貴官は一般歩兵将校で、陸軍大学校卒業後、野戦軍参謀を経て、短期間大本営の情報、宣伝、防諜業務にたずさわっただけで、この種の秘密工作の特殊訓練や実務経験のない素人だという。しかも、語学も、現地語能力は皆無、英語はろくろく話せないとのこと。

その上、戦前、マレイ、印度の地を踏んだ事もなく、この度の現地関係者と事前に、何の縁もなかったと訴える。更に貴官の部下将校は海外勤務の経験も、この種実務の経験もない若輩の将校であったとの事、そんなメンバーから成る貧弱な組織で、このようなグローリアス・サクセスを収めたと云っても、納得できるだろうか。納得し得る説明を加えられたい」と真剣に

問いつめた。（中略）

私は、この好意の局長に満足を得る回答を与えたい、局長の云うことも道理だと思うけれども、名答が浮かばない。私はしばし考え込んでしまった。そして、これにより外にないと思い到った所信を、誠意をこめて語った。

「それは、民族の相違と敵味方を超えた純粋な人間愛と誠意、その実践躬行《きゅうこう》ではなかったかと思う。私は開戦直前に、何の用意もなく準備もなく、貧弱極まる陣容で、この困難な任務に当面した時、全く途方に暮れる思いに苦慮した。

そしてハタと気付いたことはこれであった。英国も和蘭も、この植民地地域の産業の開発や立派な道路や病院や学校や住居の整備に、私達が目を見張るような業績を挙げている。しかしそれは、自分達のためのもので、現住民の福祉を考えたものではない。自分達が利用しようとするサルタンや極く一部の特権階級を除く現住民に対しては、寧ろ、故意に無智と貧困のままを放置する政策を用い、圧迫と搾取を容易にしている疑いさえある。

ましてや民族本然の自由独立への悲願に対しては、一片の理解もなく、寧ろこれを抑制し、骨抜きにする圧政が採られている。絶対の優越感を驕って現住民に対する人間愛――愛の思いやりがない。

現住民や印度人将兵は、人間、民族本能の悲願――愛情に渇き、自由に飢えている。恰《あたか》も慈母の愛の乳房を求めて飢え叫ぶ赤ん坊のように。私は、私の部下とともに、身をもって、この弱点を衝き、敵味方、民族の相違を超えた愛情と誠意を、硝煙の中で、彼等に実践感得させる以外に、途はないと誓い合った。

そして、至誠と信念と愛情と情熱をモットーに実践これを努めたのだ。われわれが、慈母の愛を以て差し出した乳房に、愛に餓えた現住民、赤ん坊が一気に、しがみついたのだ。私はそれだと思う、成功の原因は」と力説した。

局長は、私の所説を、顔色も変えず、冷静熱心に聴き取ってくれて、大きくうなづいた後「解った。貴官に敬意を表する。自分は、マレイ、印度等に二十数年勤務してきた。しかし、現地人に対して貴官のような愛情を持つことがついにできなかった」としんみりと語った』

前出の恒石中佐も回想録で、F機関の宣伝工作が成功を収めた理由について、次のように述懐している。

『F機関の宣伝工作が予想以上に驚異的ともいふべき成果を挙げ得た背景には、わが第一線将兵の勇戦奮闘があったことはいうまでもないが、機関長に適材を得たこと、至誠、情熱、信義、信念を信条とする機関員の果敢不休の活躍、一家族のような鞏固《きょうこ》なる団結、現地民衆との友愛・融合等々が指摘されると思うが、さらに大局的にみれば、「大東亜民族の解放・独立・達成」

というスローガンに共鳴して、天与の好機を逃がさず独立を獲得せんとして決起した被圧迫民族の積年にわたる悲願がこめられていたことも間違いない。

この点を強く打出した伝単や呼びかけが、現地人や英印軍兵士達の肺腑を衝くことができたものと思われる』

東南アジアの各地で独立義勇軍を結成して、東南アジアの青年たちに軍事訓練を施した特務機関員の大部分が陸軍中野学校の出身者で構成されていたことは既述した。陸軍中野学校の精神、秘密戦士の精神とは一口でいえば「誠《まこと》」である。

「誠」とは、君国に恩返しをするために私心をなくして命を捧げるという「真心」から出た軍人精神であるが、そのモデルとなったのが日露戦争のときに、ロシア国内にいる社会主義者や民族独立運動家たちと連絡をとって、彼らに武器と活動資金を与えた明石元二郎大佐であった。従って、F機関の工作が成功したのも、この「明石工作」をモデルとする特務機関員と被圧迫民族との間に、真心と真心の結びつきにあったことが最大の理由であることが考えられるだろう。

言い換えればF機関員に、「誠の精神」があったからこそ、諸工作が予想以上の成功を収めることができたと言っていいのである。

このように、大東亜戦争中、「アジアの被圧迫民族を解放するために、アジアの戦士の心の友として、ビルマやインドネシアの独立運動に、インドの民族解放運動に、名も知られずに一身を捧げ」た中野学校出身者たちが「秘密戦とは誠なり」の信条を貫いた姿は、諸外国の諜報部員には見ることのできない日本独特のものであったと言ってよいのである。

次章では、ビルマの解放と独立を陰から支援した鈴木敬司大佐を中心とする南機関の活躍を見ていきたいと思う。

第四章　南機関とビルマ独立義勇軍の真実

第一節　開戦前のビルマ独立運動の状況

英領化とビルマ人の抵抗

十八世紀中頃、モン族との激しい戦闘に打ち勝って王国を築いたコンバウン朝ビルマは、一八二四年、五二年、八五年の三度にわたる「英緬《えいめん》戦争」によって、一八八五年十一月に滅亡すると、翌年一月一日に、英領化が正式に宣言され、ビルマ全土は三月一日に、英領インドの一省となるのである。

だが、王制が廃止された後、新しい支配者に対する抵抗が全土に拡大したため、イギリスはその取締りに手を焼いた。

そこで、イギリスは、イワラジ河下流のデルタ地帯の田植えや刈り入れ時に、インドから毎年三十万人の季節労働者を雇い入れ、その内、五パーセントくらいを定着させて、地主にさせた。さらにイギリスは、反英独立運動を展開するビルマ農民を英印軍とインド人警官を使って弾圧したのである。

民族主義運動の展開

このように、イギリスがビルマを統治下に治めてからは、「ビルマ人の感情的な反英活動は鎮静化した。ビルマ人の関心は、直接的な反英闘争から、伝統文化、仏教文化の維持へと変わっていった」のである。

最初の組織的な民族主義運動の形成は一九〇六年に、ラングーンで結成された「青年仏教連盟」（YMBA）であったが、この組織は「知識人や公務員、僧侶、そして仏教に関心をいだくイギリス人たちが中心となり、衰退の兆しをみせていた仏教倫理の復興を基軸とする運動を展開し、大会の際にはイギリス国歌を斉唱するなど、その活動に反イギリス的要素はほとんどみられなかった」

しかし、「二十世紀初頭から第一次世界大戦期にかけて成長したビルマ人中間層」の台頭によって、YMBAは急速に政治化していった。

イギリスが導入した近代的な教育制度の下で育成された「彼らは、同じ中間層を形成するインド人や中国人たちと不利な競合を強いられた」ことから、『「民族自決」が争点となった第一次世界大戦の後半期、その影響を受け、植民地支配そのものに問題の根源があることを認識するに』至ったのである。

こうした中で、一九二〇年に起こった大学のストライキは、ビルマ人大衆に民族意識を覚醒させた最初の出来事であった。ビルマ政庁は、従来のカルカッタ大学付属の予科大の二校を統合して、総合大学を八月に発足させようとしたが、イギリスの大学教育の制度を真似した少数精鋭主義で運営したことから、ビルマ人大衆を高等教育から締め出すことになった。

これに対して、学生たちは十二月四日に、ストライキに突入して、反対運動を展開したが、このときにストライキを指導したYMBAの中央評議会は、後に「ビルマ人団体総評議会(GCBA)」と改称された。

このストライキは短期間で終わったが、ビルマ人大衆の民族意識に火をつける結果となった。このビルマ人の民族意識に火をつけたのが急進的な思想をもつ一群の僧侶で、その中で最も先鋭的だったのが、アラカン出身のウ・オッタマ僧正であった。

ビルマの反英独立運動の展開

「一九二〇年代から三〇年代にかけてビルマの民族主義者の主流を占めていたのは、改良主義者であった。彼らは、イギリスからの完全独立を理想としながらも、現実には議会制度を通じての漸進的方法による自治獲得のために活動した」が、三〇年代になってからは「目的のためには武装闘争も辞さないという急進的な民族主義者」の団体である「我らビルマ人連盟」（ド・バマー・アシーアヨン）が現れた。

彼らは自分たちの名前に「主人」を意味するビルマ語の「タキン」を用いたことから「タキン党」とも呼ばれ、「ビルマの主人はイギリスではなく、我々ビルマ人である」ということを強調したのである。

だが、この連盟は、最初から反英独立運動をスローガンとする民族主義団体ではなく、単に国粋主義的な民族主義を特徴としているに過ぎなかった。

一九三六年十一月に、前年に制定された「ビルマ統治法」（ビルマをインドから分離して直轄領とする）に基いて、総選挙が実施された結果、完全独立と社会主義的政策で貧民救済を主張する貧民党（シンエタ党）のバー・モウを首相とする「五党連合」との連立政権が翌年四月に誕生した。

一九三八年十二月十二日に、学生、労働者、農民の組織化を支援していたタキンたち全ビルマ学生連盟が、エナジョン油田労働者のラングーンへの大行進に支援に向かっていた学生が逮捕されたことに抗議して、ビルマ全域のゼネストに突入したため、緊急事態宣言が出され、バー・モウ内閣に反対するタキン党幹部たちの逮捕やデモ隊に対する警官の発砲事件が発生して十七人が犠牲となった（「ビルマ暦一三〇〇年の大暴動」）。

このため、バー・モウ内閣は二月に、事態収拾の能力に欠けていると判断され、不信任案を突きつけられて倒閣した。

次いで、バー・モウ内閣に代わって、愛国党を率いるウー・プ内閣が成立したが、「その性格は保守的で、タキンたちの過激な活動には弾圧が加えられた。またウー・プ政府は、連合国の対中支援に協力、ビルマ・ルート経由の援蔣物資に対する関税を一％に引き下げたりした」

失脚したバー・モウは、「中国戦線から東南アジアへと進出してくる日本の軍事勢力が、イギリスのビルマ支配に終止符を打たせる力を持っていることを見抜いていた」ことから、一九三九年九月に、ドイツによるポーランド侵攻が始まると、バー・モウは、「我らビルマ人連盟」に接近して、反英運動を再構築しようとする「タキンたちとの間で共同戦線を組むことに成功した」

この戦線は、「自由ブロック」と呼ばれる反英連合体で、バー・モウを総裁に、タキン・アウンサンを事務局長に選出した。

一九四〇年九月七日に、ウー・プ内閣が倒れた二日後、ウ・ソオが新首相に就任すると、イギリスの戦争行為を支持し、ビルマ独立の要求を撤回して、自治領化への方針に変えてしまった。「これは、国民感情を大きく逸脱したものであった。一九四〇年十月、ビルマ・ルートが再開され、中国向け物資が無税扱いとなった」

一方、自由ブロックは、ビルマの即時独立を認めない限り、英国に対する戦争協力を一切否認するという強硬な主張を展開したが、当然、英国に対する戦争協力と引き換えに、英国からのビルマ自治領化の約束を得ることを目指していたウ・ソオ内閣からは徹底的に弾圧された。

このため、武装闘争を考えるようになった自由ブロックは、「イギリスがつくったビルマ軍（植民地軍）にビルマ民族の入隊がほとんど認められなかった当時」、外部勢力からの武器の入手と軍事訓練を受けることを真剣に模索するようになっていったのである。

第二節　開戦前の対ビルマ工作の状況

鈴木大佐の対ビルマ工作

「日本はすでに一九三〇年代後半以降、ビルマにおける中国人による日本商品排斥運動がビルマ人コミュニティへ拡散するのを防ぐべく、ラングーンの日本領事館などを通じて、ウー・ソオらGCBA系の政治家と接触し、親日工作を試みていた」

ビルマ・ルートが一九四〇年三月に開通すると、蔣介石政権は、その主な補給を仏印とビルマを経由する「援蔣ルート」に依存して、徹底抗戦を継続するようになったため、膠着状態の支那事変の解決がますます困難となった。

一方、ドイツのヨーロッパ侵攻によって、植民地宗主国は、ヨーロッパに力を割かなければならなくなったことで、英領と蘭領の植民地の防備が手薄となった。

これを好機と捉えた日本政府と軍部は翌年七月二十七日に、南方に活路を見出すべく、大本営政府連絡会議において「世界の情勢の推移に伴ふ時局処理要綱」を決定したが、国策の転換に対して、軍部の方針は日露戦争以来、伝統的にソ連を仮想敵国とする北進論であったため、熱帯作戦についての知識と経験は皆無であった。

そこで、参謀本部は、急遽、当時参謀本部の船舶課長だった鈴木敬司大佐に南方問題の調査研究を内示した。

鈴木大佐は、「ただちに南方問題の研究に取り組んだが、特にビルマ・ルートが開通したビルマに着目し、ここに強力な謀略の拠点を築く構想を練った」のである。

鈴木大佐は、上海にいた友人の樋口猛とその友人の杉井満（元上海興亜院）、杉井の友人の水谷伊那雄（元満鉄調査部）を同志とした。

鈴木敬司

当時の日本のビルマについての知識は、貧弱そのもので、ほとんど皆無の状態であった。わずかに日本海軍の小西大佐や外務省の大橋忠一が情報通に過ぎなかった。ただ海軍側には、ビルマ在留の予備役大尉国分正三からのビルマ情報があり、民族独立運動の情報も国分から入手していた。そのため、早くから海軍は、自然にビルマ国内の政情にもある程度の理解を示していた。

一方、「陸軍側のビルマに関する情報の収集はお粗末極まるものであって、とうてい一朝時ある時の役に立ちうるものではなかった」

そこで、参謀本部は、鈴木大佐をとりあえず、ビルマに潜入させて、諜報資料を収集させるというビルマ工作の第一歩を踏み出した。

地形と距離等の関係上、ビルマ・ルートを支那側内部から阻止することは不可能であったことから、まず鈴木大佐にビルマ・ルートをいかに遮断するかを調査研究させ、ビルマには先述の自由ブロックなどによる反英運動が根強いことから、民族主義者に対する工作を通じて、ビルマ・ルートの閉鎖を実施させた。

鈴木大佐は昭和十五年六月に、日緬《にちめん》協会書記兼読売新聞記者駐在員の南益世《みなみますよ》の名で、ビルマに入国すると、塩水港製糖株式会社社長の岡田幸三郎の取り計らいで、杉井、水谷の両名も同社の社員としてラングーンに向かった。

この岡田幸三郎は、長崎高商を経て、慶応義塾大学を中退した後、塩水港製糖株式会社の前身である台東拓殖合資会社に入り、砂糖工業の実態調査のために西欧列強の植民地へさかんに出張して、秘かに独立運動を応援する気持ちになっていった。

これが縁で岡田は社長就任後、南機関に深く関わるようになっていったのである。

作家遠藤周作夫人の遠藤順子は、その著書で、父親の岡田幸三郎が常に「アウン・サンの独立に対する一途な態度に打たれて、ビルマの志士たちは明治維新を推進した勤皇の志士たちの眼もかくやと思うばかりのいい眼をしている」と言っていたと述べている。

前述したように、武器と軍事訓練を望むタキン・アウンサンを始めとするタキン党（独立党）は、地下にもぐって、外国勢力との接触を図ることを議論していたが、鈴木大佐は、当時、こうした複雑なビルマ独立運動の情勢を知る由もなかった。

だが、鈴木大佐は、間もなくして日本貿易斡旋所長大場氏の紹介で、親日家のティモン博士（タキン党）と知り合い、独立運動の情勢を知ることになった。

鈴木大佐は、既にタキン党の穏健派であるタキン・バセインやオンタンが前出の国分正三と接触していたことを知っていたが、博士の話により彼らが独立運動の主流でないことが分かったのである。このため、第三国の援助を求めている長老のタキン・コドマインやタキン・ミヤを中心とする急進派を非常に重視した。

タキン・アウンサン

そこで、彼らがドイツやソ連と連携する前に、なんとか接触する機会を得たいと考えていた鈴木大佐は九月に、ティモン博士を通じて知り合ったビルマ在留の日蓮宗日本山妙法寺の僧侶、永井行慈《こうじ》上人の協力で、彼らと密会することに成功した。

日蓮宗を布教するため、ビルマを訪れた永井行慈上人は、「僧侶の身として、ビルマのどこの寺院に出入りしても決して怪しまれぬ利点があり、また托鉢の名目で自由に個人の家に出入りできたため、独立運動に不可欠の連絡係として最適な人物」であったが、翌年八月二十八日に、英国官憲に「反英独立煽動の容疑のため投獄され、獄中で七十二日間の断食闘争を行った程の激しい気性の持ち主だった」

鈴木大佐は、「タキン・コドマインはビルマにおける独立運動の先覚者の一人で、彼の主義主張はオンサン（吉本注：アウンサン）以下ビルマ青年の心をうち、多くの信奉者」を得ていたため、「タキン・コドマインやタキン・ミヤに日本がビルマの独立を援助することを説き、反乱のための武器弾薬と費用の供給、ビルマ国外で兵器取り扱いなどの教育訓練を引き受ける密約をした。

もともと大佐は、こうした密約を結ぶ命令を参謀本部から与えられていなかった。しかしビルマ内の情勢は一日を争うほど緊迫していたので、彼は独断でビルマの独立援助を約したのであった。ここに鈴木大佐や南機関がビルマ独立と深い関係をもつ端緒があるとともに、のちに自ら苦しまなければならない種がまかれた」のである。

こうして日本は、「ビルマ民族運動援助の主導権を他の国に先んじて確保することができたのである」

アウンサンが昭和十五年三月に、インド国民会議派の集会に出席して帰国すると、同年六月に、逮捕状が出された。そこで、彼は、シリアム石油労働組合の指導者タキン・ラミアンと一緒に苦力《クーリー》（肉体労働者）に変装し、中国の八路軍と連絡をとるため八月八日に、チャイナ・サイアム・ラインの貨客船海利号に乗船してビルマを脱出し、厦門《アモイ》に向かった。

鈴木大佐の約束に感激したティモン博士は九月下旬、厦門にいる二人の写真を大佐に渡し、「日本がこの二人を積極的に援助してくれるよう懇願した」のである。

アウンサンの来日と南機関の誕生

こうして、ビルマ工作の糸口をつかんだ鈴木大佐は、連絡のために同志の水谷をラングーンに残し、大杉と帰国の途に就いたが、途中で台北に立ち寄って、台湾軍の田中参謀を通じ、二人の写真を厦門の特務機関に送り、彼らの収容と東京への護送を依頼した。

タキン党ではアウンサンを「ビルマ・ルートの輸送トラックの中にしのび込ませて、中国と連絡をとるように決定したところ、あいにく雨期のためにビルマ・ルートが閉鎖されてしまった」

イギリス官憲の追跡が急なため、やむなく海路で厦門に脱出したアウンサンたちは、「中国との連絡を必死にとろうと努力したが、それは不成功に終わった。絶望の極にいるとき」、神田憲兵少佐が幸いにも、厦門国際租界内の支那系の旅館の食堂で、アウンサンたちを発見して身柄を収容するのである。

神田憲兵少佐に声をかけられたとき、彼らは日本に行く計画を持っていなかったが、「博士よりの依頼という話を聞いて安心し、日本に行くことを承諾した」

神田憲兵少佐は、かねてからの鈴木大佐の申し入れ通り、この二人を日本人とフィリピン人の混血児ということにして、アウンサンを面田紋二、ラミアンを糸田貞一と変名し、日本に亡命させることにした。

この姓は、鈴木大佐が考案したもので、「緬甸《めんでん》」（ビルマの漢名）の「緬」を「糸」と「面」に分け、アウンサンを「面田」、ラミアンを「糸田」とした。

名は、「ティモン博士」の「ティ」をとって「貞一」、「モン」をとって「紋二」とした。こうして二人の偽名が誕生したのである。

一足先に、東京に帰っていた鈴木大佐は同年十一月八日に、羽田飛行場に到着した二人を出迎えたが、参謀本部では、まだビルマの独立運動の志士を受け入れる態勢ができていなかった。

「参謀本部ではむしろ、鈴木大佐が独断で独立運動の援助にふみきったことは越権行為である、というような意見が多数を占めていた。帰国した鈴木大佐は、そうした冷たい意見のあふれる参謀本部で、首脳部に対して、オンサンの独立運動における指導的立場と、日本のビルマ工作の必要、緊急性をはじめから説得せねばならなかった」

鈴木大佐がアウンサンとラミアンの二人を参謀本部に連行しても、若い二人にさして興味を示さなかったため、「大佐は何としても参謀本部を立ち上がらせねば」ならなかった。

鈴木大佐は、とりあえず自分の宿舎であった神田駿河台の駿台荘に旅装を解かせ、樋口、杉井の工作員も自費をやりくりして家族とともに二人の面倒をみなければならなかった。

鈴木大佐は、この二人を連れて故郷の浜松に戻った後、各地を転々としながら独立運動の構想を話し合った。

後述のビルマ人志士三十人の一人であるボ・ミンガン（後に、ビルマ連合党の書記長、復興大臣）は回想録で、次のような話し合いによって、ビルマ人青年に対する援助が決まったと述懐している。

『タキン・アウンサンらは、ビルマが独立を獲得すれば、ビルマ・ロードは、自然に閉鎖に追い込むことができると鈴木大佐に説明した。そしてそのためには、まず祖国愛に燃えた若者たちの独立闘争を、いろいろな側面から援助してもらいたいと訴えた。

ビルマで、独立をめざす戦闘が起これば、中国～ビルマ・ロードの交通を遮断できるとするタキン・アウンサンの主張を、鈴木大佐は受け入れた。このアウンサンとの話し合いの結果を、鈴木大佐は軍部や政界の上層部に説明し、その結果「南機関」が誕生した』

そうこうしているうちに、「雨期の間、閉鎖していたビルマ・ルートが乾季を迎えて十月八日より再開され、その活動が日を追って活発になってきたため、再びビルマ・ルート遮断の対策が問題化」してきた。

このため、参謀本部は、先述のアウンサンの提案を受け入れた鈴木大佐のビルマ工作を十二月に入ってから、尾関参謀を中心に徐々に検討するようになっていった。

一方、海軍側も国分の意見を参考に、独自にビルマ謀略機関の設置について陸軍側に了解を求めてきた。そこで、参謀本部は、軍令部の意向を受け入れて、陸海軍協力の下に、ビルマ謀略機関を設置するとの意見で一致した。

「参謀本部は準備要員として加久保大尉、川島大尉、山本中尉を鈴木大佐の指揮下に入れるとともに、機関設立の準備、ビルマ独立援助計画の具体案の立案に着手した」

元南機関員の泉谷達郎大尉（当時、中尉）は回想録で、ビルマ謀略機関の設置に関する陸海軍合同会議の様子について、次のように述懐している。

「一月十日、国分正三がビルマより羽田に飛来し、一月十六日には水交社において陸海軍合同会議を行い、海軍側から、小川大佐、堀内大佐、小野田大佐、松永大佐が、陸軍側からは臼井大佐（後に唐川大佐）、武田中佐、村上中佐、尾関大尉らが出席して、機関の設立について協議し、設立準備は急速に進んだ」

かくして、大本営直属の南機関は昭和十六年二月一日に、陸海軍協力の下に鈴木大佐を機関長として、ビルマ独立の援助とビルマ・ルートの遮断を目的に誕生するのである。

その後、南機関は、大磯の山下亀三郎氏別邸に移って、防諜のために「南方企業調査会」と名のり、「陸軍からは加久保大尉、川島大尉、山本中尉らの中野学校出身の将校と、野田中尉、高橋中尉、海軍からは児島大佐、日高中佐、永山少佐など、国分、樋口、杉井、水谷、横田など、ビルマ側からはオンサン、ラミアンのほか、日本に留学していたソーオンの三名が参加した」

南機関が陸海軍協力の下に設立されると、ただちに、次のような謀略計画二月案が作成された。

「(1) 将来独立運動の中核となるべきビルマ人志士三十人を、ビルマ、タイ国境又は海上よりひそかに日本に脱出せしめ、海南島又は台湾において武装蜂起に必要なる軍事教育を実施する。

(2) 教育訓練を終わったビルマ人志士に対しては、兵器、弾薬、謀略資材並びに資金を与えて再びビルマに潜入せしめ、ビルマ国内各所において武力による反英暴動を起こす。一方、そのゲリラ部隊を以って、まず南部ビルマ、テネサリウム地区を占領し、占領と同時に独立政府の樹立を宣言する。ゲリラ部隊は、武力をもって逐次その占領地域をビルマ全域に拡大し、英人を駆逐してビルマ人宿願の独立を達成せしめる。而《そ》して可及的速やかにビルマ人の手により、援蒋ビルマ・ルートを遮断せしめる。武装蜂起の時期はおおむね昭和十六年六月と予定し、その準備を行う。
（3）南機関員をビルマ、タイ国境に沿うタイ国内要地に配置し、ビルマより脱出する志士の受け入れ及び再投入工作のための謀略基地を設立し、ビルマ国内における独立運動との連絡を行なわせしめる。同時にタイ国境よりビルマ領内に通ずる道路、地形の偵察を行い、兵要地誌の作成を行う。併せてビルマ領内における反英武装蜂起に必要な兵器、弾薬、謀略資材等を極秘にバンコック港より、商品にみせかけて国境まで搬送し、ひそかにビルマ領内に投入して独立党員に分配支給する」

第三節　南機関の対ビルマ工作の準備

作戦命令第一号

南機関は同年二月十四日に、杉井、アウンサンの両名に対して、次の作戦命令第一号を下達した。

「作戦命令第一号　　二月十四日　於駿台荘
一、貴官ハ春天丸事務長トシテ、明十五日川崎ヲ出帆、緬甸ニ至リ左記任務ニ服スベシ。
イ　面田紋二（オンサン）ノ行動ヲ指導援助ス。

ロ　革命党員ノ脱出ヲ援助シ且ツ之ヲ教育実施地ニ連行ス。
ハ　大野大佐ニ機関長ノ命令ヲ伝達ス。
ニ　緬甸ニ於ケル新情報ヲ蒐集ス。
二、面田紋二ノ行動ハ春天丸事務員トシテ貴官ト同行シ緬甸ニ至リ、緬甸独立援助ニ関スル諸計画ニ基キ、緬甸国内ニ於ケル諸準備ヲ指導シ、為シ得レバ再ビ同船ニテ日本ニ帰還スルモノトスル。
三、大野大佐ニ伝達スベキ南機関命令別紙ノ如シ。
四、日本帰還後ニ於ケル行動ハ、参謀本部尾関大尉、又ハ、軍令部日高中佐ノ指示ニ依ルベシ。
五、任務遂行中緊急ヲ要スル連絡ハ、前項指示官気付ニテ之ヲ行フベシ。

南機関長」

さらに、ラングーン総領事館の大野海軍予備役大佐にも、作戦命令第二号（ビルマ独立党と南機関の連絡、ビルマ独立党の脱出および潜入の指導もしくは援助、ビルマ国内における諸情報の収集など）が下達された。

前出の泉谷大尉は回想録で、南機関の対ビルマ工作について、次のように述懐している。
「南機関が決定したビルマ謀略の第一歩は、独立運動の指導者を日本に亡命させることであった。そのねらいは、既成政治家ではなく、タキン党を中心とした青年行動者の獲得であった。独立運動の志士の人選はタキン党幹部に一任してあったから問題ではなかった。しかし非常に困難な問題があった。それは当時世界で最も優秀といわれていたイギリスの防諜網を相手として、いささかも日本の企図をもたらさずに、独立運動の指導者たちを脱出させ、しかも訓練後再び潜入させるということであった。南機関が計画した独立の志士三十名獲得の成功、不成功は発足したばかりの南機関の運命をも決するものであった」

アウンサンは、南機関との話し合いで決まった謀略計画二月案の「合意事項をビルマの仲間たちに報告したうえ、ビルマ同志たちを日本へ連れ出すために」、その夜、杉井と一緒に逓信省庶務室に行って、偽造の船員手帳をもらい、船員服に身を包んで、すぐに川崎港に車を飛ばし、ビルマ米買付の大同海運春天丸に乗船した。

翌日未明、大同海運春天丸は、川崎港を出港してビルマへと向かった。

アウンサンのビルマ潜入

杉井は、アウンサンと春天丸に乗りこんだ後、船長に面会を求めて任務の一端を明らかにし、協力を約束させて船の航路に対しても、ある程度の命令権を承認させた。

同時に、一等運転士と機関長も説得して、春天丸首脳部の協力体制を確立した後、ピナン、マグイ、タボイ沖合にあるビルマ領の無人島が将来の脱出工作に大きな関係を持つものと思い、マラッカ海峡を通過した後に、無人島の近くを航行させた。

杉井は、船がイワラジ河下流、米の積出で有名なバセイン港に到着するまでに、ビルマの脱出党員に渡すため、船長に春天丸内部の設計図と水面から見た場合の認識図を用意してもらった。そして、「用意された設計図と認識図を他の機密書類とともに、アルバジル薬の効能書が上等な薄紙なのでこれに転写し、予防用ゴムサックに包み、虫歯の穴につめられるようにして」アウンサンに渡した。

「これは一旦緩急の時にのみ込んで、証拠の煙滅をはかるためのものだ。オンサンは日本を出る前に変装用の義歯型をとっていた」

杉井は、春天丸がバセイン港の岸壁に到着してから、船員二名に警察官が正面にいないことを確認させると、バナナを買いに行くふりをして、機関長とアウンサンと船員二名と一緒に正門を出て、約四〇〇メートル離れた林の中に入り、アウンサンをビルマ人に変装させた。

アウンサンは、「ラングーンに潜入してタキン党員と連絡をとり、春天丸がラングーンに着く四、五日の間にタキン・ミヤらと会って、第一回脱出党員」を具体的に決めるために、まず間道伝いにバセインの町に向かった。

その間、杉井と機関長たちが、彼の脱ぎ捨てた船員服を二重に着込み、間道を利用して税関裏門より、春天丸に戻るのに要した時間は三十分ほどであった。

ビルマの税関と警察が正常な業務についたのは、杉井たちが船に戻った後だった。積荷が終わって、春天丸がバセイン港を出港するとき、点呼を取るためにイギリスの官憲が春天丸に乗船して来たが、入港前に一名減らした書類を用意してあったので、アウンサンの密航に誰も気付く者はいなかったのである。

前出のボ・ミンガンは回想録で、中国人に変装して帰国したアウンサンの姿について、次のように述懐している。

『薄汚れた白ズボン、黒い上着に黒のサングラスといういでたち。そのうえ出っ歯で、ひどく人相の悪い中国人がひとり、脇目もふらず黙々とうつむき加減にランマドオ（ヤンゴン中心部の地区）の方角へ歩いて行った。男はひたすら前を見つめながら歩いて行く。行き交う人々は、この人相の悪い、おかしな格好をした出っ歯の中国人に眉をひそめ、薄笑いを浮かべて見送った。しかし、中国人はまわりに一切かまわず、何も見ようとはしなかった。

男はランマド地区の西まで来ると、ダルハウジー通り（現在のマハー・バンドゥラー通り）から右に折れ、以前はスティブンソン通りと呼ばれたフレエダン通り九三番地にあるタキン・ミャ議員の仮住宅へ入り、案内を乞うた。

一度も会ったこともない、見知らぬ中国人が立っているのを見て、タキン・ミャが薄気味悪く思っていると、男はやおら眼鏡をとり帽子を脱いで、変装用の入れ歯を外した。

「なんと、タキン・アウンサンじゃないか!」——タキン・ミャは、驚きのあまり思わず声をあげた。

タキン・アウンサンがビルマに帰っているとは思ってもいないことだった。アウンサンの方は、日本から一度こっそりとビルマへ帰る旨、手紙を出していたのだが、その手紙は届いていなかった。こうして同志たちは思いがけずタキン・アウンサンとの再会を果たすことになった。

彼は、ビルマの米を買いつけて運ぶ日本の貨物船で帰ってきた。パテイン(イワラジ・デルタ河口の港町、旧名バセイン)に上陸したのち、汽車でヤンゴンへやって来た。(中略)

その夜、タキン・ミャとタキンの指導者たちは三月三日に、ひそかにある僧院に集まって会議を開いた。アウンサンが、日本との接触に成功したこと、および今後のスケジュールについて報告を行ない、独立のための行動計画が討議された。この会議で決まった独立をめざす行動計画の骨子は次のとおりである。

*独立をめざして、実際にたたかっており、またそれなりの実力を持つ各政党を大同団結させる。

*国内において、必要な時期にイギリス植民地政府に対して反乱活動を起こさせるよう、秘

密裡に、かつ計画的に小ゲリラ・グループを組織し、全国各地に配置する。
＊日本から送られることになっている武器類が届いたならば、それを隠密裡に国内へ運び込む。
＊ビルマの独立は武装闘争によって勝ちとるべきであり、そのために選抜された青年たちを日本へ送り込み、軍事訓練を受けさせる。（中略）

この会議では、アウンサンをふたたび日本へ送るのか、それともビルマ国内で活動させるのか、それともビルマ国内で活動させるのがよいかという点についても討議がなされた。その話し合いでは、ビルマにいては危険がつきまとうところから、日本に行って、ビルマから脱出してくる青年たちの指導にあたる方が、より実際的であろうと意見がまとまり、アウンサンの日本再渡航がきまった』

泉谷大尉によれば、タキン党が地下組織となったのは、「オンサンらがアモイに脱出した昭和十五年八月頃からであった」が、イギリスの官憲の取締りが厳しいため、実際の地下運動は、「何らの希望もなく前途は暗澹たるものであった」ようである。

「だがオンサンが日本から外米買付船春天丸に乗り込んでバセイン港に上陸、陸路ラングーンに達して日本との連繋に成功したことが報告されると、はじめて地下組織は活発に動き始めた。

彼らはオンサンがラングーンに帰り、地下組織のリーダーたちと会合した昭和十六年三月三日を地下運動の新紀元を画した日としている。つまり、この時からビルマ地下組織としては明確な運動目標を具体的にもったのである」

ラングーンからの脱出

杉井は、春天丸がラングーンに到着すると、前出の大野を通じて、タキン党と連絡をとり、迎えにきた車で「ラングーン郊外にある農家に運ばれ、ここでオンサンをはじめ、タキン・ミヤなどの独立運動指導者たちと密会することに成功した。バセイン港からビルマに潜入したオンサンは、わずかな日数にもかかわらず、すでに脱出党員の人選を終わっていた。杉井はオンサンたちと春天丸に乗船、密航する計画の細かい点まで打ち合わせをし、ラングーン市内の南京街まで再び自動車で送ってもらった」のである。

翌日の深夜、十一時三十分から十二時三十分までの間が、彼らが脱出する時間であったが、警察官四名が春天丸が就航するまで舷側で警戒するといって朝から乗り込んできた。

困り果てた杉井は、船長たちと相談して志士たちを上甲板、船首、船尾の三カ所で待つことにした。

船長は、警官が上甲板にいるため、船尾の繋留《けいりゅう》ブイにとりつき、そこから鎖で伝わって船によじ登ってきた志士たちを見かけると、ただちにエンジン・ルームの底に隠した。

こうして、第一回目の四名の志士（ラペ、ヤンナイ、アエモン、バジャン）がラングーンからの脱出に成功するのである。

対ビルマ工作の準備

鈴木機関長は同年二月二十一日に、東京を出発して空路バンコックに向かった後、南機関の主力も、「二月下旬より三月上旬にかけてバンコックに集結、南方企業調査会タイ国本部の看板をかかげた」

こうして、鈴木機関長は、「主力をバンコックにすすめ、ここに本部をおいて機関全般の動きを」見ることにした。さらに、「バンコックより泰緬国境沿いにいくつかの拠点を置き、陸路からのビルマ志士の収容、国境付近進入路の偵察、搬入武器の集積拠点の設定をしようとした。泰国以外には脱出ビルマ志士の訓練所を海南島三亜に設け、中国広東に武器受領班、ビルマ、ラングーン領事館内および台湾軍司令部内に連絡所を設けたのである。バンコック文社長には児島海軍大佐、海南島三亜訓練所長には福地海軍少佐が就任し、陸海共同の謀略機関は本格的な活動を開始した」

南機関は、バンコックに本部を設置すると、「タイ、ビルマの国境沿いにビルマ独立の謀略基地をつくり、ビルマ独立に必要な武器を集結し、ビルマ国内に謀略ルートを確立すること。同時にビルマ独立の志士を陸路脱出させ、その収容にあたること」という本来の目的を達成するために、国境の要所、要所に支部を開設した。

各要所の支部に配置された機関員たちは雑貨商、農林技師、鉱山技師にそれぞれ偽装して、ビルマ独立支援という壮挙を胸に秘めて活動していた。

その中で、中部国境のラーヘン支部に配置された高橋八郎中尉は、北島農林技師と名乗って、ラーヘンを中心に、特に国境の町メソード（人口三千人）でチーク材や松樹脂の買付けを偽装しながら、河川の調査、道路、地形の偵察など兵要地誌の作成に努める一方で、タイ官憲やイギリスのスパイの厳しい監視をごまかす為に現地の女性教員と結婚したりして、メソードの有力者と親交を深めていた。

タキン党員のビルマ脱出

ところが、ある日、山岳ルートをたどって、ビルマ、タイ国境を越えて脱出してきたタキン党員のタンズイン（後に台湾で病死）とメソードの町で偶然にすれちがった高橋中尉はその瞬間、これはタキン党員だと感じたので、彼の後をつけて確かめることにした。

もし、タキン党員でない場合、自分の身にすぐに危険がふりかかるため、声をかけるべきかどうか、ずいぶんと思い悩んだが、街はずれに出たときに、思い切って彼に声をかけると、彼は非常に驚いた様子で、低い声で躊躇しながら「タキン・メンバー」と答えた。

高橋中尉は、すぐに彼を宿舎に連れて行って、タキン党との連絡用秘密符号「S」の合言葉を言ったが、なんの返事もなかった。もし合言葉を知らなければ、脱出してきたタキン党員ではないことになる。

高橋中尉は、もしかしたら英国の密偵ではないかという不安を抱えながら、一夜を明かした。翌朝、再び彼に「S」の合言葉をいうと、このとき初めて「K」と答えたのである。

合言葉が通じた二人は、ビルマ脱出の成功を心から喜び合い、南機関に行くための相談を行った。その後、「タンズインは、メソードからラーヘンを経て、バンコックにもぐり込み、南機関の手にわたった」

もう一人、陸路でビルマ脱出してきたタキン党員に、穏健派のオンタンがいた。彼は海軍予備役大尉の国分と接触していたが、鈴木大佐はあまり重要視しなかった。

かつて、国分が軍令部に送った一五〇ページにわたるオンタンのビルマ独立計画書が、その後に海軍側のビルマ独立計画の骨子となったという経緯があった。

このため、国分は、鈴木機関長が独立党の主流でない穏健派よりも、「むしろ急進的だが、実際に勢力のあるタキン党と連絡をはかろうとした」頃、オンタンの亡命を秘かに助ける計画を練った。

「オンタンは陸路から、脱出しようと泰緬国境の警備の様子をさぐったが、官憲の眼がきびしく脱出はとても不可能にみえた。やむなく、時間をかけて、ビルマの南端ビクトリアポイント付近でついに国境を越え、汽車でバンコックに入った。オンタンは昭和十五年九月バンコックに到着すると、ただちに日本大使館浅田領事に面会、海軍武官室との連絡に成功した」

こうした中で、翌年二月に、鈴木機関長を始めとする南機関のメンバーが次々とバンコックに乗り込んで来たが、国分は海軍武官室の連絡で、バセインと再会した後、南機関の一員でありながら、そのことを鈴木機関長に報告せずに、バンコック市内の一隅にかくまった上、オンタンと協議の末、南機関が計画した三十人の志士の代わりに、トンオクに言って、オンタンを中心とした穏健派の三十人の志士をバンコックに送るように画策した。

このことは、後に南機関の中で、深刻な対立を引き起こす原因となった。泉谷大尉は回想録で、このときの事情について、次のように述懐している。

「国分氏は海軍軍令部と協議して、この計画を進めようとバンコックより東京に飛んだ。彼は東京に着くと間もなく、その身代りに小山氏をバンコックに送ってきた。オンタンは国分氏、小山氏の蔭から指図どおりに満鉄、昭和通商など出入し、南機関にはその企図をかくすのみか、陸軍側南機関要員の無能ぶりを喧伝して、機関長を排斥し、工作の主導権を国分氏の掌中に収めようとしきりに陰謀を画策し始めた。

しかしこのオンタンの動きや、国分氏、小山氏らの計画は、やがて鈴木機関長の耳に入った。

もちろん鈴木機関長は機関の統制を乱す者として憤激して、海軍要員の動きを監察すると同時に厳しく部内の統制をはかった。
　この模様は正誤とりどりの情報となって、中央の参謀本部、軍令部に漏れ、一時、発足したばかりの南機関の批判がいろいろ行われた。しかしこの間にあって、海軍側中央部の日高、松永両中佐参謀は、あくまで大所高所の判断を誤らず、南機関長に同情的援助を惜しまなかった。

（中略）

　やがて問題は解決し鈴木機関長は国分氏からオンタンを引きつぎ、海南島三亜訓練所に送った」

　南機関は、アウンサンに次いで、水谷の手によって、ボ・ミンガン以下八名の志士を、第三回目は杉井の手によって、タキン・シュモン（後のネ・ウィン大統領）以下十一名の志士を海路から脱出させることに成功した。
　こうして、「南機関の第一の目的、つまりビルマ独立運動の志士たちを脱出させるということは、海路より二十五名、陸路二名、それに、先に脱出したオンサン、ラミヤンおよびたまたま桐生高等工業に在学中だったソーオンを加え、ちょうど予定どおり三十名になり、その目的を達した」のである。
　これらのビルマ人志士たちの大部分が、日本に送られた後、「箱根の岩崎邸で休養して体力を回復してから、横須賀より海軍の爆撃機やチャーターした日航機で、海南島三亜訓練所に」逐次送り込まれていったのである。

軍事訓練の開始

「南機関設立当初は、訓練所は台湾か海南島のいずれかに設けられる予定であった」が、結局、秘密保持の関係から「昭和十六年四月、海南島南部、楡林《ゆりん》港に隣接した人口二千ばかりの海軍基地三亜より約五十キロほど奥地のジャングルの中に、三亜訓練所が開設された」

日本海軍がバラックで建てた三亜訓練所は、「事務所と所員が起居する本屋、炊事場と浴場のある建物、それと兵器庫と車庫のある建物の三棟からなって」おり、防諜上、秘密を厳格に守るため「南方開発のための農民訓練所と偽装して」三亜農民訓練所と呼んだ。

この訓練所に、先に集合したアウンサン以下十八名の志士と所員は、「三亜にある海軍基地から補給を受けた関係上」、「海軍の服装をして表面は海軍系の付属機関の体裁を装っていたが、三亜基地の海軍の者といえども関係者以外の訓練所区域立ち入りは厳重に禁じられていた」

この三亜訓練所で、三十人の志士らに軍事訓練を行った泉谷大尉は回想録で、このときの模様について、次のように述懐している。

「四月末着任した私は訓練第一班の副長となり、班長服部中尉の補佐をつとめることになった。

訓練所長の福地海軍少佐はまだ着任せず、教育部長の川島大尉が総指揮をとっていた。ビルマ独立の指導者はまだオンサン以下十八名にすぎなかったが、その訓練班は三班に分かれていた。

各班の訓練は基礎訓練では同じであるが、各班ともそれぞれ異なった教育目的があった。第一班は主として中隊以下の実兵の指揮、兵員の訓練などができる指揮官の養成、第二班はゲリラ、謀略破壊活動の指揮官の養成、第三班は戦時、特に予想作戦に応ずる師団以下の運用のできる指揮官を養成しようとするものだった」

その後、教官の不足を補うために、十数名の憂国の青年たちが陰の協力者として来島してきた。当時、「イギリスはビルマを統治するのに、少数のカレン族に兵隊になる特権を与え、ビルマ族はいっさいの軍事面からシャットアウトしていた」ため、彼らを初歩的な段階から訓練しなければならなかった。

「そうした軍事知識のまったくないものを、普通なら二年かかるところを、わずか二、三カ月間で一人前にしようというのであるから、訓練はすこぶる激しいものであった。六月末には訓練を完了し、七月にはビルマに潜入、武装蜂起を開始するのが目標であった。教えるものも教わるものも、この目標があったからこそ激しい訓練をたえしのぶことができたのであろう」

午前六時に起床した後、一日の日課が始まる。まず朝礼してから全員宿舎前に集合し、正面入口でポールに国旗を掲揚して皇居とビルマの遙拝が実施された。

朝食後、すぐに軍事訓練が開始された。号令はすべて英語であるが、三亜訓練所に通訳などいないので、教官はブロークン・イングリッシュで、ビルマ語と日本語をまじえながらなんとか説明していった。

「訓練には、日本製の兵器を使うわけにはゆかない。もしもビルマで武装蜂起したときに英軍に兵器を押収され、日本製とわかってはまずい。訓練に支那大陸の戦線で押収した外国兵器が使用された。チェコ製の機関銃、ストックブラン迫撃砲、モーゼルの拳銃、各国の小銃、手榴弾が使用された。教える立場の教官も、これらの外国兵器の使用方法には精通していない」

教官たちは「危険を覚悟で兵器の取扱いも研究し、それをまたすぐに教えたのである」。訓練では実弾を惜しみなく使ったが、まかりまちがえば大怪我をするので、毎日の演習は真剣勝負そのものであった。

ビルマ人志士たちは、必死になって教官についてくるが、猛暑と激しい訓練によって疲労困憊して、脱落しようとすると、容赦なく怒声が飛んで来る。

「こんなことで英軍をビルマから追い出せるか！」

「そんな意志薄弱で独立が獲得できるか！」

「教育の基本は、まず強力な支配者であるイギリスに、勝てるという自信をもたせることであった」

午後には術課の他に、宿舎の中で作戦要務令を中心に、各種の戦闘の基礎を教える学課もあった。その中で、特にビルマの地図を使った訓練は人気があった。

「最初、地図の読み方を教えると、時間もないのでただちにイギリスが作った二十五万分の一のビルマの地図を使って、実際の作戦を想定しながら、ビルマ志士たちに徐々に図上演習を教えた」が、二、三カ月後には自らが戦闘を行うのであるから真剣そのものであった。

泉谷大尉が回想録で、「機が熟せばビルマ領内に潜入し、同志たちと決起して英軍を攻撃し、一尺でも一寸でも自由の土地を確保し、独力で独立を獲得しようとする指導者たち」を訓練した「南機関のスタッフほど、ビルマ人のビルマ、ビルマ人の独立を純粋に願った人々はいない」と述べているように、「そうしたビルマの独立を純粋に願う気持ちは、海南島三亜における訓練では大きな推進力」となっていたが、後に、その純粋さが南機関の命取りになっていくのである。

こうした三亜訓練所での厳しい訓練に耐えられた理由について、三十人志士の一人であるボーバラは、終戦五十周年国民委員会のインタビューで、次のように述懐している。

「われわれの訓練は、普通の三年分を五、六ヶ月で終了しなければならなかったものですから、かなり大変で疲れました。手なども傷だらけとなり、出血したりもしました。時には倒れてしまう者もいました。それくらい大変だったのですが、我々には、独立という強い目的があったため、頑張れたのです。

それでも夜になって愚痴をこぼすこともありました。そんな時、同志のひとりが『お前たちは、誰に言われてきたんだ。自分で同意してきたんじゃないのか。この苦労は自分で求めて来たんじゃないのか。』と制止しました。それ以来、気落ちするようなことは誰も口にしなくなりました。

訓練所では武器の使い方、分隊の編成等を学びました。あるとき、一センチもないようなネジを落としてしまい、丈の高い草むらの中を無理やり探させられました。そのとき、教官が言ったことは、『戦う兵士は兵器を大事にしなければならない。自分の頼るべきものを大切に扱わなければならない。そういった教訓を与えるために探させたのだ。』ということでした。私たちは独立を求める強い意志があったので、どんなつらいことがあっても、そのことだけを言い聞かせていました」

また三十人志士の一人であるボー・イエトウも、三亜訓練所での厳しい訓練について、

「ドリル、軍刀の使い方など、兵士として不可欠な基本的な軍事訓練を学びました。それから分隊、小隊の編成、指導について、机上でも実地でも学びました。特に、戦いの場で実際に使えるように、中国やフランス或いは英国から得た兵器も使いこなせるように学びました。お互

い言葉が通じず、身振り手振りで学んだことが多かったのですが、軍事教練はとにかく厳しかった。時々口から泡を吹くまでになりました」

と述べ、またボ・ミンガウンも回想録で、「上からなにを言われても絶対に服従しなければならない厳しい」訓練では弛《たる》んだ心に気合いをいれるため、ビンタを浴びることもあったと述べている。

『「戦場ではたとえ一兵卒たりとも不注意のために命を落とさせてはならない」――こういう意識が徹底している教官は、コウ・フラマウンの不注意な動作を見つけて、ただちに彼のもとに走り寄り、日本軍のしきたりどおりに頬に平手打ちを浴びせた。

唖然としてこの仕打ちを見ていた訓練生たちの心はおだやかではなかった。ビンタを浴びた本人は、顔を赤くして必死に平静を保とうとしていた。敵兵のところまで突撃し、銃剣による白兵戦を戦ってから訓練は終わった』

訓練生が兵舎に引き上げ、車座になって話し合うと、ああした仕打ちには我慢できないという意見が大勢を占めた。不穏な空気が流れる中で、アウンサンが口を開いて言った。

「こんなことでいいのか。陽の沈むことのない大帝国にたたかいを挑もうという人間が。おれたちは、その目的のために命まで捧げるって誓ったんじゃないのか。これぐらいのことは我慢できなきゃならん」

アウンサンは、コウ・フラマウンの不満を抑え、「今後、こういうことのないようおれが所長に申し入れる」と言って、所長室の方へ向かって出て行った。

アウンサンは、戻ってくると所長が「今後はビルマの伝統に反するような行為が二度と起きぬよう自分が責任を持つ」と言ったことを伝えた。「みんなの胸に燃え上がった怒りの炎は、こうしておさまったのだった」

第二グループの到着

六月に東京に出張した川島大尉は、ビルマ人志士十一名を引き連れて、三亜訓練所に戻ってきた。

連日、炎天下の猛訓練の中で、心身ともに完全に疲れてきった先発のビルマ人志士たちは、彼らの姿を見るやキャンプから飛び出して、その無事を喜び合ったが、その中に、前出のタキン・シュモン（後のビルマ首相ネ・ウィン）の姿があった。

当時のネ・ウィンは、「一見弱々しく、これからの訓練に耐えうるだろうかと懸念されるような青年」だったが、「それは誤りであることが間もなくわかった。彼の理解力は人一倍早く、実技のときにも学科のときにも」、教官の代わりに「他の同志にわかりやすく説明することがしばしばであった」からである。

リーダーは、アウンサンだったが、「ネ・ウィンは間もなく頭角をあらわした」。例えば、「銃剣術の練習のときも彼の闘志はものすごく、あの弱々しい青年のどこにそんな闘志がひそんでいるか」、教官をびっくりさせた。また言葉の違いから感情のもつれが起こったときも、彼はよく仲介に立って解決をはかった。

ビルマ潜入命令の遅れ

「南機関の二月案と称せられる謀略計画では、ビルマ国内潜入の時期を六月と予定していた。三亜の教育計画もこの潜入時期に間に合うよう組まれており、六月になると時期いよいよ近しということで志士たちの士気はいっそうあがっていた」

彼らが図上演習にも慣れた六月末、バンコックから東京に向かう鈴木機関長が訓練所を訪れ、「ビルマ志士たちの訓練ぶりを視察した後、実戦そのものの図上演習を指導し」、テネサリウム地区を舞台に、英印軍を仮定して、彼らに千差万別の状況にあった命令や攻撃を実施させた。

七月になると、彼らと教官たちは東京に向かった鈴木機関長からのビルマ潜入の命令を待っていたが、その指令はなかなか来なかった。

「その頃、中央では、とても三亜訓練所にビルマ侵入の命令を下す余裕などはなかった。なぜなら中央では、独ソ開戦近しの情報に大きな政策転換が行われようとしていたからである」

四月二十一日に、大島駐独大使と野村駐米大使から、「独ソ開戦間際にあり」という情報を入手していた参謀本部では、蘭印側からの重要物資の輸入交渉に失敗していたことから「南方進出の強硬意見が抬頭し、六月十四日、陸海軍は一致して南部仏印進駐を決定した」のである。

ドイツが二十二日に、ソ連に宣戦布告すると、日本では独ソ戦を機に「北進論者が強硬に対ソ開戦を唱え、他はソ連に対する警戒の必要がなくなった今こそ、南進を開始すべきであるという」、大きな国策論争が巻き起こり、七月二日の御前会議で「情勢の推移に伴う帝国国策要綱」が決定された。

このような情勢の推移の中で、しかも、この決定に基いた南部仏印進駐を前にして、参謀本部ではビルマ潜入を命ずることをためらったが、「中央の情勢の変化を知る由もない三亜訓練所では、一種の重くるしい焦燥と不安な空気がただよい始め」、訓練生の間では士気が落ちて、病人やケガ人が続出した。

だが、七月中旬のある日、訓練が終わってから、泉谷大尉は帰る途中で「三亜飛行場のかたわらをトラックで通ると、飛行場狭しとばかり海軍の戦闘機が集結し、大小さまざまな艦艇、輸送船が三亜港内外を埋めつくしている」のを見かけた。

「これらの艦艇がどこへ行くのか、あるいは戦争が始まるのか皆目わからない」が、「しかしいずれにせよ、南方のどこかに作戦を開始するために集結した」との確信に至ると、それまでの焦燥と不安は、一気にぬぐい去られたのである。

三亜港に集結した第十五軍が二十四日に出港した後、飯田司令官は二十八日に、サイゴン市内に入った。こうした中で、アメリカは、日本軍の南部仏印進駐に対する制裁措置として、対日資産凍結を二十六日に発令し、英蘭もこれに同調した。さらに八月一日には対日石油禁輸を発令して、日本を次第に対米戦の嵐の中へと追い込んでいくのである。

「この南部仏印進駐後、バンコックよりの機関命令で、八月はじめ鈴木中尉、衛藤、今村両軍曹などが、武装蜂起に必要な兵器受領のため広東の南支派遣軍に出発した」

一方、「南機関長より八月二十一日に台北で南機関の今後の方針を協議する重要会議を開催する旨の連絡があり、川島大尉をはじめビルマ志士のオンサン、ラペなど主だった幹部が参加することになった」が、彼らは、アウンサンを囲んで毎日協議を続け、自分たちの考えをまとめていくのである。

二十一日に、台北の某旅館で開かれた会議の議題は、ビルマ潜入の時期と、その方法に焦点が当てられた。

「鈴木機関長は近い将来、対米英戦は避けられぬと判断し」、アウンサンたちから直接に意見を聞いて、「彼らにできるだけ早くビルマ潜入の計画を実行に移すことを約束すると同時に機関の作戦方針を決定した」

「この作戦は日本軍一個旅団の応援を得て、日本軍のビルマ作戦開始以前に南ビルマを占領し、以後の作戦を容易にしようとするものであった」

会議の後、九月上旬に鈴木機関長は、「川島大尉、アウンサン、ラペなど指導的なビルマ志士たちを東京に引率し、九段偕行社で参謀本部員と軍令部立会のもとに図上演習を行った。九月上旬、陸海軍は対米英の開戦準備のために想定の作戦を練りつつあった時であった」

九月末、鈴木機関長は、「訓練班はすみやかに三亜訓練所を閉鎖して、台湾の東海岸玉里町に移動して体力の回復をはかり、次の行動を準備せよ」という待望の指令を三亜訓練所に伝達した。

これまでの海軍の制服を脱いで、初めて陸軍の制服を身に付けたビルマ人志士と教官たち一行は十月五日に、三亜訓練所を閉鎖して、楡林港より台湾に向かった後、台湾東海岸花蓮《かれん》港に上陸して、玉里へと向かうのである。

第四節　南機関の対ビルマ工作の開始

開戦前の対ビルマ工作

同年九月三日の大本営政府連絡会議で討議された「帝国国策遂行要領」が六日の御前会議で

決定された後、前出の尾崎秀実との関係を追及されたことで、十月十六日に総辞職した近衛内閣に替って、十八日に東條内閣が成立すると、「こうした中央の情勢の緊迫化を察知した鈴木機関長は、南機関独自のビルマ謀略を急ぎ実施する決意をかためたのである」

十月十五日に、バンコックから台北に飛んだ鈴木機関長から出動命令を受けた川島大尉は、「まず第一陣として四名の志士をバンコックに上陸させ、泰緬国境からビルマに潜入させるため」、アウンサンと相談して、人選にとりかかった。

その結果、「ラペ、パジャン、ツンギン、ラモンの四名が選ばれ、十八日出港の広盛丸に乗り込むため、ただちに高雄港に向かった」

十月十八日に、台北の機関長から「品物四梱送レリ。荷揚ヲ研究セヨ」（「ビルマ独立志士四名を送った。うまく収容せよ」の意味）との電報を受理したバンコック班長の野田毅大尉（中尉から昇進）は、「ただちにどのようにして隠密裡にビルマ人志士をバンコック埠頭を通過させ、南機関に収容するか、そしてどのようにして泰緬国境の通過をはかるかを研究し、その具体的な行動を開始した」

ところが、野田大尉は二十五日に、参謀本部から「揚陸を見合わせ、日本に送り返せ」という指令を受理した。この急変ぶりに野田大尉をはじめ機関員一同が驚いていると、鈴木機関長がようやく台北から戻ってきた。

この参謀本部の態度の急変に憤慨した鈴木機関長は、「激しい訓練を受け、ようやく出動ということになって、永い間の夢であるビルマ潜入を期待して、希望に胸をふくらませている志士たちを、たとえどんな理由があろうとも、ここで日本に送り返すというようなことはしのびない。急に日本返還をいい出す中央の気持ちはまったく諒解つかん」と言って、本来の南機関の計画を既定方針に従って推進するため、「機関長は二十五日にバンコックに着いたが、メナムホテルにまっすぐ入ってしまった。

そのために機関長はついに参謀本部よりの電報を見なかった」ということにして、機関長代理の野田大尉の責任で、参謀本部の命令を無視して彼らの揚陸につとめるのである。但し、「将来もしものときに野田大尉の行動に関し責任を機関長が負うことはもちろんのこと、ということになった」

そこで、鈴木機関長は、参謀本部に対して、「ビルマ独立志士四名は船が投錨した直後に水中に飛び込み逃亡してしまった。南機関は、目下全力をあげて捜査中」という意味の返電をし、ビルマ人志士の引率担当の水谷と連絡をとり、秘かに脱出計画を進めた。

ところが、「参謀本部は対英米作戦寸前にその企図が露見するのを恐れて、南機関の行動を中止」させるために、十月三十日に「重大ナル企図曝露ノオソレアリ総テノ行動ヲミアワセヨ」という電報を南機関によこすのである。これに対して、南機関は、「逃亡中ノ四名ハ逮捕監禁中」

と返電した。

参謀本部の再三の中止命令に困惑した鈴木機関長が十一月七日に、参謀本部の真意を確かめるために、野田大尉と小山を日航機で東京に派遣した後、十一日に野田大尉から「空気決シテ悪カラズ。歩一歩進ミツツアリ」という電報が送られてきた。

彼らが出発する前日の六日に、南方軍の結成と、その命令が中央で極秘に発せられていたからである。

中央の情勢を十分に理解した鈴木機関長は、ビルマ潜伏をいつまでも引き延ばしておくと、日本人に対する信頼がまったく失われ、後の工作に悪影響を及ぼすと考え、ついに延期していた独立志士のビルマ潜入を決意し、十三日に「ラペ、パジャンを泰緬国境のカンチャナブリ経由で、ツンキン、ランモンをラーヘン経由で、ビルマに潜入することを命じた」

以上のように、鈴木機関長がアウンサンとビルマ独立の援助の密約を独断で交わし、参謀本部の命令を無視して、ビルマ潜伏を独断専行した背景には機関長を拝命して以来、心に抱いてきた次のような指導についての根本的信念があったからであり、「この精神、教訓が機関員七十人余名の原動力となったことはいうまでもない」のである。

孫子曰《イワ》ク臣既《スデ》ニ　命ヲ受ケ将ト為《ナ》ル

将ハ軍ニ在《ア》リテ　君命《クンメイ》ノ受ケ不《ザ》ル所《トコロ》有《ア》リ
又曰ク将能《ノウ》ニシテ　君御《ギヨ》セ不《ザ》ル者ハ勝ツ

（大意）孫子いわく「臣は君命によって将になった。しかし戦場にあっては君命を待たずに自分の判断責任によって動くことがある」またいわく「将が有能で、君がその将を制約しない場合は戦に勝つ」

第一次ビルマ潜入の失敗

越境に必要な食糧、地図、拳銃などをバンコックで整え、ラペ、パジャンを誘導することになった杉井と大野は、バンコック駅から出発した。

カンチャナブリに着くと、商品を満載したモーターボートに二人を乗せ、カンチャナブリを早朝に出発した。「メンナムクエイ河を四日間遡行し、国境近くのターカヌーン部落の手前に着く。前からの偵察で、ここなら人目につかず安全に国境を越えられると思っていた地点に」、彼らを上陸させ、闇にまぎれて出発させた。

ところが、二人を送った杉井と大野が、そのまま上陸地点で夜を明かし、翌日ターカヌーン部落に行って、商売をした帰りに、モーターボートを走らせていると、近寄って来た警察のモーターボートの中に、ラペとパジャンがいるのが分かった。

「夜間、道をまちがって、避けて通るべきターカヌーンの町に迷い込んで警察に見つかってしまった」二人は、あいにく拳銃を持っていたため、無断越境がバレてあっけなく、逮捕されてしまったのである。

杉井と大野は、二人をなんとか助けてやりたいが、手を出すことができないので、二人と南方企業調査会との関係がバレないように、急いで支店にある秘密書類を焼いて隠蔽しようと、やにわにモーターボートのスピードを速めた。

やっと、カンチャナブリに着くと、二人はすぐに支店に走り帰り、大野が秘密書類を焼き、杉井はバスに潜り込んでバンコックへ逃げ、ビルマ潜入の失敗を鈴木機関長に報告した。

機関長をはじめ機関員は大きなショックを受けたが、捕まったのがビルマ官憲ではなく、タイ国官憲だったので、事なきを得た。

次のビルマ潜入は、ラーヘン支店の高橋中尉の援助で、ツンキンとラモンによって行われた。高橋中尉と木俣は、二人をバンコックから、川沿いに脱出させようと、バンコックを離れ、日を重ねて、ラーヘン支店にかくまった。

数日後、二人を船に乗せて、国境となっているサルウィン河の支流ムオイ河のほとりに出ると、月の明かりを頼りに、先に水泳のうまい木俣が渡って、浮きのついた紐を河に張り、次いでラモン、高橋中尉、ツンキンの順で渡った後、ラモンとツンキンは故国のジャングルの中へと消えて行った。

大東亜戦争が始まる、五日前の十二月三日午前二時頃のことであった。

謀略兵器の受領

十一月二十七日に、アウンサンを同行して、台北に飛来した鈴木機関長は、台湾の玉里に第三回目のビルマ潜入の出動命令を下達したため、「玉里ではさっそく十一名の志士を選出し、高雄よりサイゴンに飛ぶことになった」

同時に、台北の軍司令部より、謀略用特殊兵器の受領を命じられ、台北に向かった泉谷中尉(当時)と財前軍曹は十一月三十日に、たまたま連絡のために広東から来ていた加久保大尉とバンコックから来ていた田中中尉と再会し、久しぶりに夕食をともにすることになった。

「加久保大尉は広東において南機関の作戦に要する小銃三千挺をはじめ、機関銃、曲射砲など兵器全般の収集をし、それらを商品のように見える梱包にして発送する任務をもっていた」

泉谷中尉は、二人の話から「南機関がバンコックから十二月初めサイゴンに移動し、南方軍司令部と密接な連繋をとることを初めて知った」が、十二月八日に大規模な攻撃が開始されることを、うかがい知ることはできなかった。

「しかし、非常に重大な時機が目の前に刻々と迫りつつあったことは十分に推察できた」

翌日、二人は、それぞれ広東とサイゴンに飛ぶため台北飛行場に向かったが、重要書類を携行した参謀本部部員の飛び入り参加によって、田中中尉だけが次便にまわされてしまった。

ところが、人の運命とは数奇なもので、この輸送機が広東付近の白雲山に激突して、大破炎上してしまったのである。「この事故で田中中尉は難をまぬがれることはできたが、加久保大尉は、先のビルマ志士タンズイン病死についで、南機関第二番目の犠牲者となった」のである。

南機関の移動

それより一週間前の十一月二十一日に、バンコックの南機関本部に飛来した参謀本部の門松中佐は、鈴木機関長に面会して、「南機関は、寺内南方軍司令官の直轄機関になることが決定し、本部を南方軍司令部のあるサイゴンに急遽移すことになった」ことを報告した。

鈴木機関長は十二月一日に、南機関全体に、次の移動命令を下達した。

一、南方企業調査会ハ主力ヲ以テ南部仏印ニ集結スルト共ニ会社ノ再組織ニヨル士気振興ヲ期シ左ノ要旨下命サル

（1）泰国班出張所ハ一部泰国ニ残置シ、一旦緩急ノ場合ハジャングルニ逃亡セシメ、主力ハ十二月初旬船便及ビ飛行便ヲ以テ西貢（サイゴン）ニ至リ西貢本部ニ連絡スベシ

（2）台北支部ハ可及的速カニ進出、西貢本部ニ連絡スベシ
（3）機関長ハ十二月三日盤谷発飛行機ニ依リ西貢ニ至リ爾後西貢本部ニアリ

この命令はただちに台湾の玉里に伝えられ、「玉里に残るビルマ人志士十三名、鈴木中尉が引率し、花蓮港より船で高雄港に集結することになった」

このとき、台北にいた泉谷中尉は、川島大尉の命令で受領した謀略兵器を台北より高雄まで列車輸送することになり、川島大尉とともに七日夜、高雄を出発した。

開戦・十二月八日

八日早朝、高雄駅に到着した泉谷中尉と川島大尉は、駅に迎えに来ていた野瀬軍曹から、いま宣戦布告のニュースが入ったことを聞くと、その作戦の規模の大きさに驚いたが、すぐに、自分たちの任務を思い出し、急いで高雄港へと向かった。

台湾の玉里に残るビルマ人志士十三名は、鈴木中尉に引率されて、既に花蓮港を出港していた。船舶司令部に直行して、花蓮港からの船がついているか否かを問い合わせると「まだだ」との返事が戻ってきた。

既に、澎湖島付近には敵潜水艦が出没しており、高雄港以外は危険であるとの情報から、二

人は船舶司令部に詰めて、輸送船が無事に到着するのを待った。

午後四時に、黒い元気な顔をしたビルマ人志士を乗せた一隻の老朽船が埠頭に無事に到着した。「高雄集結は開戦の日という予期しない事態にぶつかって、まったく気をもむ結果になったが、ともあれ無事に集結を完了したのである」

川島大尉は急いで台北に戻り、一日でも早く、ビルマ人志士をサイゴンに送り込む船を見つけるため、軍司令部海軍府と交渉しに行った。

ビルマ人志士たちを一刻も早くサイゴンに輸送しなければならなかった。もたもたしていると、日本軍のビルマ進攻に間に合わなくなってしまうからである。

だが、マレー半島に上陸した南方軍の破竹の勢いとは裏腹に、いくら奔走しても高雄港を出発する船は、まったく見つからなかった。日本の航空部隊が南海の制空権を確保するまで、貨物船は航行することができないからである。

一週間後、ようやく上陸用舟艇をボルネオ方面に輸送する貨物船を見つけて、司令部と交渉の末、危険を承知の上で乗船することができるようになった。

十二月十七日に、高雄港を出発した船は、とりあえず海南島の海口を目指して南支那海に出て行き、ようやく十九日の朝、船は海口の沖合に投錨した。

その夜、船は錨を巻き上げ、南に向かって出港したが、司令部から南支那海に敵潜水艦が出没しているとの連絡があって、夜中に海口へすぐ引き返してしまったが、正午過ぎ、突然に船は錨を巻き上げ、インドシナ半島海岸沿いの潜水艦を警戒しながら、全速力で仏印へと向かった。

途中、軍需物資を運ぶ徴用船団を追い越し、対潜水艦の警戒を厳重にしながら、南へ南へと航海を続けた。海口を出発してから、三日目の二十二日正午頃、突然一機の軍用機が、船に接近して来て、船の真上に「カムラン湾へ入港せよ」と書いた通信筒を落として行った。最初は、敵の偵察機かと覚悟したが、この飛行機は船をカムラン湾に誘導するためにやってきたことが分かった。飛行機の誘導で、無事にカムラン湾から三キロばかり離れた所で、船が投錨すると船長は、彼らのために簡単なパーティを開いてくれた。

その後、ただちに、ランチに乗って陸に向かったが、桟橋から千メートル手前でランチは鈍い音を立てて暗礁に乗り上げてしまった。このため、上陸に一時間ほど遅れて、二十二日の夕方、彼らは、ようやく東南アジアの大地を踏みしめることができた。

間もなくしてから、泉谷中尉は、「近くの海軍設営隊に行って、人員と資材輸送のため、鉄道の駅までトラックの借用を申し込んだ。同時にサイゴンの機関長あてに、カムラン湾上陸を打電した」のである。

サイゴンに到着

ビルマ人志士の一行は、二台のトラックに分乗して、駅のある街ニャチャンへと向かった。ニャチャンに到着した後、夜中の十二時を少しまわった頃に、やって来た列車に乗った一行は、上陸以来の疲れで、すぐに眠ってしまった。

二十三日午前十時、南方軍の総司令部があるサイゴンに無事に到着した一行が、駅の近くにある酒保で食事をとると、泉谷中尉は、彼らを「酒保に残して南方軍司令部参謀部情報班を訪ね、南機関台湾支部の到着を報告した。同時に南機関長への連絡と、宿舎の手配を依頼した」

偶然にも、情報班には泉谷中尉の中野学校の同期生である太郎良《たろうら》中尉がいたため、彼がさっそく宿舎の準備を始め、いろいろと便宜をはかってくれた。

泉谷中尉は、「太郎良中尉が用意してくれた輸送隊の兵舎にビルマ志士たちを送り込むと、さっそく」鈴木機関長のいるコンチネンタル・ホテルを訪ね、高雄港出発以来の経過と全員士気旺盛であることを報告した。

機関長は、後からビルマ人志士を激励に宿舎へ行くと、彼らの無事な到着を喜び、「大東亜開戦とともに、近くビルマに進攻することを告げた。と同時に、二日間の休養後、バンコックに移動し十二月二十八日、ビルマ独立義勇軍の結成式を行うことを発表」すると、「ビルマ志士たちの喜びと興奮は大変なものであった」

バンコック到着

ビルマ人志士の一行は二十六日朝、兵器部から交付された日産トラック二台に分乗して、サイゴンを出発し、バンコックに向かう途中で、すべて完全舗装されたタイ国境への道路を通って、プノンペンに到着し、ホテルで一泊した。

朝早くホテルを出発すると、途中で渡河を待っている長蛇の日本軍のトラックに遭遇した。もし、全車両の渡河を待っていたら一日以上待たなければならないと思い、南方軍総司令部参謀よりの緊急輸送という理由で、渡河部隊長にことわって、優先的に渡河をすることができた。

そして、そのまま急行軍を続けて、ようやく二十八日の朝、一行はバンコックに到着したのである。

第五節　ビルマ独立義勇軍の誕生

南機関の軌道修正

開戦前夜の南機関の主力は、バンコックから再び南方軍総司令部のあるサイゴンに後退して、前進の機会を窺《うかが》っていた。

大東亜戦争が勃発すると、第十五軍はタイに進駐を開始した。そして、十二月十一日に日泰同盟が成立すると、いまやバンコックがビルマ攻略戦の前進基地になったため、「南機関は全員バンコック集結をはかった。十二日、鈴木機関長以下南機関の幹部は、サイゴンより再びバンコックにもどった」

だが、開戦と同時に、それまでの南機関の構想（「ビルマ志士三十人を獲得して軍事訓練を施し、ビルマ領内に潜伏させて、ゲリラ戦を展開し、ビルマ・ルートを遮断するとともにビルマ人の念願とする独立を達成せしめる」）は根本から覆ってしまった。

このため、鈴木機関長は、「南方軍下の第十五軍が、タイを経由してビルマに進攻する以上、南機関も南方企業調査会という偽装の仮面を一日でも早くとって戦闘体制をととのえねばならない」ことから、「その新しい編成をどうするか。それと同時に南機関は南方軍司令部より第十五軍に配属されたが、この第十五軍の作戦と、新しい南機関の体制と作戦をどう調整するか」など、南機関の進むべき道を日夜考え続けた。

そして、鈴木機関長は、バンコックに到着すると、これらの基本問題について、十四〜十八日にかけて第十五軍の寺倉高級参謀らと作戦謀略に関する協議を精力的に開始した。

泉谷大尉は回想録で、この基本問題の協議について、次のように述懐している。

「もともと第十五軍参謀たちはビルマの国情にうとかった。彼らの関心は、もっぱらすみやかに大きな成果をあげることであり、ビルマ独立運動にはほとんど無関心ともいえる状態であった。鈴木機関長はビルマの独立運動を説明し、いままで軍事訓練をしたビルマ独立志士がビルマ領内で果たすであろう大きな効果を強調した。

機関長はビルマ独立義勇軍（Burma Independence Army：B.I.A）を編成して独自の作戦を展開する構想を明らかにした。独立問題にはふれず、機関長はビルマ独立義勇軍はビルマ領内に入ってから徴兵、徴税、徴発をしながら進むことを主張した。

しかし軍は住民に負担をかけるから、徴兵も徴発もまずいと反対した。これに対し機関長はビルマ義勇軍がいったんビルマ領内に入れば、徴兵をせずとも義勇軍はどしどし増えるであろうと主張、徴兵をするなということはビルマ独立義勇軍の存立にもとると反駁したため、やむなく軍はこれに同調した。

それでも軍は徴発に対し強硬で、軍票をやるから勝手に徴発してもらっては困るという。そこで機関長は、ビルマ独立義勇軍は、軍の後方を行くのではなく、日本軍の前方を行動するのであるから、軍票は使用できない。ビルマ独立義勇軍は軍の補給を受けずに、自給自足しながら進撃するのであるから、現地通貨を用いて独自の徴発があってしかるべきだと主張すると、それでは現地通貨を集められるだけ集めて与えるという。しかし、機関長はそれは不可能であることを知っていた。

なぜなら南機関ですでに半年以上かかってバンコックはむろん上海まで手をのばしてやっと集めたのが、タイの通貨一万五千バーツ、ビルマの通貨、印度ルピー五千ルピーほどで、もうどう手を打っても、これ以上現地通貨を大量に入手できないことを知っていたからだ。機関長は、もし集められなかったら徴税もやむをえないだろうといった。もちろん軍は現地通貨を集めることはできなかった。こうしてビルマ独立義勇軍は独自に徴兵、徴税、徴発しながら進撃することになったのである」

さらに、鈴木機関長は、寺倉参謀と協議した結果、第十五軍主力と同じ経路をビルマ独立義勇軍（以下、ＢＩＡと略称）の主力が進んでいくことも決まり、「ＢＩＡを日本軍の前衛か尖兵に入れることを要求し、原則的な了解をとった」のである。

義勇兵の募集

鈴木機関長は十七日に、ＢＩＡの本部をバンコック市内に設けるために、第十五軍の了解のもとに、英人の経営するボルネオ・カンパニーを接収して移転を完了した。

鈴木機関長は二十日に、南機関がそれまでに調査した泰緬国境の資料と地図を提供するとともに、泉谷中尉と台湾のビルマ人志士たちを迎えるため、野田大尉とサイゴンに向かった。

二十三日夜、泉谷中尉一行の無事到着を見届けると、ただちにバンコクに引き返して、二十五日に到着すると、翌日からＢＩＡの募兵を命じた。

北部タイのバイリン地区（ビルマ人五千人の集団居住地域）でのＢＩＡの募兵に三〇〇名近くの応募者が集まってきた。鈴木大佐は、この中から約二〇〇名を選抜して、後述の入隊式と新兵の宣誓式を行うのである。

「同時にバンコックに在住していた大川塾（大川周明の影響を受け南方開拓をめざしたグループ）や当時泰国政府に日本製武器を供給していた昭和通商の有志や、また外務省の給費生で泰国に留学していた奥田、星野、本間、麻田、富永などの若い人たちがＢＩＡに参加した」

このとき、ＢＩＡに参加した元ビルマ独立義勇軍陸軍大尉の奥田元重氏（元南星商事社長）は回想録で、そのときの経緯について、次のように述懐している。

「昭和十六年十二月八日、大東亜戦争勃発の日、私は外務省の費用でタイ国バンコクのクラタナ・ロングリアン・ウィティアライという英国系の学校に留学中で、語学の研修と東南アジア諸地域の政治経済事情の研究にあたっていた。

年齢十八歳と九カ月、思えば純真無垢そのもの。日本国の発展とアジア諸民族の解放独立と興隆のためには、いつでも身命を挺して自らその礎石になろうという多感有情の青年であった。

（中略）

昭和十六年十二月七日、大東亜戦争勃発前夜、大使館情報部より電話で緊急集合命令を受け、バンコクの学舎を秘かにぬけでた。何事が起こるのか内容は不明であったが、何か来るべき時が来たような気がして、胸騒ぎがした。

年が明けた一月五日、私は大使館の指示を受け、バンコク・サートン路の南機関本部に出向いて、南機関長鈴木敬司大佐（ビルマ独立義勇軍においてはボモジョ司令官とよばれていた）に着任を申告、同日付をもってビルマ独立義勇軍陸軍大尉に任じられ、M兵団（主力）司令部付を命じられた。（中略）

ビルマ本土進入後、兵力数万の大部隊を編成して、独自の作戦行動を展開しようとしたビルマ独立義勇軍は、出陣を目前に控えて、なお、幹部要員が不足したので、当時外務省情報部の指揮下にあった私たち数名に対し、大使館を通じて参加要請があったのである。私は二つ返事で檄《げき》に応じ、ビルマ軍の将校となったのである」

BIAの誕生

一方、前出のボ・ミンガウンは回想録で、このBIAの誕生の経緯について、次のように述懐している。

『ボ・テーザ（アウンサンの軍人名。テーザは熱あるいは炎の意。この時期には全員軍人らしい名前をつけた）率いるボ・レッヤー、ボ・ソオナウン、それに私（ボ・ミンガウン）の一行は、会議のはじまる予定の時刻までに、バンコク市内のビルマ人歯科医ウー・ルンペイの家に到着した。（中略）

ボ・テーザの来ることは、前もって伝えてあったから、ビルマ独立義勇軍に関心を持っているタイ・ビルマ混血の青年たちや、タイ在住のビルマ人たちによびかけが行き、そうした人たちが大勢集まって来ていた。（中略）

私たち一行が、ウー・ルンペイ宅の客間に入ると、会議のために集まっていた二〇〇人もの人たちがいっせいに、「ドバマ（われらがビルマの意）、ドバマ……」と歓声をあげて歓迎してくれた。

アウンサンが立ちあがって、他の四人の同志と「三十人志士」について紹介すると、「議長役のウー・ルンペイが、会議の目的について話をするようボ・テーザに要請した」

アウンサンは、拍手が静まるのを待ってから「イギリスのビルマ占領と併合について述べ、その支配形態、今日に至るまでビルマ諸民族が抑え込まれている状況、さらに今までの抵抗の歴史について」諄々《じゅんじゅん》と説いたあと、

「今までの反英独立闘争がことごとく失敗し、抑え込まれてきたのは、われわれの側に近代的な軍事技術や武器がなく、援助してくれる国や勢力もなかったからであります。だからこそ、

あふれんばかりの勇気を持ってたたかった私たちの先輩たちも、一敗地にまみれるよりほかなかったのであります。(中略)

今や、私たちはかつての足りなかった部分を見事に克服しました。軍事的な技術についてはかなりのところまで習熟しました。近代的な兵器も手に入れましたし、日本政府の援助を受けることができましたから、陽の沈まぬ帝国とみずからを誇るイギリス植民地政府に、これからたたかいを挑みます。

そのたたかいをめざして、いま私たちはビルマ独立のための軍隊を結成するべくこうして会議を開いているのです。さあ、みなさん。祖国独立のために命を捧げる、この崇高なたたかいに加わろうではありませんか」

と演説した。この問いかけに対して、「たたかうぞ!」「軍隊に入るぞ!」という叫び声が会場を埋めつくし、タイ・ビルマ混血の青年たちや七十人以上の人々が志願者として名前を登録した。

アウンサンは、志願者たちに「われわれもアラウンパヤー王(ビルマ最後の王朝コンバウ朝の創始者)の故事にならって、おたがいの腕の血をすすりあって、祖国のために命を捧げる決意を示そうではありませんか?」と呼びかけた。

ウー・ルンペイが銀の大杯と入れ墨用の針を持ってくると、「まずボ・テーザが腕に針を刺して血をすり出した」

続いて、ウー・ルンペイ、ボ・レッヤー、ボ・ミンガン、ボ・ソオナウンの血が、杯に注がれた後、志願者の面々も順番に腕に針を刺して、血を杯に注いだ。

アウンサンが杯を掲げて、「今日ただいまより、われわれは身命をなげうって、おそれずまた退かず、祖国独立のたたかいに加わることを誓う」と、おごそかに宣言を行った。

「一九四一年十二月二十七日土曜日、ビルマ独立義勇軍は、この血盟の儀式によって誕生したのであった」』


この儀式の後、「台湾からのビルマ独立志士たちの到着を待って、二十八日、中華総商会庁舎において南方企業調査会の仮面はとられ、ビルマ独立義勇軍結成の宣誓式が行われた」

この宣誓式に不参加だった者は、「先にビルマに潜入したツンキン、ラモンと、台北で客死したタンズィンの三名だけで」あった。残りの者は、「先に泰緬国境で潜入に失敗しカンチャナブリで投獄されていた志士ラペ、バジャンも」含めて全員が参加した。

この二十七名の独立志士たちと二〇〇名余りのビルマ人志願兵たちは、前述したように『彼らの古い伝統的な儀式にのっとって「腕の血をすすって」ビルマ独立のための忠誠を誓い、互いに同志となる宣誓』を行ったのである。

泉谷大尉は回想録で、このＢＩＡの誕生について、次のように述懐している。

『現在のビルマ国防軍の歴史は、このビルマ独立義勇軍誕生の日に始まるのである。

このＢＩＡは、もとから南機関にいた将校、下士官、軍属に加えて、戦争開始以来にわかに配属された軍属など、総勢七十四名の日本人が参加した。ＢＩＡにはＢＩＡ独自の階級序列を布いた。

司令官の鈴木大佐は大将となり、南大将、ビルマ名「ボーモージョー」と名のった。これにはちょっとしたいわれがある。

鈴木機関長は南機関がまだ発足する以前、オンサンと一緒に東京駿河台の駿河台荘にいた頃、将来ビルマで活動するときビルマ名を必要とするが、そのときには「雷将軍」という意味の名前にしたいと思うが、これをビルマ語で何というかとオンサンに聞いたことがあった。彼はその時「ボーモージョー」と答えたので機関長は時がきたならばそう名のろうときめていた。

この「ボーモージョー」がたまたまビルマの伝説の英雄の名前と同じだったことは、ビルマ進入後はじめてわかった。ボーモージョーは東方より白い馬に乗ってやってきて、ビルマ民衆を救うという伝説が伝わっているのである』

ここで、泉谷大尉の説明を補足しておこう。

元来、「ビルマには一つの民間伝承があった。それはイギリスに亡ぼされたアラウンパヤー王朝最後の王子が、いつかはボ・モジョ（雷帝）と名のって、白馬にまたがり、太陽を背に、東方からやってきて、ビルマを救出し解放する――ボ・モジョの稲妻の進撃に英軍はビルマの領域から追放される――という伝承である」

これを聞いた鈴木大佐は、後に自らをボ・モジョと名のり、「純白のロンジーをまとい、白馬にまたがってビルマ民衆の前に」登場するのである。

二十七名、志願兵二〇〇名余りから編制され、一個中隊にも満たなかったが、もし、いったんビルマ領にBIAが進撃すれば、ボ・モジョに扮した鈴木大佐の効果もあって応募してくるビルマ人が増大してくるだろうという予測の下に、次のような独自の階級と部隊編制が行われたのである。

BIA司令部（軍司令官ボ・モジョ（鈴木）大将、参謀長村上（野田）少将、高級参謀面田（タキン・アウンサン）少将など）、モールメン兵団（兵団長高橋八郎大佐）、タボイ兵団（兵団長川島威伸中将）、水上支隊（支隊長平山季信大佐）、メルギー支隊（支隊長徳永正夫中佐）、田中謀略班（班長田中大佐）、ビルマ領内撹乱指導班（班長タキン・シュモン（ネ・ウィン）中佐）。

ＢＩＡの作戦開始

先述したように、鈴木機関長との協議の結果、南方軍が考えたビルマ作戦は、当初援蒋ルート（ビルマ・ルート）を遮断することを目的とし、『かつ、ビルマの独立を支援し、ひいては、インドの独立を誘発することであった。

したがって、ビルマの首都ラングーン（一九八九年にヤンゴンに改称）付近一帯の南部ビルマの要域を占領すれば、第一段の作戦目的である援蒋ルートの遮断は達成できるし、その後、北部ビルマの問題は、南機関の活発な工作活動により、反英運動からビルマの独立へと発展させ、軍はこれを強力に支援すればよいとした。

南方軍のこの考え方は、その後十二月下旬の服部大佐と腹蔵のない談合や、一月二十二日の大陸命第五九〇号による「ビルマ作戦要領」の示達により、急速に全ビルマ要域の武力攻略にまで発展するのである』が、鈴木機関長がビルマ工作計画を「策定したころは、南方軍でも、いまだビルマの処理は謀略工作に期待するところが大きく、南機関の活躍によるビルマ独立への発展に少なからず望みを託していた時期であった」

こうして、ＢＩＡの宣誓式が終わると、三十日に鈴木機関長は各指揮官を集め、「状況ハ頗ル可ナリ。指導者ノ資格モ十分ナリ。今ヤ緬甸独立ノ絶好ノ機ハ至レリ。奮起セヨ、敵ハ弱シ」と訓示した。

アウンサンもまた、「日本人ハ戦闘ニ当タリテハ真先ニ立ツテ討死スル。我等之ニ遅レル可ナラズ。遅レバ吾等ノ恥ナリ」と、水上支隊とともに三十一日に、バンコクを出発するヤンナイン、ボミンゴンらビルマ独立義勇軍の将兵を激励した。

第十五軍の主力（第五十五師団と第三十三師団）が、タイからビルマに本格的に進攻するのは、翌年一月二十日以降からであるが、先に最南端の飛行場ビクトリア・ポイントを占領した第十五軍の宇野支隊が南方の島々を攻撃して陽動している間に、沖支隊は一月十八日に、タイ領のカンチャナブリから、秘かに東インドシナ山脈を越え、ビルマ南部のタボイを攻撃して、十九日に占領した。

このように、南からモールメンに攻め上がるように見せかけ、主力は英印軍が予想もしなかった東インドシナ山脈を越え、一挙にモールメンを占領し、次いでラングーンを攻略する作戦に出たのである。

ビルマ独立義勇軍の水上支隊は前年十二月三十一日に、宇野支隊を追ってビクトリア・ポイントに向かったが、既に飛行場は占領されていたため、ただちに現地で宣撫工作と義勇兵の募集を開始した。さらに水上支隊は、宇野支隊とともに船を使って、メルグイに上陸し、ビルマ臨時独立政府を樹立した。

一方、タボイ兵団も一月四日から、沖支隊を援助するために住民の宣撫、敵情偵察などを行いながら、民衆蜂起やゲリラ活動と一体となって、警察署や刑務所を襲い、英印軍の補給路を遮断し、タボイを十九日に占領するのである。

そして、ただちに義勇兵の募集を行い、ビルマ臨時独立政府よりもいち早く、タボイ臨時政府を樹立した。またタボイ市内で、ビルマ独立運動の中心人物タキン・ミヤを救出し、飛行機でバンコックの鈴木機関長のもとへ送った。

一方、第五十五師団は、タボイが占領された翌日に、英印軍の意表を突くため、タイ国境のメソート付近から、険しい山岳を縫ってビルマ領に入り、二十二日にコーカレーという街を占領した。

第十五軍司令官の飯田中将が一六〇〇万人のビルマ民衆に呼びかけ、「日本軍のビルマ進軍の目的は、イギリスからビルマを解放してその独立を支援するためである」と布告すると、ただちに、それはビルマ語とインド語に翻訳され、ラジオでも放送された。

「この飯田中将の布告は、その前日、東條首相が、帝国議会でビルマに対してもフィリピン同様独立を与えることを考慮するむねを発言したのを受けたものだった」のである。

さらに昭和十七年二月十五日に、シンガポール陥落を機に、翌十六日に東條首相は再度、貴衆両院本会議において、「ビルマ民衆にして、すでにその無力を暴露せる英国の現状を正視し、その多年の桎梏《しっこく》より離脱して我に協力し来るにおいては、帝国は欣然として、ビルマ民衆の多年にわたる宿望、すなわち、ビルマ人のビルマ建設に対し、積極的協力を与えんとするものであると」演説するのである。

泉谷大尉は回想録で、日本軍が進軍する姿を見たビルマ各地の村々の間では、次のように「ドウヴァマー（われわれのビルマ）」の歓声が起こったと述懐している。

「右手の拳をあげる者、左手をあげる者、帽子を振る者、ビルマ刀を振りかざす者、ドウヴァマーの叫びは村中に響いた。私はビルマ人の初めての歓迎にまったく感激し、涙がとめどもなく流れ出るのを止めることはできなかった。

バンコックを出発した時、川島兵団はわずか十数名に過ぎなかった。しかし、いまやすでに一千名近いB・I・Aが輸送隊となって国境を往来している。そしてこの熱狂的な歓迎。三亜訓練所での夢物語のような計画が、一つ一つ実現されてゆく。私はこの素朴な民衆の心に報いなければならないと強く思った」

前述した開戦前の昭和十六年二月十四日に下った「作戦命令第一号」によって、アウンサンがラングーンに潜入し、地下組織のリーダーたちと会合した後、「タキン・ミヤ、タキン・コドマインを中心とする地下組織は、次々と地下組織の有力メンバーを海南島に送る一方、同時にオンサンたちが六カ月後に武力蜂起のため再びビルマに帰ってくるときを目標に、ビルマの主要な各地に地下組織の支部を確立するために活発な活動を開始した。

だから戦争の始まる頃までには全ビルマの各地方に少なくとも地下組織の最小単位が組織されていたのである。各地下組織はそれぞれより多くの人員の獲得や、独立意識の宣伝、費用の調達、デモやゲリラの訓練などをひそかにつづけていた。（中略）

こうした早くからビルマにおける地下組織の活動があったからこそ、日本軍の進攻と同時に日本軍に示したビルマ民衆の反応が非常に協力的であったのである。

ビルマ民衆は開戦当時、いたるところで積極的に日本軍を歓迎した。その例はあまりにも多すぎるくらい」であった。

また第十五軍の主力とともに、泰緬国境の突破を経験したある従軍記者は、積極的に日本軍を歓迎したビルマ民衆の様子を次のように伝えている。

「疲労はしていたが、士気は決して阻喪していなかった。機動作戦の妙を発揮し、部隊は一匹の巨大なむかでのように幾つかのジャングルを抜け、幾つかの広野を横切って、モールメン、モールメンへと切迫して行った。

そうした難行軍のうちにあって、ぼくたちを慰め勇気づけてくれたのはビルマの住民たちであった。通過したのはすべてジャングル内の寒村僻地の小部落であったが、部落に入ると住民たちはぼくたちを喜び迎えて、椰子の実をくれたり、茶色の板砂糖を差し出したり、また、湯茶の接待をしたりした。

むろん彼らにとっては初めてみる日本軍で、その目的も分からず不気味にちがいなかったであろうが、やはり同じアジア民族としての血の共感は争われず、どこかに親しみが感ぜられる模様であった。

そして、『われわれは日本軍でこれから英軍をやっつけに行くところだ』ということを手ぶり身ぶりで知らせると、彼らは文字どおり欣喜雀躍し、道案内を申し出る者も多数あった」

さらに、泉谷大尉は回想録で、〝The Roots of Revolution〟にも、次のようなことが記されていると述べている。

「タヴォイの住民はB・I・Aを自由の軍隊として歓迎し、日本の軍隊を独立の志士であり、救世軍として親しみをもって迎えた。人民政府は全力をあげてB・I・Aと日本軍に、軍資金、食糧、労力、必需品を供給した。

日本人はB・I・Aの志願兵が物凄い勢いで集まるのですっかり驚いてしまった。地下独立組織がこれほどまでに能率よく組織化されているとは、決して予想もしなかった。実際、これは後になってのことであるが、日本軍はどの町も村もB・I・Aによって組織化されているのをみて、かえって困った事態だと考えたほどである」

こうして、日本軍がタボイを占領すると、翌日から、泉谷大尉は、さっそく応募した青少年の訓練を次のように始めたと述べている。

「ガバメント・ハイスクールの校庭が練兵所になっている。練兵所に行くと、広場いっぱいに相当数の志願兵がいる。三、四百人はいただろうか。服装はまちまちの若者たちが、あちらに一団、こちらに一団となって、行進や銃の操作をしていた。

志願兵の年齢はやはり二十歳前後が一番多い。兄弟で志願しているものもあるという。十二歳という少年もいた。B・I・Aはビルマにやってきたばかりである。一人でも同志が欲しい。一人でも多くの若者が銃を執って英軍と闘い、ビルマの国土から追い払うことが必要なのだ。

だから志願兵には何らの条件を設けなかった。銃を執って闘いたいという者は皆B・I・Aに入れた。志願兵はB・I・Aのタヴォイ攻略を聞いて後をたたず、タヴォイ地区で一カ月たらずの間に約二千名の志願者が集まったのである。これは人口の割合からいっても驚異的なことであった。

戦線は一日一日とラングーンの方に移ってゆく。火急の場合だ。とにかく銃の扱いができればよい。一週間以内で即製の兵隊をつくりあげることである。訓練はなかなかきびしい。訓練はもっぱらビルマ志士のラペ・バジャンの二人が指揮権を執っている。

私は補佐役でもっぱら後見人であったが、自分たちでやらなければならないという自覚と気概があふれているので安心して任せられる。志願してきただけに若者たちの士気はすこぶる高い。特に銃の訓練には皆熱心だ。イギリス統治下で、ビルマ人は兵器を手に持つことを厳禁されていた。

そのため、初めて銃を交付されると、その感激は想像を絶するものがあったようだ。彼らは嬉しそうに銃を愛撫する。いままで軍事訓練をまったく受けたことのない若者たちであるので、銃の操作とともに、集団訓練を初めから教え込まねばならない」

二月六日、前述の川島兵団長は、タボイの安定と泉谷中尉（当時）の到着により、後方の憂いがなくなるのを見届けると、「ラペ、バジャン両大佐を率い、訓練を終わったB・I・A二百名を率いてモールメンに向かった」のである。

モールメン事件

泉谷中尉も、タボイで訓練を終えたBIAの青年たちを率いて、モールメンに到着すると、市街は予想以上に静寂で活気が見られなかった。タボイと同様に、臨時政府が組織され、活発に活動しているものと思っていたが、その期待は裏切られた。

不審に思った泉谷中尉が機関連絡所を探し出して内部に入ると、塔本中佐と椎名少佐と数名のビルマ工作員だけで、他のビルマ人はおらず、閑散としていた。

塔本中佐によれば、「モールメン市は一月三十日に陥落したのだが、ビルマ進攻前、ラーへンでビルマ独立義勇軍主力の協力を拒んだ五十五年師団の司令部は、B・I・Aと、その背後にある南機関を警戒して、その政治活動を封じたばかりでなく、モールメン地区のタキン党幹部たちも敬遠した。そしてB・I・Aの募兵にも掣肘した」のである。

先発の川島兵団長も同様に、司令部に独立政権の樹立を阻まれたことから、ラングーン入城とともに、独立政権の樹立の実現を図ってBIAの主力に合流すべく北上を続けていた。

泉谷中尉は、タボイを出発して、モールメン市南方三〇キロのムドンに集結しているBIAに合流すべく、モールメンを出発した。

「このモールメン事件は、ビルマ独立志士たちに強い失望を与えた。彼らはモールメンにビルマ人による独自の人民政府を樹立することが不可能なことを知ると、日本軍に対して不信の念を持ちはじめた。

彼は軍が南機関と別のものであることを初めて思い知った。そして彼らは軍によって独立の日が遠のくというおそれをひそかにいだきはじめたのである」

先述した〝The Roots of Revolution〟も、このモールメン事件について、次のようにかなり重く見て書いている。

「モールメンにおけるビルマ人民政府の樹立は、五十五師団によって体裁よく拒絶された。日本軍はビルマ領内に入ればただちにビルマの独立を宣言すると、ビルマ民衆にまいた宣伝文にもうたっていたではないか。ついでにいえば一月二十一日、東條首相は帝国議会で、『今後、フィリピン、ビルマの民衆が日本の意図を真に理解し、日本に協力を惜しまなければ、日本は喜んで独立の栄誉を得さしめる』という趣旨の演説を行った。

ビルマ人が宣伝文にある独立はいつなのかと、五十五師団司令部に詰問すると、彼らはラングーン占領まで待て、いまはその時ではないと答えるのみであった」

では、日本軍は、なぜモールメンでビルマ人の臨時政府を認めなかったのだろうか。このとき、既に大本営や南方軍では「イギリスに対する西の守りであるビルマの戦略的な重要性と、その豊かな資源に着目し、単に当初の目的であるビルマ・ロードの封鎖にとどまらず、日本軍の手でビルマ全土を占領・統治するプラン」が具体化しつつあったからである。

ラングーン攻略

三十一日に、モールメンを占領した第五十五師団は二月二十日に、英印軍を追撃しながらシッタン河畔に到着した。第三十三師団も第五十五師団を追尾しながら、シッタン河畔に進出してきた。

全長約四〇〇キロほどのシッタン河は、英印軍にとって、ラングーンの最後の守りであった。「これを突破されればラングーンまであと七、八十キロをのこすのみである」ことから、日本軍は、英印軍が当然頑強に渡河作戦を妨害してくるであろうと予測し、慎重に渡河作戦を開始した。

「第三十三師団の作戦はシッタン渡河後、真直ぐに北東よりラングーンをつく。第五十五師団は渡河後ただちにマンダレー街道を遮断し、古都ペグー市をおさえて、北方よりラングーンをつくという日本軍得意の包囲作戦をとろうとしていた」

シッタン河畔に到着したＢＩＡ主力は川島兵団とともに、三月二日に渡河した第五十五師団よりも早く、二十六日にはシッタン河を難なく渡河してしまった。「十分な情報とビルマ人の全面的な協力があれば、なんらの障害もない。まだ第五十五師団の一兵もシッタン河を渡っていない時であった」

第三十三師団は八日に、ラングーンに突撃したが、前日にマンダレー街道の退路を断たれた英印軍は戦わずにラングーンを放棄し、プロム街道を撤退したことから、翌日に無血でラングーンを占領した。

この背景には五日夜、ＢＩＡによって、ラングーンに撒布された「日本軍数千名とビルマ義勇軍約二千がデルタ地帯に敵前上陸、ラングーンを攻撃すべく準備中」のデマが英印軍に対して、撤退を余儀なくさせるほどの心理的なダメージを与えたからである。

泉谷中尉は十一日早朝に、ラングーン市内に入ったが、約二千名のＢＩＡを率いた川島兵団がラングーン攻略の第一線に立って奮戦し、九日にラングーンに入城していた。

一方、泉谷中尉は「休むひまなくＢ・Ｉ・Ａ主力を迎える準備に忙殺されていた。鈴木機関長が到着すれば司令部をはじめ、およそ五千名の大部隊を収容する宿舎を確保せねばならない。そのうえ各地の義勇軍がラングーンに続々到着していた。またラングーン市内でも多くの青年たちが義勇軍に争って志願している。その受け入れも重要だった」からである。

十二日から十三日にかけて、腕に孔雀のマークをつけたＢＩＡは、続々とラングーン市内に入城して来た。誕生した当初わずか三〇〇名余りに過ぎなかったＢＩＡの「総数は実に一万二千名を数え、ビルマ義勇兵はラングーン市内に満ちあふれた」

英軍が撤退した後のラングーン市内は、「送電も給水も途絶えて死の街と化し、人影はなかった」が、ボ・モジョ「きたるのニュースが伝わると、市民は続々とラングーンに帰って来た。それは、まさに救世主の出現であり、一時的ではあったが、ビルマの前途に光明がさすかに見えた」のである。

軍司令部との対立

ボ・モジョ軍司令官は、ラングーンに入城した後、「義勇軍の各部隊に孔雀のマークをあしらった軍旗〈東京にて製作〉を授与した。日本軍とは関係のない独立ビルマ軍の象徴であった」

そして、旧総督官邸をBIAの本部にしようとしたが、第十五軍司令部は、以前から旧総督邸を軍政監部の事務所とし、また那須参謀副長を軍政部長に、中田大佐を総務部長にすることを決定していたことから、ボ・モジョ軍司令官の案を退けた。

さらに軍司令部は「ラングーン入城後も、ビルマ人にただちに独立を与えようとはせず、まず軍政をもって臨む方針を堅持していた」

この背景には前述のモールメン事件以前から南方軍総司令部や第十五軍内部に独立政権の樹立を時期尚早と考える者があったからである。

ボ・モジョ軍司令官は、バンコックを出発する前の一月初めに、第十五軍に対して、「ビルマ」侵入作戦に呼応して、「ビルマ」内全般にわたり騒乱を激発させ、敵の作戦指導を不可能にし、「ビルマ人」を全面的に協力させるビルマ工作計画を提出したが、その計画には次のような重大な問題が含まれていたのである。

一　テナセリウム地域を占領すればその他に臨時政府を樹立すること。

二　わが勢力範囲に入った地域の行政は南機関の主宰する軍政によりこれを行うこと。
三　満十五歳以上三十五歳未満の男子に徴兵または公役服務の義務を課すこと。
四　独立運動に必要な経費調達のため一般住民に納税の義務を課すこと。
五　ビルマ国有財産および国営事業はビルマ独立軍が継承すること。
六　ラングーンを占領すれば独立政権を樹立させること。

ボ・モジョ軍司令官は、このビルマ工作計画と「シンガポール攻略に際し、東條首相の行った議会演説の趣旨に基づき、すみやかにビルマを独立させ、日本は全面的にこれを援助すべきであるとしたのに反し、軍側は、三月八日南方軍から示された軍政施行要領により、過早の独立を避け、さしあたり軍政をしき、この間おもむろに独立準備を実施すべきであると反論してゆずらず」、結局は南方軍の指示によって、ボ・モジョ軍司令官の意見は退けられたのである。

泉谷大尉は回想録で、ボ・モジョ軍司令官と軍司令部の意見対立について、次のように述懐している。

『第十五軍はラングーン入城後も、ビルマ人にただちに独立を与えようとはせず、まず軍政をもって臨む方針を堅持していた。モールメン事件は再びラングーンで決定的に再現されようとしていたわけである。この辺から軍司令部と南機関は微妙な関係になってきたのである。鈴木

機関長は那須軍政部長と会った。（中略）

那須軍政部長ははじめから、「独立にふれてくれるな」の一点張りで、「ビルマ人に独立を約束するがごとき印象を与える言葉を使ってもらっては困る」と独立問題をうんぬんすることを封じようとした。

そして「独立させなかったら、ビルマと日本は戦争になるか」をしきりに聞きたがった。鈴木機関長は「それはなるだろう。ビルマ独立運動の根強さからすれば、ビルマは独立するぞ」というと、那須軍政部長は、「無責任なことをいうな。貴様はそれでも日本人か、ビルマの作戦で散った英霊に対して申し訳ないと思わんか」といった。これではとても問題にならない。むしろ機関長は「英霊はビルマを軍事占領することを目的として倒れたとは決して思わん。むしろビルマ人の協力によって最小の犠牲で済んだのでないか」ということで、その議論には、はじめから共通の場がなかった』

実は、既に南方軍は『「たとえ新政権は認めるにしても、その政権は日本の意図を忠実に実行するものでなければならない」「新政権は占領軍司令官が占領する」といった方針（「ビルマ」ニ関スル謀略実施等ニ関スル件）を二月六日に第十五軍に示し、その実行を促し』、『さらに、二月二十五日に南方軍司令部が出した「ビルマ作戦一般兵站計画」には、占領地における現地資源の獲得とその利用の徹底を強調し、ビルマにも軍政を布くことが明言』されていたのである。

以上の南方軍の指示は、鈴木大佐の見解とは雲泥の差があったが、「南方軍の前記示達が出されたころ、鈴木大佐以下義勇軍幹部は、すでにビルマ領内に進撃をはじめており、したがって南方軍の前記示達を伝える暇がなかった」のである。

前出の奥田元重大尉も回想録で、アウンサンの日本に対する憤懣について、次のように述懐している。

『私がクゼイで主力部隊に追いつき、司令官宿舎に出向いたとき、憤然として玄関を出て来たオンサン少将に会った。

オンサン少将は「日本軍は怪しからん」とはなはだ不機嫌だった。（中略）日本に対する憤懣を私にぶつけてきた。

「ムドンにいるボ・レヤ大佐（日本名・谷）からの報告によれば、タボイ兵団のモールメン進出にともない、かねてより、ボ・レヤ大佐は地方自治を目的とする臨時政権を樹立しようとしたが、同地にはすでに日本軍による占領行政が施行されていて、義勇軍による計画実施は阻止された。ビルマ独立義勇軍が日本政府・大本営より取りつけた約束は、まったく反故にされた。ビルマ第三の都市モールメンに臨時政府を樹立すれば、内外に対してビルマ独立の宣言を布告して、多年の宿願達成への第一歩を踏み出し得るものと期待していたが、根本より裏切られた」（中略）

私は即座に「日本軍に領土的野心はまったくない。ただ、戦闘に勝利を収めることを第一義とする作戦行動の間は、後背占領地の安定は必要である。日本軍が最小限度の軍政を施行するのも、英軍を撃破駆逐して目的を達成するまでの、過渡的措置と考える。

いまこそ、ビルマ独立義勇軍は日本軍に先じて首都ラングーン、マンダレー、トングー、ペグー等の主要都市を率先して、軍政を実施し、各所で既成事実を作ることが肝要と思う。ボモジョウ大将のいわれるところも私と同じと思う」と答えた。

興奮冷めやらず、話し合うこと二十分、オンサン少将等ビルマ人幹部の胸中に、対日不信の芽生えつつあることを憂い、憂鬱な気分で、少将と別れた』

BIA観兵式典の決行

南機関とアウンサン以下は、ビルマに進攻すれば、構想は全て予定通りに進行するものと思っていたが、ボ・モジョ軍司令官の独断専行は、逆に裏目となり、こうしてビルマ独立の悲願は、早急には達成できないことになったのである。

ところで、ボ・モジョ軍司令官には「かねがねラングーンに入ったらぜひともやりたいと思っていることが三つあった。その第一は独立宣言であり、他は慰霊祭と観兵式であった。後続の義勇軍もラングーン市内に入城し、集結を終わったので三月二十五日、ラングーン駅前の蹴球競技場でビルマ独立義勇軍観兵式典を行った」のである。

何も事情を知らないラングーン市民や観兵式典に参加した四五〇〇人の義勇兵にとって、この華々しい式典は感動的なものであった。それは、まさしく彼らが百年間待ち焦がれた自分たちの軍隊であったが、「閲兵する機関長や部隊の指揮に任じたビルマ志士たちの心境は、複雑なものがあったにちがいない」

だが、このときは既に、南機関員として民間から参加した軍属の人たち全員が、南機関に見切りをつけて去ってしまった後であった。

『義勇軍の入城式直後、ラングーンに武藤軍務局長が訪れた。鈴木機関長はさっそく面会してビルマの独立に関する大本営の意向を聞いた。武藤軍務局長は、大本営ではすでに占領地戦後処理要綱にのっとって軍政を布く方針であるという。

満州国で独立後必要軍需品の調達がうまくいかなかったこと、作戦基地の使用が非常に窮屈で作戦行動の自由がきかなかったことなどいろいろな問題が起こったことがあった。

その経緯にこりて作られたのが占領地処理《ママ》要綱で軍政を布き、軍は作戦行動の自由を確保しようとしたのである。鈴木機関長は、これだけビルマ民衆とビルマ独立義勇軍が日本軍に協力しているのも、日本軍がビルマの独立を約束していたからだ。

ビルマ民衆は本当に独立を待ち望んでいる。軍政を布かずにビルマ人の望む独立を宣言させ、その独立を日本が認めて支援すれば、物資の調達も作戦基地の使用も、作戦の行動の自由も、すべて十分に協力させることができる。その責任はとると反ばくした。

しかし機関長の意見は容れられなかった。武藤局長はなお軍政に協力せよという。機関長は「それはできない。いま彼らが独立できないような状態に追い込めば、必ず日本を見放して叛乱が起こる」とゆずらず、議論は堂々めぐりをしてついに物別れとなった』のである。

こうした中で、「第十五軍はすでに三月十一日より北伐と称した第二期の作戦を準備していた」「なぜなら英印軍との本格的な戦争はこれからであった」からである。

「ラングーンを撤退した英印軍一万二千と五万の重慶軍は、ラングーンより約三百キロ北方のトングー〜プロム間に抵抗線を布き、日本軍に反撃を加えようとしていた。

ラングーン陥落は緒戦にすぎない。軍は英印軍と重慶軍を壊滅し、ビルマ全土を制圧しなければならなかった」のである。

独立宣言の延期

「鈴木大佐が最も恐れたのは、タキンミヤ、オンサン等のタキン党幹部の間に芽生えつつある対日不信感であった。鈴木大佐を通じて積重ねられ来た日本への信頼感が、崩れかけて居り、大佐に対する不満は募るばかりであった。大佐は窮地に立たされた」

大佐は、軍人にとって命令は絶対である以上、第十五軍は占領地処理要綱による軍政を施行する以外になく、「ビルマ独立は高度な政治問題であるがゆえに中央でなければ解決がつかぬものである」と考えて、三月末のある日、アウンサン以下のＢＩＡ幹部たちを自分の部屋に集めて、彼らの意見を聞くことにした。

泉谷大尉は回想録で、このときのやり取りについて、次のように述懐している。

『機関長は開口一番、「おまえたちはいつ独立するのか」と聞いた。オンサンはじめ一同は、意表をつかれた質問にポカンとした表情をしていた。

機関長は、「おれがビルマ人であったら、日本軍と闘っても止むを得ないと思う。おまえたちはどうするか」とつづけていった。誰もなにもいわない。

「しかし、おれは日本人だ。こうはいうもののおれが先頭に立って日本軍と闘うわけにはいかん。おまえたちが独立のためにどうしても日本軍と闘うというならば遠慮はいらぬ。まずおれを殺してから闘え」

オンサンたちは鈴木大佐の顔をみつめ、お互いに顔を見合せて低い声で話し合っていたが、

「北伐に参加する」と答えて引き揚げていった。ビルマ独立義勇軍の幹部たちはラングーン入城とともにビルマ独立宣言を暗に引っ込め、独立問題は北伐後にもち越される形となった』

前出のボ・ミンガウンも回想録で、このときのやり取りについて、次のように述懐している。

『ボ・モジョウの誠意と、これまでのビルマ独立への数々の貢献を知っているアウンサンは、問いかけられてもなかなか口を開こうとはしなかった。

「そうか、話したくないというならそれでもいい。しかし、もしおれがお前の立場だったら、手に入りかけた独立を絶対に逃がしはせんぞ。独立はどうすれば獲得できるか、歴史を見ればはっきりしている。独立は他人がくれるものじゃないんだ。自分で勝ち取らなければならない。だから、ビルマ人が独立を勝ちるために反乱を起こすと言ったって、なにも不思議じゃない。それは、まったく当然のことなんだから」

　黙って聞いているアウンサンにボ・モジョウはさらに話をつづけた。

「おれに遠慮したがために、するべきこともやらなかったなんてことのないようにしろ。おれが日本軍に銃を向けると、国家への反逆になってしまうからそれはできない。そういうおれのいることが、お前たちの祖国独立にとって邪魔だというなら……さあ、この軍刀でまずおれを殺せ。それから独立のたたかいをやれ……」

　ボ・モジョウの話を聞くアウンサンの心は痛んだ。これまで同じ釜の飯を食べ、ともに働いてきたボ・モジョウの気持ちについては、すみからすみまで理解している。アウンサン将軍は、ボ・モジョウの気持を落ち着かせるかのようにこう話した。

「ボ・モジョウ。この件についてはこれ以上ご心配くださいますな。あなたがビルマにおられるうちは、われわれは絶対に日本軍に反乱を起こさないとお誓い致します』

こうして、「今まで日本軍は兄弟であると信じきって戦ってきたビルマ人の心の中に、ラングーン陥落とともに、日本軍より被征服民族としてとり扱われるようになったことに対する不信感が何としてもがまんできないしこりとなって」残ることになったのである。

第六節　ビルマ防衛軍の誕生と南機関の解散

北伐の開始

ボ・モジョ軍司令官は、ＢＩＡが北伐に参加することになったことから、ＢＩＡをアウンサンの率いる北伐軍二個団とボーチョーゾーの率いるラングーン守備隊とに分けると同時に、継続してＢＩＡの司令官として「指揮を執ったが、この改編で日本将校は直接指揮からはなれ、ビルマ独立義勇軍の顧問となって指導や、日本軍との連絡にあたることになった」のである。

そして、直接にＢＩＡに属さなくなった南機関員たちは、ＢＩＡの階級章を取り外して元の階級に戻った。

アウンサン北伐軍司令官の率いるビルマ独立義勇軍二個団は四月八日に、川島大尉以下二十名の日本人将校、下士官、他に報道班員読売新聞坪谷記者、奥山通信技師とともに、ラングーンを出動、プロム街道を北上して行った。

北伐軍は、「北ビルマでも歓迎された。進撃路にあった町や村でのオンサン将軍以下幹部の演説は、北ビルマ民衆に大きな喜びと安心感を与え」、解放軍のように迎えられた。

さらに北伐軍は、「日々その数を増しながら、シュエボー、イエウ、カンバルー、ウントウ、カサーなどを経て北進し、六月中旬バーモ市に到着した。（中略）

四月八日、ラングーンを出発してから二カ月あまり、ビルマ義勇軍の北伐参加の作戦は終わった。すでに英印軍、重慶軍は国外にのがれ、北ビルマの治安は回復し、全ビルマ全土の戦火はとだえた」

ＢＩＡの奮闘を讃える飯田軍司令官

こうした中で、昭和十七年六月二十九日付『朝日新聞』は、『危険なし 資源は豪勢「ビルマへ来い」と飯田軍司令官』と題して、ＢＩＡに対するビルマ派遣軍最高司令官飯田中将の感謝の言葉を次のように報じた。

「ＢＩＡ（ビルマ獨立義勇軍）は実によく働いて呉れた。民衆に先行宣傳占領地區の治安維持の功績はもちろんだが銃を執り祖國のために血を浴びた義勇軍勇士の霊には厚く感謝と尊敬を捧げるものである、イギリスの戦車集團と壮烈な白兵戦を演じた義勇軍一部隊もあるほどだ。
ＢＩＡは将来ビルマの國防軍として立派に育てねばならぬ、私はＢＩＡの奮闘に対し心から感謝してゐる」

バー・モウ博士の擁立

「早期独立を好まず、軍政を施行している軍にとって」、「独立運動をもっとも強く推進し、イギリス統治時代地下運動を続けてきた」タキン党は、日本軍にとって、けむたい存在であったことは想像できる。

「軍が平岡大佐を中心にラングーン市政部を開設したとき、日本軍に協力するビルマ人もいた。いわゆるイギリス統治時代、バーモー（ママ）博士らがビルマを形式的に治めたとき協力した古い勢力の人たちである。これはどこの国にも見られる現象であるが、軍と手をにぎったビルマ人のなかにはタキン党に反感をもつ者が大勢いた。

軍は軍政に協力するビルマ人の指導者を早急に見つける必要があったが、それは独立を強く望むタキン党のリーダーであるタキン・ミヤでもなければ、オンサン将軍でもなかった。軍は戦前総理の要職にあったバーモー博士を軍政に協力させる指導的人物とみなして、その行方を追った」のである。

憲兵隊が五月十三日に、マンダレー北方約一〇〇キロ、モゴークの町の牢獄にいたバーモー博士を発見して、救出すると、軍はただちに彼を「首班とし軍政に協力する行政組織、中央行政機関設立準備委員会を作り上げ、飯田司令官に裁下を仰いだ」のである。

五月末には「独立運動の指導者を集め、バーモー博士を指導者と仰ぐことについての会議をもった」のであるが、その結果、強硬に反対したバセインとタキン・トンオク以外の指導者は、もう一度やらせてみようという態度で、彼を中央行政の長として仰ぐことに同意した。そして、「飯田司令官はこの会議の直後、正式にビルマ中央行政機関設立準備委員会の発足を命じた」のである。

ビルマ独立義勇軍からビルマ防衛軍へ

第十五軍では、BIAをすみやかに正規の軍隊に改編すべしという声が高まっていた。BIAが急激に増加するにつれて、その内部に多くの矛盾が生まれていったからである。

例えば、「ラングーン攻略後も独立を与えられなかったことに不満を抱く分子が、日本軍の通信線を切断するなどのレジスタンスを行ったこともあり、また独立義勇軍の声望を利用して悪事を働くものも生じ、これが誤り伝えられて義勇軍の声価を傷つける場合も少なくなかった」のである。

また「作戦行動間は、至るところビルマ民衆の積極的な協力によって、まかなわれてきた義勇軍の給養も、作戦が終わって、部隊が一地に駐留するようになり、しかも、それが長引くにつれ、この部隊の給養が問題になり、日本軍の占領地行政との間に摩擦がおきるようになった」

そこで、飯田軍司令官が軍参謀を通じて、鈴木機関長の意見を聴取した結果、「改組の主な方針はビルマ独立義勇軍を解散し、義勇軍から選抜した三千名を以ってビルマ防衛軍（Burma Defence Army：B.D.A）をつくる。同時に幹部養成機関を設けて、軍紀厳正な軍隊の基礎をつくる。もしも、より大きなビルマ人の軍隊を必要とする時には、三千名のB・D・Aを徐々に増員するということであった」

こうして、同年七月八日に、アウンサンの命令により、BIAは解散し、続いて二十七日に、アウンサンを司令官とする新ビルマ防衛軍が誕生するのである。解散当時の総員は、約二万三千人であったが、解散後、兵士は「少額の年金をもって引退するか、ビルマ防衛軍に応募するかの選択を与えられた。志願者はマンダレー、ペグー、またはミンガラドンに集合するように命令され、そこで七、八千人の志願者の中から約二千八百名が試験により選別された」のである。

このビルマ防衛軍（以下、BDAと略称）の「指導には川島大尉と高橋中尉が残り、他の旧南機関員の将校、下士官はすべて新しい特殊任務をおびて十七年の末にはほとんど軍事顧問の地位を去った」のである。

ビルマ海軍の創設

一方、ボ・モジョ軍司令官は、ＢＩＡ改編の大問題に取り組んでいる頃、ビルマ防衛のためにビルマ海軍創設という置土産を残した。ボ・モジョ軍司令官は、六月初め、デルタ地帯の掃討から、ラングーンに帰って、「クリークの多いデルタ地帯の治安の維持に、海軍が必要であることを痛感した」からである。

佐藤軍属は、ボ・モジョ軍司令官から、ビルマ海軍創設の命を受け、有力者ウ・ポトの紹介で、イギリス海軍中尉マグ・テイン・クイに会って、イギリス海軍の将校六名、兵二十四名を集めることに成功した。

こうして、小さなビルマ海軍が昭和十七年六月二十日に誕生し、「さっそく日本軍の訓練を受け、小さな船でデルタ地帯や近海の警備にあたった」が、「この小さなビルマ海軍が現在のビルマ海軍の母胎となっている」のである。

南機関の解散

こうして、ＢＩＡが発展的に解消すると同時に、南機関員も四方に転属したため、昭和十七年七月末に、一年六カ月にわたる南機関のビルマ工作は終わりを告げ、南機関は解散したのである。

「鈴木機関長はビルマ独立義勇軍が独立宣言をあとまわしにして北伐に出動したとき、すでに南機関の使命は終わったことを知っていた」「南機関がそれまで果たしてきた連絡機能は、いまや日本軍政組織の軍事顧問団が引き受けていた」からである。

鈴木大佐の離任

泉谷大尉によれば、南機関と南方軍とのビルマ独立に対する軋轢は、次のように鈴木大佐が本国に異動するまで、解決されなかったのである。

鈴木機関長は、「一日も早い独立をはからねば、ビルマの指導者も民心も日本軍から離れてしまう。ビルマ独立の問題を上層部に働きかけなければならないと考えた」

その後も、第十五軍参謀副長の『那須大佐に会って長い間独立論争をつづけ、お互いに意見を固持してゆずらなかった。ついに論争は、最終的な結論、――一体どうすればよいかという結論を出さざるをえなかった。機関長は那須大佐に「それはおれを転任させる方法しかないだろう」と言った』

その後、鈴木機関長は昭和十七年六月末日付で、近衛師団司令部付へ異動命令（同年八月一日第七師団参謀長に転出）が発令されると、「北伐中のオンサン将軍をラングーンに呼び、ビルマ独立義勇軍兵士の前で正式にビルマ独立義勇軍司令官の指揮権をオンサン将軍に授けた。

さらに七月はじめマンダレーを訪れ、マンダレーで義勇軍改編の準備をすすめている部下に別れを告げ、七月十四日ラングーンを去った」のである。

日本軍はなぜビルマの早期独立を延期したのか

では、日本軍は、なぜビルマの早期独立を延期したのだろうか。

第十五軍司令官飯田中将は回想録で、「元来ビルマの独立は、国策として決定していたことではないか。それをいってはならぬなどとはどこから言い出したことであろうか。今もってわたしにはわからない」と述懐している。

『ビルマ攻略作戦』（防衛庁防衛研修所戦史室、朝雲出版社）によれば、「概括すれば、中央、第十五軍、南機関は、程度の差こそあれ、いずれも早期独立許容論者であり、南方軍だけが早期独立反対論者であった。

さらにいえば、南方軍主務課（第三課）高級参謀の石井秋穂大佐の強硬な早期独立反対論が、当時必ずしもそうでなかった南方軍司令部の空気を押さえて、反対論一色に押し切ってしまったとみられる。

現に、塚田攻中将の後任として、昭和十七年七月初め、総参謀長に着任した黒田重徳中将は、早期独立論者であったが、石井秋穂大佐が再三言葉を尽くして黒田中将を説得しているのである」

石井大佐の『南方軍政日記』によれば、早期独立に反対したのは、次のような事情があったからである。

「わたしは、ビルマを独立させることに賛成であるが、過早を戒めるため、相当強く抑制的言辞を弄したので、武田大佐は困ったようである。

当時、わたしが実際胸中に描いていた構想は次のとおりであった。

一　作戦がゴタゴタしている時機に独立政権を作るべきではない。作戦の要求が大きければ大きいほど、独立政権はその要求に圧せられて民心獲得に反するような政策を進めねばならならなくなる。ひいては日本および日本軍との対立が深まる。

もう大丈夫だとの見きわめがついてから独立政権を立てるべきで、中国における教訓（筆者注：汪政権のこと）を忘れてはならぬ。

二　形勢混沌《こんとん》たる時期に独立政権を作ると、必ずしも大事を托する人物をつかまえることができない。便乗主義者が政権をとる結果になることもありうる。

三　もちろん、確信がつけば独立政権を樹立させるのもよい。しかし、たとえ政権ができても、すぐそれを承認すべきかどうかは慎重を要する。

こう考えてくると、政権ではなく、まず単なる行政担当機関（行政府のようなもの）を作らせ、軍司令官の命令下に管理するのが順序である」

泉谷大尉は回想録で

『ここで考えなければならないことは、ビルマ人がラングーンに入城した日本軍をどうみかたということである。鈴木機関長のいう「独立は民族固有の権利であって他から制約を受けるべきものではない」といっても、ビルマ人にとっては強大な日本軍が軍政を布こうとしているのに反抗するわけにはゆかない。鈴木機関長のいう独立論は、その当時の日本軍を動かしたものにはもちろん、あるいは独立のビルマ志士に果たして理解されたかどうか。ビルマ志士も結局は日本軍にさからってまでも独立宣言はすべきではないという常識的な判断しか下せなかったものと思う。

しかし今でも、日本軍は兄弟であると信じきって戦ってきたビルマ人の心の中に、ラングーン陥落とともに日本軍より被征服民族としてとり扱われるようになったことに対する不信感が何としてもがまんできないしこりとなって残ったにちがいない』

と述べているように、後にビルマ国軍は日本軍に反旗を翻すことになるのである。

さらに泉谷大尉は、続けて、「結局この独立問題は、昭和十七年八月一日、ビルマ中央行政府樹立後一カ年の準備期間を経て、翌十八年八月一日ビルマ国の独立を見るまで、南方軍の慎重論と中央および第十五軍の早期独立論とが依然対立しながら進展して」いったと述べているが、実際には前出の石井秋穂大佐の構想に沿って、後にビルマが独立するまで「南方軍は中央を動かし、第十五軍を指導していった」のが真相である。

第七節　ビルマ独立とビルマ国軍の誕生

日本軍政下のビルマ独立

同年六月四日、ビルマでバー・モウを委員長とする「ビルマ中央行政機関設立準備委員会」が設立されると、同委員会は八月一日に、ビルマ行政府となり、バー・モウが行政長官に就任した。そして、このビルマ行政府は軍政監部の監督下に置かれ、軍政が実施されることになった。

日本では五月三十一日に御前会議において、ビルマ、フィリピンの独立を承認する「大東亜戦略指導大綱」が決定された。

一方、七月十四日に、ラングーンを去った鈴木大佐は、転任の途上、シンガポールに立ち寄って、南方軍総司令官の寺内大将と面談した後、日本に帰国して、東條首相にビルマの独立問題を進言する決意を行うのである。

寺内大将は、シンガポールで鈴木大佐と面談すると、

「大変苦労したようだな。いろいろとあってな」

と言って、ビルマの独立問題について鈴木大佐に同情的な態度を示した。

さらに、鈴木大佐は八月頃に帰国すると、ビルマの独立に前向きな東條首相に会って、ビルマの事情を詳細に説明し、ビルマの早期独立を約束させるのである。

ビルマ独立とビルマ国軍の誕生

東條首相は翌年一月二十八日に、鈴木大佐との約束を守るために帝国議会で年内にビルマを独立国として承認する旨を宣言すると、三月初旬にビルマ使節団を日本に招待した。このときの訪日の印象について、バー・モウ首相（当時、行政府長官）は回想録で、次のように述懐している。

「東京についたとたんから、あらゆることがビルマの経験と違っていた。東条首相や各大臣までもがこれまでと違った様子でわれわれを受け入れ、その雰囲気はすっかり変わってしまっていた。

バー・モウ

われわれが会った人々はほとんど暖かい心の持ち主ばかりで、仲間のような親しみをみせたのである。ファンファーレもないまま、東条首相はわれわれに独立を与えるという決定を読みあげ、天皇が認可した親書を私に手渡した。（中略）

東条首相が、ビルマの独立の実現にあたっての指示をしたあと、公式の話はすみ、会談は、自由な会話と笑いの場にうつった。

私は東条首相や他の閣僚と、その後何度か会ったが、いつも会談はアジアのペースにのっとり、つまりアジアの戦争をともに戦っている、二つのアジアの国民の上に立ち、決して征服したり征服されたりする軍事的な関係の上には立っていなかった」

四月十四日に、ビルマ使節団が日本訪問から帰国すると、「ビルマ独立宣言」の準備が開始され、五月八日にバー・モウを長官とする「ビルマ独立準備委員会」が設立された。「つづいて五月三十一日の御前会議でビルマ、フィリピンの独立を認める大東亜戦略指導大綱が決定された」のである。

昭和十八年八月一日、ビルマはついに独立の日を迎え、新憲法が制定されると、首相にはバー・モウ行政府長官が就任した。BDAは、この日、ビルマ国軍（Bruma Army：B.A）に改称されるのである。

初代首相となるバー・モウ博士が回想録で、

「今日の歓喜がいかに筆舌を越えるものであるか、いう必要はない。多くの人達は、生存期間中に見ることをほとんど諦めていた解放のこの日を、目の当たりして泣いた」

と述べているように、タキン・ウ・ヌー外相も同年八月一日のビルマ独立式典で、「歴史は、高い理想主義と目的の高潔さに動かされたある国が、抑圧された民衆の解放と福祉のためのみに生命と財産を犠牲にした例を、一つくらい見るべきだ。そして日本は人類の歴史上、初めてこの歴史的役割を果たすべく運命づけられているかに見える」

と情熱をもって演説した。またビルマ三十人の志士の一人で、元BIA将校のコドマインも、「私の人生で今日ほど幸せだったことはない。わが国土から英国が追放され、偉大なアジア民族が馳せつけて他のアジア民族を解放してくれた。我々に古代の遺産と国土と自由、宗教、文化を取り戻してくれた。私は死ぬ前に、この幸せな日を見ることができた喜びに泣いた」

と述べ、日本軍の果たした歴史的役割を強調しているのである。

この日、ビルマは、アジアで最初に独立宣言を行い、同時に米英に宣戦布告を行うのである。

そして、十五日にはビルマ最高防衛会議の最初の会合が行われ、アウンサン少将が国防大臣に、シュ・モン（ネ・ウィン）大佐がBAの最高司令官に就任した。

次章では、インドネシアの解放と独立を陰から支援した柳川宗成《もとしげ》中尉（中野学校出身）を中心とする参謀部別班の活躍を見ていきたいと思う。

第五章　参謀部別班とジャワ防衛義勇軍の真実

第一節　開戦前のインドネシア独立運動の状況

ジャワ戦争の勃発と蘭印化

一五二二年に、インドネシアの東インド諸島の一部であるモルッカ諸島の香料貿易を独占するために、最初に進出したのはポルトガル人であった。

その後、オランダが一六〇九年に、東インド会社を設立して、ポルトガルの独占体制を崩壊させ、モルッカ諸島の実権を握るようになったが、やがて、インドネシアはイギリスの統治時代を経て、「ジャワ戦争」（一八五二〜三〇）でオランダに敗れ、オランダに植民地化されるようになった。

こうして、インドネシアがオランダ領東インドになると、一九世紀に「強制栽培制度」が布かれ、「農民から土地を取りあげた上に、強制栽培によって得た農作物を、オランダ本国に運び、政府と商人は莫大な利益をあげた。インドネシア人口のわずか〇・五パーセントにあたるオランダ人が、インドネシア全生産額の六五パーセントを独占する」ようになったのである。

倫理政策と日露戦争の影響

こうしたオランダの過酷な支配を経て、インドネシアでは二十世紀に入ると、今度は「倫理政策」なるものが打ち出された。

この「倫理政策の目的はインドネシア人のなかから行政・文化などの各分野における専門家をうみだし、かれらの活動を中間媒体としてその社会全体の一般的向上をはかろうとする、いわば植民地支配の近代的・合理的再編成にあった」

この倫理政策では植民地政策に「必要な行政官吏や専門家といった知的エリートの養成に力」が注がれ、「教育制度の普及によって、原住民社会の上層部子弟の中から、弁護士、医師、技術者、小企業主など」が生まれた。

またインドネシアの伝統的なイスラム制度を破壊するために、「社会的には封建制度の打破、多妻婚の禁止、女性解放などを提唱した。この倫理政策は、混血政策（ハーフカスト）とともにオランダ人の植民地政策の特徴だといわれている。ハーフカストとはオランダ人と原住民の女性との間の混血児を特別待遇して、下級官吏につけ、原住民との緩衝地帯とする政策である。

オランダは民衆の統一と団結をおそれ、標準語であるインドネシア語の普及さえ阻止し、政治結社もデモ行進も禁止していた」

だが、こうした倫理政策によって、「知識人層はかれらの学校生活のなかで、あるいは社会生活のなかで、自由主義思想を体得し、西欧社会思想にふれる機会を得た。また教育・職業の場において西欧人と接触していたことにより、入学機会・授業料・就職・給料などあらゆる面において西欧人と差別されていることをかれらは知らされた」のである。

「この西欧式教育をうけた者のなかから徐々に民族意識に覚醒し、植民地支配のもとで沈滞している社会の向上をうながそうとする人々が出現してきた」のであるが、インドネシア人の民族意識を目覚めさせたもうひとつの原因には日露戦争があった。

後述の「ジャワ防衛義勇軍（PETA）」出身で、元インドネシア外相のアフマッド・スパルジョは回想録で、日露戦争と、その後の民族意識の高まりについて、次のように述懐している。

「日本が一九〇五年に日露戦争で勝利をおさめて以来、アジア全域で民族主義精神が広まった。日本とタイを除く全アジアは、西欧の政治的、経済的な支配のもとにあったのである。（中略）いずれにせよ、植民地拡張の事業は、十九世紀末には実際上行き詰った。そして四世紀にわたる政治的、経済的な拡張で手にしたすべての業績が、わずか半世紀の間に高まりをみせた民族主義の潮流によって滅亡に追いやられた。

第二次世界大戦後、それまで支配されてきたアジアとアフリカの人民は、一つまた一つと、自由かつ独立をした国家を発足させた。

事実、一九〇五年はアジア史の転換点であった。西欧の強国に対して日本が勝利をおさめたことは、西欧優位の伝説に終止符を打った。劣等感にとりつかれていたアジアの植民地民衆は、彼らの資質と能力を次第に自覚するようになった。

彼らは、この人種的な意識の衝撃のなかで、自らが選んだ指導者のもとで、彼ら自身を社会、文化団体へと組織化しはじめ、ついには人民のための明確な目的を持った政党を組織化したのである」

初期の民族運動・イスラム同盟の成立

この倫理政策や日露戦争の強い影響を受けた「プディ・ウトモ（尊い努力）」という民族主義団体が一九〇八年に、インドネシアで最初に設立された。

この組織は、ジャワ人退職医師フサドによって、「ジャワの学生に教育基金を募ることを目的に、貴族や土着官吏を説得してまわったのがはじまりである」

一方、この非政治的な運動にあきたらない知識人たちは一九一一年に、より強力で、より行動的な運動を目指して、「サリカット・イスラム（イスラム同盟）」を設立させ、イスラム教徒が大半を占めるインドネシア社会の中で急激な広がりを見せていった。

「だが、政府の弾圧をおそれるかれらは、この運動を正面きって反政府運動、反オランダ運動にまで発展させるほどの勇気はなかった」のである。

このため、一九一四年に「欧州大戦が勃発し、オランダ本国が危険にさらされたときも、サリカット・イスラム自身は、政府に忠誠を誓い、戦争協力の実を示したほど」であった。

こうした中で、「インドネシア党」という「インドネシアの解放と独立を明確に綱領にかかげた最初の政党」が一九一二年に、バンドンで結成されるのである。

インドネシア共産党の結成

やがて、二十世紀に入ると、オランダ人社会主義者の影響によって、インドネシアでも「東インド社会民主同盟」が一九一四年五月に結成され、マルクス主義の宣伝を行った。

この東インド社会民主同盟は、その後に左派と右派に分裂して、「一時的に活動停滞に陥ったが、二十年にはふたたび運動を活発化させはじめ、まず党名を東インド共産党」と改め、さらに一九二四年に、「インドネシア共産党（ＰＫＩ）」と改称した。

このＰＫＩは、モスクワで開催されたコミンテルン第五回大会の後、シンガポールに設けられた極東支部を本拠地に、モスクワからの指令と資金によって一九二六年十一月十二日夜に、ジャワ・スマトラで一斉蜂起を行ったが、「共産党に対する大衆の離反、党内部の分裂、ずさんな反乱計画といった悪条件のなかで、極左分子によって無謀に強行されたこの蜂起は、いずれも散発的なものにおわり、植民地政権によって各個撃破をうけ、壊滅してしまった」のである。

こうして蜂起に失敗したPKIは、以後、民族解放運動の表舞台から姿を消し、その主導権を後述のスカルノとハッタなどの新しい民族主義者に譲ることになる。

ハッタとインドネシア協会

この民族運動をPKIに代わって導いていったのは、「主としてオランダ留学を経験した知的エリート層であった。倫理政策下においてわずかながらも高等教育をうける層が増し、そのなかでもごく一握りの層がジャワの単科大学などで学んだのちオランダへ留学した」

後に、インドネシア初代副大統領となるモハマッド・ハッタは一九〇二年八月十二日に、スマトラのブキティンギの富裕な家庭に生まれた。そして、一九二一年九月に、オランダのロッテルダム商科大学に留学し、一九〇八年に首都のハーグで設立された親睦団体の「東インド協会」（翌年に、インドネシア協会に改称）に入会した。

モハマッド・ハッタ

ハッタは一九三二年に、オランダ留学から帰国した後、翌年二月に、商業上の取引関係で伯父のアヤブ・ライスの相談役として、日本を訪問したが、インドネシア独立運動に日本から援助を得たいという期待から、「大亜細亜協会」理事長の下中弥三郎、インド独立運動の指導者ラシュ・ビハリー・ボースらとも会合した。

スカルノとインドネシア国民党

一方、後に、インドネシア初代大統領となるスカルノは一九〇一年に、ジャワ下級貴族家系の貧乏な小学校教師の父とバリの最上級カーストたるブラーマンに属する母との間に生れた。スカルノは、スラバヤ時代に、父の友人でサリカット・イスラムの指導者チョクロアミノトの家で起居をともにしながら、多くの同盟員の影響を受けて、愛国精神を鍛えられ、バンドン工科大学に入学して政治活動を行い、一九二六年五月に優秀な成績で卒業した。

スカルノは翌年七月に、バンドンで「インドネシア国民同盟（以下、ＰＮＩと略称）」（一九二八年五月に、「インドネシア国民党」に改称）を結成して、委員長に就任した。

スカルノ

スカルノは、「インドネシアの解放と独立、目的達成手段としては暴力によらない大衆行動、対オランダ非協力」を綱領に掲げて、大々的な集会を各地で次々と開催し、「多くの聴衆を酔わせ、国民党の意見を浸透させ、民族独立の意識をかき立てて行った」のである。

ＰＮＩの弾圧と解散

だが、こうした、ＰＮＩによるナショナリズムの高揚は、政府に警戒心を抱かせることになり、次々と弾圧を受けていった。

「政府は、二九年十二月、共産党の活動をうけつぎ反乱を計画したとの理由で、八名の党指導者を逮捕し、スカルノ・マンクプラジャ・マスクン・スプリアディナタの四名を告訴し、三十年にスカルノに懲役刑四年の刑を科した。それとともに国民党の活動に大幅な制限をも加えている。そのため国民党のこれまでの活動は大部分非合法化され、非合法運動を排除する方針を保持した同党は、ほとんど活動不能の状態におちいった」のである。

党内は、事態を静観する方針をとるグループと党内教育の強化を通じて、民族意識を高めるグループに分裂し、「結局三一年四月、国民党は政府から党への禁令のだされる一週間前に解散した」

その後、旧ＰＮＩの大部分を吸収した「インドネシア党」と反対派によって、自由派が設立されるが、旧ＰＮＩが分裂してしまったときに、スカルノが一九三一年十二月に、刑期を短縮されて釈放された。スカルノは早速、分裂した二派を統合させようと試みるが、自由派がこれに応じなかったため、仲介工作は失敗した。

そこで、スカルノは、インドネシア党に入党して一九三二年八月に、同党の党首に就任した後、旧PNIと同様の宣伝戦術により、急速に勢力を拡大していった。

インドネシア党がスカルノの指導によって、その勢力を拡大していくのをみて、政府は弾圧を再開し、翌年八月に同党の集会を禁止すると同時に、スカルノと数人の党幹部を逮捕した。

さらに、弾圧の手を自由派の自由派連絡委員会にも伸ばし、同年八月に、その集会を禁止した。前年に、オランダから帰国して、会長に就任したハッタとシャフリルらの四名の幹部を逮捕した後、両党の地下活動も厳しい監視の下で禁止した。

その結果、自由派連絡委員会は同年十二月に、インドネシア国民教育協会と改称したが、その組織は実態のないものとなり、インドネシア党も翌年十一月に解散した。

第二節　開戦前の対インドネシア工作の状況

開戦前の日蘭交渉

昭和十五年五月に、オランダが日本の同盟国であるドイツによって占領されたにもかかわらず、オランダ政府は、前年から実施した戦略物資を含む、重要品目の対日禁輸に対する日本の解除要求を拒否してきた。

こうした日本に対する経済封鎖の処置に対して、「日本側の緊急要件は原料資材の確保であった。それなくしては日本の工業生産も軍備も大幅な低下をまぬがれなかったからである。ことに石油の安定確保は、絶対的要件であった。日本政府は、ジャカルタの蘭印政府当局あてに強硬な要望書をつきつけ、いかなる事態が起ころうとも石油、錫、ゴムなどの戦略物資のみは引き続き輸出するという確証を得ようと」していた。

同年七月に、組閣した「第二次近衛内閣」は、七月二十七日の「世界情勢ノ推移ニ伴フ時局処理要綱」の決定に基づき、九月から十月にかけて蘭印の重要資源を確保すべく、商工大臣で関西財界大御所の小林一三を派遣して、日蘭通商会談を強力に推進したが、オランダは米英と口裏を合わせて、容易に妥協しようとはしなかった。

小林全権の失敗の後、近衛内閣は同年十二月に、外交界の長老である芳沢謙吉大使を派遣したが、第二回目の日蘭交渉も失敗に終わり、翌年六月二十七日に帰途についた。

「日蘭交渉にあたって、東京都経済局バタビア出張所長として日本代表団の一員に加わり、赴任した」佐藤信英（薩摩出身）は、斎藤領事の要請で、バタビア日本人商工会議所書記長を兼任し、交渉資料の編纂と情報収集にも当たっていた。

日蘭交渉が決裂し、邦人の引き揚げが開始されたとき、「佐藤らはこの引き揚げ邦人のなかに、ジョセフ・ハッサンら幾人かの革命青年をまぎれ込まして日本に送った。日本に上陸したハッサンらは、海軍軍令部の築地の短波放送局に入り、翌年三月の日本軍のインドネシア進攻の日まで、日夜現地語で宣伝放送をおこなった。

インドネシアの独立は、日本の援助によってかならず達成される。日本軍はやがてオランダの軍隊と蘭印政府を追放して、インドネシアを解放するであろうと呼びかけた。そして日本軍上陸時の歓迎にいたるまで細かい指示をあたえ、最後はインドネシア・ラヤ（独立の歌）の合唱で勇気を鼓舞した。この放送は毎日続けられた」のである。

着任早々、『東印度日報』の記者、谷口五郎を介して、インドネシア政治連合の創立者で、民族運動の最高指導者であるタムリンを知った佐藤は、タムリンを通じて、東インド党を結成したデッケル博士と知遇を得ることができた。

これによって、タムリンとデッケル博士は、「日本はインドネシアの独立のために何らかの方法で支援の手をさしのべてくれるにちがいないという大きな期待」を抱いて、日本との協力関係を約束してくれるのである。

邦人が全て引き揚げた後、『東印度日報』の記者、西嶋重忠や石居太楼らは、第五列活動（諜報・謀略活動）を続け、日本軍の上陸の日に備えた。

また同社の記者である『市来《いちき》龍夫、吉住《よしずみ》留五郎の二人は、海軍軍令部第八課から「後方撹乱と油田地帯の確保」の密命をうけて、台湾からスマトラ東部のバカン島に潜入して、待機した』のである。

開戦前の作戦準備

こうした中で、オランダがドイツによって占領されると、「オランダ政府は英国本土に亡命し、英軍は五月二十九日にダンケルクから敗退し、仏軍もまた六月独軍に降伏して、独軍の英本土上陸が予想されるにいたり、蘭印が東亜の孤児的存在となるに及んで、はじめて大本営は南方作戦の研究を開始」するのである。

当時の大本営は、支那事変の間、米英ソの一国また数国と開戦する場合の作戦計画を策定していたが、蘭印攻略に関する計画については、全然考慮していなかったことから、参謀本部第二課（作戦課）参謀の岡村誠之助少佐に対して、昭和十七年七月十六日から、第三課（編制・動員課）資材班長志甫健吉少佐、陸軍省整備局課員加藤長少佐とともに、蘭印方面の研究を命じた。

パレンバン降下作戦の準備

こうした状況の中で、参謀本部第六課所属の丸崎義男中尉（中野学校一期生）は昭和十六年の初め頃、「将来の不測の事態に備えるため、スラバヤ領事館勤務を命ぜられ、また同じ頃、新穂智中尉（同校一期生）もパレンバンおよびジャンビの石油事情調査のため、同盟通信記者の身分でもって同方面に出張を命じられた」のである。

一方、上田昌雄大佐（中野学校幹事）も同年四月に、杉山参謀総長より「パレンバン攻略計画策定のため現地調査に赴くべき旨」を発令された後、出張先で丸崎・新穂両中尉と協議した結果、「無傷のままにパレンバンを奪取するためには、海上方面からの陽動作戦によって敵を眩惑し、落下傘部隊をもって、一挙にこれらの攻略に当たるのを最良とする」旨の報告を行った。

この報告を受けた参謀本部は、パレンバン攻略のための落下傘部隊を編制して、同年十月より猛訓練を開始させるのである。

元々「空挺部隊をパレンバンに使用することについては、前年（十五年）九月、岡村誠之助参謀が蘭印作戦について研究結果を報告した時、竹田宮参謀が発言された。当時、日本軍には落下傘部隊はなく、三カ月後の十二月に初めて浜松の陸軍飛行学校内に挺進練習部が設置された。人員は、わずかに十二名であった。

この十二名は、独軍の文書情報を研究したり、空中事故で降下した者の経験を聞いたりしながら研究を始めたのであった。挺進練習部は、翌年（十六年）四月白城子飛行学校挺進練習部となり、浜松から満州白城子に移駐し、数百名の空挺要員の教育を開始していた」のである。

陸軍中野学校教官の岡安茂雄教授（統計学担当）は同年十一月に、同校校長の川俣雄人少将より、石油に関する所要の調査研究を命ぜられた。

岡安教官は、主に文献によって調べた第一次調査報告書（精油資源の分布、産出量、開発予定地、主要各国の需給状況、石油資源外交、採油、精製、運搬、貯蔵設備などの一般的内容）を川俣少将に提出すると、次に、新潟地方油田および柏崎鉱業所（日本石油）に関する実態調査を命じられた。岡安教官は開戦日の十二月八日に、実態調査のために中野学校実験隊付小泉俊彦少尉、学校付米津正一主計大尉および他職員二名とともに、新潟に出張した。

この実態調査が終わると、最後に「パレンバン攻略を容易にするための情報収集」の任務が下達されたが、「パレンバン攻略は、落下傘部隊による隠密奇襲作戦だった」ことから、「精油施設を発見するには上空からの俯瞰写真が必要だった」

だが、既に大東亜戦争が始まった時点で、現地に赴くことは不可能だったため、岡安教官は、八方手を尽くして「極東捕鯨（株）山地土佐太郎社長から、現地引き揚げの際に機上から撮影した精油所の俯瞰写真の提出をうけ、また三井物産からは、プラジョウ、スンゲイゲロンの低空側面写真二葉を入手することができた。

これらの俯瞰および側面写真は、中野学校実験隊によって、ただちに分析複製され、降下作戦準備のため重要な資料となったばかりでなく、侵攻時における好資料となった」のである。

パレンバン降下作戦の開始

こうした事前準備を経て、第三飛行集団所属の挺進第二連隊（指揮官久米精一大佐）第一次挺団（指揮官甲村《のりむら》少佐）と第二次挺団（指揮官中尾中尉）の第一次降下部隊（三〇〇人）は昭和十七年二月十四日に、中野学校出身の星野鉄一少尉とともに、加藤隼戦闘機隊に護衛されて、スマトラ島南部のパレンバン油田地帯の精油所と飛行場に降下するのである。

パレンバン降下作戦に、「十四日が選定されたのはシンガポール陥落後においては、パレンバン方面の敵は警戒を至厳にし、場合によっては油田および製油所を破壊する恐れがあるので、その陥落以前にこの日を選定するのが有利である。そして現にマレーの戦闘続行中なので、その大勢の定まるべき十四日頃が適当であるという理由」に基づくものであった。

ところで、中野学校出身者が第一次挺団に参加したのは星野少尉だけであった。輸送機が事故その他で間に合わないため、第二挺団になるところを星野少尉の説得で第一次挺団になんとか乗り込むことができたからである。

星野少尉は、先にパレンバンに着くと、たった一人で「製油所従業員や現地の住民に対する降下直後の宣伝、宣撫、諜報工作、設備の確保、特に無数に近いパイプ、バルブ、コックの操作、爆薬の処理、技術者の確保など」を処理しなければならなかった。

星野少尉は、地上から高度三〇〇メートルくらいになった頃、徳永中尉の「行くぞ俺に続け」の掛け声とともに飛行機を飛び出すと、無事に湿地の中に着地することに成功した。

そして、『直ちに道路を出て徳永中尉とともに精油所の裏門より突入。防空壕にいた現住民にさっそく伝単を配り、「日本軍の敵はオランダ軍だ。インドネシア人は友だちだ。われわれは空から降りてきたのだ。皆さん安心して下さい」などと言いながら、敵情を尋ね、敵の兵力は約三五〇名ぐらいで、戦車、装甲車はないことを聞き出した。

いくつかの防空壕を走り回り、オランダ人の精油所技術者三名を捕らえ、右の敵情報を確認するとともに、精油設備に対する爆薬装置の有無を訊き出し、兵二名とともに設備の要所要所に潜り込み、起爆用の配線と爆薬の装置がないかを確認した』

第一次挺団に「やや遅れ、米村中尉、吉武少尉、片山軍曹、熊谷軍曹、夏井軍曹の五名は、第二次挺団とともに飛行場近くの湿地帯に強行着陸し、星野少尉と合流した」

翌日、第二次降下部隊（九〇名）が降下し、パレンバンの地上攻略部隊である第三十八師団主力も加わって、主要な精油所をほとんど無傷で占領した後、二十日に二つの飛行場を占領することに成功した。

このパレンバン攻略戦は、まず十四日に第一挺進団主力の空挺奇襲により、油田地帯を占領確保した後、敵の反攻に対して、地上部隊をもって制圧することにあった。

こうして、陸軍最初の空挺部隊は、日本の年間消費量（約四千万バレル）に匹敵する石油を産出する東南アジア最大の油田地帯であるスマトラ島パレンバン油田基地の精油所を敵が破壊する前に、無傷で占領することに成功するのである。

天から舞い降りた白い神兵

実は、十七世紀初頭から、オランダの植民地になったインドネシアの各地では「天から白い衣をまとった神が舞い降りてきて、オランダの圧政から自分たちを救ってくれる」という民間伝承が信じられていた。

このパレンバン降下作戦のときに、白い落下傘をつけて舞い降りてきた日本軍の落下傘兵が白い衣を身にまとっているように見えたことから、後に日本軍の落下傘兵は、「白い神兵」と呼ばれるようになったのである。

ジャワ作戦とラジオ謀略放送の開始

ところで、戦後の日本では昭和十七年三月一日に、「蘭印攻略作戦」を敢行した第十六軍（司令官今村均中将）と一体となって、蘭印軍を混乱に陥れ、この作戦の行動を容易にしたサイゴンからの謀略放送があったことはあまり知られていない。

この謀略放送は、「事前の周到なる準備と戦機に投ずる機敏なる措置とによって、見事にその目的を達成した」のであるが、この種の工作は、戦史上極めて特異なものであった。

「ジャワ作戦」が開始される直前、南方軍総司令部参謀部第二課情報主任参謀の大槻章中佐は、同参謀部第二課所属の太郎良定夫中尉（中野学校出身）に対して、「ジャワ作戦に当たって予想される蘭印軍の石油資源破壊を抑止するために、何らかの方策は考えられないかの意見」を求めていた。

だが、「すでに上陸進攻までには十数日を数えるのみであり、現地にも特別の拠点は準備されておらず、特別工作のため敵側に潜入するとしても、サイゴンにおいて動員可能な中野学校出身者は彼一人」だけであった。

その夜、宿舎の一室で、太郎良中尉が思案に暮れていると、彼の脳裏に中野学校時代の教官山県少佐が話してくれたドイツの謀略工作が浮かんだ。それによると、昭和十四年九月に、ポーランド電撃作戦を展開したドイツ軍が『首都ワルシャワ陥落に先立つ数日前、宣伝中隊をもって中央放送局を占領し、「ワルシャワ落ちたり」の宣伝を全世界に向かって放送した』という。

この「一見、何の意味も持たないようなこの謀略工作が、当時の東部戦線に、全世界の国際関係にきわめて大きな影響を与えた」ことから、太郎良中尉は、このドイツのラジオ謀略計画にヒントを得て、後日、朝日新聞派遣の進藤次郎少尉、ＮＨＫ派遣の高橋邦太郎司政官、外務省の竹中書記官らとともに、合同研究を開始した。

その結果、南方軍参謀部に将校以下十八名の「特殊放送班」を編制して、敵側に向けて「ラジオ謀略放送」を実施することを決定した。

日米開戦が近づくにつれて、「ロンドン放送はオランダ自由政府のジャワ島破壊計画を告げ、バンドンにあった蘭印政府もまた、日本軍の上陸に際しての破壊プランを内外に向かって宣言し、日本軍の上陸計画を牽制するかのような動きが日をおって激しくなっていた」

さらに、「対外的な宣伝だけでなく、バンドン放送局を中心とするジャワ各地のラジオ支局は、各地方政庁に対する破壊準備の行政命令をつぎつぎに下令し、その計画はきわめて緻密に、そしていよいよ具体的に準備が進められつつ」あった。

「しかも戦局が逼迫するにつれて、蘭印総督は各地施設の破壊準備だけでなく、自動車の徴発や労務者の動員その他の行政命令をラジオによって下令」し、「部隊の移動や各種の軍事命令までもこのラジオを利用することが多くなりつつあった」

そこで、特殊放送班は、「第十六軍の上陸と同時に、空軍によってこのバンドン放送局を爆破し、放送中断のアナウンスの余裕を与えず、瞬時に放送不能に陥らしめ、その敵側の電波に、サイゴン放送局の日本軍電波がそのままとってかわろうとするプラン」を立案し、寺内総司令官の承認を得た後、ただちに実施したのである。

まず特殊放送班は、「バンドン局の傍受によって、アナウンサーを含む放送出演者の声の研究」から開始した。これは、日本軍がバンドン放送局を空爆した後、サイゴンからのラジオの謀略放送に出演するあらゆる声の代弁者を選考するためであった。

だが、極秘裡にサイゴンの放送局に準備された傍受室には、日本軍の爆撃後、日本軍の上陸に慌てふためく、蘭印軍司令部内の様子が入るだけで、バンドン放送は鳴りやまなかったのである。敵の資源破壊が行われる前に、なんとか手を打たなければ、蘭印攻略戦は終わってしまうことになる。そこで、三日七時三〇分より「窮余の一策として、わがサイゴン放送局は、試みにバンドン方向に向けて同一波長の電波を発信してみた」

すると、それが妨害電波となって、バンドン放送が逆に聞こえなくなってしまった。そこで、ジャワより出力の高いサイゴンのラジオ放送を使って、妨害電波を発信しながら、少し波長を変えて、オランダ語で、次のような内容の謀略放送を開始したのである。

a 上陸日本軍兵力の課題
b ジャワ島南岸にも上陸（実は北岸のみ）
c 動員召集の妨害
d 諸施設破壊指令の取消し
e 島内の不利なる戦況の報道
f 謀略分子の横行を報道
g 英、米のジャワ放棄声明
h 蘭印政府の英、米に対する抗議等々

謀略放送の効果

ところが、この謀略放送を続けているうちに、ニューデリーの英国放送が出している「日本軍はチラチャップ岬に上陸せり」という電波が聞こえてきた。

「このチラチャップとは、首都バンドンの南方にあり、オランダ軍がオーストリアへの最後退却路として確保している南方唯一の良港だが、日本の海軍はそのあたりにはなく、陸軍部隊上陸のプランもない地点だった。

これは特殊放送班が、バンドン軍司令部の発表として、世界に放った怪電波が、やがて敵をあざむき、ニューデリーからロンドン、ニューヨークへ、そしてふたたび連合国からの報告としてバンドン総督に、この報道が耳に達したであろうこと」は明らかであった。

この謀略放送は、後から大本営陸軍部より、南方軍司令部へチラチャップの独断上陸の真相調査を言明する電報が寄せられてきたほど効果があったというから面白い。

特殊放送班は、この怪電波によって、バンドン放送がパニックに陥るほど、全ジャワ島を混乱させることに成功すると、その後の第五航空軍の爆撃によって完全に壊滅したバンドン放送局に代わって、オランダ総督の命令を下達するようになった。

また「バンドン地区の停戦ニュースを知り、すみやかにこれを全面的停戦に導くため、バンドンにおいて全面降伏に関する協定が行われているように見せかけ、全印蘭軍、行政官、民衆に対する公示、区署等を放送し、降伏を早めることに貢献した」

特殊放送班は、占領完了と同時に、「直ちにバンドンに飛び、軍と総督府の関係者、また各地方のインドネシアの住民たちの反響について調査」すると、情報関係者と高官たち以外の一般住民には、どちらが本当のバンドン放送かを「判別できたものが少なく、不可思議な放送にいっそうの混乱を深めていたことが明らかとなった」のである。

先述したように、中野学校出身者たちは、開戦前から第十六軍の蘭印攻略作戦に従って、各種の活動を試みていたわけであるが、これは第十六軍の中に、十一名の中野学校出身者が開戦前から配属されていたからであった。

後述するように、蘭印占領後、『軍政に協力して民心の安定をはかるとともに、将来のインドネシア独立と敵の反攻に備えて、「防衛義勇軍の編成」と「青年幹部の養成」』に当たったのは、第十六軍司令官今村均中将が「陸軍省兵務局当時、中野学校の創設に寄与したことなど、中野学校に理解が深く、参謀部別班として特別の組織をもつことをゆるし、作戦部隊はもとより、軍宣伝班や軍政監部と密接な連繋のもとに諸施策を進めたから」であった。

この第十六軍は、戦局が不利になるにつれて、ジャワ防衛義勇軍（ＰＥＴＡ）を編制して、遊撃戦準備へと作戦を転換させていくわけであるが、特に、その編制と訓練指導を担当した参謀部別班《べっぱん》が残した精神的遺産は、その後の「インドネシア独立戦争」の原動力となっていくのである。

この参謀部別班も、南機関と同様に、『インドネシアの将来を憂うるいくたの先覚的志士たちをはじめ、若き将来の国軍の指導者たちとの接触を深めてゆくうちに「早期独立こそがインドネシア民族と日本との協力関係樹立の基本」であるという確信を深め』ていくが、彼らには「軍政首脳部とこれら現地有力者との間に立って、苦悩するいくたの事件」が発生するのである。

蘭印軍司令官への降伏勧告

蘭印攻略作戦が開始されると、後に、ジャワ防衛義勇軍（PETA）を結成する第二師団那須支隊所属の柳川宗成中尉は、伝単を撒きながら敵前突破を行って、バンドンの敵司令部へと行き、降伏を勧告するのであるが、そのときの経緯について、柳川中尉は回想録で次のように述懐している。

昭和十七年三月一日に、ジャワに上陸して以来、日本軍の『各部隊は、一様にバンドン要塞へ向かっている。最至近距離に到達しているのが東海林支隊である。この分では、おれの一番乗りも怪しいなと思いながらコーヒーを飲んでいるところへ、佐藤参謀が来た。

「柳川、疲れたろうが、バンドンの敵司令部へ降伏勧告しに行かんか」

つづいて、参謀がつぶやいた。

「このままでは東海林支隊に」

第二師団の面目を考える参謀の心がピタリと来た。

「承知しました。親父、行くぞぉ！」

夜半に大声をあげる私を、県長官舎の人々が、驚いて見ている。

「富樫、もういちど車を出させろ！」』

やがて、柳川中尉と通訳の富樫（通称、親父）は、インドネシア人に変装すると、車で鉄柵のある蘭印軍司令部兼陸軍省の正面に乗りつけ、衛兵に向かって「テルポールテン中将に日本軍から面会に来た。案内せよ」と告げた。

すると、パジャマ姿で現れた蘭領東印度陸軍長官テルポールテン中将は、「非常に驚いたらしく、いかにも態度が落ちつかない」様子で、長い足がパジャマのズボンと一緒に、ガタガタふるえているのが分かった。

柳川中尉が「私は日本軍将校である。貴軍はただちに降伏されよ。降伏しない場合は、日本軍はすぐさま総攻撃に入る予定である。そうなれば、一般市民の中からも多くの死傷者が出るでしょう。そういうことは、立派な将軍のすることではないと考えます」と述べると、将軍は

「よくわかりました。しかし全権はチャルダ・ファン・スタルケンボルグ総督が持っておりますから、彼と相談した上で、かならず日本軍司令官に返事することにします。バンドンの攻撃はそれまで待ってもらいたい」と言ってきた。

柳川中尉は司令部を出ると、「チヒマを通過したところで、車両をつらねて進んで来る那須部隊に出会った。那須少将の車に、佐藤参謀が同乗している」

柳川中尉は、「その車に移って、先ほどまでの状況を報告した。昭和十七年三月八日の朝のことである」

報告が終わってから、佐藤参謀と車で、バンドンに引き返す途中、白旗を掲げた黒色のセダンに出会うと、中には東海林支隊の細川参謀が乗っていた。

「ともにレンバンのイソラホテルに引き返し、両参謀が打ち合わせを行った」

だが、このとき、蘭印軍の停戦交渉の相手がバンドンにもっとも近接していた第三十八師団の東海林支隊になってしまった。那須支隊、すなわち第二師団は、一歩下がったわけである。

柳川中尉は、「バンドン一番乗りは、第二師団の那須支隊所属の私と富樫である。この事実は、バンドン市を通過して来た私たちを、現実に見ている細川参謀も認めざるを得ないはずだ」と述べ、怒りをあらわにした。

翌八日、「カリジャチ飛行場に隣接する、オランダ軍飛行学校の一室で、蘭印軍降伏の歴史的会見が行われた」

司令官今村均中将らは、チャルダ総督らと会見し、全面無条件降伏を承認させた。

「翌三月九日午前十時、テルポールテン陸軍長官は、バンドン放送局から、泣かんばかりの声で、降伏の放送を行った。それは、日本側の要求以上に、恭順の意を表すものだった。

あくれば三月十日。大東亜戦争開始後第一回の陸軍記念日に、丸山中将以下第二師団の一部がバンドンに」入城して、蘭印攻略戦は完遂したのである。

後に、スマトラ義勇軍出身のアラムシャ将軍（陸軍中将、後に第三副首相、官房長官）は、日本軍の占領を次のように讃えている。

「我々インドネシア人は、オランダの鉄鎖を断ちきって独立すべく、三五〇年間に亘り、幾度か屍山血河の闘争を試みたが、オランダの狡知なスパイ網と強靭な武力と過酷な法律によって圧倒され、壊滅されてしまった。

それを日本軍が到来するや、たちまちにしてオランダの鉄鎖を断ち切ってくれた。インドネシア人が歓喜雀躍し、感謝感激したのは当然である」

ジャワ作戦はなぜ九日間で終結できたのか

ここで、三月一日から開始されたジャワ作戦が、なぜ九日間で終結できたのか、その要因を考えてみたいと思う。

『蘭印攻略戦』（防衛庁防衛研修所戦史室、朝雲新聞社）によれば、大本営は開戦前に、蘭印攻略戦の日程を「開戦第一〇三日ごろジャワ上陸、同一二〇日ごろ蘭印軍降伏」と予想していたが、蘭印攻略戦が予想外のスピードで進展したことから、実際には「開戦第八十四日ジャワ上陸、同九十日蘭印軍降伏申し出、同九十二日蘭印軍降伏という成果をもって終決した」のである。

さらに『蘭印攻略戦』ではジャワ作戦が九日間で終結し得た要因の五番目として、「ジャワが、第十六軍の上陸前、まったく孤立していたこと。しかも原住民がオランダ側から離反したこと。謀略放送も成功したこと」を挙げている。

また原住民の協力について、次のように記している。

「原住民はオランダ側に離反し、われに協力した。その原因については、次のことが考えられる。

一　蘭印政庁とオランダ人が原住民と遊離していたこと。

二　日本とインドネシアとは、古くから交流があり、原住民は日本人に対し、同祖、同種の親近感をもっていたこと。インドネシアに救世主（トピ・メラ）が来て解放してくれるという伝説が古くから広く伝わっていたが、今次の日本軍の進出を、それと感じていたこと。

三　日本軍の宣伝戦が効果をあげたこと」

特に、この中の二番目にある「救世主（トピ・メラ）」について前出の柳川中尉は回想録で、通訳の富樫武臣と永田秀男の両名とボゴールに向かう途中で、ある農家にかくまわれたとき、次のような体験をしたと述懐している。

『道より低いところに建てられた小屋の軒下に、一人の老婆がすわっている。目が笑っているようだった。それを見て、私は考えるゆとりもなく、黙って中に入った。二人も続いた。老婆は、腰をかがめて「どうぞ」というようなしぐさをしている』

臭気のする部屋で二時間ほど眠って、ぼんやりと目をあけると、隣の部屋で話し声がする。柳川中尉が拳銃弾を調べてから隣の部屋に這い出すと、戸外へ出ていった中年の男が戻って来て、兵隊二名、警察官二名、諜者らしいインドネシア人一名に、棒などを持った村人二十数名がトピメラ（赤い回教帽）をかぶった三人連れの日本人を探しにきたが、ここにはいないと言って、追い返したと述べた。

『右手に持っていた拳銃を、腹へ押し込んですわろうとする私の足もとへ、待ちかまえてでもいたかのように、老婆がにじり寄って来た。そして、私の足首に両手を回し、上体を伏せて、汚れた足の甲に顔を押しつけた。

老婆は、そのままの姿勢で、何かブツブツとつぶやく。息子夫婦も、孫夫婦も、目を伏せてブツブツとつぶやく。一様に、真摯そのものの態度である。

電流のようなものが、私の体内を走った。足を老婆に抱かせたまま、富樫の顔を見ると、彼も真剣な表情で、次のように説明してくれた。

「彼らは、トピメラを待っていたといっています。ジャワには、東方から黄色い人が来て、白人の桎梏から救ってくれる、という伝説が昔からあります。そのトピメラがあなただといって、救世主として礼拝しているのです」

私の血は湧いてきた。それまで最期のことばかり考えていた私は、頭のベールを何枚もはがされたように、スッキリしてきた。

「よし、おれは死なんぞ。ほんとうにインドネシアの救世主になってやろう」

自信と勇気がモリモリと湧きあがった。この時の感激が、私のインドネシアにおけるすべての行動の原動力となり、インドネシア人との切っても切れない絆の因となった。

長い礼拝が終わると、太い、短いバナナを中心に、赤い飯、乾肉を油で揚げたもの、青い野菜を浮かした黄色いスープなど、いろいろなご馳走が並べられた』

ハワイ日本経済協議会事務局長のジョージ・S・カナヘレ博士も、その著書で、ジャワに伝わる予言的な「ジョジョボヨ」という伝説について、次のように述べている。

「一九〇五年以後、日本は次第にジョジョボヨ(Djojobojo)の予言と伝説と一体現されるに至った。ジャワ人の間に流布されていた予言は、北の世界の黄色民族がいつかは白人の大君主を追い出し、短期間——とうもろこしが育つ季節のあいだ——この地を支配し、そのあとではラトゥ・アディル(正義の女神)により祝福される治世がくるというのであった」

この「ジョジョボヨ神話によれば、オランダ人は、北から来る黄色人種によってインドネシアから追い払われるということであり、一般の民衆にとって、この伝説の中の黄色人種は日本人を意味した。インドネシアの解放は、日本によるオランダ追放から始まる、という考えがひろがっていった。したがって、日本人は解放者ということになる」

明治三十八年の大国ロシアに対する日本の勝利が、「アジア各国の民族主義者の目を日本に向けさせ、西欧の覇権に対するアジア人の闘争にあって、日本は、将来、指導者になるかもしれないという期待感を広く抱かせるように」なり、これが「ジョジョボヨ」の神話と結びついて、インドネシア人は、日本人をトピメラ(救世主)と仰ぐようになったのである。

その他に、前出の『蘭印攻略戦』で蘭印攻略戦作戦を短期間で完遂させた要因の一つとして、先述した対ジャワ謀略放送を取り上げているように、こうした複合的工作が効果をなし、ジャワ作戦を短期間で終結させる結果となったことは間違いないだろう。

第三節　参謀部別班の対インドネシア工作の開始

参謀部別班の編制

開戦前に、スラバヤ領事館に赴任し、開戦と同時に抑留していた参謀本部の丸崎義男大尉は第十六軍の蘭印進攻とともに、軍司令部所属となり、情報参謀厨《くりや》次則少佐から「中野学校出身者および所要の通訳要員をもって、軍政に必要なる諸情報と各種情報の収集、民心の把握および民族工作をすべし」との命令を下達された。

このため、丸崎大尉は昭和十七年四月に、前出のパレンバン降下作戦などに参加した中野学校出身者たちと従軍の通訳約十名とともに、第十六軍治《おさむ》部隊参謀部別班（第十六軍治部隊参謀部特別班の略）を編制し、バタビア市内のプラガタンビル六十四番地に事務所を開設して業務を開始するのである。

さらに師団に派遣していた通訳要員を復帰させ、対敵宣伝、敵戦意の破砕を主任務とする宣伝班から下士官三名を入れ、内地から旧ジャワ在留邦人二十数名を採用して、人員を補充した。また「バンドン、ジョクジャ、スラバヤに支部を設け、支部はさらに全島にわたって細胞を拡げ、情報工作の網の目を密」にするなど別班の規模を拡大していった。

参謀部別班の対回教工作

インドネシアは、九九パーセントが回教徒（イスラム教徒）から構成されていることから、ときとして、日本軍政の方法は、彼らから誤解を受けることが少なくなかった。

このため、別班は回教工作を重視し、特に軍政面での誤りを是正して、「回教団体間の勢力争いをおさめて、これを日本軍に協力させる強力な工作」を必要とした。

このため、別班には「これに備えて回教研究家のハジ（メッカ巡礼をした回教徒の長老）稲田将、クフイ佐々木、それに戦前ジャワに在住していたアブドル・ハミドこと小野信治たちが揃っていた」が、この三人は、『ジャワ軍政における回教の位置を確定し、回教に対する無理解者ばかりそろっていた軍政部の、宗務行政を痛烈に批判した』のである。

そして、三人の『数々の意見は、丸崎大尉を通じて軍に具申されていたが、彼らが昭和十八年中期に完成した「ジャワの回教」という総合研究は、その大いなる業績の一つで、これだけのものは、現在のインドネシアにもあるまいと思われるもの』であった。

参謀部別班の対華僑工作

インドネシアでも、マレーやビルマと同様に、居住する華僑は多く、「インドネシア人につぐ人口を占めるとともに、その主要な経済を独占してインドネシアに君臨していた。

これに対するインドネシア人の反目はきわめてきびしく、日本軍の上陸直後、各地の華僑店舗はまっさきに掠奪破壊を受けたが、幸い治安の回復が早く、大事には至らなかったのである。

インドネシアでの日本軍政は、流通機構を握った華僑抜きでは考えられなく、「以前からその自衛のため独特の情報網を持っており、それは別の意味で日本軍にとって」も貴重なものであった。そこで、米村中尉と星野少尉は、華僑情報を担当した。星野少尉がチモールに転出した後、「米村中尉はこの場合の華僑とのつながりから、後日、華僑を使って海上諜報や浪機関の設立運用に任ずることになる」

その後、遊撃戦の準備工作を行った別班は、華僑に対して「インドネシアと共存共栄でなければ、ついには華僑は生きる途を失うであろうと説得して、ジャワのために、ともに戦う決意」を促していくのである。

第四節　タンゲラン青年道場の設立

参謀部別室の編制

蘭印を占領した後、各地で特務機関が設立されたが、柳川中尉のいる「バンドン特務機関」

の看板は、はずされることになった。

「特務機関なる名称は、日華事変以来悪名高く、現地住民、とくに中国人に悪感情を与えるとの理由から、いっさい使用しないようにとの達しがあった」からである。

そこで、バンドン特務機関は、柳川中尉の「所属する第二師団勇部隊の勇をとり、勇部隊参謀部別室、通称を勇分室と改め」られ、「将校二名、兵三名、憲兵伍長一名、通訳六名、それに、オランダ人と結婚していた日本婦人二名の計十四名が佐藤参謀を中心として結集された」のである。

だが、「同年夏、第二師団のガダルカナルへの進出にともなって、勇分室は解散し、治部隊参謀部別班バンドン支部となった。十七年八月下旬」のことである。

同時に、柳川中尉は、「ジャカルタの別班本部勤務となり、六川正美少尉がバンドン支部長に就任した」

柳川中尉の〝子供たち〟

バンドンの旧蘭印軍砲兵部隊長官舎に、一人で住んでいた柳川中尉は、以前から分室に出入りしていた「六名のインドネシア青年を引き取って、別棟の建て物に住まわせた。

できるかぎり毎夜、かならず一時間、日本語の教育をした。芝生では、柔道、相撲、剣道、空手を教え、時には全員でピクニックを楽しん」でいた。

「昼間の彼らは、自転車で分室に通い、富樫通訳に指導されて、情報収集に当たった。彼らは競争的に活躍し、オランダ人、混血種、アラブ人、華僑らの反日分子の動向に関する貴重な情報をキャッチしてくるようになった」

彼らは、ジャワにおける柳川中尉の最初の〝子供〟たちであり、後に柳川中尉が結成する「ジャワ防衛義勇軍（PETA）」の中核となっていったのである。

タンゲラン青年道場の設立

柳川中尉は同年十月に、ジャカルタ本部へ赴任すると、以前から温めていたインドネシア青年による「インドネシア特殊要員養成隊」、防諜名「インドネシア青年道場」（通称、「タンゲラン青年道場」）の計画書を十二月になってから、数日で書き上げた。

柳川中尉が、この特殊要員養成隊を思いついたのは、手狭なスタッフを補充するためだけではなかった。蘭印上陸後の敵情偵察の任務中に、自分と部下を「敵の捜索の眼から逃がしてくれたインドネシア人一家の親切と、その老婆が彼の足を抱いて足の甲に顔を押し付け」て言った、「ジョジョボヨの予言」と伝説（「ジャワには、東方から黄色い人が来て、白人の桎梏から救ってくれる」）に応えようとしたからである。

問題の施設は、同本部の熊谷正男軍曹と通訳の中島正周が「別班本部のあるジャカルタ西方のタンゲランに、格好の建て物を見つけてくれた。オランダの元刑務所で、三棟のうち、一棟だけはなお使用されているが、他の二棟が空家になっていたものである」

間もなくすると、班長の丸崎大尉が、ずんぐりした体をゆすりながら、指導員の下士官と兵を二名ずつ連れて来た。柳川中尉は、丸崎大尉の連れてきた犬塚軍曹、花堂伍長、佐野上等兵、山崎一等兵ら、四名の指導員に対して、次のような道場設立の趣旨を説明した。

「諸君が部隊からえらばれて配属されたところは、第十六軍治部隊参謀部別班本部である。別班は厨参謀、先任将校はお前たちをつれてきた丸崎大尉である。彼は陸軍中野学校の私の一年先輩で、戦前からスラバヤ領事館員としてジャワに潜入し、諜報活動に従っていた人。そして、インドネシア特殊要員養成隊長の新任務につくのは、この柳川中尉だ。

この青年道場は、ひと口にいえば陸軍中野学校ジャワ版であるが、まず第一義として、精神教育に主眼をおき、すべての面に対する敢闘精神をたたき込む。

現在まで参謀部別班は、各種の諜報、情報、防諜工作を担当してきた。しかし、回教に対する工作と、総軍の指示によるインド義勇軍編成援助工作を除いては、すべて消極的なものだったが、今から諸君の協力を得て、インドネシア人に対する積極的工作を開始する。

人をつくる、人を教えるという仕事は、まことに地味であり、面白みが少なく、目立たないものであるが、長い目で見れば、これほど意義深い仕事は他にあるまいと思う。アジア解放の戦いに共生共死を誓う同志を、インドネシア人の中に育て得るかどうかは、今いったような自覚を、諸君が持てるかどうかにかかっている。

すなわち、われわれは、教育という面を通じて、インドネシア人との精神的戦いに入ったわけである。われわれの大目的は、この戦いにわれわれが勝てば成る。負ければ成らぬ。成る成らないは、われわれ道場関係者の肩一つにかかっている」

柳川中尉たちが「各個教練から分隊教練までの教育実施計画、兵器教育の実施計画、日本語教材の用意、各種体育器材の整備、収集等々に忙殺されているうちに」、道場の改修工事もほぼ完了し、翌年の正月は元旦だけ休んで、二日から資材搬入を始めた。

七日早朝、別班各支部の子飼いの青年たちがジャカルタの別班本部に、特殊要員の候補者として「西部ジャワはバンドン班、中部ジャワはジョクジャカルタ班、東部ジャワはスラバヤ班の各班」にまとまって集合してきた。

このバンドン班に、柳川中尉が直接に指導した六名の青年たちが参加したことは言うまでもない。これらの青年は、バンドン班六名の他、ジャカルタ班から六名、ジョクジャカルタ班から四名、スラバヤ班から六名と「別班支部所在州以外の各州から二名ずつ選抜された計五十一名であるが、身体、身上、思想等を再調査した結果、一名が不適格となり、採用確定の五十名をタンゲランに移した」のである。

「各要員は、わらぶとん、敷布、毛布各一枚、蚊帳一張り、旧蘭印軍軍服二着、下着二枚、戦闘帽、靴、ただ一つ日本製の巻き脚絆等を各自倉庫から受け取り、それぞれの班に運んでいって、犬塚、花堂両班長の指示で整理した。私物は、サロン一枚、辞書、回教教典以外は、すべて預かって保管した」

こうして開場式までの準備が終わり、後は本番を待つまでとなったが、指導員たちは重い責任を考えると、なかなか眠りにつくことができなかった。

犬塚、花堂両班長や富樫、中島両通訳たちは眠れぬままに各宿舎を見て回り、青年たちの寝具の乱れを直してやったりした。

開場式の開催

「インドネシア青年道場（以下、タンゲラン青年道場と称す）」の開場式は昭和十八年一月八日に、隠密裡に中庭で開催された。ジャカルタの別班本部からは、情報主任参謀厨少佐の代理に別班長の丸崎大尉（参謀補佐）が、土屋競中尉（本部総務担当）を同行して私服で出席した（タンゲランは原則として立入禁止だが、認めた場合でも軍服の着用はできなかった）。

この式典で、隊長の柳川中尉は回想録で、次のような挨拶をしたと述懐している。

「諸君は選ばれたインドネシア青年として、一日一刻も早く、われわれから学び得るすべてのものを学び、強く、正しく、新しいインドネシア青年に生まれかわってもらいたい。そして、諸君自らの手でインドネシアを解放してもらいたい。われわれのアジアは、われわれの手で解放しよう。

諸君には、オランダの圧政下三百数十年の遅れがある。それをもっとも短い期間で、一気に取り戻さなければならないのだ」

『一節、一節通訳する富樫通訳の顔を見、私の顔を見る青年たちの目は、大きく見開かれている。

「ここでの教育は、とくに強度の高いものにする考えである。その度合いは、諸君の力量と合わせて、次第に高めていく。しかし、もちろん、われわれに出来ることを要求するのである。われわれも諸君も同じ人間である。われわれに出来ることが諸君に出来ぬ道理はない。出来ねば出来るまでやらせる方針である。もし一人で駄目なら二人で、二人で駄目なら三人で、でもやりとげさせる。全員努力してもらいたい。わかったか」

「ハイ」

「ヤー」

返事はバラバラだ。

「ハイといえ」

「ハイ」

「声が小さい、腹から出せ」

「ハーイ！」

挨拶の中で、すでに教育がはじめられているのである。私はつづけた。

「教えられた事でも忘れてかまわない。しかし、忘れたら覚えなおせ。それをくりかえしているうちに、いつかはしっかりと覚える。まず、理屈を抜きにして体で覚えるのだ。体が覚えてしまえば、なかなか忘れるものではない。

今日からは、私が諸君の父だ。各班長は母と思え。他の教官はすべて兄弟である。何事でもよく相談せよ』

柳川中尉は、陸軍中野学校の教育を通じて、数多い史実の中から「誠」のない単なる諜報謀略では、いつかはメッキが剥がれ落ちて、反動が別の火の粉となり、我が身に振りかかってくることを学んでいたことから、中野学校教育の効果を信じて疑わなかったのである。

こうして、陸軍中野学校の「誠の精神」を受け継いだタンゲラン青年道場の青年たちは、後に、「インドネシア独立戦争」の主力となっていくのである。

訓練の開始

タンゲラン青年道場での教育形態と内容は、柳川中尉を始めとする指導員の出身校である陸軍中野学校の教育形態を模範に、次のような内容に従って、実施された。

一、学科　イ、精神教育（精神訓練、蘭領東インド史、世界事情）
　　　　　ロ、軍事学（戦史、戦術、築城、交通、通信、軍隊内務、作戦）
　　　　　ハ、語学（日本語）
二、特殊教育　諜報、宣伝、謀略、防諜、統計
三、実科　教練、体操、相撲、水泳、銃剣術
四、術化　射撃、偵察、連絡、潜行潜在、破壊、殺傷
五、演習　見学（特に農耕、生産）
六、課外　軍歌演習、軍歌解説、号令調整、その他一般常識

タンゲラン青年道場の青年たちは、蘭領東インド史の講義を通じて、「被征服者としての彼らの今までの生活が、いかに不当にしいたげられたものであったかを、改めて痛感させられた」

こうして、今までの彼らの狭いジャワ観は、一躍して世界観にまで拡大していったのである。教練も、「日本陸軍初年兵教育に準じて行われたが、実質はそれよりはるかに強度のものだった」のである。

こうしたことから、一時は低下した体重も四週間後には上昇するようになっていった。

柳川中尉は、「その独立運動は過早に誘発せしめることを避くるものとす」とあった当時の日本軍占領軍政基本方針中の住民対策に従って、「独立を目ざす直接運動の煽動は慎んだものの、生徒たちには常々次のように教えていた」のである。

「独立は自らの力で勝ちとるものであり、与えられるものではない。与えられたものは、また奪われる。諸君に自らの力が備われば、独立は自然に出来る。それまでは黙って勉強せよ。今のところ独立成功の見込みは、まったくないといえる。

要は、諸君らの今後の努力にある。黙々と自力を養うことだ。そのためには、私たちが全力を尽す。私らに負けるな。私らに負けるようでは、独立は出来ない。一日も早く私らにまさる能力を作るために努力せよ」

こうして、指導員たちは、「一日二十四時間をすべて教育時間と考え、一刻一分のすきまもないほど、全職員も体当たりした」のである。

サンパイマティ――死ぬまでやる

体育では、特に相撲が重視されたが、四十八手を使うわけではなく、「一直線に突進し、押しの一点ばりでやる。後退も、横飛びも、うっちゃりも」許されなかった。

「ただ突き飛ばして、押し出すのである。土俵から押し出されたものは、負けとなって残り、次のものに立ち合わせる。苦しまぎれに、うっちゃりをやったものも負けだ。立ち合いで気合負けするものも」何度でもやり直しをさせた。

やがて「必死の気力が充実してくると、体位の差は問題でなくなり、機先を制することによって相手に勝つコツを覚えるようになる」からである。

柳川中尉は回想録で、この訓練の模様について、次のように述懐している。

『「相手を敵と思え。オランダと思え。やっつけなければ敵が来るぞ」

私たちは、そう叫んでハッパをかけた。時には、土俵の中央で頭を激突させ、刃物で切ったような傷ができることがある。それでも中止させない。ヨードチンをつけ、包帯をして、ただちに再開させる。二人は、目を血走らせて突っ張り合う。

私自身も土俵の鬼となり、五十名の一人、一人を、片っぱしから突き飛ばした。(中略)

三週間ぐらい経過するうちに、生徒たちの両眼は、青光りする鋭気を閃かせるようになった。

(中略)

体育は、体位の向上を第一義としたが、それにも劣らず、敢闘精神の涵養に主力をおいたものだった。道場内では、いつのまにか「サンパイマティ——死ぬまでやる」という言葉が流行するようになったが、これは当時の訓練のはげしさを端的に語っている。そして、後には、これがインドネシア郷土防衛義勇軍の合言葉にもなったのである』

第一期生のムフレイニ・ムクミンが、インドネシア国立文書館が行ったインタビューで、「第一期生で訓練を無事に修了したのは約三十名でした。（中略）訓練を継続できなかった二十名は、訓練のときに、足を折ったり、手を折ったりしてしまったからでした。彼らは、訓練のときに受けた怪我のために、訓練を続けられなかったのです」と述べているように、いかにタンゲラン青年道場での訓練が過酷なものであったが分かるだろう。

タンゲラン青年道場出身のケマル・イドリス陸軍中将も、終戦五十周年国民委員会が行ったインタビューで、このときの軍事訓練が後に独立戦争を戦う基本になったと述べている。

「『ニッポン精神は我々にとってイチバン』。何故ならニッポン精神で我々はオランダに向かったのです、もっともニッポン精神とは呼びませんでしたが。しかし、私はこの『精神』を学びました。我々は、この精神を独立戦争に持ち込み、その結果、独立を達成したのです。我々は武器はなく、たとえ竹槍で闘っても、勇敢でした。
だから我々は日本が独立戦争の基本となった軍事能力を与えてくれたことに、大変感謝しているのです。武器がある者もない者も、全てのインドネシアの人民が戦いました。インドネシアの全民族が戦い、そしてこの精神、独立への精神があったので、我々は絶望することはありませんでした」

同じく、タンゲラン青年道場の出身で、元インドネシア国軍最高司令官のスミトロ大将も、日本軍から敢闘精神を叩き込まれた意義について、次のように語っている。

「ペタには小団から大団までありましたが、実は我々が革命の時に必要としたのは、この小さな部隊単位による戦闘でした。師団でもなければ兵団でもありません。これが(独立戦争において)決定的だったのです。日本側により教育された勝つための訓練と精神は非常に徹底していました。従って、我々は日本に感謝しているのです。

私の友人の小団長は、スラバヤのケランガンで攻撃をした時、みんなのために血路を開き、彼自身は戦死しました。しかし、その精神たるやどうですか、ここまで我々の体に精神が叩き込まれたのです。特に小団は敢闘精神と勝利を期する精神が徹底していたので、こうして彼も犠牲に倒れました。想像してください。軍刀だけの突撃隊で機関銃を叩き潰したのです。(中略)

三年半の間に独立に対する精神は村々にまで広がりました。独立を達成しようと意気軒昂でした。戦闘訓練に加えて、実に独立達成への意気込み、我々にはこれが必要だったのです。独立への精神をもって小隊から大隊まで、実にこの戦いのために我々は訓練されたのです。我々の組織は劣り、連絡は悪く、武器弾薬も制限されていたにも拘らず、イギリスまたはオランダの整然としたパワーに対抗できたのは、この精神力のゆえでした」

別離

こうして、タンゲラン青年道場が開場されてから、早くも六ヵ月の月日が流れた。「第一期生五十名の成長には、まことにめざましいものがあった」

柳川中尉は翌年五月末になると、昼間の業務が終わってから、ジャカルタへ行って厨参謀や丸崎大尉と協議する機会が増えるようになった。

第十六軍では「ジャワ島防衛力の手薄を、いかにして補うかが重要問題となっていた」が、その一つの手段として、タンゲラン青年道場の青年を中核とする義勇軍の結成が考えられるようになっていた。

タンゲラン青年道場での激烈な訓練の成果が、注目されていたからである。柳川中尉には、「それと並行して、対豪謀略工作の一つとして、豪州捕虜を主体とする映画の制作が計画され、以上二つの計画を実行に移すことが」課せられ、タンゲランからジャカルタへ転勤することになった。

柳川中尉は、タンゲラン青年道場の生徒たちに、「第二次要員の募集を考慮して、六か月の第一期教育の終了を機として、全員に四日間の休暇を与えて帰省させた」が、一同が道場にもどった後、父兄から「人が違うように大きく、丈夫になった。親孝行になった。兄弟仲がよくなった。どんな教えを受けているのか知らないが、たいへんありがたい」というような内容の手紙をたくさん受け取った。

柳川中尉は、七月七日のジャカルタ転出に備えて、「全員を集めて次期工作を進めるために、ジャカルタへ転ずる旨を告げ、それとなく後日を約した。見違えるほど、たくましく成長した彼らの前で挨拶していると、あとからあとから涙が頬を伝わってきた」

柳川中尉は、第二期道場長としてやって来たバンドン別班支部長の六川正美少尉に、「これからは、精神教育と軍事訓練だけやれ。特殊教育はいらんぞ」と注意し、ジャカルタへ赴任した。

第五節　ジャワ防衛義勇軍の結成

困難を極めたジャワ防衛義勇軍の募集

別班は昭和十八年中期から、「ジャワ島の防衛力増強工作にすべてを集中するようになっていた」。その頃、既に日本は守勢に回り、太平洋上で敗退していたことから、「朝鮮半島、中国から、フィリピン、マレー、インドネシア、そして太平洋西南部まで、広く展開する戦線で防衛する側になっていた」からである。

こうした戦況の中で、新任の第十六軍司令官原田熊吉中将は、「軍隊式の訓練を受けるようにインドネシアの青年たちの有志を募るプログラムを作成すること」を考え、この案を南方軍参謀副長稲田少将に提出したが、半年以上もの間、あまり真剣に受け取られないままにあった。

ところが、戦況が悪化するにしたがって、大本営は「南方にあるすべての日本の占領地で義勇軍を作るという声明を出した。そして、その指令はシンガポールの稲田少将に伝えられ、続いてインドネシアの三つの地域の司令官にも伝えられた」のである。

そこで、原田軍司令官は、別班に対して、ジャワ島の防衛力を強化するために「インドネシア民族をわが防衛戦力に加えることの評価について」諮問した。

別班がこれに対して「現在の兵補（日本軍の現地人補助兵）式のものでは不十分だが、その運用のいかんによっては立派に防衛戦力として役立つことができる」であろうと、回答してきたことから、原田軍司令官は、これをもとに「ジャワ防衛義勇軍を組織する決断を下し、その準備工作を別班」に命じるのである。

そこで、柳川中尉は、出張先のジャカルタから戻ると、「丸崎大尉とともに、インドネシア人を、この増強工作に参加させるための、具体的計画の作成に専念した」
もっとも短期間に、最大の効果を発揮させるために、「事前の内部工作から、軍の意思表示に至るまでの、防衛に関する民意の高揚、発表方法、発表した後の宣伝手段等々、細部にわたって秘密裡に準備が進められた」

タンゲラン青年道場の要員は、一期生と二期生を合わせて、わずか八十四名だけであった。このため別班は、一般の基幹要員の獲得にも、全能力をあげなければならなかった。

柳川中尉たちは、「ジャワ防衛義勇軍」建設の精神的基盤を何に置くかを何度も協議したが、「実質は大東亜戦争遂行のための補助兵力である」ため、「それではインドネシア人義勇軍兵の呼び込みには役立たない。ジャワ独立を旗印にすれば、もっとも効果的なのだが、前記のように、独立意識を刺激しないようにとの、きびしい注意を与えられていた」

柳川中尉たちは「ジャワ独立さえ謳えば、この問題は立ちどころに解決し、強力なインドネシア人の軍隊が出来るもの」をと嘆いた。

バンドン入城以来、インドネシア青年と寝食をともにしてきた柳川中尉たちには、青年たちの熱望するものが、インドネシアの独立であることは、十分すぎるほど分かっていたし、また柳川中尉自身も、タンゲラン青年道場以来、将来はインドネシア国軍の基幹人物になるように指導し、民族独立のために捨石となることを教えていたからである。

こうした中で、彼らは、ビルマのロレンスといわれた南機関長「鈴木敬司大佐のことを思わないわけにはいかなかった」のである。

第一次大戦に際して、密命を受けてアラビアに潜入したイギリスの諜報将校ロレンス中尉は、当時、ドイツと手を結んだトルコ帝国の支配下にあったアラブ民族を一致団結させ、将来の独立を約束して対独戦に参加させた。そして、独自のゲリラ戦法を駆使して、トルコを後方撹乱し、アラブ独立運動の英雄として名を馳せるのである。

戦後、ロレンス中尉は大佐にまで昇進し、アラブ王族の政府顧問となったが、イギリス政府がアラブの独立を認めなかったことから辞任し、その後、バイクの事故で死去した。

先述したように、南機関の鈴木大佐も、ロレンス中尉のようにビルマの独立を約束し、アウンサンを中心にビルマ独立義勇軍を結成して日本軍への支援を得たが、軍は作戦遂行上、早期の独立を許さなかった。このことを知っていた柳川中尉たちは、インドネシア青年に対して軽はずみに独立を口にすることができなかったのである。

回教の作興に精神的基礎を置いた義勇軍建設

別班の回教班が回教徒を通じて、大衆の中に手を伸ばし、最も的確な情報を収集していたことは既述した。このため、別班は、蘭印東インド時代の回教徒が、キリスト教徒に比べて極端に軽んじられていることに目をつけ、「義勇軍建軍の精神的基礎を、回教の作興におくことに一決した」のである。

「義勇軍の第一線に立つ小隊長級の連中については、それほど心配することもなかったが、中隊、大隊などの部隊長級が何を精神的な拠りどころにして部下を率いていくかという点になると、回教を採り上げるよりほかに、適当な方策が」なかったからである。

幹部級の人選は、「必然的に、各地方の宗教的に人望のあるものに重点をおくことになり、その多くは、郷土を愛する各地方の回教有力者や、地方的に勢力を持つ回教教師の中から選出」することにしたが、問題は、この工作の火付け役を誰にするかであった。

この役まで回教関係者にすれば、全くの回教の軍隊になり、指導が困難になってしまうからである。かといって、全くの無名の人物を指導者にするわけにもいかなかった。

柳川中尉は、かねてより親交を深めていたラデン・ガトット・マンクプラジャに、ひそかに目をつけていた。柳川中尉とガトットは、「すでにバンドンで国民皆兵を論じ、ジャワ防衛について討論していたこともあり、何事も腹を割って話し合える間柄であった」からである。

そこで、柳川中尉は、彼をチャンジュールから呼び寄せ、夜を徹して話し合った。彼は感激して、独立問題に触れることができない、柳川中尉の立場も十分に理解してくれた。

こうして、ガトットは、火付け役に決まり、「建白文書の文案も、彼の意見にもとづいて作成されることになった」のである。

部隊の名称と階級の規定や服装、階級章、給与、軍旗も制定した。部隊は、「大隊を単位とし、州名を付し、○州第○大団と呼称することにした。たとえば、ジャカルタ州の第一大隊なら、ジャカルタ州第一大団というように呼ぶ。

一大団は三個中団（中隊）、一中団は三個小団（小隊）、一小団は五個分団（分隊）で編成する。一大団兵力は五百名程度」としたのである。

義勇軍結成の建白書

義勇軍結成の建白書の提出日は、昭和十八年九月七日に決定した。前々日の五日に、チャンジールからジャカルタに出て来たガトットは、「ジャワ防衛挺身隊の編成を熱望する、長文の建白書を書き上げた」

ガトットは七日午前九時に、富樫通訳とともにジャワ軍政監部に出頭し、総務部長山本茂一郎大佐に建白書を提出した。「建白書は直ちに、新聞やラジオを通じて、即日全島に発表された」

「九月十三日には、各回教団体の代表が結束して、回教防衛隊編成の建白書を提出した。郷土防衛に挺身したいとの歎願書が、続々と各機関に出されて、新聞紙上をにぎわせはじめた。防衛熱は、日ましに熾烈となり、中には、日本流の血書の歎願書まで現れた」

こうして、インドネシアの防衛熱は最高潮に達し、その機をとらえて、ジャワ方面陸軍最高指揮官原田熊吉中将は同年十月三日に、先述した建白書を容れた下記の「ジャワ防衛義勇軍編成に関する訓示」（治政令第四十四号）を発表した。

〔ジャワ防衛義勇軍に関する件〕

第一条　大日本軍は大東亜共同防衛精神に則り、ジャワ五千万民衆の烈々たる共同防衛の意気に応え、原住民を以てジャワ防衛義勇軍を編成す。

第二条　ジャワ防衛義勇軍は郷土防衛に挺身する原住民をもって編成し、一部の日本軍指揮官を付す。

第三条　ジャワ防衛義勇軍は最高指揮官に隷属す。

第五条　ジャワ防衛義勇軍は郷土防衛精神に徹し、米英蘭に対して各州郷土の防衛に任ず。

付　則

本令は公布の日よりこれを施行す。

「日本政府は、これから設立される義勇軍に必要なすべての設備や装備のための資金として五百万円を用意した。そして、それとともにジャワ島全域で防衛義勇軍の志願者の募集が開始された」

ジャワ防衛義勇軍は、マレー語（当時）で、ＰＥＴＡ《ペタ》（Pasoekan-rela Tentara Pembela Tanah Air）と略称され、採用資格は、将校の場合、学歴不問、体力強健、思想堅固で意志旺盛、小団長は三十歳までとした。

下士官と兵は、学歴不問、身体強健、年齢二十五歳以下にして、つとめて独身なる者とした。同年十月七日、「義勇軍幹部、兵の志願手続き発表。翌日から幹部の採用検査が各州で行われた。検査には参謀別班の将校が分担して当たった」

一方、大団長の人選は、別班の回教班によってすまされていたが、「それらの多くは回教の有力者で占められていた」

「ジャワを郷土として防衛する建て前から、必然的にジャワ出身者が多くなった。しかし、ジャワ島の出身でも、旧オランダ軍の将校だったものは、絶対に採用しない方針をとった。また、オランダの教育を受けた者も排除した。彼らは、オランダ人によって飼いならされ、民族意識がいちじるしく稀薄だったからである」

では、このジャワ防衛義勇軍（以下、ＰＥＴＡと略称）出身のインドネシア人は、ＰＥＴＡに対して、どのような評価を与えているのだろうか。一九八四年と八六年に、インドネシア国立文書館が行ったインタビューに対して、二人のインドネシア人は、次のように回答している。

ダーン・ヤフヤ（軍歴不明）

「一般に、インドネシアの人びとに対する軍事訓練の影響は、のちに私たちの軍隊を持つ可能性をひらく基礎となって現われることになり、そのなかで私たちがオランダの再来に対抗する軍事力を組織することになったのです。

あの訓練がなければ、私たちの力は非常に低く小さなものだったでしょう。しかし、日本軍に与えられたこの訓練のおかげで、その後オランダに立ち向かうのに十分な力を組織する基礎ができて、たいへん役に立つことになったのです。これはすべて、日本が私たちと利害をひとつにしていたことの現れであると言えるでしょうね。

あとになって、私たちにとっては良い結果になりましたし、一般的に、日本時代は私たちの民族意識も高めたのだと私は思います。また一般的に、私たちが経験した苦難が、本当は民族に、すなわちインドネシアの人びとに、耐えていく力を与えたのですね。

ですから、私たちが独立闘争時代に入ったときには、私たちはすでに、どんな不足にも慣れてしまっていました。そして、変なことをいちいち問題にすることはありませんでした。日本時代の経験の結果、私たちの精神は、実はゼロから始められた独立という新しい挑戦に立ち向かっていくのに十分な力を持っていたと言えるでしょう」（一九八四年十一月十七日）

ケマル・イドリス（陸軍中将、戦略司令参謀長）

「私は当時、日本の訓練を受けました。とても厳格な規律が、闘争に参加していた私たちすべてのインドネシアの青年を形づくり、軍事知識は完全とはいえないまでも、私たちにオランダに立ち向かっていく力を十分に与えたのです。

高い精神と、まあまあの軍事力をです。しかし、ひとつはっきりしているのは、私たちが武器を扱えるようになったということです。オランダは私たちが武器の扱いがうまくなることを望んでいなかったので、以前は、インドネシア民族は武器の扱い方などまったく知りませんでした。

わが民族に対する日本人の態度は、礼儀を欠いたものでしたが、実は私たちにアジア民族は白人より優れているという感情を植え付けたことに対しては、私たちは日本に感謝しなければなりません。日本は私たちに希望を与えたのです」（一九八六年十月十二日）

ジャワ防衛義勇軍幹部錬成隊の発足

ＰＥＴＡの幹部を養成するために、ジャワ防衛義勇軍幹部錬成隊が昭和十八年十月十六日に、ボゴールで発足した。「十八日になると、各州の要員がボゴールに参集、翌十九日には入隊式が行われ、翌日から教練が開始されたが、タンゲラン道場の連中が、大先輩として、区隊長や班長を補佐して活躍した」

この錬成隊は、特別隊（大団長教育隊）、第一中隊（中団長教育隊）、第二中隊（小団長教育隊）、第三中隊（同上）および第四中隊（同上）によって構成された。

「大団長級は、短期間内で基本訓練を終え、その後は作戦、戦術の教育を受けた。そのために連日バスで郊外の訓練場へ出かけた」

第二、第三、第四中隊は、「ボゴール市内の競馬場、ゴルフ場、市の運動場、兵舎付属の広場などを交代に使用して猛訓練を続行した」

だが、訓練中に、各中隊は「回教のタブーをたびたび犯した。鉄拳を加えることが、中でも問題だった。同じ鉄拳でも、頭を打つことが最悪である。教官のほうは、教育に熱を入れるあまり、無意識でポカリとやるのだが、相手にとっては、大変な宗教上の問題」であった。

このタブーを、もっとも頻繁に犯したのが第三中隊長の柳川中尉であった。キャプテン柳川イコール鉄拳とまで思われていた。

こうした厳しい訓練の中で、ある日、一人の小団長候補が午前中の野外訓練を終えると、訓練に厳しさが欠けているとの理由で、区隊長から銃を持って立つように命令された。午前中の厳しい訓練が終わった後で行う炎天下での直立不動は大変な罰であった。

このとき、突然、第四中隊長の土屋競大尉（中尉から進級）が、その候補生の隣に直立不動のままで立って、何も言わずに一時間近くが経過したのである。

この様子を目撃したジャワ防衛義勇軍小団長候補生のズルキフリ・ルビス氏（後に大佐、インドネシア陸軍参謀長代行）は回想録で、次のように述懐している。

「私たちは驚いて、黙って見ているだけでした。やがて一時間が過ぎ、午後の訓練の始まる合図が流れ、二人はそれぞれ自分の場所に戻って行きました。土屋中隊長は、部下の区隊長にも候補生にも懲罰について一言もいわず、やがて午後の訓練がいつもの通り始まりました。

私たちはそれをずっと見ていましたが、すばらしいことだと思いました。これまでインドネシアでこのような教育をする人はいませんでした。インドネシア人にとって想像もつかないことで、こういう教育があることをはじめて知りました。そのことは第四中隊だけでなく、錬成隊にいたインドネシアの若者に知れ渡り、全員感動しました。

土屋中隊長は、まだ二十代半ばで、私たちとそれほど年齢が離れていませんが、常に私たちのことを考えていたと思います。訓練期間中、苦しくて倒れそうになると、いまはインドネシアが独立したときの要人を育成しているのだとか、インドネシア国軍が創設されたとき中心になる軍人を育成しているのだ、といって私たちを励ましてくれました」

こうして、日本人の教官から中野学校の精神教育を受けた第一次錬成隊の訓練生は、訓練期間を終えると、西部、中部、東部に区分されたジャワ島十七州二候地に三十三個の大団が配置された。同年「十二月八日の大東亜戦争開戦記念日を、ジャワでは興亜祭と呼んだ。この日、ジャカルタ市中央のガンビル広場で、興亜祭の式典が盛大に行われた。

前日七日に教育を修了していた全錬成隊員が、このガンビル広場に集合し、ジャワ郷土防衛義勇軍幹部任命式と、軍刀授与式が挙行された。そのあと、中団長以下が、腰に軍刀を吊り、原田最高指揮官の前で分列式を行い、つづいて、第十六軍軍楽隊を先頭に、軍靴の音も高らかに、意気揚々と市中を行進した。インドネシア人による最初の軍隊であり」、別班の「汗と熱と意気の教育が、ここに実ったのである。これらの大団長以下は、翌日十日、各州の任地に出発した」

翌年一月六日、「各義勇軍大団に大団旗が、軍司令部官邸で各大団長に渡された。二十七日、ジャカルタ大団は軍旗祭を催し、カスマン大団長以下が軍旗を先頭にして市内を行進した」

第六節　ジャワ郷土防衛義勇軍幹部教育隊の発足

歩兵操典を現地語に翻訳

柳川中尉は、引き続いて「次期義勇軍幹部教育機関ならびに義勇軍指導研究機関として、新たに防衛義勇軍幹部教育隊の設立計画書を作成、特に、義勇軍指導部を教育隊内に設置することを強調して提出した」

先述した軍旗祭が行われた日の前日、「義勇軍補充要員を目ざすインドネシア青年のために、また、義勇軍自体に必要な教育、研究、資料作成の機関として、ジャワ郷土防衛義勇軍幹部教育隊を設立する旨が、談話の形式で軍当局から発表された」

この教育隊内には指導部がおかれ、部長に山崎大尉がなり、教育隊長には柳川大尉（中尉から昇進）がなった。その他に、部員三名（市来龍夫嘱託、井上常造嘱託、ドクトル・ハジ・アグリサム）と兼務小団長若干名、女性タイピスト二名がいた。

指導部の「当面の主な作業は、日本軍の歩兵操典、内務令、作戦要務令等の参考兵書類の翻訳だった」が、柳川大尉は回想録で「この翻訳が義勇軍の唯一のテキストとなり、各大団の教育にどれほど役立ったかわからない。また、独立戦争に起ち上がったインドネシア軍にとっても、どれほど有力な資料となったことだろう」と述懐している。

ジャワ郷土防衛義勇軍幹部教育隊の設立

かくして、教育隊は、いよいよ発足することになった。教育隊は、柳川大尉（教育隊長）、勝浦中尉（副官）、越智大尉（鳩通信研究班）、田中少尉（軍医）、N少尉以下八名、現地使用人数人（本部付）、指導部（前出）の他、大候隊（大団長教育隊）、中候隊（中団長教育隊）、第一中隊（小団長教育隊）、第二中隊（同上）、第三中隊（同上）、第四中隊（同上）、第五中隊（同上）から編成され、「新設の二十二個大団の幹部と、補充小団長の教育を開始することになった」

一方、昭和十九年六月以降、アメリカ軍の反攻は日増しに激化し、平和なジャワも、いつ敵軍から反攻を受けるか分からない状態にあった。

このような戦況の悪化を鑑み、別班は祖国自衛のための義勇軍幹部の養成に奔走していたわけであるが、「島内でも物資の不足が目立ち、物価も不安定になった。しかし、それにともなって、義勇軍を中心にした防衛熱はますます上昇していた。その時期に第二次の義勇軍幹部の教育がはじまったわけである」

柳川大尉が回想録を書いた当時、「インドネシア国軍の高級将校や中堅幹部になっている人々は、この期の人が目立って多い」ようである。「独立戦争でも、やはりこの期の人々が、もっとも勇敢に戦ったことと思われる。そのころは十六歳から二十前後の青年だった」のである。

この第二次教育の期間中に、中団長要員の特別教育が実施されたが、その中には昭和四十三（一九六八）年三月に、第二代大統領に就任するスハルト（後に陸軍大将、元ボゴール第二次教育隊、中団長）の姿もあった。

現地で日本人の警察署長の補佐役に採用された後、PETAに入隊したスハルト大統領は平成十（一九九八）年一月六日付『日本経済新聞』

スハルト

の「私の履歴書」の中で、ＰＥＴＡで訓練を受けたときの印象について、次のように述懐している。

『日本語の勉強を始めてまもなく署長から日本軍が組織し始めた現地人軍隊、郷土防衛《（ママ）》軍（ＰＥＴＡ）への入隊を勧められた。五百人の応募者の中から私ともう一人が選ばれ、訓練の施設のあるボゴールに送られた。（中略）

ＰＥＴＡでの訓練は想像を絶していた。朝五時半から夜遅くまで軍事教練、理論、精神教育が続き、最前線の司令官となる小団長（小隊長）には特に厳しかった。仲間の一人がたるんでいると全員が夜中まで正坐をさせられた。

相撲もやった。五回勝つまでやめられず、きゃしゃだった私はつらい思いをした。「駆けろ、駆けろ」朝の走行訓練での指導官の掛け声は耳に残っている。私が当時を語る時の用語はいまだに日本語である。（中略）

ＰＥＴＡでたたき込まれた闘争精神、愛国精神抜きには、我々は再植民地化のため攻めてきたオランダを撃退できなかったと私は思う。その意味で日本軍に感謝している』

その後、昭和十九（一九四四）年八月下旬から「軍の要請によって、増設義勇軍十二個大団の幹部養成のために、第三次教育が実施されることになった」

第七節　ジャワ防衛義勇軍特設遊撃隊の結成

防諜名はイ号勤務隊

柳川大尉は同年十二月に入ると、ジャワ郷土防衛義勇軍幹部教育隊を義勇軍指導本部長の吉本大佐にゆずり、マルノト小団長以下若干名だけを残して「その他の大部分の小団長を伴い、年来の宿願だったジャワ防衛義勇軍特設遊撃隊」の結成を進めた。

この特設遊撃隊は、「正規の義勇軍とは別に、全島に一貫した組織網を持ち、ジャワ民衆のすべてをジャワ防衛に起ち上がらせようとするもの」であり、「重点を〝独立は自力で〟をスローガンとして、一般大衆の啓蒙に」置いたものであった。

教育期間は、第一期が昭和二十年一月から六月までの六カ月、第二期が残り六カ月の十二月末までと計画し、「第一期に五百名、第二期に五千ないし一万名の隊員養成を目標にして準備した」

部隊の防諜名は、インドネシアのイを採って、「イ号勤務隊」とし、「予備役陸軍中尉永井嘉彦を副官に採用した」

イ号勤務隊は、編制を西部班、中部班、東部班に分け、百四十五名の基幹要員を有し、次の点で義勇軍とは異なっていた。

（イ）指揮系統において軍直轄部隊であること。
（ロ）隊長以下頭髪をたくわえたこと。
（ハ）全員が押収兵器のカービン自動小銃を装備したこと。
（ニ）服装を紺サージの上下にしたこと。
（ホ）肩章は一切着けず、また普通の黒トピ（帽子）を用いたこと。

イ号勤務隊は、同年一月八日から「各班ともそれぞれ展開を完了し、基幹隊員を各自指定された担任地域に派遣して、各人五名ずつの新隊員を募集」させ、一月十五日に各班はいっせいに一般隊員の入隊式を行い、教育を開始した。

だが、「義勇軍の場合のようには形式的訓練にこだわらず、主眼を遊撃戦法において、潜行、潜入、連絡、通信等、それに夜間行動を主とした戦闘法の猛訓練を施した。一方、野戦はじめ市街戦、山岳戦等も訓練し、奇襲戦法を中心にして、徹底的に」教育し、来たるべき蘭印軍の反攻に備えたのである。

柳川大尉は回想録で、イ号勤務隊とインドネシア国軍の憲兵隊（ＣＰＭ）の関係について、次のように述懐している。

戦後の「インドネシア国軍でＣＰＭと呼ばれる憲兵隊の骨幹となっている人たちの多くは、このイ号勤務隊の出身者である。当時の小団長も将軍となったり、大佐、中佐となって活躍しているが、一般隊員の中からも佐官級の人物が相当数出ており、在外武官になっている者もいる。前憲兵司令官のスナルソ准将も同様中部班の出身だ。九・三〇事件（吉本注：一九六五年九月三十日に起こったインドネシア共産党のクーデター）後は、大統領の親衛隊が解散させられて、憲兵隊が代わっているが、ナスチオン大将の危機を救ったのも、護衛CPMの若い部員たちの機敏な遊撃的行動によるものとして高く評価されている」

第八節　ジャワ回教青年挺身隊の結成

回教尊重政策の開始

柳川大尉は昭和二十年二月に、各イ号勤務隊選出の小団長の協力を得て、別に回教青年挺身隊を結成した。

別班の回教班は、丸崎大尉の指導の下に、昭和十七年の中期から活動を始め、回教の代表と軍司令官を会見させ、「かくて、上は軍政監部宗務部より、下は地方の県、郡、村、区に至る一貫した組織が生まれることになった。これは、長い間蔑視されて来た回教徒にとっては、全く思いもかけない大発展」であった。

「オランダ統治時代のジャワ回教は、土着官憲、土候、県長だけに従属していて、中央機関とのつながり」がなかったからであるが、「この回教尊重政策は、ジャワ軍政の一つの大きな特色であった」と言っていいだろう。

柳川大尉は、「回教徒青年層によるジャワ防衛能力を向上させるために」回教班に指示して、「全島各地区の回教徒下部組織に働きかけさせた」

このため、回教班は二月に、宗務部を通じて「島内の各地から回教青年の幹部要員を募集した。各地の回教塾の優秀な塾生と、地方回教有力者の子弟で、十六歳から二十五歳までの若者たちが、続々として応募して来た」

かくして、ジャワ回教青年挺身隊（ヒズブルラー）が結成された。このヒズブルラーの実際の指導は、イ号勤務隊各班から選抜された小団長が行い、柳川大尉は教育の進度に注目しながら、適宜重点的に指示を与えた。

「十二名の小団長は、各自五十名ずつの隊員を掌握して訓練していった。日課内容は、義勇軍のそれに準じたが、とくに回教の習慣を重んじ、日々の礼拝も支障なく行い得るように配慮して組まれた。実施の細部計画は、各小団長に立たせたが、時々彼らを集合させて、各自の計画について討議させた。その討議は、時として夜半過ぎまでつづけられることもあった。午前中は主として宗教教育にあて、午後は主として軍事教育を行った。号令はすべて日本語を用い、執銃訓練は竹槍、あるいは木銃で行った」

こうした「一般的訓練のほかに火焔瓶の製法、爆薬の取り扱い方、装爆法、雷管の取り扱い方、取り付け、配線、点火、爆破と順を追って具体的に教示したあとで、農園内の大地を実際に爆破して見せた」

訓練期間の後半には、「遊撃戦を主体とした夜間行動の指導に重点」が置かれ、「夜目のきくインドネシアの若者たちは、裸足になって音もなく、まるで黒豹のように暗闘の野外を走り、潜伏し、潜行した」

ところが、開所して二、三週間経ったころ、ある小団長がこんなことを申し出てきた。

「隊長殿、今のままでは気合いが入りません。気合いを入れるために打たせて下さい」

選抜された小団長は、とくに熱心な回教徒で、「回教では、打つこと、中でも頭を打つことを固く禁じている。それを知悉しているはずの小団長が」こういうことを申し出てきたため、柳川大尉は驚いて、こう答えた。

「絶対に殴ってはならない。ここは回教青年隊だ。回教のハラム（不如法）は絶対に犯すな。気合いが入らん連中は突いて、突いて、突き飛ばせ。それならハラムにも触れんだろう」

すると、小団長は「わかりました」と言って、満足気に返事をして引き揚げて行った。

柳川イコール鉄拳とまで思われた柳川大尉は、「小団長には絶対禁止を申し渡したものの、この時ほど自分の鉄拳癖」について反省させられたことはなかったが、「その一方、こんなことを申し出ずにはいられないほど、彼自身が訓練に気合いを入れているのだと思って、頼もしい」と感じた。

訓練とは恐ろしいもので、当初は悠長をきわめていた青年たちも、三カ月間の訓練課程を経て、見違えるばかりに成長し、「各自の出身地に帰り自力で回教青年挺身隊を編成した。そしてチバルサの約五百名を旬日ならずして数千、数万のヒズブラーへ」発展させていった。

柳川大尉は回想録で、インドネシア独立戦争でのヒズブラーの活躍について、次のように述懐している。

「その後のインドネシア独立戦で、ジャワ全島に散会していったヒズブラーは、わずかに竹槍や蕃刀を手にして、近代兵器で装備されたオランダ軍を、最後まで翻弄したのであるが、こういう成果も、元はイ号勤務隊出身の十二名の小団長を母体として挙げられたのである」

第九節　ジャワ防衛義勇軍の反乱

ブリタール事件の発生

ところで、戦争末期のジャワ経済は、戦況の悪化に伴って「きびしく統制され、食糧、衣類等をはじめ、日常生活の必要物資が極度に不足、高騰し、民衆の生活は、はなはだ苦しくなってきた」

特に、南太平洋全戦域の兵站基地の観を呈していたジャワ島の「米の供出は、農民の下部層に行くほどきびしくなる傾向が見られたが、その農民たちは、食糧不足のみならず、衣料不足から、木の皮を叩いてのばしたものを腰に巻くだけというような悲惨な状態に陥っていた」

一方、「日本人たちは少しも衣食に困ることなく、毎日豪奢な暮らし」を続けており、また日本人のインドネシア人に対する差別待遇や軽視、あるいは日本に待望していた独立が、いつ与えられるか分からないこともあって、インドネシア人の間では、そういう日本人に対して、前統治者のオランダ人に向けられた反感と変わりないものが次第に芽生えていた。

こうした状況の中で、昭和二十年二月十四日夜、東部ジャワ、ケデリー州の小都市で、ジャワ防衛義勇軍ブリタール大団による反乱事件が発生したのである。

「大団中の一個中団全員が、小団長スプリヤディ（タンゲラン道場一期生）、同スパルヨノ（義勇軍錬成隊出身）大団副官、小団長ムラディ（同上）の三名を首謀者として、全員武装して脱走、ブリタールの日本人ホテルと、日本人警察官宿舎に迫撃砲をブチ込んで数名を殺傷、ブリタール監獄を破り、華僑を除いて、インドネシア人の囚人をことごとく解放した後、クルド山中に立てこもったのである」

「ジャワにおけるインドネシア人の反乱行為の発生要因は、先述した経済的なものと、政治的なものとに大別される」が、その両方が複雑にからみあって発生したものもあった。

柳川大尉は、反乱事件の発生を知ると、ハンマーで殴られたような衝撃を受けたという。首謀者の三名とも柳川大尉が直接に教育した者ばかりだったからであるが、「事件発生の責任の大半は、日本人側にあるに違いない、と直感した」

当時、軍政監部にいた三好俊吉元領事によれば、「その原因は義勇軍内における日本人指導者の態度、指導ぶり、及び日本軍人とインドネシア義勇軍将兵との間の待遇、その他差別待遇に関連し、また日本の軍政施策、なかんずく経済状態の悪化による住民の困窮に対し、血気の青年の義憤的、同情的反日不穏行動とみられる」という。

また「これらの事件は、義勇軍の温床であった参謀本部別班の青年道場、あるいはボゴール錬成隊等における教官の日本軍人と、各義勇軍部隊に配属された日本軍人の質的差異による義勇軍将兵の失望と不満によるもの」であるというが、直接的要因は日本人がブリタール大団のある分隊長の許嫁《いいなずけ》を寝取ったことにあったのである。

「小、中団長ら挺身的宣撫活動によって、事態は急速に収拾され、幸いにも砲火を交えるに至らなかった」が、ジャカルタで軍法会議にかけられた反乱軍の幹部には反乱罪が適用され、三名死刑、無期一名、十五年五名、十年三名、七年十八名、二年二名の禁固刑が宣告された。

だが、肝心の首謀者であるスプリヤディ小団長は、柳川大尉の指示で中部のサラティガに逃げこみ、戦後になっても行方不明のままとなった。

今回の事件は、「インドネシア人が近代兵器を使用して、集団で支配者に抗争した最初の事件であり、インドネシア民族の、独立抗争史上もっとも重要な事件の一つであった」と言われている。こうした中で、各方面からひどく叱責された柳川大尉は、黙々として、非難の声に堪えるしかなかったのである。

チラチャップ義勇軍の集団脱走事件

さらに、この事件に続いて、日本人幹部の指導に対する不満から「大団の一個中隊全員が、兵器を捨てて隊から脱出し、川をわたって対岸地帯に脱走」するというチラチャップ義勇軍の集団脱走事件が発生した。

この事件の討伐にはボゴール教育隊第一期生の中団長級の教育を担当した高瀬嘉十郎大尉が命ぜられたが、義勇軍を愛する高瀬大尉は討伐を断ったため、イ号西部班の森本少尉と現地出身の小団長三名が代わりに宣撫工作を行い、ほどなく反乱兵全員を帰順させることに成功した。

この他にも、小規模な事件が各地で起こったが、いずれも大事に至らずに解決されたのである。

その他に東南アジアの各地で結成された義勇軍（義勇隊）

これまで説明したように、日本軍は、大東亜戦争の初期に英印軍のインド兵を説得して、INAを結成し、さらにビルマとインドネシアでも現地の青年に軍事訓練を施し、義勇軍を結成したが、その他の東南アジア各地でも将来の連合軍からの反攻に対して、兵力を補うためにマレー義勇隊・マレー義勇軍（マレーシア）、スマトラ義勇軍（スマトラ）、バリ義勇軍（バリ）、北部ボルネオ義勇軍（ボルネオ）、インドシナ義勇隊（インドシナ）、カオダイ義勇軍（ベトナム）、義勇隊マカピリ（フィリピン）、平和と秩序の義勇軍（フィリピン）、タガラの鉄の腕（フィリピン）、インド国民義勇軍（香港）を結成して、軍事訓練を実施した。

第三部

第二次大東亜戦争とアジアの独立

ジャワの騒擾激化

英印軍と革命軍交戦

【バタヴイア特電十七日発＝AP特約】ジャワにおける騒擾は到る所で大混乱を起しており、殺戮、掠奪がほしいまゝに行はれてゐる バタヴイアから二十マイルのデボクでは革命派によって十五名のユーラシア人が殺害され、家屋まで破壊され、また教会からは宗教団が拉致された、英印軍は革命軍八百名と激戦を交へたが、英側の報道によると英軍は事態を収拾したとのことである、インドネシア国民党側は「平和を維持する唯一の道」として要求を提出し、これに対する聯合軍司令部からの回答を待つてゐる、英政府代弁人の言によると

ジャワ中部ではインドネシア人は戦争捕虜救済委員、赤十字社援助員およびアウバラワ、バンジエビルセ、スマランの日本人を監禁し、婦人収容所を包囲し彼等を人質として監禁する旨発表した

とのことである、これに対し英軍はスマランに軍隊を、他の地点に陸戦部隊を派遣した、なほ国民会議の提出した要求とは日本軍及びオランダ軍の撤退及びオランダ軍のジャワへの増援拒絶である

【バタヴイア十七日発SF＝同盟】インドネシアを繞る情勢はいよいよ激化しつゝあるが、UP通信によればインドネシア共和国副大統領モハメッド・ハッタ氏は何等かの国際機関によってインドネシア独立問題の調査が行はれるまで、オランダ軍がジャワから撤退することを要求した、然しながらオランダ側は続々増援軍を繰出し、十六日にオランダ兵がバタヴイアに上陸したほか、六千五百名の軍隊が目下輸送途上にあると言はれてゐる

宣戦は人民軍から

【ヘーグ十六日発SF＝同盟】オランダのヒルヘルスム放送によればバタヴイアよりの電報はオランダに宣戦を布告したのはスカルノ一派の民族主義者たちでなく、インドネシア人民軍司令部であり、スカルノ博士はすでに独立運動を統御する力を失ったと伝へてゐる

和蘭婦女子を人質

【バタヴイア十六日発SF＝同盟】ロイター通信によればジャワ

自由は

米上院議員

【ワシントン十六日発SF＝同盟】米上院議員エルバート・トーマス氏は十六日の議会演説において日本の現状を次の如く述べてゐる

マッカーサー元帥が前首相に指示した五項目は自由な日本社会の大憲章となるべきものである、民主主義も如何なる日本国民に於ては花は咲かぬ、実際行動があって初めて日本国民の政治の責任が判るのであって、もちろん政治の五項目そのものが

英印軍とインドネシア軍との交戦を報じた『朝日新聞』（昭和 20 年 10 月 19 日付）

第六章　アジアに生きる大東亜戦争の遺産

第一節　マレー軍政と興亜訓練所の設立

日本軍政の開始

第二十五軍司令部は昭和十七年二月十五日に、シンガポールが陥落すると、シンガポールに軍政部を設置した。軍政部は、参謀副長の馬奈木少将を長とし、「高等官一、二等の文官と予備役の中少将十名が陸軍司政長官に任ぜられ、昭南（シンガポール）特別市長とマレー各州知事に就任した」

さらに軍政部は同年八月に、「軍政幹部に昇格し、軍政部は軍参謀長の鈴木宗作中将となった」

軍政部は、「大部分がイスラム教徒であるマレー人の風俗や宗教の尊重に気を遣い、大規模なイスラム教行事を支援する政策」をとり、「住民の政治参与機関として四三年十月、各州に参事会を設けたが、これもマレー人中心に構成し、州知事に対する諮問機関として効果をあげた。さらに高等師範学校を設立して教師の再教育をおこない、マレー医科大学も作って医療水準の向上を図るなど、教育行政にも力を入れた」

従来のイギリス人の官吏が占めていたポストには日本人職員が任命されたが、絶対数が不足したことから、シンガポールとマラヤに「興亜訓練所」を開設して官吏を養成した。

これによって、マレー人官吏は、従来のイギリス人官吏が占めていたポストに登用され、「新たな経験とイギリス人なしでも行政を行うことができるという自信を得た」のである。

このような軍政は、イギリスの統治時代にはなかったことから、「原住民のマレーと、独立運動の支援に感謝するインド人を喜ばせたが、とくにマレー青年の教育と訓練が、日本軍政最大の遺産とされている」

昭南興亜訓練所の設立

軍政部は同年五月十五日に、将来のマレー指導者の養成を目指した「南方建設の人材養成機関設置要領」（五月一日策定）を基に、昭南市（シンガポール市）に「昭南興亜訓練所」を開設し、「マレー人・インド人・中国人を問わず、中等教育修了程度で、十七歳から二十五歳までのマレーの優秀な青年の中から訓練生を選抜」して、精神と肉体の鍛錬を中心とする寮生活を行わせた。

この訓練所を提案した軍政部総務部長の渡辺渡《わたる》大佐がモデルとしたのは、幕末の吉田松陰の「松下村塾」と孫文の「黄埔《おうほ》軍官学校」であった。

同年十二月二十四日に制定された「興亜訓練所令」では、「主として軍政監部職員たらんとする優秀なる現地人子弟を収容し、厳正なる規律の下に訓練し、奉公の精神を涵養し、勤勉力行の慣習を育成すると共に、日本語に習熟せしめる」としている。

また訓練期間は、三カ月から六カ月間とし、訓練科目は「精神訓練」、「教練」、「日本語」、「作業」とした。

これは、一般的に東南アジアの人々が、「のんびりとして計画性のない生活振りで、場合によっては怠惰な民族とさえいわれるが、精神教育をもっとも重視し、また全寮制の軍隊式訓練によって、短期間で徹底的に鍛えるという狙い」があったからである。

昭南興亜訓練所（以下、訓練所と略称）第一期生のニック・モハマドは、終戦五十周年国民委員会が行ったインタビューの中で、次のように述懐している。

訓練所に「到着するとすぐに制服・制帽が与えられ、毎朝六時に起きベッドを整え、グランドに飛び出して、旗を掲げ、東京に向かって天皇陛下に対し敬礼をしました。その後でランニング、体操をして、宿舎にもどって朝食、清掃。その後は朝礼です。点呼があり出欠の人数を

確認して、学習に入りました。（中略）

精神を鍛錬し規律を守らなければなりませんでした。六時に起きることになっていたら六時に起きなければなりません。遅刻は絶対に許されません。時間を守ることはたいへん重要で、即ち気合い（精神）を入れることでありました。このことは日本語と並んで第一とされました。こうしてそれぞれの職場に戻り、学んだことを教えるようになったのです」

「訓練所の第一期生は、マレー人四十八名、インド人十九名、中国人十五名、混血人二名の合計四十八名であったが、第二期生からはスマトラとボルネオ在住のマレー人青年も入所した」

訓練所は昭和十八年七月末に、第三期生を最後に閉鎖されるが、新たに設立された「マラヤ興亜訓練所」では終戦までに、第一期生から第八期生まで、合計約八〇〇名の卒業生を輩出している。

こうして、前出のニック・モハマドら卒業生は、「軍政監部の職員として、日本軍政の実務をマレー人自らの手でおこない」、大半がマレー義勇軍（ＰＥＴＡ）の将校となっていった。

このように、日本軍政は、終戦までのわずか三年足らずで、「マレーとスマトラの指導者たるべき人材を一〇〇〇名も育成」し、一五〇年余りに渡ったイギリスによる植民地体制を崩壊させ、戦後のマレーとスマトラの発展の基礎を築いていくのである。

第二節　ビルマ軍政と士官学校・幹部候補生学校の設立

ビルマ幹部候補生学校の設立と日本留学

日本軍は、ビルマを完全占領した後、軍政を開始した。そして、ビルマ行政府を設立するために、バー・モウ博士を長官に就任させ、ＢＩＡをビルマ防衛軍（ＢＤＡ）に改称し、アウンサンが司令官に就任した。

さらに日本軍は、日本人教官の指導のもとに、士官学校や幹部候補生学校を設立し、日本の陸軍士官学校に多数のビルマ青年を送ったが、この留学生は将来、優れた軍人を養成するために、アウンサン将軍が派遣したもので、彼らは、後のビルマ国軍（ＢＡ）のリーダーとなるのである。

この幹部候補生学校から、日本の陸軍士官学校に派遣された二人のミャンマー（旧ビルマ）人は、終戦五十周年国民委員会が行ったインタビューの中で、日本で学んだ動機と印象について、次のように述懐している。

ソウ・ミン（陸軍士官学校第五十七期生）

「私たち学生は愛国心から英国占領下のビルマで独立のための地下活動をしていました。ＢＩＡが設立されてからは、ＢＩＡに入り、国軍までずっとです。その目的は国に独立を得るため、他者の手から自由になるためでした。三十人の学生から優秀な学生を三十人選んで日本へ軍事を学びに行かせました。私はその第一期生です。（中略）

軍事訓練の中身は日本の学生と何ら違いはありませんでした。また、特別講義をしてくれて陸軍のことだけではなく、海軍から航空機のことまで教えてくれました。日本とアメリカの戦争がかなり厳しくなってきた頃、日本軍が島々においてアメリカ軍と戦って得た経験から戦闘のレッスンをしてくれました。

それは、上陸したとき敵の後から入って行き、敵の中を突き進んで行く、というかなり勇敢な戦術を学びました。私は日本の士官学校で学んだ中で一番印象に残っていることは、戦術指導で、二番目は今お話ししたアメリカ軍との戦いで得られた教訓を教えてくれたことです」

キンモントン（陸軍士官学校第五十八期生）

「国軍には学生のとき入隊しました。そして日本に行くことになるわけですが、私たちは兵隊なのでオンサン将軍が選んで責任をもって派遣したのだと言いたいです。兵隊というものは、上官の命令は守らなければなりません。行けといわれたら、たとえ死の確実なところへでも、どこにでも行かなければなりません。これは私たちの最初の師である日本の教官が教えてくれたことです。

オンサン将軍が私たちが行く前に『お前たちは日本へ行って軍事訓練をうけなければならない。帰ったら、ビルマ国軍を強力なものにし、世界的レベルになるように、訓練しなければならない。それから偉大なる国軍を作らねばならない』と言いました。（中略）

日本の士官学校は米国のウエストポイント、イギリスのセネルズなどと並ぶ世界最高のレベルの学校といえるでしょう。特に日本の軍隊における軍人精神について詳しく学びました。これが私の心の中で最も強い印象として残っています。軍人精神とは軍の規律に従い、上官の命令に従って、国のため必要ならば死ななければならない、これが軍人精神です。

今のミャンマー国軍は、四つの義務がありますが、当時の我々は五つありました。それを言いましょう。

一つ、軍人は忠節をつくすを本分とすべし
一つ、軍人は礼儀を正しくすべし
一つ、軍人は武勇を尚ぶべし
一つ、軍人は信義を重んずべし

一つ、軍人は質素を旨とすべし
我々は軍人の基礎を身につけることができ、日本の先生にはとても感謝しています」

このように彼らに受け継がれた日本軍の軍人精神は、やがてミャンマー国軍の精神的遺産となっていくのである。

第三節　ミャンマー国軍に生きる日本軍の精神的遺産

日本軍の軍人精神を踏襲したＢＩＡ将校

元アンカレッジ総領事の佐久間平喜氏は、その著書で日本軍の軍人精神を踏襲したＢＩＡ将校とビルマ国軍士官の特性について、次のように述べている。

「ＢＩＡの将校に共通する特性は、次のとおりに要約されている。この特性は、現在のビルマ国軍士官によって受け継がれている。

イ　祖国に対する献身の念が強い。

この特性を背景として、ビルマ軍は、自己を「national good」の最も有能な保護者であり、かつ何がnational goodであるかの最終的決定者であると見なしていた。

ロ　ピューリタン的気質に富み、自己犠牲を重視する。
この特性の最良の具現者がネ・ウィンである。
ハ　社会主義に傾注している。
これは、基本的には反帝・反植民地主義感情に基いている。
ニ　政党政治家に強い不信感を抱いている。
ホ　強い自尊心を持っている」

日本の軍事組織を踏襲したミャンマー国軍

元丸紅ヤンゴン出張所長の加藤徳道氏も、その著書で日本の軍事組織を受け継いだミャンマー国軍について次のように述べている。

「ミャンマーの国営テレビ放送は軍艦マーチで始まる。曲に合わせて軍のパレード、演習風景などが映る。日本ではパチンコの店頭ぐらいでしか聞かれなくなった軍艦マーチだが、ミャンマーでは正式な軍歌である。ミャンマー語の歌詞もついていて、誰も日本に起源があるとは思っていないようだ。他にも日本軍歌がそのままミャンマー軍歌となっている例は多数ある。軍隊の組織からしてほぼ完全に旧日本軍を踏襲している。小隊、中隊、大隊、連隊、師団という編成とその人数は旧日本軍そのまま。士官の定員なども完全に同じであり、現にミャンマー軍には大将が二人しかいない。定員を忠実に守ればミャンマー軍の兵員数が少ないために二人しか就任できないからだ。

ミャンマーの国軍はまさしく日本が基礎固めした。（中略）

十二月八日の太平洋戦争勃発時には、一同はバンコク周辺に待機していたが、ただちにビルマ独立義勇軍の募兵が始まり、十二月二十八日宣誓式が行われた。現在のミャンマー国軍は、この日をもって創設記念日としている。（中略）

ビルマ独立軍はその後、ビルマ防衛軍、ビルマ国軍と改称する一方、軍幹部養成機関として士官学校を設立した。教員はすべて日本軍将校と下士官が占め、生徒は全員ミャンマー人。優秀な生徒は日本の士官学校へ留学する制度になっていた。ネ・ウィン政権下も含めて現在の軍事政権の指導者たちの大半は、この士官学校卒業生である。国軍ならびに政府が一枚岩となっている大きな理由である」

デモで歌われた日本の軍歌

一党独裁の軍事政権時代に身柄を拘束され、長い間、自宅で幽閉されていたミャンマー下院議員で野党最大の政党、国民民主連盟（ＮＬＤ）議長のアウンサン・スーチー女史が平成二十五年四月十三日、二十七年ぶりに来日した。

彼女が幽閉されていた昭和六十三年の七月から、およそ三カ月間にわたって、ビルマで独裁支配をするビルマ社会主義計画党BSPP（Burma Socialist Program Party）を打倒するため、人々の間で「デモクラシー　ヤシーイエ！　（デモクラシー　獲得！）」を合言葉に、ビルマ全土で毎日のようにデモが繰り広げられたことがあった。

元NHK国際局チーフ・ディレクターの田辺寿夫氏も、その著書で、このときにデモの中で歌われたビルマ国軍の軍歌の中に、次のように旧日本軍の軍歌の影響を受けたものが実に多いと述べている。

『八八年九月の初旬、ラングーンの街頭をうめつくした民主化要求のデモの隊列に、民衆が待ちに待った国軍兵士が姿をあらわした。彼らは第一線の部隊ではなく、修理基地や軍工場などの後方部隊であったが、市民たちからは大きな拍手で迎えられた。上官の命に背いてデモに参加してきたのであろう、兵士たちも興奮していた。隊列を組んで行進しながら、彼らは下士官とおぼしきリーダーの指揮で声を張り上げ、一斉に軍歌を歌いはじめた。兵士たちの口をついて出てきた軍歌は、ビルマ国軍でもっともよく歌われるものの一つであった。一般のビルマ国民にもよく知られている。しかし日本人がこれを聞くと、一瞬おやっと思う。「万朶の桜か、襟の色　花は吉野に　花咲く……」という歌い出しではじまる、旧日本軍の軍歌「歩兵の本領」のメロディーそのままである。（中略）

この歌に限らず、ビルマ国軍では旧日本軍の軍歌がいくつも歌詞を替えて歌われている。「軍艦マーチ」もあれば「愛馬行進曲」もある。かつて、軍人出身のビルマ政府のある閣僚が来日した時、宴席で朗々と「見よ　東海の空明けて……」と歌い出し、日本人の喝采を浴びたというエピソードも残っている。歌ばかりでなく、旧日本陸軍の「歩兵操典」もビルマ語に訳されてビルマ国軍の教本として使われているという。

以上のことが象徴的に示しているように、長い間ビルマの政治の実権を握ってきたビルマ国軍は、その創設の当初から日本と深く関わっていた。

民主化運動の指導者として彗星のように出現したアウンサン・スーチーの実父であり、「独立の父」と敬愛されている故アウンサン将軍も、そして独立後国軍の最高指揮官として君臨し、その後二六年間にわたってビルマを支配しつづけてきたネウィン退役大将も、日本軍の軍事訓練を受けることから、その軍歴をスタートさせているのである』

元南機関員を表彰したネ・ウィン大統領

戦後、ビルマ首相となったネ・ウィン将軍は昭和五十六（一九八一）年一月四日の第三十三回独立記念日に、元南機関の七名（鈴木機関長の未亡人・節子、杉井満、水谷伊那雄、川島威伸《たけのぶ》、泉谷達郎、鈴木八郎、高橋八郎）を招待し、ビルマ独立に対する貢献を讃えて国家最高殊勲賞「オンサンの旗」を授与し、最高の敬意を表した。

この受賞は、「外国人はもとよりビルマ人でも皆無であったので、これら七名の日本人の受賞は内外の注目をあびた」のである。

ネ・ウィン首相は、過去五回にわたって、国家元首の資格で訪日したが、「訪日の都度元南機関関係者と旧交を暖めること」を決して忘れなかったからである。

こうした過去の経緯から、「ビルマの要人は、元南機関を通じて日本とのつながりを極めて重視している。すなわち、日本・ビルマ友好関係は、ある意味で南機関が残した遺産を基礎として発展してきている面がある」と言えるのである。

第四節　日本軍から軍事訓練を受けたインド人留学生

英軍からの脱皮を図ったスバス・チャンドラ・ボース

ところで、大戦期における日本陸軍士官学校（以下、陸士と略称）への留学は、現地の義勇軍兵士が多数を占めたが、既存の参考文献にはＩＮＡから陸士へ入学したインド人留学生がいたことは何も書かれていない。

例えば、前出のレブラ博士は、その著書で「ＩＮＡの兵士たちはイギリスによる訓練を受けた職業軍人だった」ことから、ＩＮＡ兵士たちには日本軍から直接に軍事訓練を受けた者がいないかのように書いているが、これは誤りである。

著者は昭和十九年三月十一日付『朝日新聞』の中から、「陸軍精神に憧れて　印度國民軍からの初の留学生」と題する、次のようなＩＮＡからの陸士留学生の記事を発見したからである。

『【昭南特電十日発】チャンドラ・ボース氏は印度國民軍の幹部たるべき青少年に精強な日本の陸軍精神を注入し、日本式の訓練を施すことを希望してゐたがこのほど約三十名の印度青少年が選抜され、憧れのわが陸軍士官學校に入學すべく日本に向け出発することになり九日昭南のアザット・スクールでチャタジー財務大臣ら臨席し壮行会を挙行した。

これら青少年はいづれも十五歳から十七歳までの旺盛な獨立精神に燃え立つもので昨年八月ボース首班自身の手で銓衡、約半年間日本式訓練と日本語を勉強し、國民學校の初等科六年卒業程度まで話し、書く方も三年修了程度くらゐに上達してゐる、日本到着後は安岡正篤氏のもとで約一年間みっちり日本精神と日本語を習得し、ついで我が陸士の外國留学生隊豫科を経て明春四月には陸士入學となる段取りだ』

この記述から、ＩＮＡ司令官のスバス・チャンドラ・ボースが英軍の影響から脱皮を図る意図を持っていたことが分かる。

だが、インド人留学生に対する陸士教育は昭和二十年四月から八月までの短期間で終了していることから、それほど日本軍から大きな影響を受けてはいないと考えられる。

もし、日本が途中で降伏していなければ、日本軍から軍事的、精神的遺産を受け継いだINA将校が、独立後のインド政界で確固たる地位を築き、どれほどインドの発展に貢献できたか、計り知れないものがあったであろう。

次章では日本軍が占領した蘭印（インドネシア）、ビルマ、マラヤ、フィリピン、仏印（ベトナム・ラオス・カンボジア）が日本の敗戦後、どのように独立を達成していったかについて見ていきたいと思う。

第七章　アジアの独立を実現した第二次大東亜戦争の真実

第一節　インドネシア独立戦争とインドネシア独立

独立準備委員会の発足

アメリカ軍の反攻によって、昭和十九年七月七日にサイパンが陥落すると、国内では東條首相に対する批判が高まっていった。このため、東條内閣が七月十八日に、総辞職すると、代わって二十二日に小磯國昭陸軍大将が首相に就任した。

そして、同年九月七日に、小磯首相は、第八十五回特別帝国議会における施政方針演説で、将来のインドネシア独立を容認する声明を発表するのである。

これがいわゆる「小磯声明」と呼ばれるものであるが、この声明は十月になってから、現地で一般に公表された。このため、「インドネシアの指導者たちは、独立が正式に取り上げられたものとして」大いに喜び、その具体的措置として原田軍司令官に、インドネシア人と日本人から成る「独立準備調査会」の設置を翌年三月一日に発表させた。

同調査会は、「民族運動指導者のほか、各界代表、華僑やアラブ人の代表も含め六十二人からなり、日本人も八人」加わって、「独立準備のために必要なすべての問題を調査研究し、報告書および必要な資料を作成し、上申することを目的としていたが、独立準備のためには、政体、領域等をはじめとするさまざまな難問題」を解決しなければならなかった。

同調査会は昭和二十（一九四五）年五月二十八日に、発会式を挙行した後、「七月十五日までに、八月に成立する共和国の憲法草案を含めた大綱を決定した。そこにはスカルノより提案されたパンチャシラ、つまり民族主義、人道主義、民主主義、社会正義、神への信仰よりなる、建国五原則の精神」が貫かれた。

「七月十七日に日本軍はインドネシアの独立容認を正式に決定し、八月七日に独立準備委員会二十一名の人選を行い、十八日に準備委員会を発足させることを決定した。九日はスカルノ・ハッタ・ラジマンの三人がヴェトナムのダラトに召喚され、独立準備委員会の発足を南方軍司令官寺内寿一元帥から通告された」

だが、八月十五日の日本の敗戦によって、インドネシアの独立が日本から与えられなくなった以上、インドネシアは、自らの手で独立を宣言しなければならなくなったのである。

柳川大尉は回想録で、インドネシア共和国の独立宣言について、次のように述懐している。

「降伏後の三、四日間がもっとも苦しかった。なんど死を考え、死を決したことだろう。どんな方法で死んでやろうか。腹を切るか。それとも、インドネシア独立を祈願しながら、街頭でガソリンをかぶって焼身するか。

そんなとき、スカルノ、ハッタ両委員長の独立宣言は、私を立ち直らせるのに大きな効果があった」

インドネシアの独立宣言

スカルノは、海軍武官の前田精《ただし》少将が長年、待ち続けたインドネシア共和国の独立宣言書を安全に書きあげられる避難所として、自宅を提供してくれることになると、軍政監部総務部長の西村少将に対して、「独立宣言の発布はすでに一刻も猶余ならぬ段階にきており、これが遅れれば武力蜂起という最悪の事態も起こりうるので、即刻独立準備委員会を開催させて欲しいと申し入れた」

すると、西村大佐は、「日本軍はもはや実権を持たない。今やわれわれは、連合軍から特派された警察のようにしか行動できないのです。申し訳ない。あなた方に約束した独立のことを遺憾に思いますが、今やわれわれは、現状を変えることを禁ぜられております。わが軍はあなたを助ける力を持たないのです」と謝罪の言葉を述べた。

そこで、スカルノは「われわれは、一種の戦利品のように、連合軍に引き渡されるのを、もうとう希《のぞ》んでいないのです。われわれは、慎重に、天皇がわれわれに約束してくれた通りのことを遂行する覚悟です。どうか、われわれが独立を宣言するチャンスを認めてもらいたい」と述べた。

これに対して、西村大佐は

「われわれは、この国を現状のまま連合国に渡すという降伏条件に拘束されているのです。軍政監の命令で、インドネシア人は彼らの文官を変えるとか、どんなものであれ、政体の手直しをするのを禁止されています。さらに若い人たちが問題を起こせば、われわれは躊躇なく射殺せねばなりません」

と答えるのである。

スカルノは、日本の援助を期待できないことが分かると、十七日午前三時頃から早朝六時頃にかけて、前田少将の官邸で、各地からジャカルタに駆けつけた独立準備委員会の委員たち約三十名と討論を行い、左記の独立宣言文を起草した。

独立宣言

われらインドネシア民族は、ここにインドネシアの独立を宣言する。権力の委譲およびその他の事項は、慎重な方法をもって最も短期間内に実施するものとする。

インドネシア民族の名において

スカルノ　ハッタ

ジャカルタにおいて

〇五年八月十七日

独立宣言を読み上げるスカルノ（左）とハッタ（右）

この独立宣言の最後に書かれている「〇五」という数字こそ、スカルノがあえて西暦の一九四五年を使わなかったことは、彼が親日派であることを示す何よりの証拠であろう。日本の「皇紀二六〇五年」を表すものであった。

十七日午前十時頃、スカルノは、ジャワ防衛義勇軍兵士に警護され、多くの同志や民衆が見守る中で、自宅前で独立宣言文を読み上げ、スカルノ夫人が手で二枚の紅白の布を縫い合わせて作った「ラ・プティ（独立旗）」が揚がりきったとき、皆で「インドネシア・ラヤ（独立歌）」を合唱した。

後に、スカルノは自伝の中で、十七日に独立宣言を発表することを決めた理由について、次のように述懐している。

「金曜日は最愛の金曜日なのだ。神聖な金曜日なのだ。そして、金曜日は十七日なのだ。コーランは十七日に世に現れた。回教徒は毎日十七回の礼拝を履行する。なぜ、マホメッドは十回や二十回の代わりに十七回のおじぎを定めたんだ。

十七の数の神聖さは、人が定めたものじゃないからなんだ。最初日本の降伏を聞いた時、私はわれわれが即刻独立を宣言すべきだと考えた。それから神聖なる日に、それをなすのが神のご意志だと考えなおしたんだ。宣言は十七日になされる。そして革命がそれに続くのだ」

こうして、インドネシアの独立宣言は、イスラム教の定めた神聖な金曜日と十七の数をもとに行われ、インドネシアは、アッラーの神とともに独立の第一歩を踏み出すのである。

スカルノが独立を宣言すると、やがて、この宣言文は、学生の手によって日本人の事務所の「謄写版で何万枚かのビラに刷られ、散布された。その他、あらゆる手段で周知」させられ、九月十七日にはインドネシアの独立が同盟通信の短波送信機で世界に向けて発信されるのである。

十七日午後三時、ジャカルタ本部にいた柳川大尉は、前出の土屋大尉からの電話で、この独立宣言を知ったが、「そのときの感激と喜びを、私は永久に忘れることはできないだろう」と回想録で述懐している。

また「敗戦後とはいえ、まだ日本軍の占領下にあった八月十七日の独立宣言に日本軍当局は関与しなかったし、ましてや日本軍が武力をもってこれを抑圧しようとするなどの強硬手段をとらなかった、ことは賢明であった」

スカルノは、「日本軍の干渉、日本軍との武力衝突の危険という最大の障害を乗越えることができる」と、翌十八日に新政府を組織するために自分を委員長とする「独立準備委員会」（合計二十七名）を招集し、かねてから用意してあった「インドネシア共和国憲法」を採択した。

そして、スカルノは九月五日に、最初の内閣で首相になった後、初代大統領に就任し、ハッタも副大統領に就任した。十一月四日にはスタン・シャリールが首相となって内閣を組織した。

義勇軍への不参加

十九日の早朝、突然、前出の市来龍夫（当時、防衛義勇軍指導本部嘱託）が二人のインドネシア人とともにジャカルタから柳川大尉を訪ねてきて、次のように言った。

「柳川大尉、インドネシア独立軍に参加してくれ」

「あなたは、インドネシア独立にすべてを捧げると、いつもいっていた。義勇軍も今日解散する。義勇軍あっての柳川ではないか。ぜひとも参加してくれ」

すると、柳川大尉は、次のように答えた。

「ほんとうはそうしたい。インドネシアの諸君との約束も果たしたい。しかし、今はもっと他にやらねばならんことがある。柳川は、今まで独立のための戦いの方法を、全能全霊を打ち込んで教えてきた。インドネシアは、いまさら柳川を必要としないだろう。要はインドネシア人のすべてが一致団結することにある。一つになれば、独立はかならず出来るはずだ」

市来嘱託が顔面蒼白になって、

「柳川、お前は今になってインドネシアを見捨てるのか」

と言うと、柳川大尉は、

「見捨てるのではない。見守るんだ。独立は自分でするものだ。自分の血を流し、自分で戦ってこそ、インドネシアの独立の意義と価値があるんだ。今おれが動けば、事はおれ一人ではすまなくなる。

そうなれば、かえって独立軍も日本軍にも迷惑がかかる。おれの心は、若いインドネシア人の心に中に生きている。これは不滅のものだと信ずる。柳川に代わって君がやってくれ。おれに代わってインドネシア軍の世話をしてくれ。君なら迷惑は波及しないはずだ。柳川は、今こそ腹をきめた。別班の連中全部の罪を背負って刑を受ける」

と述べ、自分の立場と気持ちを伝えた。

市来嘱託が「柳川大尉、よくわかった。独立軍は私が面倒を見る。これからジョクジャカルタに行くが、軍資金がほしい」と言うと、柳川大尉は、同席の永井副官に「束になった軍票、宝石類、貴金属、衣類等」を持って来させ、市来嘱託に与えた。

市来嘱託は、その日からインドネシア国軍に参加したが、後に「インドネシア独立戦争」で戦死するのである。

その後、柳川大尉は、別班スマラン支部に全機関員を集めて、次のように柳川部隊集結の件を述べた。

「われわれの前途には、たいへんな苦難が待っているだろう。分散していると、人間は実に弱い。それで各個撃破されるおそれがある。みんな集結して、生死をともにしよう」

すると、熊谷軍曹は、「隊長は今まで、インドネシアの独立援助にすべてを捧げろといってきたではないですか。それでこそ、こんどの戦争にも意義があるのではないですか。われわれは、大東亜被圧迫民族解放の戦いに来たのだ。その私たちが、独立宣言後の幼いインドネシアを見捨てられるか。昨日の武装解除も表向きだけで、われわれは、イ号の連中に武器を全部残して来た。どうしても集結しろというなら、隊長であろうと射ち殺す」と強い口調で言い放った。

「殺すなら殺せ。殺してから勝手な行動をとれ」

「私はお前たちの父兄から、お前たちをあずかっているんだ。戦争のすんだ今は、お前たちを父兄にお返しする義務があると思っているんだ。わかってくれ。集結に賛成してくれ。分散していたら力が弱くなる」と、柳川大尉が答えると、そこへ、イ号勤務隊中部班長の進藤一馬中尉が「熊谷、待て」と言って、二人の前に出てきた。

「中部班は、すべて隊長にお任せします」

この一言で、柳川部隊は、全員一致で集結と義勇軍への不参加に同意するのである。

後に、通訳の中島正周は回想録で、

「分散させておくと、勝手に逃亡したり、義勇軍に参加したり、あるいは自決したりする。一か所に集めれば、無意識のうちに監視し合うので未然に防げよう。それに、一人でも多く、無事に帰国させるためにも集結している方がよい。同時に、日本軍人の義勇軍参加が、連合軍を刺激することを心配した」

「柳川さんが義勇軍の中に入ることは、連合軍に義勇軍討伐の口実を与えることに等しい。それを柳川さんは、義勇軍のために何よりも恐れた」からだと述懐している。

柳川大尉の自首

八月十五日以降、インドネシアの「情勢は日ごとに不穏さを増していた。英軍が、近くバンドンに進駐するという報も入って来た」

柳川大尉は、土屋大尉が英軍に逮捕されると、インドネシアに上陸した英軍に自首する覚悟を決めた。別班の後事を蓮田大尉に託して、飯田軍曹と河野兵長とともに車でボゴールの英軍司令部に向けて出発した。

柳川大尉は、英軍司令部に到着すると、元防衛義勇軍幹部の医務室で簡単な取り調べを受けた後、元教育隊の営倉に入れられた。柳川大尉に向かって、飯田と河野は挙手の礼をしたが、二人の頬は涙であふれて、声も出なかった。

柳川大尉は、鉄格子ごしに、「元気で助けあっていけ、蓮田は大変だと思うが、後を頼むと伝えてくれ」と言って、二人と別れた。

自分の隊の営倉に入れられた柳川大尉は、「すべてから解放されたというような、安らかな気持ちも感じられた」

時おり、英兵がのぞきにやって来たが、『夜半を過ぎたころ、営内が騒々しくなった。営門から足音高く兵隊が出て行く。重車両も続々と出動するようだ。銃声が響き出した。案外近いところで戦闘がはじまったらしい。そのうち、

「右ニ散レ」

「撃テ」

「着弾ヨシ」

などの日本語の号令が聞こえてきた』

柳川大尉が訓練した義勇兵が英軍と戦っているのである。「そのあとは、ものすごい銃撃音

の連続である」「日本語の号令に耳をそばだてていたが、かすかに二度ほど聞こえただけで、いつとはなしに静かになった」
十二月六日の夜、柳川大尉は独房の中で、一人ニヤリと微笑んで、たとえ「戦争に敗けても、われわれの教えは、ここに生きていると思った」

インドネシア国軍の誕生

日本軍は独立宣言の翌日に、連合軍の指令に基づいて、ＰＥＴＡと兵補を解散させた。「日本軍は、義勇軍兵士達が万一解散に応じない場合は実力で解散するしかないと考えていたが、衝突事件もなく、平穏裡に終った」

こうした中で、スカルノ大統領は八月二十二日に、地方で解散せずに残った一部の義勇軍の大団や若干の青年組織（青年訓練所、青年団、青年道場、警防団）を中心に、後の国軍の前身となる「人民保安団（ＢＫＲ）」を創設したが、これは単に平和維持を目的とした警防団的なものに過ぎなかった。スカルノ大統領が正規軍ではなく、ＢＫＲを組織したのは、「独立宣言後、日の浅いインドネシアとしては連合軍に対して、対決よりも交渉により、その独立の承認をとりつけようとしたからである」

スカルノ大統領は、正規軍の創設は連合軍を刺激することになるとみて、ＢＫＲの創設に踏み止まったが、「急進的青年グループの間に不評で、彼らは早くから正規軍を創設するよう主張していた」のである。

ただちに、蘭印（ボゴール、バンドン、スマラン、メダン、パレンバン、スラバヤ）を再支配するだけの余裕がないオランダに代わって、英印軍の主力部隊三個師団が予定を早めて九月二十九日から、連合軍抑留者の保護、日本軍の武装解除および治安維持などの名目で蘭印に上陸を開始し、オランダに協力した。

ここにおいて、スカルノ大統領は十月九日に、BKRを廃止して、「人民保安軍（TKR）」を創設した。このTKRには「元義勇軍、兵補、元蘭印軍兵士、武装青年団体などが参加し、ジャワに十コ師団、スマトラに六コ師団が編成された」

これが「インドネシア国軍」の始まりであり、この日は「建軍記念日」とされている。

このTKRは翌年一月に、「インドネシア治安軍（TKR）」に、さらに『同月末に「インドネシア共和国軍（TRI）」に改称され、全国的規模の唯一の軍事組織であることが規定された』が、いまだ不正規軍の存在を許したことから、なかなか、統一した軍隊を組織するには至らなかった。

こうした中で、昭和二十二年六月に、「インドネシア国民軍（TNI）」が誕生し、建国後に、初めて統一的な軍事組織を完成し、今日の「インドネシア国軍」となっている。

新しく創立されたTNIの幹部には「元義勇軍大団長のスデルマン大将が任命され、参謀長はウリップ・スモハルジョ中将が留任した」

ＴＮＩは、「大別して元義勇軍、兵補、旧蘭印軍将兵、武装青年グループから構成されていた」が、七人の師団長の内、元義勇軍将校が五人も占めたことから、ＰＥＴＡの影響力がいかに強いかが分かるだろう。

武器の略奪

このように、「独立後はじめて全国的規模の軍事組織ができたことは、その後の独立戦争を勝ち抜く上で重要な意味を持つものであった」が、ＰＥＴＡが解散すると同時に、武器も回収されたことから、インドネシア軍はオランダに対抗するだけの武器を持っていなかった。

ポツダム宣言を受諾した以上、日本軍は、武器を渡すことはできなかったからである。

前出のズルキフ・ルビス氏は、現代史研究家阿羅健一のインタビューに対して、連合軍と戦うため「柳川大尉に武器を貰いに行きましたが、柳川大尉も同じように武器を渡せないという返事です。命令では日本はもう戦えなくなった、インドネシア人にはすべてを教えたから、これからは自分たちでやるんだ、というばかりです」と述べ、日本軍や柳川大尉に対する不信感をあらわにしている。

だが、柳川大尉が回想録で、「日本軍が〝遺棄した〟多数の兵器を、インドネシア軍が拾って行った。

兵器庫を襲撃して来たインドネシア軍と日本軍との間に、はげしい攻防戦が展開された。しかし両軍の銃弾はすべて中天に飛んで行った。

やがて、日本軍は敗退し兵器類はイ軍に〝奪取〟された」と述べているように、日本軍の中には密かにインドネシア側に武器を渡すために「廃兵器処理と称して大量の武器を回収させたり、武器庫の鍵を渡すなどで、ジャワ駐留日本軍の兵器の半数」をインドネシア側に渡した部隊もあったのである。

インドネシア側に逃亡したインド兵

また英軍の兵士として、「インドネシアに進駐して来たインド兵が、インドネシアの抵抗を見て、ガンジーの無抵抗主義ではなく、チャンドラ・ボースの武力主義でなければ独立を勝ちとることはできないと分かった」ばかりでなく、「スラバヤ戦争では八百人のインド兵がインドネシア側」に逃亡したのである。

その他に、昭和二十一年一月、「セルポンの弾薬庫にインドネシア兵が武器をもらいに来たとき、その中にインド兵が加わっていた。バンドンの戦いでも、インド兵が車に乗ったままインドネシア側に逃亡している」

元第十六軍作戦参謀宮元静雄中佐は、前出の阿羅健一のインタビューに対して、「英軍がインドネシアに強硬な態度が取れなかった理由の一つはここにあり、それはインド独立へと結びついた。そのことも植民地体制の崩壊に結びついたが、ともあれ大東亜戦争は、世界史上で画期的な出来事であったといえるだろう」と述懐している。

インドネシア独立戦争の開始

英印軍を主力とする連合軍がインドネシアに上陸してきたのは、終戦から三週間経った昭和二十年九月八日であった。当初、インドネシア政府は、連合軍の上陸に対して、中立的な態度をとったが、日本軍に占領されたインドネシアを奪還して、再び蘭印政府を樹立する意図が分かると、スラバヤでは十月二十八日から激しい戦闘が繰り広げられ、十一月になるとバンドンでも戦闘が開始された。

こうしたインドネシア軍の激しい抵抗に懲りた英印軍は、武力鎮圧を日本軍に命じ、主要都市に立てこもって町の外に出てこなくなった。

無条件降伏した日本軍は、暴徒の逮捕や連合軍の捕虜抑留者救恤隊《きゅうじゅつたい》（ＲＡＰＷＩ）への協力など、抑留者の安全を守らなければならなくなり、これが原因でインドネシア人から「日本人も敵だ」とばかり、暴行と略奪が加えられるようになったが、日本軍は彼等に攻撃を加えることはなかったのである。

オランダ軍は、翌年七月から軍事行動を開始したが、国力がまだ回復せず、軍事力も極めて微力なことから、英印軍の力を借りて、なるべく平和裡にインドネシアを接収したいと考えていた。だが、インドネシア軍から激しい抵抗を受けた英印軍は、後の事をオランダ軍に任して、同年十一月末に、インドネシアから撤退するのである。

こうして、「三年半にわたる日本軍の占領の間に、インドネシア人は、すっかり変わっていたのである。日本軍によってオランダ人憎悪の感情と独立の気概を吹き込まれ、猫が虎になった。オランダ人の方では、インドネシア人を熟知しているという自信があるだけに、固定観念にとらわれ、柔軟な対応ができず、強気一方で押し通したあげく、二進も三進もいかなくなり」、オランダは国連で非難決議を受けると、昭和二十四年八月二十三日から十一月二日まで、インドネシアとオランダで円卓会議を開催して、再植民地化を断念する「円卓会議諸協定」(「ハーグ協定」)に調印した。

そして、オランダは同年十二月二十七日に、「ハーグ協定」に基づいて、主権を「インドネシア連邦共和国」に委譲する旨を記した憲章に署名し、四年にも及ぶ抗争に終止符を打つのである。

このインドネシア独立の原因について、ズルキフリ・ルビス氏は、阿羅健一のインタビューに対して、次のように述懐している。

「オランダに再植民地化をあきらめさせる中心となったのは義勇軍出身者でした。日本がインドネシアにもたらしたものの中で最も素晴らしかったことは訓練ですが、それがインドネシアの独立にとって最も重要な要素となったのです。

大東亜戦争で日本は植民地からの解放を主張していましたので、大東亜戦争が終わったとき、植民地はもはや認められなくなっていました。どっちにしろ植民地はなくなる運命にあったのですが、もし義勇軍がなかったならば、インドネシアの独立は南米のスリナム共和国のように長期間かかっていたかもしれません。スリナム共和国は、オランダから独立するのにインドネシアの独立からさらに三十年もかかりましたから」

かくして、インドネシアは、八十万人もの犠牲者を出しながら、自らの手で独立を果たし、「独立は自らの力で勝ちとるものであり、与えられるものではない」という柳川大尉の信念を実現するのである。

インドネシア独立戦争に参加した残留日本兵と軍属たち

終戦後、日本軍は、インドネシアから引き揚げることになったが、全ての日本兵が帰国した

東京・芝の青松寺にある市来・吉住両名の記念碑（著者撮影）

わけではなかった。ジャワ、スマトラのみならず、マラヤ、シンガポール、ボルネオ（カリマンタン）のバンジャルマシンやポンティアナクから、船に武器弾薬、医薬品を積んで脱走した日本兵と軍属たちが、インドネシア独立戦争に参加したからである。

先述した嘱託の市来龍夫と吉住留五郎も、その中の一人であった。現在、東京都港区芝青松寺《せいしょうじ》の境内には、この二人に対して、次のようなスカルノ大統領の感謝の言葉を記した記念碑が残されている。

市来龍夫君と吉住留五郎君へ
独立は一民族のものならず　全人類のものなり
一九三八年二月十五日　東京にて　スカルノ

では、なぜ彼らは、帰国せずに「インドネシア独立戦争」に参加したのだろうか。

終戦後、いつしかインドネシア軍と行動をともにした軍属の一人である田中幸年氏（ジャカルタ在住）は、次のように残留した理由について述懐している。

「『血の一滴になるまで戦うんだ』というのが当時のスローガンですわ。死んで初めて日本に帰れる。生きておめおめと帰るということはできませんよ。

私はそういう教育を受けて来たから、負けました、帰ります、というわけにはいかなかった。だから日本へ帰った人は本当の日本人じゃなくして、ここに残っている人が本当の大和魂を持った日本人である、ということを見せなければいかん。それに勝っても南方に残る気でいたから」

また残留日本兵の茨木誠一氏は、茨木機関から選抜した同志二百名の精鋭とともに、シンガポールからスマトラに脱出し、独立戦争に参加した理由について、次のように述懐している。

『日本の軍部は太平洋戦争を聖戦と称し、アジアの解放をその旗印とした。私の機関の仕事の一つに、対インドネシア工作の一班があって、私達はインドネシアとの和協のために「独立」という名の甘い果実を与えた。だが日本軍は敗れた。日本の軍部は独立の約束の責任をとろうとしなかった。理由は戦争に負けたからだというのである。

それでよいのか——私は日本人の誇りにかけて約束を守りたかった。そればかりではない。私達に協力した彼らへのつぐないとしても、彼らの独立運動に援助をせねば、日本人の信用は永遠にアジア民族から失われるだろうと思った』

またメダン郊外在住の小野盛氏も、

「日本は大東亜共栄圏を掲げ、インドネシアの独立を約束していた。それが、戦争に負けたからと言ってインドネシアを見捨てていいのか。

上陸してきた英印軍によってバンドンの街が火の海になっていた。インドネシアをこのまま置き去りにしていいのか。そこに義憤を感じた」

と述懐しているように、「上陸してきた連合軍とインドネシア軍の戦闘を目の当たりにして、独立軍に身を投じる決心をした」残留日本兵の中の一人であった。

厚生省援護局資料によれば、インドネシア独立戦争に参加した兵士と軍属は、ジャワ三〇四名、スマトラ六〇六名（軍人四五八人、軍属一四八人）となっている。

戦後、インドネシア政府は、独立戦争で顕著なる武勲をあげた者に対して、英雄勲章（日本の金鵄勲章に相当）を授与し、死後は独立の英雄として、ジャワのジャカルタ、スラバヤ、スマトラのメダン、パレンバンなどの大都市にある英雄墓地に祀っている。

またスハルト大統領は昭和六十三（一九八八）年に、インドネシアの独立と復興に貢献した六名の日本人（前田精《ただし》、高杉晋一、清水齋《ひとし》、小笠原公韶《こうしょう》、稲嶺一郎、金子智一）に対して、インドネシア最高のナラリア勲章を授与している。

第二節　ビルマ国軍の蜂起とビルマ独立

日本軍とビルマ国軍の軋轢

飯田軍司令官隷下の第十五軍が昭和十七年三月八日に、ラングーンを占領した後、六月三日に、軍政を布いたことは既述したが、ビルマ作戦の進展に伴い、ビルマ独立を時期尚早と見る南方軍総司令官寺内元帥による厳しい規定や要綱に基づく軍政の実施は、アウンサンを始めとする「ＢＩＡ将兵の間に不満の念をつのらせることになり、日本人との接触でも、さまざまな問題が出てくるようになった」のである。

元々、鈴木大佐がアウンサンと交わしたビルマ早期独立の約束は、大本営などの承認を得ずに交わした独断的なものに過ぎなかったわけであるが、約束を守らない日本軍に対して、怒り心頭に発したアウンサンは、日本人たちの面前で、「日本人がこういうことをつづけるなら、われわれは反乱を起こすしかない。もうこれ以上、我慢できない」と、はっきり口に出すようになり、「必要とあらば日本軍に反乱するぞという空気がだんだんに広がって行った」のである。

ビルマから帰国した鈴木大佐の報告により、『ビルマの情勢を検討していた東条首相は、そのスローガンである「大東亜共栄圏」建設をめざし、同時にビルマ国民の感情をなだめるために、飯田司令官のもとに傀儡政府を組織して、名目的な独立を供与する準備を進めた』のである。

これによって、ビルマは昭和十九年八月一日に、正式に独立し、軍政は廃止されたが、ビルマ政府は、日本軍指導部の認めた範囲内の権能しか持たなかったのである。

日本の与えた独立が本物ではなく、メッキに過ぎないことを見抜いていたアウンサンは、いつか日本軍に対して反乱を起こす決意を固めた。

南機関員の山本義政大尉は回想録で、ビルマ独立について、次のように述懐している。

「果たして日本はバー・モウ政権と言う一種の傀儡政府をつくりビルマの独立は認めたが、それはビルマが待ち焦れた本当の独立ビルマではなかった。

静かに、時節の到来を待っていた、ビルマ国軍司令官オンサンが、インパールの戦いに敗れ敗退する日本軍に襲いかかったのは後の事である」

一方、バー・モウ首相も回想録で、アウンサンの日本軍に対する不満について、次のように述懐している。

『「現在、われわれがもっている独立とは名ばかりのものです」。彼は苦しげに答えた。

「それは単に日本の地方自治のいいかえにすぎません、われわれは国民が名ばかりのもののた

め、そんなに苦しむことは望みません」（中略）

「しかし、これはどちら側が与えるにせよ戦争が続く限り、十分完全とはいえぬ戦時の独立なのだ」

私は続けた。「相手側が騒々しい話し合いにもかかわらず、日本が与えた程度の独立さえ、占領国には与えないのだ。君はどの植民地が戦時中、独立の外形でも与えたり、約束した例をあげることができるか」

オン・サンは私の質問をさえぎって、続けた。

「日本人は不誠実で強慢です、彼らはわれわれを利用しているだけです』

インパール作戦の敗退

こうした日本軍とビルマ国軍との軋轢の中で、新任司令官牟田口蓮也《むたぐちれんや》中将隷下の第十五軍は前年三月八日に、「インパール作戦」を開始した。

この作戦は、インドの「英印軍の反攻基地インパールの攻略、レド公路の遮断、インド独立政権の樹立など多くの華々しい目的をもっていた」

前年二月、ウィンゲート少将が指揮する約三千名の挺身部隊がインドから三千メートル級のアラカン山脈を越え、チンドウィン河を渡って中部ビルマに現れ、一カ月にわたって戦線をかき回し、補給は必要に応じて空中から投下されていた。

「もともと、ビルマ～インドの国境は大軍が踏破できるような地形ではない。連合軍がその戦法を全線にわたって実施すれば、ビルマ防衛は成り立たない。ビルマ制圧以来、比較的平穏に推移した第十五軍はにわかに緊張した」

そこで、ビルマ方面軍（軍司令官河辺《かわべ》正三《まさかず》中将）隷下の第十五軍司令官牟田口中将は、英印軍の反攻基地であるインド内のインパールの攻略を決意するのである。

この作戦には、インド独立運動の指導者の一人であるスバス・チャンドラ・ボースを指揮官とするインド国民軍（ＩＮＡ）を参戦させたが、インド独立運動の指導者ラシュ・ビハリー・ボースの片腕だったＡ・Ｍ・ナイル氏の回想録によれば、スバス・チャンドラ・ボースからの要請によって、実行されることになったようである。

第三十一師団、第十五師団、第三十三師団、直轄部隊からなる第十五軍（約八万五六〇〇人）は、補給や航空機や機甲部隊の支援もない中で、ＩＮＡ第一師団（一万九五〇〇人）とともに、アラカン山脈を越え、インド領内に進攻し、四月六日にコヒマ（現インド東部のナーガランド州州都）を占領したが、インパール（現インドのマニプル州州都）は飢え、病気と英印軍の爆撃に悩まされ、ついに陥落させることができなかった。

こうした中で、七月五日、第十五軍に作戦中止命令が出されたため、総退却を余儀なくされた。この作戦で払った第十五軍の死傷者は、「実戦部隊三個師団の約半数（二万四〇〇〇人〜二万五〇〇〇人）が戦死し、残り半数の約半分が後送患者と推定されている」

一方、Ａ・Ｍ・ナイル氏によれば、ＩＮＡの死傷者は、「戦死者が六〇〇人、飢えと病気で死んだ者が二〇〇〇人といわれた。運よくビルマに戻って病院に収容された者はわずか二五〇〇人ほどだった」という。

ビルマ国軍の蜂起

一方、ＢＩＡから改称されたビルマ国軍（ＢＡ）が日本軍に対して蜂起したのは翌年三月二十七日に、英印軍が日本軍の引いた防衛線である「イワラジ河を越え、マンダレーに迫っている時であった」

泉谷大尉の回想録によれば、「すでに昭和十七年末にビルマ国軍内部に若手将校を中心とする反日グループがひそかに結成され、昭和十八年八月一日、日本がビルマに独立を許したその日に最初の代表者会議が開催された」

若手将校の反日グループは翌年三月に、蜂起の日を六月二十二日と決めたが、アウンサンは「若手将校の計画は実際的でないとし、もしも日本軍に叛乱する場合英軍と組むが、その時にはイギリスから完全に独立の保証をとりつけねばならないという考えであった」

アウンサンが日本軍に対する蜂起をはっきりと決意したのは、インパール作戦の失敗が決定的となった昭和十九年九月末、ラングーンで、左翼勢力の「人民革命党」や「ビルマ共産党」と手を組んで「反ファシスト人民自由連盟（ＡＦＰＦＬ）」を結成し、ＡＦＰＦＬ（通称、パサパラ）が決議した「ファシスト、日本の掠奪者をビルマから追い出せ」という声明書を読み上げたときであった。

だが、後に、アウンサンは、「日本軍の恩義ある人を決して殺したり傷つけたりしないようにとの訓示を各部隊に流し、また日本将兵の内地帰還の円滑を」図るのである。

こうした配慮には「南機関によってつくられたＢＩＡが、占領期を通じてその規模を拡大させ、青少年ナショナリストたちにイギリス領時代には不可能であった武器の獲得と軍事訓練を受けることを可能ならしめ」、自分たちの武装化を進めたことから南機関は、他の日本軍とは違って、ビルマの独立に理解を示してくれた特別な存在だったことがあるだろう。

だからこそ、先述したように元南機関員は、後にビルマ政府から受勲されたのである。日本軍が降伏した後、ＢＡが武装解除されることを恐れたアウンサンは、完全に日本軍の指揮系統から離れ、英印軍と独立を交渉し、もし交渉が決裂した暁には、あくまでもＢＡで英印軍と戦うことを決意したが、この「叛乱決議がきまった時、ビルマ志士の一人ボミンオンは、自らの手で生命を絶ち、日本人への信義をたてた」のである。

ビルマ独立のためには、日本軍を裏切ることもやむを得ないという苦渋の選択をしたアウンサンは翌年三月二十七日に、ラングーンから出陣するとBAと農民義勇軍を中心とするAFPFLに日本軍への一斉蜂起を命じ、数千名の日本兵に打撃を与えるのである。

アウンサンは、「今度こそは主導権を失うことなく、ビルマ独立にとって、もっとも有利に運ぶように」、イギリス東南アジア連合軍司令官マウントバッテン大将と秘密裡に、「対日戦争に関する軍事協定や独立に関する協定」を結ぶのである。

ビルマ独立の保証なしに、初めはBAの叛乱を利用しようとしたイギリス側も、アウンサンのねばり強い交渉で、独立を保証せざるを得なかったのである。

「アウンサン・アトリー協定」の締結

昭和二十年八月十五日に、日本が降伏すると、アウンサンは、「連合軍の高級指揮官に働きかけて、日本軍のすみやかな復員」をはかり、BA軍司令官をやめてAFPFLの総裁として、政治活動に専念することになった。

その後、アウンサンはイギリスに渡り、昭和二十二(一九四七)年一月二十七日に、アトリー首相(イギリス労働党首)との間で、一年以内のビルマの完全独立を定めた「アウンサン・アトリー協定」を結び、宿願のビルマ独立を承認させることに成功するのである。

イギリスがビルマの完全独立を認めた背景には、ビルマ人が「戦前には考えられなかった強い民族意識を持ち、ビルマ国軍という近代的な軍隊も持っていたので、今後植民地としてビルマを統治することは困難と考え、独立を認めて友好関係を認めた方がよい」との判断があったからである。

アウンサンの暗殺

だが、制憲議会開催中の同年七月十九日に、政庁内行政参事会ホールにおいて、アウンサン以下六名の閣僚が右翼テロに暗殺される事件が起こるのである。

これによって、アウンサン、ウバウィン、アブドル・バザック、モンバ・カイン、タキン・ミヤ、オンモンの六名が即死した他、ウバチョウ、モンバウンの二名は重傷を負った。

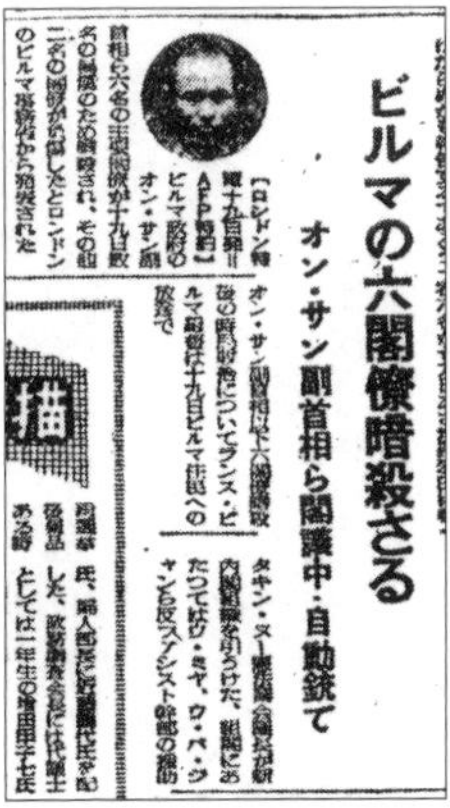
ビルマの六閣僚暗殺さる
オン・サン副首相ら閣議中・自動銃で

アウンサン以下六閣僚の暗殺を報じた『朝日新聞』
（昭和二十二年七月二十一日付）

アウンサンら六名を暗殺した保守派のウ・ソオ元首相の動機は、「四月の総選挙の結果、合法的手段では、パサパラには打ち勝てないこと」や「最大の政治勢力であるパサパラ内部に共産党などの左翼系の勢力が増大しつつあることへの焦り、アウンサン個人への嫉妬心、権力への野望などであったとされている」

だが、この結果、かえって保守派の失墜をもたらし、ウ・ソオは翌年五月八日に、犯罪教唆のかどをもって、絞首刑に処せられるのである。

アウンサンは、このビルマ解放史上最大の事件によって、三十二歳の若さで短い生涯を終えたが、今日ではビルマ独立の父として、「歴史にその名を残すばかりでなく、悲劇の英雄として長く国民に慕われる存在」となったのである。

ビルマの独立

昭和二十三（一九四八）年一月四日午前四時二十分、英緬の主権移譲がラングーンにおいて行われ、ビルマ連邦が誕生した。かくして、ビルマは、一世紀にわたるイギリスからの束縛からついに解放され、自由な独立共和国となったのである。

初代大統領にはシャン州の土候シャオ・シュエタイが就任し、初代首相にはタキン・ウ・ヌー（パサパラ副委員長、制憲議会議長）が就任した。

日本軍の果たした歴史的役割

先述したタキン・ウ・ヌー首相のように、ビルマの指導者たちが日本軍の果たした歴史的役割を強調してくれているにもかかわらず、上智大学外国学部教授の根本敬《けい》は共著で、日本軍の歴史的役割に対して、次のように軽視した見方をしているのである。

「一方で、日本軍がビルマにはいってイギリスを追放したからビルマの独立は達成された（もしくは早まった）という、この時期をめぐる日本軍の役割を強調する解釈が存在する。しかし、これは日本のインパクトの過大評価であるといわざるをえない。

イギリスはそもそも一九二〇年代からビルマへの漸次自治付与路線をとり始めており、一九三九年十一月には、時期を曖昧にしつつも、大戦後のビルマの自治領化（すなわちオーストラリアやカナダなどと同等の主権国家としての地位を付与）を内閣の公式声明として明言していた。よって、日本軍が侵入しようがしまいが、大戦後のビルマ主権回復への道のりは確定していた」


だが、この根本教授の意見は、いささか短絡的であると言えるのではないだろうか。例えば、フィリピンの場合を見ると、確かにアメリカが公布した昭和九（一九三四）年三月二十四日の「タイディングス・マックダフィ法」（フィリピン独立法）では、その独立が約束されており、よって他の東南アジア諸国とは違って、フィリピンでは日本軍が解放軍として、ほとんど効果を上げられなかったとされている。

だが、神風特別攻撃隊の生誕地であるフィリピンのマバラカットで、特攻隊員の慰霊碑を建立したダニエル・H・ディソン氏は、その著書でアメリカから与えられた独立は、名ばかりのものであったと述べている。

フィリピンは、昭和二十一（一九四六）年七月四日に独立したが、フィリピン経済は完全にアメリカに握られたままであったからである。

「独立はただの書類上のもので、全ての品物は戦前と同じようにアメリカから輸入され」た。しかも、アメリカは独立を承認する際に、フィリピンの戦争被害を全て保証するとし、その代わりに「パリティー条項（内国民待遇権）」の承認を要求してきたのである。

その条項の内容は、「フィリピンで天然資源開発の事業をするアメリカ人は全てフィリピン人と同じ待遇を受ける」というもので、「アメリカで事業をするフィリピン人も全てアメリカ人と同じ待遇を受ける」となっているが、実際には当時のアメリカで事業ができるようなフィリピン人は、一人もいないため不公平な条項であった。

この条項によって裕福なアメリカ人は、フィリピンで自由に事業ができるため、フィリピン経済を武力なしに完全に掌握することができたのである。

これと同様に、イギリスは、マラヤに独立を与える場合でも、イギリスの経済的権益の保護は絶対的条件としたことから、イギリスも、ビルマ経済を完全に掌握するために、ビルマ独立との交換条件に、同じような要求を行ってくることが分かるのである。

先述したように、インドネシアもビルマも、かつての植民地宗主国から無条件で、完全独立を獲得できたのは、両国とも武力を背景に独立交渉を展開したからである。

大東亜戦争が始まるまで、何ら武力を持たなかったビルマが、短期間に無条件で完全独立を獲得するのは容易なことではなかったであろう。アウンサンは、そのことを知っていたからこそ、ＢＡの武力を背景に、イギリスとの独立交渉を行ったのである。

したがって、南機関によって結成されたＢＩＡがなければ、ビルマの完全独立を短期間で達成させることは困難であったことは容易に想像できる。その意味で、日本軍がビルマ独立に果たした歴史的役割は大きいと断言してよいのである。

第三節　英軍事裁判とインド独立

デリー軍事法廷への召喚

インド国民軍（ＩＮＡ）を結成したＦ機関長の藤原少佐が昭和十七年四月下旬に、インド工作を岩畔大佐に託し、南方軍に帰任すると、翌年三月に、ビルマ方面軍参謀に転補せられ、北緬戦線に加わっていた。

その後、第十五軍は昭和十九年三月八日からインパール作戦を開始したが、英印軍の猛烈な反攻の前に、ついに七月五日、INAとともに撤退を余儀なくされるのである。

翌年八月十五日に、藤原中佐（少佐から昇進）は、マラリアで入院していた福岡衛戍病院で、終戦の大詔を拝承したが、英蘭当局が不倶戴天の敵として、真っ先に自分を重要戦犯に指定し、復讐を果たすであろうと予想していたことから、婦長に頼んで事前に青酸カリを入手し、逮捕のときには機を失せず毒を仰ぐことを決意していた。ところが、藤原中佐は同年十月中頃、連合国軍総司令部（以下、GHQと略称）を介して、「INA将兵を裁くデリーの英軍事法廷の証人として」召喚するという予想外の事態に接したのである。

既に、イギリスは、スバス・チャンドラ・ボースの指揮するINA将兵を「英皇帝に対する忠誠に背き、敵に通報し、利敵行為を行い、反逆したかどにより、軍事裁判に付する旨を明らかに」していたが、藤原中佐に届いた召喚状は、英軍当局からの要請ではなく、被告盟友に対するインド側弁護団からの要請に基づくものであった。

インド北部の都市オールド・デリーでの軍事裁判には東條首相、重光外相、杉山陸相、島田海相、寺内南方軍総司令官、河辺ビルマ方面軍司令官、岩畔機関長が指名されていたが、既に東京裁判の容疑者あるいはその証人に予定されていたことから、代わりに外務省から沢田廉三ビルマ大使、松本俊一元外務次官、太田三郎事務官が、軍側からはビルマ方面軍高級参謀片倉衷《ちゅう》少将が行くことになっていた。

そこで、藤原中佐も、進退を熟慮した結果、断固これに応ずる決意を固めた。ＩＮＡの盟友、祖国、Ｆ機関全員のため、さらに日印両民族の将来のために、証言することが自分の責務であると考えたからである。

藤原中佐は、「わが工作は、単なる謀略ではない、陛下の大御心に添い、建国の大理想を具現すべく、身をもって実践したものであることを強調しなければならぬと思った。又ＩＩＬやＩＮＡの盟友は最も清純な祖国愛にもとづき、自主的に決起したもので、断じて日本の傀儡でなかったことを立証しなければならぬ」と考え、「これが盟友に対する盟義を果す唯一の途であると思い定めた」のである。

先述したインパール作戦が失敗した後、既にＩＮＡ将兵は、英軍の捕虜として、インドに護送され、その内の幹部三人が国家反逆罪で裁かれていた。藤原中佐一行は、ＧＨＱの軍用機に搭乗して、立川飛行場を出発した後、十一月十八日に、デリーの空港に到着した。

藤原中佐一行が、空港からまっすぐ、オールド・デリーのレッド・フォート（赤い城）に送り込まれると、城壁の内側に沿う一角に、鉄条網を張りめぐらした幕舎のキャンプには、既に光機関（岩畔機関から改称）長の磯田三郎少将、同じく参謀の香川義雄大佐と高木中佐、自由インド仮政府在勤大使蜂谷輝雄が先に到着していた。

藤原中佐が香川大佐と高木中佐に会って、軍事裁判について尋ねると、次のように二人は息を弾ませて言った。

「すさまじいものだ。全印度は鼎《かなえ》の沸騰する総起ちの騒ぎだ。ＩＮＡ裁判の即時中止、釈放、印度統治権の返還、英人の引揚げを要求しているんだ。ＩＮＡは印度の愛国者だ。英雄だ。ＩＮＡは日本の傀儡ではない。

ＩＮＡが日本を利用したのだと主張しているんだ。国民会議派有数の領袖を網羅した大辯護士団を編成して、一挙印度の独立獲得を期して闘っているのだ。五億ルピーの資金カンパが集まっているんだぜ。

ＩＮＡ第一師団の連隊長シャヌワーズ、ディロン両大佐とセイガル中佐が、第一回裁判の被告だ。既に十月五日から始まっている。辯護士団の巧妙なかけ引きが成功して、今二週間の休会に入っているんだ。存分の資料集めと証人喚問をやろうとしているようだ」

このとき、藤原中佐は、ＩＮＡとインド国民が形を変えて、インパール作戦でスバス・チャンドラ・ボースがＩＮＡとともに唱えた「チェロ、デリー（デリーへ）」の戦いに総決起し、「大東亜戦争は、日本の敗戦の一幕では終わっていないのだ。まだ続いているのだ」と思った。

「英帝国は、ＩＮＡ反逆将兵を軍事裁判にかけて、厳刑に処することによって、英帝国の権威を誇示し、印度民衆特に、英印軍印度人将兵に対する見せしめにして、印度支配を揺るぎないものにしよう、それができると考えていた」が、これに対してガンジー、ネルーを初め、国民会議派の領袖は、この英帝国の誤判を見逃さなかった。

「現英印軍印度人将兵と血縁、或は知己の関係にあるINA将兵二万を厳刑に処せんとする軍事裁判こそ、英印軍印度人将兵を――長い印度独立運動史の上で、英印軍印度人将兵だけが、英皇帝に対する忠誠を失わなかったため、英帝国の印度統治が揺るがなかった――会議派側に獲得し、又これを利用して全印度民衆を反英独立運動に動員結集して、独立運動に決定的成功を収める天与の好機と読んだのである。あの抜け目のない英帝国が、正に会議派の思う壺にはまった形となったのである」

国民会議派は早速、裁判の公開と会議派の弁護権を要求し、九月十四日にはプーナにおいて、国民会議派運用委員会を開催して「INA将兵は印度独立のため戦った愛国者であり、即時釈放されるべきである」との決議を採択し宣言した。

国民会議派の長老の一人であるフラバイ・デサイ博士が、首席弁護士に任命された他、会議派領袖の中から錚々《そうそう》たる弁護士が選ばれ、九名からなる大弁護士団が編成された。そして、弁護士の資格を持つネルー（後にインド初代首相）も、法衣を身にまとって、この英軍事裁判に出廷したのである。

再会

藤原中佐一行がデリーに到着した後、大弁護士団との初顔合わせがあった。藤原中佐がキャンプ外側に設けられた面接所に案内されると、そこには弁護士団の他、ＩＮＡ参謀長ボンスレー少将を初め、数十名のＩＮＡの盟友たちが、「ジャイヒン（インド万歳）」メジャー、フジワラ（藤原少佐）と連呼して集まり、お互いに肩を抱いて再会を喜びあった。

藤原中佐は、ビルマ戦線以来、十カ月振りに再会した「一同の面々に、満々たる自信と軒昂《けんこう》たる意気を読み取って、ほっとした」

そして、藤原中佐は思わず、「どうか、裁判は大丈夫か」と、一同に問うと、『ディロン大佐は、言下に、胸をたたいて「御心配無用、印度は一年以内に独立を克《か》ち取る。われわれを一人でも処刑したら、在印英人は一人も生きて帰国できないであろう。先日ネール氏が面会に来てくれた。

われわれに向って、諸君は生命と祖国の独立の何れを欲するか、諸君の選ぶ望みを叶えようと言った。われわれ一同、異口同音「独立」と言下に答えた』と述べた。

この劇的な再会の後、彼らは「幕舎の面接所で待っているデサイ博士を初め、数名の弁護士の前に案内された」

六尺豊かな体格と胸を覆う白髯を蓄えた首席弁護士のデサイ博士は、沢田大使を始め一同と、「丁寧な握手を交わし、他の弁護士にも、これを促した。そして、博士は彼らの遠来の好意を謝した後」、一同に対して、次のように語るのである。

「日本がこの度の大戦に敗れたことは、真に傷ましい。ニュースの報ずるところによると、東条首相や山下将軍を初め、多くの指導者や将軍がアレストされ、又数多の将軍が相次いで自決されている由、誠に愁傷《しゅうしょう》の極みである。

日本は、初めて敗戦の痛苦を嘗《な》めることとなり御気の毒である。しかしどの民族でも、幾度もこの悲運を経験している。一旦の勝負の如き、必ずしも失望落胆するに当たらない。殊に優秀な貴国民においてをやである。私は日本が極めて近い将来に、必ず、アジアの大国として、再び復興繁栄することを信じて疑わない。

印度は程なく完《まっと》うする、その独立の契機を与えたのは日本である。印度の独立は、日本の御蔭で三十年早まった。これは印度だけではなく、ビルマ、インドネシア、ヴェトナムを初め、東南亜諸民族共通である。印度四億の国民は、これを深く肝銘している。

印度国民は、日本復興に、あらゆる協力を惜しまないであろう。他の東南亜諸民族も同様と信ずる」

デサイ博士の「語られたこの温く、力強い恩言は、敗戦に打ちひしがれ、祖国の復興は三十年、五十年否百年の間、望み難いとまで失望自失に陥っていた」藤原中佐一行にとって、まさに救われた思いであった。

そして、藤原中佐には「INA盟友や博士の恩言を通じて、INAはもとより、会議派否印度全国民が、日本の印度工作に、深い理解と感謝を抱いていることを知り得たことが、何にも増して心強く嬉しかった」のである。

第一回英軍事裁判の開廷

こうした中で、第一回目の英軍事裁判は昭和二十年十一月五日に、レッド・フォート（赤い城）で開廷された。

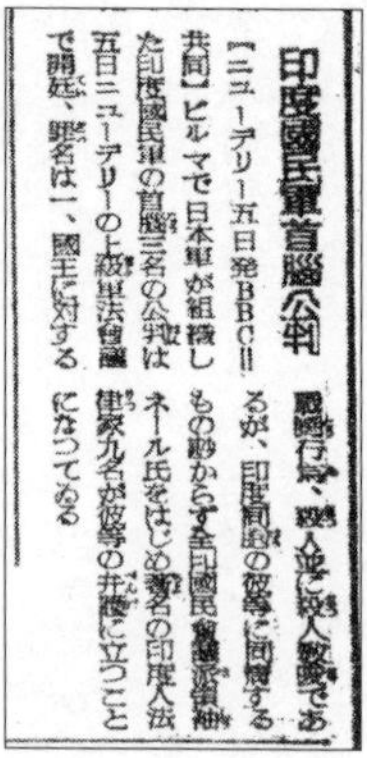
印度國民軍首腦公判

【ニューデリー五日発BBC＝共同】ビルマで日本軍が組織した印度國民軍の首腦三名の公判は五日ニューデリーの上級軍法會議で開廷、罪名は一、國王に対する戦争行為、殺人並に殺人教唆であるが、印度側の彼等に同情するもの尠からず全印國民會議派領袖ネール氏をはじめ著名の印度人法律家九名が彼等の弁護に立つことになつてゐる

INA幹部の軍事裁判を報じた『朝日新聞』（昭和二十年十一月七日付）

「イギリス側は、向こう六カ月の間にINA四〇〇〇人の将兵を抗命、通牒、利敵、反逆罪で処罪すると強気の発表を行った。その第一回の代表としてインパール作戦でいずれも連隊長をつとめたシャ・ナワーズ・カーン大佐とセイガル大佐、およびG・S・ディロン大佐の三人を軍事法廷に引き出した」のである。

大衆の抗議運動の開始

国民会議派は、既にインド民衆、特に英印軍内のインド人将兵に対して、啓蒙宣伝と大衆動員を仕掛けていたことから、軍事裁判が開始されると、デリー、カルカッタ、ラホール、マドラス等の主要都市で、大衆の抗議集会が開催され、スバス・チャンドラ・ボースの生誕地カルカッタでも、十万人の大衆がプラカードを掲げて「大デモ行進を展開した。随所に、警官隊と衝突、流血の惨事を繰りひろげた。マドラスでも多数の死傷者をだす騒ぎとなった」

「英帝国が印度支配の再強化を狙って始めた軍事裁判であったが、その裁判が、逆に、英帝国二百年にわたる印度支配の罪業を裁き、その支配に終止符の引導をわたす形勢にまで発展した」のである。

同年十一月二十一日から二十六日にかけて、カルカッタで行われたデモは、やがてゼネストに進展し、数百名の死傷者が続出した。カルカッタ大学の学生を中心に、市民と公共事業の従業員も加わったカルカッタの状況は、やがてデリー、ボンペイ、バツナウ、ラクナウ等各都市にまで波及していった。

第一回英軍事裁判が十二月三十日に終了すると、判事は極秘裡に「英皇帝に対して戦争を挑発した者として無期流刑に処す」と判決を下したが、インド民衆の反発を恐れて、公表を控えた。

インド総司令官ホーヒンレック大将は翌年一月三日、特別官報によって「被告三名を無期流刑に処すという軍事法廷の判決は正当なりと認めるも、インド政府の方針に基づき、総司令官の権限において、刑の執行を停止する」と公表した。即ち、執行猶予、釈放を宣言したのである。

この公表は、刑の執行がインド民衆の反抗を決定的に悪化させ、在印英人の生命を危険に陥れ、インドにおける英帝国の権益まで失うことを予知した結果であった。即ち、「英帝国は、印度民衆の反撃に屈し、支配者の権威を捨てる途を選んだのである」

この第一回英軍事裁判での勝利は、英帝国の予想に反して、インドからの撤退を促す決定的な要因となった。

デリー市では三被告の釈放に対して、全市をあげてのお祭り騒ぎとなり、四日夕方、ガンジー・グランドにおいて、会議派主催の盛大な釈放祝賀会が開催された。

イギリス本国政府は、事態の重大さにようやく気がつくと、下院議員団をインドに派遣して、現地調査を実施したが、面目上、「この軍事裁判を直ちに中止することはむつかしかった。単に面目だけでなく、中止は却って勝に乗ずる印度民衆の政治要求を激化する懸念」も、あったからである。

インド軍総司令官のオーヒンレック大将は、「ＩＮＡ将兵の英皇帝に対する反逆は、拷問、殺人の非人道的行為のみについて問責する。その数は少数に止まる」という声明を出し、今度は「ＢＣ級」の軍事裁判を開始するのである。

だが、英帝国は二月十一日に、第二回英軍事裁判の判決が下されると、さらに痛烈な反撃を食らう羽目になった。「反逆罪を不問に附し、暴行罪だけを取り上げ、被告アブドール、ラシード憲兵少佐に七年の刑を判決した」からである。

この判決を聞いたインド民衆は翌日、まずカルカッタにおいて、抗議デモの形で憤激を爆発させ、全市のゼネストにまで発展した。「警官隊の発砲によって、死者十九名、負傷者二百数十名を出し、二十六日に至ってようやく平静に帰した」のである。

さらに二十一日には、イギリス海軍の一部であるインド海軍の一斉蜂起が、ボンベイ、カラチ、カルカッタの各港で起こり、英帝国インド統治史上、前代未聞の大不祥事となった。「何れも占拠艦船の艦砲に砲弾を装填して、若し英当局が武力弾圧に出れば、直ちに全艦砲撃をもって酬ゆると宣言した」ことから、英当局は手も足も出ない有様となった。

ボンベイ市民は翌二十二日、この反乱を利用して全市ストライキに突入し、全ての交通機関と工場と労働者もデモを開始した。「全市は麻痺状態に陥り、治安維持は、最早、警官隊の手に負えぬものとなった。二十三日、ついに英国兵の出動を見るに及んで事態は決定的に悪化した」のである。

市民のデモとこれを制圧せんとする軍隊、警察隊との間で、凄惨な激突、交戦が繰り返され、「死者二百十名、負傷者一〇一七名という大惨事となった」

この結果、ＩＮＡ軍事裁判は、第三回法廷を途中で廃止し、全将兵の釈放を余儀なくされた。イギリスのアトリー首相は、ムスリム連盟と国民会議派との意見交換を実施した内閣使節団の報告により、五月六日、まずインド人のために新憲法制定会議の開催を承認した。

九月二日、「統治権譲渡の中間手段として、中間暫定政府が設立され、ネール氏を初め、国民会議派の領袖が入閣することとなった」のである。

インドの独立

かくして、統治権は昭和二十二（一九四七）年八月十五日に、「インド独立法」によって英帝国からインド民族の手に渡り、ついにインドはインド民族の宿願である完全独立を達成した。そして、昭和二十五（一九五〇）年一月二十六日に、インド独立式典がインド総督ダーバー・ホールで挙行され、プラサド大統領、ネルー首相が就任し、独立インドの最初の政府が成立するのである。

前出のデサイ博士は、インドが独立できた原因について、次のように述懐している。

「日本軍がインド国民軍を編成して、武力によって進軍させてくれた。この進軍が国民運動となり、老獪なイギリスに独立を認めさせる契機となった。インド独立を決定づけたのは、結局日本軍であった」

第四節　マレー人の政治意識の覚醒とマラヤの独立

マラヤの独立と日本の敗戦

日本軍は、マラヤ占領後、マラヤのマレー人とインド人に対して、民族主義を鼓舞する働きかけを行ったことは既述した。

日本軍は軍政を布いた後、昭和十八年七月に、各州・市に参事会議を開設することを検討したが、中央組織の設置は初めから検討せず、他の東南アジア諸国と同様に、マラヤに早期の独立を与えようとはしなかった。

だが、同年八月のビルマ独立に次いで、インドネシアでも独立の許与が検討されると、YMAのイブラヒム・ヤーコブとマレー義勇軍（PETA）は、インドネシアと併合する形での独立を要求してきた。

このため、日本軍は昭和二十年七月に、この運動を正式に承認し、「インドネシア半島部人民連合」（ＫＲＩＳ）という組織を創設した。八月十七日にはクアラルンプールで、大会が開催されたが、日本の敗戦でインドネシアとの併合案は実現しなかった。

一方、華僑の間の民族主義は、「むしろ逆に反日勢力のなかから育っていた。というのは、中国本土では、日本軍のマラヤ侵攻よりはるか以前から日中戦争が始まっていたため、華僑社会の間では日本の侵攻以前からすでに反日運動が高まりを見せていた」からである。

マラヤ共産党（ＭＣＰ）は、「華僑の間の反日感情をたくみに利用して自らの勢力の拡大」を図るために、マラヤ人民抗日軍（ＭＰＡＪＡ）という抗日組織を結成した。

こうした中で、日本の敗戦後、英軍のマラヤ進駐は遅れ、その間のマラヤの治安は日本軍の手によって維持されたのである。

ＭＰＡＪＡは、「ジャングルから姿を現し、日本軍を武装解除してその武器を接収し、インド国民軍ののこした武器も接収した。またその反逆者殺害部隊は対日協力者を盛んに処刑した」

英軍は同年九月十二日に、シンガポールのシティ・ホールで南方軍の降伏調印を行い、翌年一月には「対日協力者に対する軍事裁判を開始したが、ユーラシアン協会長バグーラに対する裁判が行われただけで中止され、その後はシンガポール・クアラ＝ルンプール・マラッカ・ペナンで日本人に対する戦争裁判が行われた。陸海軍をあわせて二一四名が処刑され、戦前日本人移民が営々として築きあげた資産もことごとく没収された」のである。

日本軍が進攻する前、マラヤでは有事の際、イギリスはマラヤを保護せねばならないはずであった。即ち、イギリス政府は、先に「各地のマレー人首長らとの間に、マラヤ防衛の義務」を一切イギリスが「引き受けるという協定を取り交わしており、その見返りとして」、イギリスは、多くの権利や特権をほしいままにしていた。

にもかかわらず、英軍は、しかるべき防衛義務を怠り、ぶざまな敗北を喫してしまったのであるから、イギリスは「おそらくいささかうしろめたい気持を抱いてマラヤへ戻ってくるだろうと、マラヤの人々が想像していたとしても」不思議ではなかった。

ところが、イギリスは、実際には「保護条約の遵守を怠ったという自らの失敗を反省するどころか」、マラヤを従来の保護国の地位から、完全な植民地に変更するためのマラヤ連合案を起草するのである。

マラヤ連合の成立

シンガポールが陥落した後、イギリス植民地省は昭和十八年二月に、終戦後のマラヤの将来に対して、各種の政策の検討を開始した。

日本の敗戦後、イギリス植民地省がマラヤ、インド、ビルマの東南アジア地域の政治的変革に着手したのは、大東亜戦争中に育成された民族主義や昭和十六年の「大西洋憲章」の中にある「民族自決」の原理に対応するためであったが、マラヤに独立を与える場合でも、イギリスの経済的権益の保護は絶対的な条件とし、「いかなる革命的独立運動、特に共産主義者が指導する独立運動は、これを徹底的に弾圧し治安を維持することが第一に必要であった」

同年末に、植民地大臣は、「マラヤ再占領の際必要なマラヤの政治体制の変更に関する基本方針の草案を起草し」、これを当時の戦時内閣に覚書の形で提出するのである。

そして、マラヤの政治的地位を保護領から、完全な植民地へと変更することや「これまでほとんど政治的権利を認められていなかった中国人・インド人にもマレー人と同等の権利を与える」という市民権の賦与を記した「マラヤ連合憲法」を起草するのである。

イギリスは、マラヤのような複合社会で、全ての人種の協力を得るには、全ての人種に平等に政治的権利を与えればよいと安易に考えたが、この考え方では「マレー人はマラヤ原住民としての歴史的な立場を失うことを意味していた」のである。

だが、イギリスの原則は、あくまでイギリス指導の自治を前提にした独立を許可することであったことから、「総督がマラヤ全土を直接統治し指導できる中央集権化に着手したのである」

この悪名高きマラヤ連合構想は昭和二十年十月十日に、イギリス議会下院において、「植民大臣からマラヤ連合案に関する報告がなされ、ついで翌十一日には本案がマラヤの各報道機関をつうじて報道され、ここにマラヤ連合案はその全貌をマラヤの人々の前」に現したが、イギリスは保護領時代には無抵抗であったマレー人の支配階級から予想もしなかった反発を受けるのである。

「たとえば、この当時のマレー語新聞や雑誌はマラヤ連合構想への批判ないしは反対を内容とするかなりの量の投書やレポートを掲載している。

またマレー人のなかには自ら反対運動組織を結成する者もあらわれた」

四十一団体の代表が結集した「汎マラヤ＝マレー人会議」（ＰＭＭＣ）は、『第二次世界大戦中に宣言公布されたいわゆる「大西洋憲章」のなかで、イギリスが植民地における民族自決の原理に賛同していることを根拠として、直接イギリス政府に対して連合構想の撤回を求めるアピールを開始した』

マラヤ連邦の発足

マレー人の強い反対に驚き、最初の構想を放棄したイギリス政府は、改めて昭和二十三年二月一日に、マラヤ連邦構想を発表した。

これによって、マレー人首長の主権は返還され、『スルタン達は、イギリスの保護下に置かれているという制約はあるものの、ともかくも主権をもつ独立国の君主としての地位を回復することができたのである。

一方、イギリス政府は、新生マラヤ連邦の防衛および外交に関する全権を自らの手中に掌握することに成功し、「マレー諸国を外部勢力の攻撃から保護する」役割を果たすことになったのである』

「一九四〇年代後半から五〇年代の初めにかけて、マラヤではさまざまな政党や政治団体が相次いで結成され、各種の政治的要求を掲げて活発な活動を行った」ことで、マラヤ連邦で初の選挙が行われ、マラヤ自治政府が昭和二十六年十一月に誕生した。

マラヤの独立

次いで、イギリス政府は昭和三十二（一九五七）年八月三十一日に、マラヤ連邦の完全独立を承認した。そして、マラヤ連邦の初代首相には、かつて藤原中佐が保護したケダ州サルタンの王子で、ベナン放送を利用して、自らマレイとスマトラの住民に、日本軍に対して協力を呼びかけたトンク・アブドル・ラーマンが就任した。また副首相には、かつて日本軍が開設した昭南興亜訓練所出身のアブドル・ラザク（第三期生）が就任した。

かくして、一五〇年にも及ぶイギリスのマラヤ保護領支配は終焉したのである。

このように、マラヤにおけるイギリスの保護領支配が完全に崩壊したのは、日本軍の三年八カ月間におよぶ占領によって、政治的に無知だったマレー人の心の中に、民族意識が植えつけられたことで、白人が昔日のように支配者としての地位を維持できなくなったからである。

マラヤ国民大学歴史学教授のダトゥク・ザイナル・アビディン・ビン・アブドゥル・ワーヒド博士は共著で、大東亜戦争の衝撃について、次のように述懐している。

『マラヤ政治史のうちでもっとも重要な出来事といえば、まず何をおいても一九四一年の日本軍のマレー半島進攻をあげねばならないだろう。日本のマラヤ占領は、マラヤの人々の間に政治意識の覚醒をもたらした。このようないい方は一見矛盾しているように聞こえるかもしれないが、日本軍政は我が国におけるナショナリズムを育成・発展させるうえで、いわば「触媒」の役割を果たしたということができる。

日本は、後年のマラヤ＝ナショナリズムの基盤となった少々度を越した民族意識をマレー人の心に植えつけた。（中略）

日本軍政部が、それまでもっぱら西欧人専用だったクラブやプールなどを、肌の色にかかわりなく、一般に開放するなどの政策をとることによって、たとえ形式的にもせよ、「民族の平等」を標榜したことなどがあげられるだろう。今日では、このようなみえすいたジェスチャーはなんの意味ももたないようにみえるかもしれないが、その当時は社会に大きな影響を与える出来事だったのである。

事実、日本のマラヤ占領作戦の成功そのものが、マラヤ国民のイギリス人に対する態度に大きな変化をもたらした。つまり、マラヤ上陸作戦の電撃的勝利は「大英帝国」の威信を大きく揺るがし、また「白人」は優秀であるという従来の固定観念をつき崩したことは確かである』

第五節　フィリピン独立とアメリカへの従属

日本軍政とフィリピンの独立

先述したように、フィリピンは、アメリカが昭和九（一九三四）年に公布した「タイディングス・マックダフィ法」によって、独立が約束されていたが、これはアメリカに、一方的に有利な関税制度と引き換えに、フィリピンを十年後に独立させることを約束したものであった。

こうした中で、狡猾なアメリカを嫌う民族主義者のベニグノ・R・ラモス率いるサクダル党とフィリピン国民は、日清・日露戦争以来、尊敬していた日本軍に協力して、大東亜戦争に勝利を収めることにフィリピンの命運を賭けていた。

だが、第十四軍（司令官本間雅晴中将）主力が昭和十六年十二月二十二日に、日本に亡命していた親日派のアルテミオ・リカルテ将軍とともに、フィリピンのミンダナオ島に上陸して、翌年一月二日にマニラを占領した。

リカルテ将軍は、フィリピンに上陸すると、翌日早朝、アパリとビガンに向けて出発し、ビガンの官庁宿舎に閃いていた星条旗を引きずり降ろして、フィリピン国旗を掲げると、『市長を始め、市民数百人は「フィリピン独立万歳！」と感激の涙』を流すのである。

そして、リカルテ将軍は、日本の「八紘一宇」（世界は一つの家）の精神を「世界兄弟愛」と理解し、『この戦争が太平洋地域に「世界兄弟愛」に基づいた和平をもたらすと同時に、失われた東洋精神を復活させるものである』と強調した。

その後、日本軍は、フィリピンに軍政を布いて、フィリピン国旗の掲揚を禁止し、三年後には米を徴発し、食糧不足を引き起こしたことから、「解放者としてのフィリピン国民に呼びかけた日本の訴えも、他の東南アジア諸地域とは違い、フィリピンではほとんど効果」を上げることができなかった。

日本軍は昭和十七年末までに、全ての既存政党を解体して、「カリバピ」（新フィリピン奉仕連盟）という単一政党を発足させ、総裁に親米派のフィリピン行政府主席バルガスを、副総裁にはベニグノ・アキノを就任させたことで、リカルテ将軍を始めとするフィリピンの民族主義者たちを憤慨させ、落胆させた。

そこで、日本軍は昭和十八年五月に、かつて日本に本拠地を置いていた「サイピルニップ」という団体を現地に移して、リカルテ将軍を総裁に就任させ、フィリピン側の支持を強化しようとした。さらに東條首相も同年五月に、フィリピンを来訪して、ルネタ公園で数万のフィリピン国民の前で、フィリピンの独立を約束するのである。

これによって、フィリピンは同年十月十四日に、念願の独立を達成し、ホセ・P・ラウエルが「フィリピン共和国」の初代大統領に就任した。こうして、一年九カ月の日本軍政が終わると、五十万人が参加した式典で、日章旗がフィリピン国歌の演奏とともに降ろされ、リカルテ、アギナルド両将軍の手でフィリピン国旗が掲げられた。

フィリピンは、日本の強い影響の下に誕生したことから、本当の意味での独立国ではなかったが、フィリピン国旗が掲揚されると、人々の目に感動の涙が溢れた。

ラウエル大統領は、就任演説で「今、何世紀にも渡って私たちが思いこがれてきた希望がついに達成しました」と述べ、フィリピンが目指す目的と自分の抱負を語った。

さらに、ラウエル大統領は同年十一月五日に、独立したアジア諸国（日本、中華民国、タイ、満州国、フィリピン、ビルマ）と「自由インド仮政府」の代表が東京の国会議事堂で、「地域の安全保障、独立尊重、経済発展について共同宣言を行う」ために、アジア史上初めて開催した「大東亜会議」において、次のように演説した。

「大東亜共栄圏はこの地域の一特定国の利益のために確立されるものではない。東条首相によれば、共栄圏確立の発足理念は各構成国家の自主独立を承認、尊重し、政治的独立と領土主権の承認によって、特定国が他の民族や国家が与える繁栄を独占することなしに、各国が自らの制度に基づき発展するということである。

他言すれば共存、協力、共栄の三つの言葉が大日本帝国によって代表され、大東亜共栄圏の諸国と国民によって、承諾された神聖な目的の下に横たわっているのだということができるのではないか。

われわれが一致団結、完全で強固な組織に結集されれば、十億のアジア人が自らの運命をつくる機会と自ら束縛されぬ権利、自由を要求することをもはや何者も遅らせたり押し止めることはできない。

全知全能の神は日本を見捨てず、大東亜諸国民を見捨てない。神は天から下ってわれわれとともに泣き、われわれ国民の勇気と大胆さを賛え、われわれ自身を解放して、われわれの子孫に自由、幸福、繁栄をもたらすだろう」


実は、この国際会議は、東條首相がフィリピンを訪問したときに面会したマニュエル・ロハスの発案によるものであった。ロハスは、和知鷹二参謀長に「現在、日本のいう大東亜共栄圏は国によって物資が非常にアンバランスになっています。そこで各地域の住民代表を集めて、国の事情を話合い、相通ずるようにするための会議を開いてはどうでしょうか」と言って、大東亜会議の開催を提案したのである。

リカルテ将軍と義勇隊「マカピリ」の結成

やがて、アメリカ軍が昭和十九年十一月十九日に、フィリピンに上陸すると、新任の軍司令官山下奉文中将は十二月八日の開戦記念日に、以前に日本軍が公布した「ルソン島戦時動員大綱」（土着武装勢力のゲリラ戦の動員化）に基づいて、十全精力を傾注し、親日勢力の「カリプナン・マカバヤン・ナン・マガ・ピリピーノ（フィリピン愛国連盟）」を結成して武装させた。

通称、「マカピリ」と言われた、この親日派フィリピン人の義勇隊は、「アジアからアングロサクソンの影響を一掃し、フィリピン共和国を守備し、平和と秩序を守り、アジアの共通の敵と闘う為に日本軍への協力を惜しまない」という目的の下に結成され、日本人の間では「愛国同志会」とも呼ばれた。

「かつてスペインの統治時代、スペイン側がメキシコから連れ込み、総督の護衛兵にしていたインディアン、ヤキ族の子孫に与えられた固有名詞」であり、「サクダル党」党首のラモスが以前から提唱していたものであった。

このマカピリの最高顧問にはリカルテ将軍が就任し、総裁にはラモスが、副総裁にはピオ・ジュランが選任された。一九世紀末に、反スペイン・反アメリカ独立闘争を戦った革命軍のリカルテ将軍は明治三十三（一九〇〇）年に、アメリカ軍によって逮捕されたが、アメリカに忠誠を誓うことを拒否したため、グアム島や香港へ追放された。

だが、リカルテ将軍は日本への脱出に成功すると、「南彦助」と名乗り、横浜に住居を構えて東京の海外植民学校で、スペイン語を教えながら再起を待った。そして、第十四軍のフィリピン上陸とともに、昭和十六年十二月十九日に三十数年ぶりにフィリピンに帰国するのである。

平和と秩序の義勇軍の結成

ところが、マカピリの指導的立場にあったリカルテ将軍は、マカピリが日本軍の後押しを受けて成立したことに不満を抱いていた。「そこで、フィリピンの国土はフィリピン人の手で守るべきだという信念に基づいて」、同年十月頃、彼自身の「平和と秩序の義勇軍」と呼ばれる第二の義勇軍を結成し、この義勇軍が「一九四四年十一月十四日、ラウレル政権に正式に認められると早速その翌日ラジオを通じてアメリカの再占領から母国を守るために立ち上がるように訴えた」のである。

アメリカ軍の反攻

こうした中で、アメリカ艦隊が昭和十九年十月十七日に、フィリピンのレイテ湾に突入すると、アメリカ軍の地上部隊は、二十日から暴風雨の中をタクロバン、ドウラングなどに続々と上陸してきた。そこで、わが連合艦隊は、神風特攻隊の援護の下で、栗田艦隊によるレイテ決戦を決意するが、アメリカ軍の圧倒的な火力の前に敗退するのである。十二月十五日に、アメリカ軍がミンドロ島に上陸を開始して、ルソン島に危機が迫ると、山下軍司令官は、ただちにレイテ作戦を中止して、第三十五軍に持久戦を命じた。

山下軍司令官は、アメリカ軍を釘付けにするために、兵力を三つの集団に分けて、十二月二十六日から山地に立てこもり、翌年一月六日に、ルソン島リンガエン湾に上陸してきたアメリカ軍地上部隊と持久戦を展開するのである。

アメリカ軍は、二月四日から日本海軍の防衛部隊とマニラで熾烈な市街戦を展開した後、二十六日にマニラを制圧した。一方、二月十六日に、コレヒドール島の日本海軍部隊が玉砕し、アメリカ軍は要塞を奪回したが、日本軍は、その後もフィリピンの義勇軍とともに、山中に立てこもって、終戦まで戦い続けるのである。

日本の敗戦

日本の敗戦後、大東亜戦争は、アジア諸国の民族独立戦争や民族独立運動という形で継承されたことは既述した。フィリピンのラウエル大統領も昭和十九年十月の段階で、日本の敗戦を必至と判断すると、遺書の中で大東亜戦争の継承について、次のように述べている。

「兼て《(ママ)》言う通り、日本が負け比島が再び米国の制圧下に入るも、此《この》大東亜戦争の影響は必ず将来の東亜に於ける子孫に及ぼし、亜細亜人の亜細亜なる思想は、撲滅せらるべきものにあらず、必ず自分等の衣鉢を継いで立つものあるを確信しをれり」


こうしたラウエル大統領の言葉は、日本が西欧の植民地支配を崩壊させたことでアジアの独立が達成されたことや、日本の唱えた「大東亜共栄圏」の実現が彼らの間で実感をもって語られ、信じられていたことを表明しているだろう。


フィリピン大学歴史学部教授のレティシア・R・コンスタンティーノ博士も共著で、アジアに与えた大東亜戦争の衝撃について、

「東アジアに対する日本の進出はいろいろの意味で開放的《(ママ)》な力をふるったのである。日本帝国軍隊が香港、ビルマ、インドネシア、インドといった西側帝国主義の要塞を抜いたすばやさは、それまで白人は不敗と考えていた諸民族を驚愕させた」

と述べ、また前出のダニエル・H・ディソン氏も、大東亜戦争の意義について、

「確かに、フィリピンにおいて日本軍は様々な弊害をもたらしました。

しかしその一方で、日本軍の戦いは、フィリピン人に愛国運動を形成する機会を与え、そして、戦後にアメリカが戻ってきた時には、フィリピンはすでに戦前の植民地ではなくなっていました。

フィリピン人は攻撃的な民族主義者となっていたのでした。

それは、他の植民地化されていたアジア諸国においても同じことでした。彼らはアジア人、そして、民族として覚醒したのです。その動きはインドネシアにおいて顕著でした。

フィリピンにおいては、フクバラップたちがアメリカに挑んでいきました。

これが、日本が戦った戦争における、アジアに対する最も大きな貢献であり、最も大きな意義でした」

と述べているのである。このように、大東亜戦争は、コロンブス以来の西欧列強の植民地支配を崩壊させた大戦争であったのだから、わが国の歴史教科書や「村山談話」のように大東亜戦争の欠点だけをあげつらって、大東亜戦争全体を誤りと決めつけるのは間違っているのである。

新フィリピン共和国の誕生

昭和二十年八月十五日に、日本が降伏すると、翌年四月に、「新フィリピン共和国」の初代大統領と国会議員を選出する総選挙が行われた。

この総選挙は、国民党、民主党、革新連合戦線「民主同盟」の間で戦われ、民主党が大勝して、アメリカに忠実なロハス大統領が就任した。

「民主党はこの一年、国民党の脱党者によって設立された新党で、その本質は国民党と大差はなかったが、当時の微妙な政治課題であった対日協力者の公職追放問題をめぐって、国民党、とくにその総裁であるオスメニャーと対立した。

オスメニャーは亡命先のワシントンで客死したケソンのあとをついで、コモンウェルス大統領に就任していたが、帰国後の仕事として、アメリカ国務省より対日協力者の公職追放を命ぜられていた。

オスメニャーの追放政策に反発する対日協力者らは、マヌエル＝ロハスを先頭に民主党を結成し、これに対抗した。民主党は連合国最高司令官マッカーサーの後ろ盾と、フィリピンに利権をもつアメリカ大資本、フィリピン人大地主・買弁（吉本注：「植民地・半植民地において、外国帝国主義の利益に奉仕する」ことによって、自国の利益を抑圧する者をいう）資本の支援をえて、選挙に勝利した。民主党の勝利によって対日協力者追放問題はあいまいなままに葬られ、対日協力問題はフィリピン政治のタブーとなった」のである。

こうして、七月四日に、新たに「フィリピン共和国」が誕生するが、アメリカはフィリピンにとって、新たな支配者となって現れたのである。

アメリカは、フィリピン政府との間に「フィリピン通商法」を結んで、独立後二十八年もの間、フィリピンをアメリカの経済的支配下に置いたからである。

「フィリピン通商法に対するフィリピン国民の反対を予想したアメリカ議会は、これをフィリピン復興法とからめて成立させ、もしフィリピンがこの通商法を締結しなかった場合、復興資金の供与を大幅に削減すると脅迫した。

アメリカが与えた独立の実態は、このようなものであった。この通商法の締結と憲法改正を強行するために、アメリカに忠実なロハス政権は民主同盟と一部国民議員への弾圧を強行したのであった」

第二の問題は、フィリピン通商法に含まれるパリティ条項であった。「この条項によって、アメリカ人はフィリピンの天然資源の利用と公共事業の運営に、フィリピン人と平等の権利を認められることになった」からである。

『経済支配の後には軍事支配がつづいた。アメリカはフィリピンを反共世界戦略の最前線基地とするために、四七年三月、二つの軍事協定をフィリピン政府と締結した。一つは「軍事基地協定」で、これによってアメリカは、フィリピンに存在する二十三の軍事基地を九十九年間にわたって使用できることになった。

いま一つは「軍事援助協定」で、これによってフィリピン四軍は、装備・指導・訓練の全般にわたって、アメリカ軍の援助を約束された。五一年八月にはさらに「相互防衛条約」が両国間でむすばれた』のである。

反マルコス運動とコラソン・アキノ政権の誕生

こうして、新しく誕生したフィリピン共和国は、アメリカに経済と防衛の自主権を奪われた、名ばかりの独立国家に過ぎなくなったのである。

このように、フィリピンがアメリカに従属したのは、フィリピンの独立がマレイ、インド、ビルマ、インドネシア、ベトナムとは違って、いわばアメリカから与えられた独立であり、戦いとられたものではなかったからである。

前出のレブラ博士は、他の東南アジア諸国とは違って、戦後のフィリピンで「政治的指導者になった人々は、マカピリや戦時中の警察軍を引率した指揮官たちではない。反日ゲリラをひきい、日本軍と戦ってきたリーダーたち」であったと述べている。だが、「史上最悪といわれる金と暴力の選挙戦を戦いぬいて、共和国史上初の大統領選を勝ちとった」親米派の元抗日ゲリラのリーダーであるマルコス大統領の打倒に立ちあがったのは、戦時中、日本軍に協力してアメリカ軍と戦ったマカピリの総裁ベニグノ・R・ラモスの率いる「サクダル党」の流れをくんだ「ラピアン・マラヤ（独立党）」だったことは、日本ではあまり知られていない。

昭和四十二（一九六七）年に、マルコス大統領に辞任を要求したラピアン・マラヤは、マラカニアン宮殿にデモを行い、五〇〇名以上の死傷者を出すが、その後も反対運動が高まり、昭和六十一（一九八六）年二月の大統領選で、不正選挙を行ったマルコス独裁政権を打倒して、コラソン・アキノ政権を誕生させたのである。

では、戦いに敗れた親日派のフィリピン人たちは、なぜラピアン・マラヤを結成して親米派のマルコス独裁政権を打倒したのだろうか。フィリピン研究家の寺見元恵氏は、その論考で「日本軍がフィリピンの土地に足を踏み入れた時、人々は今までの予言や噂の実現、つまり『リカルテ将軍が帰国し、日本軍の援助で〈未完の革命〉を成就する時が到来した』と信じ、彼らは命を賭けて日本軍と共に戦ったのだ。そしてそれに失敗した後も今日に到るまで、彼らはその夢に向かって、未だに戦い活動を続けているのである」

と述べている。

こうして、フィリピンは、他の東南アジア諸国と同じように、自らの手で独立を獲得することに成功するのであるが、このことから、大東亜戦争の精神的遺産は、今でもフィリピンに生き続けていると言っても過言ではないだろう。

第六節　第一次インドシナ戦争とベトナム独立

ベトナムの民族運動と明号作戦

フランスは一八八七年に、ベトナムをトンキン（北部）、アンナン（中部）、コーチシナ（南部）の三地域（その内、アンナンは保護国、トンキンは保護領、コーチシナはフランスの直接統治下にあった）を分割した上で、ラオス、カンボジアと併合して、仏印連邦を形成し、清国の冊封体制からベトナムを離脱させた。

ベトナムの民族運動は、フランスからの独立とこれらの三地域の統一という課題を背負って、一九三〇年に誕生した「インドシナ共産党」（後のベトナム共産党）にリードされて展開していった。

こうした中で、日本軍は昭和十五年九月二十二日に、援蔣ルートを遮断するためにフランス南部のヴィシー政権に承認させて、北部仏印に進駐すると、翌年七月に南部仏印に進駐して、三万五千人の兵員を駐留させた。

だが、アメリカ軍のレイテ島上陸によって、仏印侵攻が現実味を帯びてくるようになってくると、昭和二十年三月九日に、一挙に仏印軍の武装解除を断行し、仏印三国を十一日にベトナム帝国、十三日にカンボジア王国、四月八日にラオス王国として独立させた。

これを「明号作戦《めいごう》」と呼ぶが、日本軍は、これによって、フランスの植民地体制を崩壊させ、仏印三国を独立させたのであるが、このときの明号作戦を推進したのが、インドシナをフランスの植民地支配から独立させることを目標に活動していた安機関である。

後述するように、日本の敗戦によって、多くの日本兵が帰国したが、最後までベトナムの独立を助けたい安機関の岡部肇大尉らは、そのままベトナムに残留することを決めるのである。

日本の敗戦とベトナム民主共和国の成立

日本軍が降伏すると、この仏印三国の独立は、以前にホー・チ・ミンによって結成された「ベトナム民主同盟（ベトミン）」に新しい展望を与えた。

ベトミン中央本部は八月十六日に、「全国人民会議」を開催して「ベトナム民主共和国の建国を決定し、ホー・チ・ミンを首班とする臨時政府を選出した」

八月十九日から全国蜂起が開始され、明号作戦によって独立したベトナム帝国政府の統治権は、ベトミンに移譲され、バオダイ帝は退位した。

これを「八月革命」と呼ぶが、九月二日にはベトナム北部のハノイで、ベトミンによって独立式典が挙行され、「ベトナム民主共和国」が成立した。この日、明号作戦後に結成された「ベトナム解放軍」は、「ベトナム民主共和国解放軍」に改称された。

ホー・チ・ミン

だが、敗戦の混乱の中で、九月二十三日に南部のサイゴンで、フランス空挺部隊と旧インドシナ連邦軍がクーデターを起こして行政委員会を追い出し、市内の行政権を掌握するのである。

「行政委員会はただちに抵抗委員会を組織し抵抗運動を開始した。しかし、十月、フランスの増援部隊が到着するとともに、四六年一月までにメコン・デルタの主要都市はことごとくフランス軍に奪回された。四六年三月五日、一六度線以南の主権が駐留イギリス軍からフランス軍に委譲され、フランス領コーチシナが再建された」

一方、ベトナム民主共和国政府は翌年三月六日に、ベトナム独立の平和的解決を求めて、フランス代表サントニーとの間で、ベトナム・フランス暫定協定を締結した。

これによって、ベトナム「民主共和国はフランス連合の一自由国となり、南部、中部の民主共和国への帰属は住民投票によるとされ、五二年までフランス軍がベトナム軍の指揮権をもつことになった。一九四六年三月十八日、フランス軍はハノイに無血入城した」のである。

第一次インドシナ戦争の勃発

一方、「フランスの植民地利権が集中する輸出セクター南部では、フランス高等弁務官ダルジャンリューの後援のもとに、三月二十六日、民主党員グエン・ヴァン・ティンを首席とするコーチシナ共和国臨時政府が成立していた。六月一日、フランス政府がコーチシナ共和国臨時政府を承認するにおよんで政治交渉は決裂した」

フランスは、ハイフォン港に税関事務所を設置し、十一月二十日に入港したジャンクに強制検査を実施したためベトナム軍と衝突した。さらに十二月十七日に、ベトナム軍への攻撃を開始し、「第一次インドシナ戦争」（対仏独立戦争）が勃発するのである。

ベトナム国の独立

フランスは、ベトナム地域の統一を要求するベトミンとの全面戦争に直面すると、昭和二十三年六月五日に、ベトナム国の建国を望む「北部の反共知識人層、中部の官人層、南部の反共民族主義者、カオダイ、ホアハオなどの諸宗教団体、とくにコーチシナの独立を望む地主など資産家層の支持」を得て、元皇帝バオダイとベトナムのフランス連合内の独立を認める協定を結んだ。これによって、ベトミンは、「ベトナム民族主義の旗手としての地位を奪われ、単なる共産主義的民族運動の一派となるはずであった」が、フランスはこの協定を実施しようとはしなかったのである。

フランス大統領オリオールは昭和二十四年三月に、元皇帝のバオダイと「フランス・ベトナム協定」を結んで、「フランス議会とコーチシナの植民地議会は自治を前提としてコーチシナのベトナム国編入を決議した」

昭和二十九年五月七日に、フランス軍がベトナムから撤退し、七月二十一日に「フランスとの敵対行動停止に関する協定」が調印されるまで、ベトナムは、北部の「ベトナム民主共和国」と南部の「ベトナム国」に二分され、冷戦の国際関係の中で東西両陣営の全面援助を得ながら、第一次インドシナ戦争を展開していくのである。

第一次インドシナ戦争に参加した日本将兵

先述したように、ベトミンの指導者ホー・チ・ミンは昭和二十年九月二日に、インドネシア共産党の指導のもとに、ハノイでベトナム民主共和国の独立を宣言して、フランス軍と九年間にわたって戦ったが、このときに大活躍したのが約八〇〇人の日本兵と安機関の人々であった。名越二荒之助編『大東亜戦争その後』（展転社）では、ベトナムで安南（アンナン）民族を独立させて、フランス勢力を一掃するため、ベトナムの北部、中部、南部に分かれて工作を行った「安機関」と日本将兵が、戦後の第一次インドシナ戦争に参加したことを次のように記述している。

「ここで全貌を紹介することはできないが、明号作戦とともにバオダイ帝を救出し、独立を与えるよう工作をしたのは、金子昇大尉を長とする中野学校出身者であった。これがカンボジア、ラオスの独立にも繋がった。

やがて終戦になると、ベトナムは騒然となった。親日的な越南国民党と、共産党色の強いベトミンも、フランスと戦うために起ちあがった。彼らは日本軍の武器弾薬の獲得や、指導要員として将校・下士官を招き入れる工作に没頭した。それは終戦後のインドネシアの場合と同じであった。

安機関内部でも激論が続いた。荒廃した祖国再建のために帰国すべきか、それとも踏み止まって、彼らの独立運動を支援すべきか。

機関長の篠原成美少佐の指示もあり、大勢は帰国に傾いたが、岡部肇大尉、石川吉光大尉、山田隆一大尉、牧田保彦大尉、日比少尉らは、内地帰還を潔しとせず、残留を決意した」

この第一次インドシナ戦争に参加した残留日本兵は、「七六六人、戦病死者四十七人、そして一九五四年フランスが敗れ、ジュネーブ協定により日本に帰国した者一五〇人。残りの約四五〇人はベトナムに留まり、消息不明のままと言われている」

日本軍が東南アジアの各地で義勇軍を結成したように、「ベトナムも例外ではなく、戦後の対仏戦争に備えたものであった。これを進めた一人に井川省少佐があった」

靖國神社発行の機関誌『やすくに』（平成十二年四月一日号）によれば、敗戦後、井川少佐は、ベトミンの『南部抗戦委員会主席兼第五戦区長となったグエン・ソン将軍と親交を結び、「明号作戦」で仏印軍から押収した武器数千点をベトミンに提供、旅団長以下の兵団将校を復員に向けてベトナム北部へ送り出したのち部下数人とともにグエン・ソンの部隊に身を投じ、日本陸軍の歩兵操典の翻訳、作戦指導、戦闘訓練などに専念した。そして四六年春、ビンディンの第五戦区司令部から中部高原のプレイクへ、みずからジープを駆って防戦指導に赴く途中、仏軍の待ち伏せ攻撃に遭って戦死した。

同年六月、グエン・ソンを校長とするベトナム初の陸軍中学校（士官学校）がダナン南方のクァンガイに生まれた。その教官と助教官各四人はすべて旧日本軍の将校と下士官で、教官のうち中原光信少尉（グェン・ミン・ゴック）と谷本喜久男少尉（ドン・フン）は井川少佐の直属部隊下、加茂徳治中尉（ファン・フエ）と猪狩和正中尉（ファン・ライ）はサイゴン東北のファン・ティエットで離隊した第二師団の中隊長だった。

生徒の大半がのちにベトナム人民軍将校団の中核部分を構成し、ベトナム戦争では連隊長級の指導官や作戦参謀として悩ませたことは、これら日本人教官の指導がいかに優れていたかを雄弁に物語っている。

この学校は四六年十一月、北部が主戦場となったため閉鎖され、教官四人と助教官の青山浩（チン・クァン）は第五戦区主力部隊と前後して次々に北上、すでに北部に集まっていた多くの旧日本軍将校とともに、芋と野草だけで胃袋を満たすような苦難に耐えて戦闘指導や軍事幹部養成に尽力することになった。

青山は歩兵部隊の副大隊長となり、五二年にハノイ南東の農村で戦死した』という。

昭和二十九（一九五四）年に、第一次インドシナ戦争が終結すると、昭和三十五（一九六〇）年十二月から、今度はアメリカと「第二次インドシナ戦争」（以下、ベトナム戦争と称す）が開始するが、このとき、アメリカ軍を悩ませたのが、陸軍中学校で残留日本兵から戦闘指導や幹部教育を受けたベトナム兵で、彼らの大半が「ベトナム人民軍」のリーダーとなって、ベトナム戦争を戦うのである。

受勲された日本将兵たち

ベトナム民主共和国政府は昭和二十一年に、先述のクァンガイにできた陸軍中学校の他に、二校の軍官学校を設立した。ベトミン側は、日本人の教官に『「訓練に当たってビンタをとるのはやめて貰いたい。それ以外はどんなに厳しくても構わない」と、注文をうけた。この訓練がいかに精強な部隊を作るのに役立ったことか。政府と国防省は、感謝の意をこめて、後に教官たちに「戦勲勲章」を授与した。

教官ばかりではなく、作戦にも参加して戦勝に導いた人には、さらに「戦勝勲章」を贈呈した。クァンガイ陸軍中学校の教官であった谷本少尉や猪狩中尉は、「戦功勲章一級」と「戦勝勲章二級」の二つ』が授与された。

ベトミン軍に参加した石井卓雄少佐の最期

騎兵第五十五連隊機関銃中隊としてビルマ方面に派遣され、戦功をたてた石井卓雄少佐も、戦後の第一次インドシナ戦争に参加した残留日本兵の一人であった。

石井少佐は、カンボジアのプノンペンで終戦を迎えると、『英仏連合部隊によって武装解除をうけ、捕虜として収容所生活をおくるが、独立にかけるベトナムの愛国心に共鳴し「敗北の帰還兵となるよりも同志と共に越南独立同盟軍に身を投じ、喜んで大東亜建設の礎石たらんとす」の言葉を収容所の仲間に遺して、ベトミン軍に参加』した。

石井少佐は、他の将校三名とともに、「ベトミン軍の南部総司令部の顧問格として迎えられ、仏軍に対する遊撃戦を指導した。石井の組織したゲリラ部隊は、南部ベトナム各地で仏軍に打撃を与え、相手からも討伐の最高目標として狙われていた。

ハノイを拠点とする北部に比べて、劣勢だった南部において石井部隊は善戦したが、一九五〇年（昭和二十五年）五月二十日に石井（ベトミン）大佐は戦死」するのである。

石井卓雄（ベトミン）大佐の郷里に贈り届けられた謝恩碑

第一次インドシナ戦争に勝利したベトナムは昭和三十五（一九六〇）年から、ベトナム戦争を戦うことになった。

石井大佐とともに、第一次インドシナ戦争に参加した市川洋吉は、『石井部隊の生残りのベトナム人に呼びかけ、謝恩碑建立の計画が進められた。ベトナムでは、石井大佐に心服していたグエン・ヴァン・タン（阮文青）氏が中心となり、縦七十センチ、横四十センチの大理石の碑を完成した。完成したのは昭和四十四年の、石井大佐の命日に当たる五月二十日であった。タン氏は翌年謝恩碑を携えて来日した。

同年二月一日には大阪府茨木市の全面戦争受難者慰霊塔前において、ベトナムから運ばれた碑を祭壇正面に据えて「故石井卓雄氏ならびにベトナム関係戦争受難者慰霊祭」が日越の関係者によって挙行された。

この「石井卓雄先生之霊魂雅鑒」は、石井少佐の郷里に届けられた後、現在は原隊であった騎兵第五十五連隊跡地（現自衛隊善通寺駐屯地）の遺影室に安置されている』のである。

ベトナム戦争に参加した日本将兵

第一次インドシナ戦争が終結すると、ベトナムに残留した日本兵のうち、約二五〇名が日本へ帰国したが、現地に残留した日本兵五〇〇名は、昭和三十五（一九六〇）年から開始されたアメリカ軍との戦いにも参加した。

やがて、ベトナム人民軍がベトナム戦争に勝利すると、昭和四十八（一九七三）年一月に、南北のベトナム政府、臨時革命政府、アメリカの三者が「パリ平和協定」に調印して、ついにアメリカ軍は、ベトナムから撤退するのである。

ベトナムの独立と第二次大東亜戦争の終結

昭和五十（一九七五）年四月三十日に、南ベトナム政府が無条件降伏すると、「南ベトナム共和国」の崩壊にともなって南北ベトナムが統一され、翌年に「ベトナム社会主義共和国」が誕生した。

かくして、三十年の歳月を経て、ようやく第二次大東亜戦争は完遂したのである。

次章では、大東亜戦争の世界史的意義について見ていきたいと思う。

第八章　大東亜戦争の世界史的意義とは何か

第一節　大東亜戦争は世界史にどのような影響を与えたのか

アジアの独立を成し遂げた大東亜戦争

戦後の日本では明治以降の日本の軍事行動は、すべてアジア侵略を目的としたものであるかのように言われているが、これまでの議論から分かるように、日本は西欧列強のアジア侵略に対抗するために明治維新を断行し、日清・日露戦争を戦って、従来の東アジア地域の国際秩序を破壊すると同時に、「それまで世界に定着していた白人優位の観念を大きく覆す契機をもたらした」のである。

また「大航海時代以来の白人による世界の植民地化を受け、有色人種は永遠に白人には勝てないと信じさせられてきたなか、日本が強大な白人帝国ロシアを打ち破ったことで、大きな自信と希望を有色諸民族に与えた」のである。

そして、次の大東亜戦争で、日本は、コロンブス以来、白人が形成していた国際秩序に真っ向から挑戦するという最後の戦いに入ったのである。

その結果、シンガポールの第二代首相ゴー・チョクトンが一九九二年二月十一日に、国立戦争博物館の開会式において、「日本の勝利により、欧米のアジア支配は粉砕され、アジア人は自分たちも欧米人に負けないという自信を持った。日本の敗戦後十五年以内に、アジアの植民地はすべて解放された」と述べているように、東南アジアを支配していた白人の勢力は後退して、アジアは次々と独立を果たしていったのである。

世界史に影響を与えた大東亜戦争

さらに、タイの副首相・外相のタナット・コーマンが「あの戦争によって世界のいたるところで植民地支配が打破されました。そして、これは日本が勇戦してくれたお陰です。新しい独立国が、多くの火の中から不死鳥のように姿を現しました。誰に感謝を捧げるべきかは、あまりにも明白です」と述べているように、アジアに大きな衝撃を与えた大東亜戦争は、世界地図を大きく塗り替える役割を果たしたのである。

また東條英機首相も、その遺言書で「私は今回の戦争を通じて、東亜民族の生存に対する権利の主張を達したものと思っている」と述べているように、大東亜戦争はアジア民族の生存を賭けた戦いであり、その影響は計り知れないものがあったであろう。

一方、戦後の日本では昭和二十年八月十五日をもって、大東亜戦争の幕は閉じられたと考えられているが、藤原中佐が「大東亜戦争は、日本の敗戦の一幕では終わっていないのだ。まだ続いているのだ」と述べ、また柳川大尉がたとえ「戦争に敗けても、われわれの教えは、ここに生きていると思った」と述べているように、日本の敗戦はあくまでも大東亜戦争の第一幕が終わりを告げたものに過ぎなかったのである。

日本がポツダム宣言を受諾して降伏した後も、大東亜戦争の軍事的、精神的遺産を受け継いだアジア・アフリカ諸国の人々は、「第二次大東亜戦争」とも言うべき、民族解放戦争や民族独立運動に展開して、次々と独立を果たしていったからである。

確かに、米英ソの国際的な謀略によって仕掛けられた大東亜戦争は、日本を未曾有の敗戦におとしめ、戦後の日本に、リーダー不在の状況を作り出したかもしれないが、一方では西欧列強の植民地支配を終焉させたことで、有色人種の独立国家の誕生をもたらし、人種平等の世界形成に大きな影響を与えたことは間違いないのである。

これこそが、大東亜戦争の世界史的意義であり、かつて人類が経験した戦争の中でも、従来の帝国主義戦争とは全く次元を異にした戦争であったことは確かであろう。

だが、わが国の歴史教科書を見ても分かるように、戦後の日本ではアメリカの「戦争犯罪情

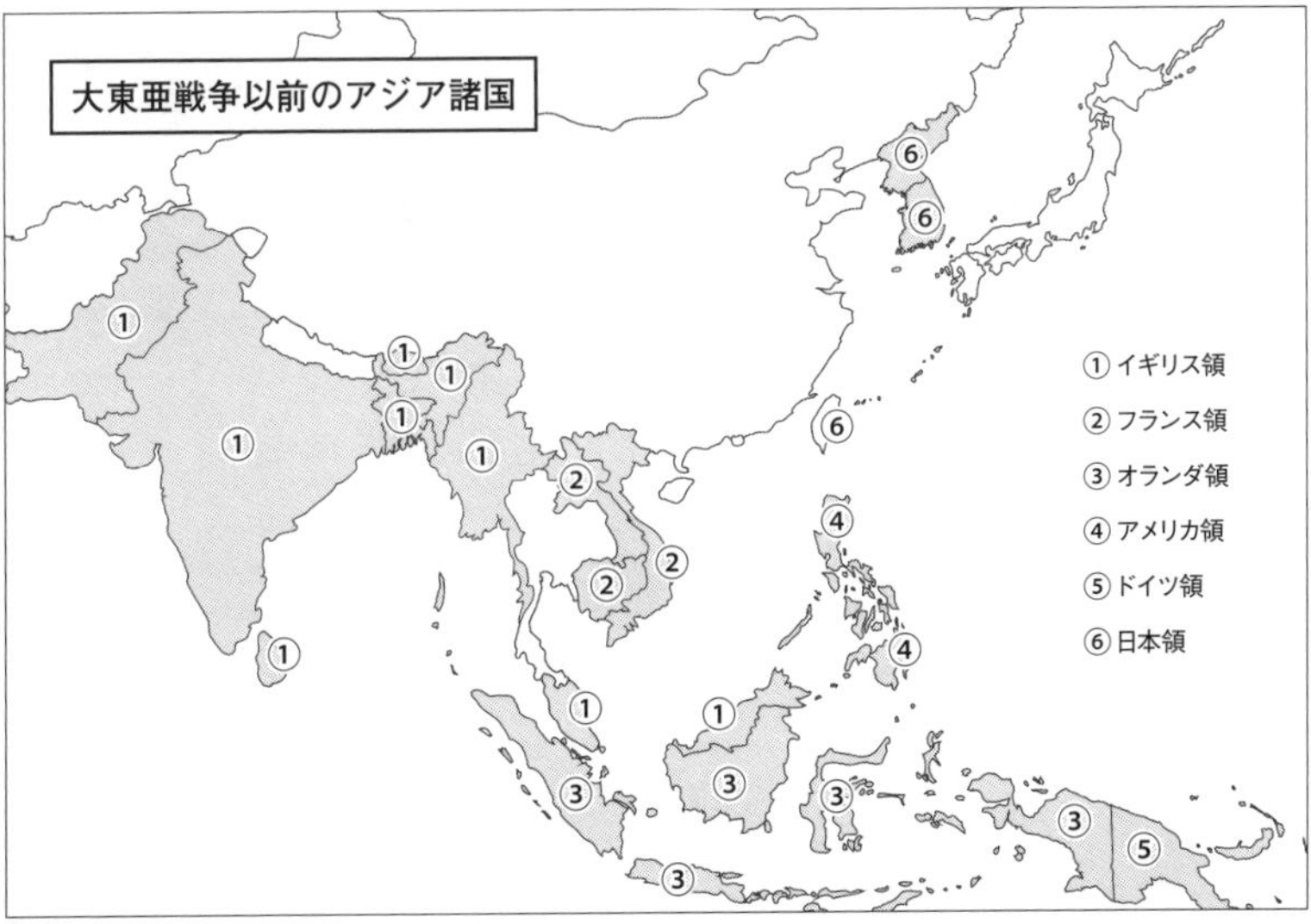

大東亜戦争以前のアジア諸国
①イギリス領
②フランス領
③オランダ領
④アメリカ領
⑤ドイツ領
⑥日本領

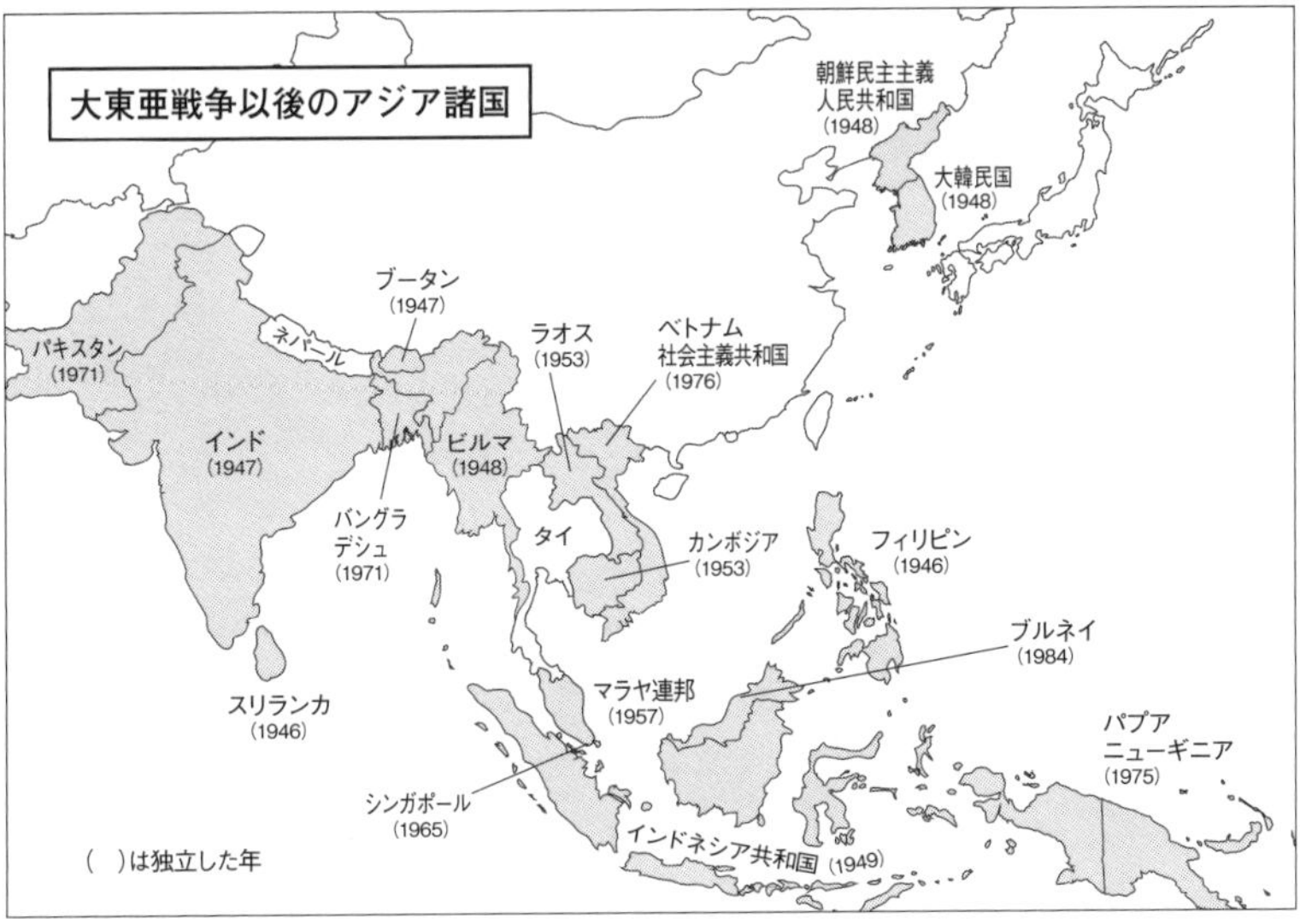

大東亜戦争以後のアジア諸国
朝鮮民主主義人民共和国 (1948)
大韓民国 (1948)
ブータン (1947)
ネパール
パキスタン (1971)
ラオス (1953)
ベトナム社会主義共和国 (1976)
インド (1947)
ビルマ (1948)
バングラデシュ (1971)
タイ
カンボジア (1953)
フィリピン (1946)
ブルネイ (1984)
スリランカ (1946)
マラヤ連邦 (1957)
パプアニューギニア (1975)
シンガポール (1965)
インドネシア共和国 (1949)
( )は独立した年

報計画」（War Guilt Information program「日本人に戦争犯罪者意識を刷り込む計画」）と東京裁判の影響によって、自虐的な歴史認識を持たされたまま、いまだに真の独立を達成していないのである。

大東亜戦争の真の勝利国は日本である

ところで、プロイセンの戦争史家クラウゼヴィッツが、その著書で、「戦争とは他の手段をもってする政治の継続である」と述べているように、アジアに触手を伸ばした西欧列強に捨て身の一撃を加え、アジアを解放して独立させるという大東亜戦争の政治目的は、日本軍から軍事訓練と愛国教育を受けた独立義勇軍や現地の人々たちの、民族解放戦争や民族独立運動を通じて達成されていったわけである。

その意味で、日本は軍事的には敗れたかもしれないが、政治的には勝ったのであり、イギリスのチャーチル首相が回想録で、今度の戦争は「無益の戦争」であると述べているように、戦後、次々と植民地を失っていった連合国こそ、真の敗戦国であると言わなければならないのである。

第二節　日本人から自信と誇りを奪った太平洋戦争史観

太平洋戦争史観に支配されたわが国の歴史教科書

大東亜戦争の欠点だけを強調した典型的な「太平洋戦争史観」の事例として、例えば、平成二十五（二〇一三）年発行の『世界史A』（加藤晴康他、東京書籍株式会社）を見ると、大東亜戦争と東南アジアとの関係について、

『開戦後、日本は同盟国としていたタイは別にして東南アジアの全域を占領、軍の展開はやがて太平洋東南の諸島にまでおよんだ。東南アジアでは、日本の勝利を独立への機会と考え、これに協力する動きもあらわれた。

日本は、欧米の植民地支配からのアジア諸民族の解放をうたい、「**大東亜共栄圏**」の建設をとなえていた。東南アジアでも、独立を与えるという名目で、いくつかの政権を樹立した。しかしそれは、日本の戦争体制に諸地域をくみいれていくことであった。

すでに朝鮮や台湾は**総動員体制**のもとにあり、この戦争のため人々が兵士として、あるいは労働力としてかりだされ、さらには慰安婦として前線におくられた多くの女性たちもいた。

また、中国の占領地域の住民も日本に強制連行され労働力として使用された。東南アジア各地でも、食料や資源の確保がめざされ、労働力の徴発などによって、人々は大きな負担をしいられた。特に、泰緬鉄道の建設には、連合軍の捕虜のほか、インドネシアなど各地から労働者がおくられ、多くの犠牲をだした。

日本の軍事支配は各地で日本に対する抵抗運動をよびさました。すでに一九四一年、ベトナムでは**ホーチ・ミン**が、ベトナム独立同盟（ベトミン）を結成していた。フィリピンでも、抗日人民軍が生まれた。ビルマ（現ミャンマー）では、はじめは日本軍と提携したアウン・サンらが、やがてひそかに反ファシスト人民自由連盟を組織した。これらはいずれも日本軍に抵抗するとともに、かつての植民地支配から脱却をめざし、連合国に対し民族独立を求めるものであった」

と記述し、「従軍慰安婦」という作り話も利用して、ことさら大東亜戦争の欠点だけをあげつらって、長所を教えようとはしていないことが分かる。

この理由は、執筆者が子供たちに過去の日本の行為は、全て恥であるという意識を持たせたいからである。日本の教育者は、子供たちに、このように偏った見方を教えるのではなく、過去の日本の行為について、「真実」を教えていかなければならないだろう。

第三節　日本軍の長所を讃えてくれる東南アジア諸国の指導者たち

日本軍の大きい長所

一方、東南アジア諸国の中には、この太平洋戦争史観に対して、大東亜戦争や日本軍の欠点よりも、長所を強調してくれる人々がたくさんいるのである。

例えば、インドネシアの場合、スカルノ政権（一九四九年～一九六五年）からスハルト政権（一九六八年～一九九八年）までの政府高官の六割までが、日本軍に養成されたＰＥＴＡやスマトラ義勇軍出身者で占められていたが、やがて引退する者が増えるにつれて、欧米留学組が国家の中枢を握るようになっていった。

こうした中で、イギリス留学組の文部大臣ヌグロホ博士が昭和五十二（一九七七）年に、ＰＥＴＡやその他の義勇軍の役割を否定した『標準インドネシア国史』を出版した後、インドネシアの歴史教科書も、この歴史書を下敷きにして書かれるようになった。

これに怒った前出のアラムシャ将軍は昭和六十二（一九八七）年に、日本軍の小さな欠点をあげつらうことに反対して、大きい功績を強調した『ペタと義勇軍――インドネシア国軍の母体』を出版し、ヌグロホ博士の誤った記述を糺《ただ》したのである。

さらに、アラムシャ将軍は同年に、大統領特使として訪日した際に、中曽根首相、福田元首相、塩川文相等と会見し、次のように日本軍の長所を述べたのである。

「日本軍政時代の三年半については、オランダ、チャイナ、アメリカなど、戦勝国の学者や欧米に留学して日本が嫌いになった人々は、悪い面ばかりを誇大にあげつらっている。しかしそれでは、全体を語ったことにはならない。仮に日本の軍政に欠点があったとしても、たかが三年半である。オランダ時代の三世紀半とは比べものにならぬ。日本とオランダを同じ質、同じ量と見て批判するのは根本的に間違っている。

私は、日本軍の小さな欠点をあげつらう代わりに、大きい長所を挙げてみたい。

第一は、インドネシアの全国民がオランダ人の醜態を見たことだ。短軀小身の日本兵が、巨漢を自慢するオランダ兵を、我々の目の前で打倒して見せてくれた時、我々の心に棲《す》み込んでいた魔神のようなコンプレックスはたちまち消え去って、新しい勇気が湧いて来たのである。

第二は、日本軍の軍政が良かった。近き将来に独立した時の大統領としてスカルノを、そして、副大統領としてハッタを当てると公表して、大切に取り扱った。

第三は、軍事訓練と武器の供与である。ジャワ派遣軍司令官・原田熊吉中将の熱烈な応援により、PETAが創設された。PETAは義勇軍と士官学校を合併したような機関で、三万八千人の将校を養成した。その他、インドネシア人が熱望する武器をすぐに供与してくれた。

第四は、日本軍が無条件降伏した後も、多数の有志将校がインドネシアの独立戦争に参加してくれたことである。我々インドネシア軍は戦争に未経験だったから、経験豊かで、しかも勇猛果敢な日本軍将兵の参加が、いかばかり独立戦争を我々に有利な方向に導いたか、はかりしれない。

第五は、PETAがインドネシア国軍の母胎となった。

第六は、インドネシア国軍は戦略と戦術の方針を、日本軍の文献（「作戦用務令」等）によって作成したことである」

このアラムシャ将軍と同様に、元インドネシア東欧大使で、復員軍人省長官のサンバス将軍も、次のように日本軍の短所など、些細なことに過ぎないと言って、日本軍の長所を讃えてくれているのである。

「今、インドネシアでもその他の国でも、大東亜戦争で日本の憲兵が弾圧したとか、労務者を酷使したとか言っているが、そんなことは小さなことだ。いかなる戦場でも起こり得るし、何千年前もそうだったし、今後もそうだ。日本軍がやったもっとも大きな貢献は、我々の独立心をかきたててくれたことだ。そして厳しい訓練を課したことは、オランダのできないことだ。

日本人はインドネシア人と同じように苦労し、同じように汗を流し、〝独立とは何か〟を教えてくれたことだ。これはいかに感謝しても感謝しすぎることはない。このことはペタの訓練を受けた者は、一様に感じていることだ。

特に、インドネシアが感謝することは、戦争が終わってから日本軍人約一千人が帰国せず、インドネシア国軍とともにオランダと戦い、独立に貢献してくれたことである。日本の戦死者は国軍墓地に祀り、功績を讃えて殊勲章を贈っているが、それだけですむものではない」

この他にも、大東亜戦争や日本軍を讃えた言葉はおびただしいが、その中でも最も代表的な東南アジア諸国の指導者たちの言葉を見てみよう。

スカルノ（インドネシア初代大統領）

「一〇回、一〇〇回、あるいは一〇〇〇回独立を約束されようとも、もしわれわれが自ら闘わず、自ら独立するだけの実力を有することなくしては、われわれは決して独立を具現し得ないであろう。大日本はわれわれのために、理想の大道への扉を開いてくれたのだ。これに対してわれわれは無限の感謝を表明する」

ルスラン・アブドルガニ（インドネシア外務大臣）

「日本軍政時代について多くの人がその軍政の悪さを批判している。日本軍政批判は、日本がインドネシアにいる間に二つのよいことをやったという事実を忘れている。

第一は、日本がインドネシア人に軍事教育を施したこと、第二は、官吏の養成のために学校をつくって教育してくれたことだ。そして、「セイシン」（精神＝ファイティング・スピリット）を吹き込んでくれた。これらは偉大な成果を収めた」

チョウ・シン・モ（インドネシア大統領特使）

「日本軍政の三年半は、東南アジアの民衆に与えたよくない側面もあったが、インドネシア建国に必要な民衆訓練・政治訓練・軍事訓練の機会となり、その後のナショナリズムの発展に向けてのスカルノとインドネシア民族にとっては積極的な側面もあった」

M・ユスフ・ロノディプロ（インドネシア大使）

「この時代に私たちは日本人から大切なことを学びました。それは、戦う精神、軍人精神でした。（中略）

そして良い面のうちの最大のものが、私たちに強さと、勇気、そして、戦い方を教えてくれたことです。そして、後にＰＥＴＡ（ペタ、郷土防衛義勇軍）というインドネシア人の軍を組織しました。（中略）

オランダ時代は、食べ物や服で苦労することはありませんでしたが、私たちに民族の誇りはありませんでした。私たちは、全てオランダ人に命じられるがままに動かなければいけませんでした。

一方、日本時代は食べ物がなく、着る服にも事欠き、人々は貧しい暮らしを強いられ、大変厳しい思いをしました。しかし、それは戦争に勝つためでした。日本も必死だったのです。厳しくやらなければ、日本が白人と肩を並べてやっていくことは出来ませんでした。それを私たちは教わりました。植民地時代の気持ちのままでは、とうてい独立など出来るものではありませんでした。

日本時代に、私たちの国の独立がいよいよ実現に近づいていきました。そして、そのために何をなすべきかを学んでいきました。

日本時代の苦しみは独立のための準備でした。だからこそ私たちはそれに耐えられたのです。

第二次世界大戦前、アジアのほとんどの国は白人たちの植民地となっていました。それを、日本が白人たちと戦うことによって解放したということは間違いのない真実です」

ククリット・プラモード（タイ首相）

「日本のおかげで、アジア諸国はすべて独立した。日本というお母さんは、難産して母体をそこなったが、生まれた子供はすくすくと育っている。今日、東南アジア諸国民が、アメリカやイギリスと対等に話ができるのは、一体誰のおかげであるのか。それは『身を殺して仁をなした』日本というお母さんがあったためである。

十二月八日は、われわれにこの重大な思想を示してくれたお母さんが、一身を賭して重大な決意をされた日である。さらに、八月十五日は、われわれの大切なお母さんが、病の床に伏した日である。われわれは、この二つの日を忘れてはならない」

プロボ・S・スウォンド（インドネシア陸軍中将・国連大使・在郷軍人会中央執行委員会会長）

「大東亜戦争の時の日本に対して、私たちは悪い印象も持っています。それは、過酷な扱いを受けた労務者などのことです。

これらは戦争の悪い側面です。それが戦争なのです。戦争には当然そのような側面があるのです。（中略）

一方で、私たちは大東亜戦争の日本に対して、大変良い印象を持っています。それは、例えばＰＥＴＡのことです。好き嫌いを別として、私たちインドネシア人は日本軍から軍隊を率いる方法を学び、軍隊の訓練の仕方を教わったのです。

良い面もあれば悪い面もある。それが戦争なのです」

アリフィン・ベイ博士（インドネシア・ナショナル大学日本研究センター所長）

「日本軍に占領された国々にとって、第二次大戦とは、ある面では日本の軍事的南進という形をとり、他面では近代化した日本の精神的、技術的面との出会いであった。日本が戦争に負けて、日本の軍隊が引き上げた後、アジアの諸国に残っていたのは、他ならない日本の精神的、技術的遺産であった。

この遺産が、第二次大戦後に新しく起こった、東南アジアの民族独立運動にとって、どれだけ多くの貢献をしたかを認めなければならない。日本が敗戦国になったとはいえ、その精神的遺産は、アジア諸国に高く評価されていたのである。（中略）

（吉本注：日本軍は）目標達成のために、どれほど必死にやらねばならないかということを、教えたのであった。この必死な訓練が、後のインドネシア独立戦争の時に役立ったのである」

ラジャー・ダト・ノンチック（マレーシア上院議員）

「私たちはマレー半島を進撃してゆく日本軍に歓呼の声をあげました。敗れて逃げてゆく英軍を見た時に、今まで感じたことのない興奮を覚えました。

しかも、マレーシアを占領した日本軍は、日本の植民地としないで、将来のそれぞれの国の独立と発展のために、それぞれの民族の国語を普及させ、青少年の教育を行ってくれたのです」

ガザリー・シャフィー（マレーシア外務大臣）

「日本はどんな悪い事をしたと言うのか。大東亜戦争で、マレー半島を南下した時の日本軍は凄かった。わずか三ヶ月でシンガポールを陥落させ、我々にはとてもかなわないと思っていたイギリスを屈服させたのだ。
私はまだ若かったが、あの時は神の軍隊がやってきたと思っていた。日本は敗れたが、英軍は再び取り返すことができず、マレーシアは独立したのだ」

B・アンポン（元タイ国軍最高司令部日タイ連絡所勤務・通訳官）

「大東亜共栄圏や八紘一宇など私は当時の日本の理想は正しいと思います。日本は白人を追い払った後、戦前にイギリス、フランスから奪われていた領土をタイに返してくれました。大々的にお祝いしましたよ。日本は占領して自分の国にしようという考えはなかったと思います。解放してみんなが独立して立派にやっていくようにという信念を持ってきたのでしょう、日本が犠牲になってね。それを日本が侵略したとか、虐殺したとか言われていますが、私のみたところではそんなことはありませんでした。
みんな正しくやってくれましたよ。タイの人は日本の兵隊さんは悪かったとは言っておりません。仏領インドシナの人たちもそうですね。ただ、日本軍は厳しすぎたということはありますが。（中略）
とにかく、東洋人が白人を倒したのは日本人だけですからね。何百年も前からそんなことはなかった。それを私たちの前でやってのけたのですから大変な驚きでした」

ラダクリシュナン（インド第二代大統領）

「インドが今日独立できたのは、日本のお陰である。それはひとりインドのみではない。ベトナムであれ、ビルマであれ、インドネシアであれ、西欧の旧植民地であったアジア諸国は、日本人が払った大きな犠牲の上に独立できたのである。

われわれアジアの民は一九四一年十二月八日をアジア解放の記念日として記憶すべきであり、日本に対する感謝の心を忘れてはならない」

前出のルスラン・アブドルガニが「日本軍政時代について多くの人がその軍政の悪さを批判している」と述べているように、日本軍政の中で最も批判される「将校や将兵への平手打ちは日本陸軍の中では規律維持の通常のやり方ではあったが、回教徒にとっては無礼な仕打ちであった」ことは確かであろう。

またレブラ博士も、その著書で、「この点では、柳川が訓練教科の中で常に指摘していたことである。これらの問題はＩＮＡインド国民軍にもＢＩＡビルマ独立軍にも共通のもので、日本人と東南アジア各地の人間との間に、不健全な心理的雰囲気をかもし出した」と述べている。

確かに、日本軍が現地の青年を厳しく訓練したことから、その態度が荒々しく粗暴なように見えたかもしれないが、レブラ博士も、以下で指摘しているように、多くの東南アジア諸国の青年たちが、日本軍から受けた厳しい軍事訓練を通じて、戦う精神を学び、それが東南アジアの独立に役立ったことは紛れもない事実なのである。

『日本が行った軍事教練の中には二つの基本的な前提がある。これは日本軍内部においても共通である。その一つは、技術的な武器の長短よりも精神のほうが重要であるということ、二つ目は、自己規律は絶対であって、他のどんな価値にも優先するということであった。（中略）

精神を力説したのは、軍備は全面的に敵側がすぐれている際にも、勇敢に戦いをいどめるよう、志気を高めるためであった。規律とがまん強さ、そして自信、これはすべて戦後の東南アジアにできたばかりの正規軍に受け継がれていった。

日本による軍事訓練の残したものを評価するにあたって、戦闘精神、自助、規律というものを教え込んだ点は、いかに強調しても強調しすぎることはない。戦争においては兵士の志気が技術的な優位にまさるものであること、どんな障害物もそれで克服可能であること、これを訓練生にたたき込んだのである。（中略）

また今日では東南アジアでは、軍事技術面での教育はすぐに忘れられてしまったが、この精神教育はいまだになんらかの効果をもっているのではないかという人が大勢いる。

インドネシアでは、こうした特徴をもった人物を「ペタ将校タイプ」の人間とさえ言うこと

がある。（中略）
軍事規律というものを経験する過程でやはり政治化され、新たなる自信、民族の自尊心というものを植えつけられている。そしてこれが戦後東南アジアの軍事・政治指導層の出現の条件を決めた』

このように、日清・日露戦争で東アジアと世界の国際秩序を変えた日本軍がアジアに遺した軍事的、精神的遺産は、その後のアジア諸国の独立に大きく貢献し、今日でもアジア諸国の独立と発展を支えているのである。

おわりに

本書は、拙著『世界史から見た日清・日露大戦争——侵略の世界史を変えた日清・日露大戦争の真実』（ハート出版）の続編として、執筆したものである。

本書の目的は、日清・日露戦争の後、アジアに与えた大東亜戦争の衝撃によって、アジア諸国がどのように政治意識に目覚め、民族の自尊心と勇気を取り戻し、民族解放戦争や民族独立運動に立ち上がったのか、そして日本がアジアの発展のために、どのような教育的投資を行ったかを検証することにある。

本書でも言及したように、日本軍が東南アジアを占領した後、インドネシアやビルマなどを軍需基地として確保するために、やむを得ず独立運動を抑制して、早期独立を見送ったため、アジアの人々に大きな落胆を与えたことは否定できない事実である。

また「村山談話」が述べているように、厳しい労役や食糧の徴発によって、多くの人々に、多大な苦労をかけたことや、こうした経済的、政治的要因から、各地で義勇軍が反乱を起こしたことも事実であるが、バー・モウ首相が回想録で

「歴史的にこれを見るならば、日本ほどアジアを白人支配から離脱させることに、貢献した国はない。しかし、再度の解放を助けたり、或いは多くの事柄に対して、範を示してやったりした諸国民そのものから日本ほど誤解を受けている国はない。これは実に日本がその武力万能主義者と民族の夢想とのために誤まられたためである。

もし日本が武断的独断と自惚れを退け、開戦当時の初一念を忘れず、大東亜宣言の精神を一貫し、南機関や鈴木大佐らの解放の真心が軍人の間にもっと広がっていたら、いかなる軍事的敗北もアジアの半分、否、過半数の人々からの信頼と感謝とを日本から奪い去ることはできなかったであろう。

日本の為に惜しむのである。そうは言っても、最終的には日本が無数の植民地の人々の解放に果たした役割は、いかなることをもってしても抹消することはできないのである」

と述べているように、東南アジアの指導者には日本のマスコミ・作家・研究者のように、大東亜戦争の短所だけをあげつらって、大東亜戦争が侵略戦争であったと断罪する人々がいないことも事実なのである。

言い換えれば、村山談話とは、大東亜戦争の短所だけを語ったものであるのだから、十三世紀の聖僧、トマス・アクイナスが「どんな主張でも全体が誤っているということはありえない。誤りとは一部をもって全体とするところにある」と述べているように、大東亜戦争の一部の誤りをもって、大東亜戦争全体を誤りと決めつけるのは間違っていると言っていいのである。

戦後、出版された戦記関係の書物の大部分は、村山談話の観点から書かれたものに過ぎないのだから、ぜひ、安倍首相には一日も早く、前出のインドネシア大統領特使チョウ・シン・モ氏が述べているように、確かに大東亜戦争にはよくない側面もあったが、アジアの独立に必要な民衆訓練・政治訓練・軍事訓練の機会を作り、その後のアジアのナショナリズムの発展に対して、大きな役割を果たしたという「安倍談話」を出してもらいたいものである。

本書は、大東亜戦争において、日本軍がアジアに対して果たした役割と、その影響について、主に軍事的側面から検証することによって、アジア独立の要因を明らかにすることを目的としたため、戦後のアジア発展の要因となる行政的側面からの詳細な検証については割愛した。だが、本書でも若干触れたように、戦後のアジア発展の要因は、日本軍政下で集中的に行われたアジア諸国の官僚や技術者を養成する機関や留学制度の導入にあったことは間違いない事実である。

例えば、昭和四十二年から四十三年にかけて、文化人類学者で岐阜大学学長の今西錦司を会長とする大規模な京都大学大サハラ学術探検隊に参加した西岡香織氏が、その著書で「独立後間もない、多くのアラブ系や黒人の国を通過したが、どの国でも、その要人からまず聞かされたのは、イギリスやフランス人の支配者が去った後、植民地時代の遺産であるインフラストラクチャー（社会共通資本）を、独立した民族がどう維持・管理するかという悩みであった。

独立の喜びと引換えに、原住民族だけの国となって、中堅官吏や技術者の絶対的な不足が深刻な問題になっていたのである。その養成には教育制度の確立が必要だが、それには時間がかかるし、多数の青年を一斉に欧米に留学させるのも、費用の面から難しいというのである」と述べているように、日本軍政を経験した東南アジア諸国と、それを経験しなかったアフリカ諸国との独立後の発展には大きな格差があるのである。

インドの詩人タゴールが「花はその花弁《はなびら》のすべてを失って果実をみいだす」と述べているように、確かに日本は連合国に降伏したかもしれないが、アジアを白人の植民地支配から解放して独立させるという大東亜戦争の政治目的は、陸軍中野学校出身の秘密戦士から愛国教育と軍事訓練の指導を受けた独立義勇軍や現地人たちの民族解放戦争や民族独立運動を通して達成されたことは、紛れもない事実なのである。

日本人は、かつて日本が大東亜戦争期に蒔いたアジア解放と大東亜共栄圏の種が実って、戦後、アジア・アフリカ・アラブ諸国が独立し、発展したこと、そして日本がそれらに大きく貢献した国であることに対して、もっと大きな自信と誇りを持つべきなのである。

平成二十七年五月九日（フィリピン・コレヒドール島占領の日に）

著者記す

引用・参考文献一覧

〔一般書〕

浅田實『東インド会社――巨大商業資本の盛衰』講談社現代新書、平成元年
アジア協会編『アジア・ナショナリズム』日刊工業新聞社、昭和三十二年
A・M・ナイル『知られざるインド独立闘争』風濤社、平成六年
阿羅健一『ジャカルタ夜明け前――インドネシア独立に賭けた人たち』勁草書房、平成六年
アーネスト・サトウ／坂田精一訳『一外交官の見た明治維新』全二巻、岩波文庫、昭和五十年
アフタール・セット『象は痩せても象である』祥伝社、平成十三年
アフマッド・スパルジョ／奥源造編訳『インドネシアの独立と革命』龍渓書舎、昭和四十八年
阿部三郎『わが帝国海軍の興亡――連合艦隊始末記』光人社NF文庫、平成二十四年
アリフィン・ベイ『魂を失ったニッポン』未央社、昭和五十一年

生田惇『日本陸軍史』教育社、昭和五十五年
池田清編・太平洋戦争研究会『太平洋戦争全史』河出文庫、平成十八年
池端雪浦・生田滋『東南アジア現代史Ⅱ』山川出版、昭和五十二年
石井米雄・桜井由躬雄編『東南アジア史Ⅰ』山川出版社、平成十一年
泉谷達郎『ビルマ独立秘史——その名は南謀略機関』徳間書店、昭和四十二年
伊藤貞利『中野学校の秘密戦』中央書林、昭和五十九年
伊藤秀一『解放の世紀』講談社現代新書、昭和五十二年
茨木誠一『メラティの花のごとく　インドネシア独立にささげた日本人の血』毎日新聞社、昭和二十八年
インドネシア国立文書館編／倉沢愛子・北野政徳訳『ふたつの紅白旗』木犀社、平成八年
ウィンストン・S・チャーチル／佐藤亮一訳『第二次世界大戦1』河出文庫、昭和五十九年
NHK〝ドキュメント昭和〟取材班編『ドキュメント昭和5　オレンジ作戦——軍縮下の日米太平洋戦争』角川書店、昭和六十一年
エリック・ジェイ・ドリン／北條正司・松吉明子・櫻井敬人訳『クジラとアメリカ——アメリカ捕鯨全史』原書房、平成二十六年
遠藤順子『ビルマ独立に命をかけた男たち』PHP研究所、平成十五年
太田勝洪編『毛沢東外交路線を語る』現代評論社、昭和五十年
大澤正道『宿命の「日米対決史」の謎』日本文芸社、平成三年
大澤正道『文明の流れを決した世界戦争史の真相と謎』日本文芸社、平成八年

小神野真弘『アジアの人々が見た太平洋戦争』彩図社、平成二十七年
小尾俊人編『現代資料（一）ゾルゲ事件（一）』みすず書房、昭和四十八年
加藤徳道『ミャンマーは、いま――アジア最後のビジネスフロンティア』ダイヤモンド社、平成七年
加藤晴康他『世界史A』東京書籍株式会社、平成二十五年
加藤正夫『陸軍中野学校――秘密戦士の実態』光人社、平成十三年
加茂儀一『榎本武揚』中公文庫、昭和六十三年
川北稔「第七章　工業化への途」（青山吉信・今井宏編『概説イギリス史』有斐閣選書、昭和六十三年）
川島真「第一章　東アジアの近代――十九世紀」（『東アジア近代通史（上）――19世紀から現在まで』岩波現代全書、平成二十六年）
『韓国出身　日本陸士・満州軍校同窓生名簿』偕行文庫奉納図書、平成五十年
宮内庁編『明治天皇紀』第五、吉川弘文館、昭和四十六年
クリストファー・ソーン／市川洋一訳『太平洋戦争における人種問題』草思社、平成三年
国塚一乗『印度洋にかかる虹　日本兵士の栄光』光文社、昭和三十三年
源田実『真珠湾作戦回顧録』読売新聞社、昭和四十八年
後藤乾一『近代日本とインドネシア』北樹出版、平成元年
黄文雄『黄文雄の大東亜戦争肯定論』ワック、平成十八年
黄文雄『中国が葬った歴史の新・真実』青春出版、平成十五年
黄文雄『朝鮮・台湾・満州　学校では絶対に教えない植民地の真実』ビジネス社、平成二十五年

小坂文乃『革命をプロデュースした男』講談社、平成二十三年
佐久間平喜『ビルマ（ミャンマー）現代政治史　増補版』勁草書房、平成五年
サミュエル・エリオット・モリソン／座本勝之訳『伝記ペリー提督の日本開国』双葉社、平成十二年
産経新聞「ルーズベルト秘録」取材班『ルーズベルト秘録』下巻、産経新聞社、平成十二年
終戦五十周年国民委員会編『自由と独立への道』終戦五十周年国民委員会、平成七年
ジョイス・C・レブラ／村田克己・近藤正臣・エディ・ヘルマン・林理介『東南アジアの解放と日本の遺産』秀英書房、昭和五十六年
ジョージ・S・カナヘレ／後藤乾一・近藤正臣・白石愛子訳『日本軍政とインドネシア独立』鳳出版、昭和五十二年
ジョセフ・C・グルー／石川欣一訳『滞日十年』下巻、毎日新聞、昭和二十三年
ジョン・アール・ヘイズ／ハーヴェイ・クレア／中西輝政〔監訳〕／山添博史／佐々木太郎／金自成〔訳〕『ヴェノナ――解読されたソ連の暗号とスパイ活動』PHP研究所、平成二十二年
スカルノ／黒田春海訳『スカルノ自伝』角川文庫、昭和四十四年
鈴木明・山本明『秘録・謀略宣伝ビラ――太平洋戦争の紙の〝爆弾〟』講談社、昭和五十二年
鈴木亨編『歴史と旅　特別増刊号44　帝国陸軍将軍総覧』秋田書店、平成二年
鈴木亨編『歴史と旅　特別増刊号45　帝国海軍提督総覧』秋田書店、平成二年
関野通夫『日本人を狂わせた洗脳工作――いまなお続く占領軍の心理作戦』自由社、平成二十七年
セルゲイ・ウイッテ／大竹博吉訳『ウイッテ伯回想記――日露戦争と露西亜革命』全三巻、原書房、昭和四十七年
ソ同盟共産党中央委員会付属マルクス＝エンゲルス＝レーニン主義研究所編／マルクス＝レーニン研究所訳『レーニン

全集』第八巻、大月書店、昭和三十年
高木惣吉『太平洋海戦史〔改訂版〕』岩波新書、昭和六十年
滝川勉・加納啓良・木村哲三郎・糸賀滋・大野徹・北原淳・原不二夫『東南アジア現代史』有斐閣、昭和五十七年
ダグラス・マッカーサー／津島一夫訳『マッカーサー回想記』朝日新聞社、昭和三十九年
ダトゥク＝ザイナル＝アビディン＝ビン＝アブドゥル＝ワーヒッド編／野村亨訳『マレーシアの歴史』山川出版、昭和五十八年
田中弘之『幕末の小笠原――欧米の捕鯨船で栄えた緑の島』中公新書、平成九年
田中正明『雷帝　東方より来たる』自由国民社、昭和五十四年
田辺寿夫『ビルマ民主化運動１９８８』梨の木舎、平成元年
ダニエル・H・ディソン『フィリピン少年が見たカミカゼ――幼い心に刻まれた優しい日本人たち』桜の花出版、平成十九年
チョウ・シン・モ／増田与編訳『スカルノ大統領の特使』中公新書、昭和五十六年
張治中『張治中回憶録』中国文史出版社、一九九三年
恒石重嗣『大東亜戦争秘録　心理作戦の回想』東宣出版、昭和五十三年
寺見元恵『フィリピンの独立と日本――リカルテ将軍とラウエル大統領』彩流社、平成二十六年
トク・ベルツ編／菅沼竜太郎訳『ベルツの日記』第二部下巻、岩波書店、昭和四十九年
永井重信『インドネシア現代政治史』勁草書房、昭和六十一年
長崎暢子編『南アジアの民族運動と日本』アジア経済研究所、昭和五十四年
永積昭『東南アジアの歴史』講談社現代新書、昭和五十二年
中村隆英「第五章　戦前の日米経済関係」（『日米関係史』有斐閣選書、昭和五十七年）

中村平治『南アジア現代史Ⅰ』山川出版社、昭和五十二年
名越二荒之助『大東亜戦争その後』第四巻、展転社、平成十二年
名越二荒之助『大東亜戦争を見直そう』原書房、昭和四十三年
西岡香織『アジアの独立と「大東亜戦争」』芙蓉書房出版、平成八年
日本国際問題研究所・インドネシア部会編／播里枝監修『インドネシア資料集一九四五－一九五九年』上巻、日本国際問題研究所、昭和四十七年
根本敬「日本占領下のビルマ」（石井米雄・桜井由躬雄編『東南アジア史Ⅰ』山川出版社、平成十一年）
ノエル・F・ブッシュ／川口政吉訳『日本海海戦――皇国の興廃、この一戦に在り』サンケイ新聞社出版局、昭和四十七年
野尻武敏『人間社会の基礎』晃洋書房、昭和五十八年
野村実監修・太平洋戦争研究会編『図説　日本海軍』河出書房新社、平成九年
波多野敬雄監修『この一冊で世界の国がわかる！』三笠書房、平成九年
服部卓四郎『大東亜戦争全史』原書房、昭和四十八年
土生良樹『神本利男とマレーのハリマオ――マレーシアに独立の種をまいた日本人』展転社、平成八年
土生良樹『日本人よ　ありがとう』日本教育新聞社、平成元年
バー・モウ／横堀洋一訳『ビルマの夜明け』太陽出版、平成七年
林三郎『太平洋戦争陸戦概史』岩波書店、昭和六十年
原田環「日清戦争による朝鮮関係の変容」（東アジア近代史学会編『日清戦争と東アジア世界の変容』上巻、ゆまに書房、平成九年所収）

平間洋一『日露戦争が変えた世界史』芙蓉書房出版、平成十六年
ファン・ゴク・リエン監修／今井昭夫監訳・伊藤悦子・小川有子・坪井未来子訳『世界の歴史教科書シリーズ21　ベトナムの歴史――ベトナム中学校　歴史教科書』明石書店、平成二十一年
福沢諭吉『福翁自伝』岩波文庫、昭和三十九年
藤原岩市『F機関』原書房、昭和四十四年
防衛庁防衛研修所戦史室『比島攻略作戦』朝雲新聞社、昭和四十一年
防衛庁防衛研修所戦史室『ビルマ攻略作戦』朝雲新聞社、昭和四十二年
防衛庁防衛研修所戦史室『マレー作戦』朝雲新聞社、昭和四十一年
防衛庁防衛研修所戦史室『蘭印攻略作戦』朝雲新聞社、昭和四十二年
ボ・ミンガウン／田辺寿夫訳編『アウンサン将軍と三十人の志士　ビルマ独立義勇軍と日本』中公新書、平成二年
マシュー・C・ペリー／木原悦子訳『ペリー提督　日本遠征日記』小学館、平成八年
松本俊夫『図説陸軍史』建帛社、平成三年
マハティール・モハマド／加藤暁子訳『立ち上がれ日本人』新潮社、平成十五年
丸山静雄『インド国民軍―もう一つの太平洋戦争―』岩波新書、昭和六十年
マルコ・ポーロ／長澤和俊訳『東方見聞録』小学館、平成八年
ミルトン・オズボーン／山田秀雄・菊池道樹訳『東南アジア史入門』東洋経済新報、平成五年
棟田博『攻略！ジャワ・スラバヤ』学習研究社、昭和四十七年
毛沢東『原文復刻版・毛沢東思想万歳』現代評論社、昭和四十四年

モハマッド・ハッタ／大谷正彦訳『ハッタ回想録』メコン、平成五年
森本武志『ジャワ防衛義勇軍史』龍溪書舍、平成四年
柳川宗成『陸軍諜報員柳川中尉』サンケイ新聞社、昭和四十二年
山本政義『ビルマ工作と諜報将校』六興出版、昭和五十三年
吉本貞昭『世界が語る零戦』ハート出版、平成二十五年
吉本貞昭『世界が語る大東亜戦争と東京裁判』ハート出版、平成二十四年
吉本貞昭『世界史から見た日清・日露大戦争』ハート出版、平成二十七年
吉本貞昭『日本とアジアの大東亜戦争』ハート出版、平成二十五年
ロバート・A・シオボールド／中野五郎訳『真珠湾の審判』講談社、昭和五十八年
和田久徳・森弘之・鈴木恒之『東南アジア現代史Ⅰ』山川出版、昭和五十二年
綿引弘『世界の歴史がわかる本【帝国主義時代~現代】篇』三笠書房、平成五年
渡部昇一『かくて昭和史は甦る』クレスト社、平成七年

〈雑誌論文〉

相澤淳「山本五十六と真珠湾攻撃――その成功と誤算の真相」（『歴史人』KKベストセラーズ、平成二十六年九月号所収）
青山陽一郎「残留日本兵十四名の六十年戦争」（『文藝春秋』文藝春秋社、平成十七年十月号所収）
岡田幹彦「アジア解放のために中野学校が育んだ「誠」の秘密戦士たち」（『歴史街道』PHP研究所、平成二十年四月号所収）
奥田元重「ビルマ独立義勇軍に敬礼！」（『文藝春秋』文藝春秋社、昭和五十八年十二月号所収）

黒山風『日清戦争は、華夷秩序の崩壊をもたらし、東アジアの歴史を変えた。日露戦争は、「二十世紀世界システム」を現出させた。もはや、世界は東アジア抜きには語れなくなった―。』（『歴史群像　大日本帝国の興亡②一等国家への道』学研、平成二十三年所収）
小風秀雄「不平等条約が東アジアを列強から守った！」（『歴史群像　大日本帝国の興亡①建国と建軍』学研、平成二十三年所収）
サムナー・ウエルズ「太平洋戦争はこうして起こった」（『丸』潮書房、昭和三十七年七月号所収）
寺見元恵「日本軍と共に戦ったフィリピン人」（宮本勝・寺田勇文『アジア読本　フィリピン』河出書房新社、平成六年）
中西輝政「あの時、西郷隆盛が派遣されていれば…遺韓使に込めた想い」（『歴史街道』ＰＨＰ研究所、平成二十六年六月号所収）
藤岡信勝「東南アジアから見た大東亜戦争と戦後日本」（『正論』産経新聞社、平成十一年一月号所収）
松田十刻「インド国民軍創設！英国からの独立を支援したＦ機関」（『歴史街道』ＰＨＰ研究所、平成二十年四月号所収）

〔資料〕

全国歴史教科書研究協議会編『改訂新版　日本史Ｂ　用語集』山川出版、平成十二年
全国歴史教科書研究協議会編『新課程用　世界史Ｂ　用語集』山川出版、平成十六年
太平洋戦争研究会『太平洋戦争主要戦闘事典』ＰＨＰ文庫、平成十七年
太平洋戦争研究会『日本海軍がよくわかる事典』ＰＨＰ文庫、平成十五年
太平洋戦争研究会『日本陸軍がよくわかる事典』ＰＨＰ文庫、平成十五年

原剛・安岡昭男編『日本陸海軍事典』新人物往来社、平成九年
水村光男編『世界史のための人名辞典』山川出版、平成三年
Diaries of Henry Lewis Stimson Aug.1, 1941-Oct.31, 1942 Vol.35-40（with index）Roll No.7

〔新聞〕

『朝日新聞』昭和十七年四月三日付　『朝日新聞』昭和十七年六月二十九日付　『朝日新聞』昭和十八年十月八日付
『朝日新聞』昭和十九年一月十一日付　『朝日新聞』昭和十九年三月十一日付　『朝日新聞』昭和二十年七月十二日付
『朝日新聞』昭和二十年九月二十五日付　『朝日新聞』昭和二十年十月一日付　『朝日新聞』昭和二十年十月十一日付
『朝日新聞』昭和二十年十月十八日付　『朝日新聞』昭和二十年十月十九日付　『朝日新聞』昭和二十年十一月七日付
『朝日新聞』昭和二十二年七月二十日付　『朝日新聞』昭和二十二年七月二十一日付　『朝日新聞』昭和二十四年十二月二十八日付
『朝日新聞』昭和三十年一月二十七日付　『朝日新聞』平成十二年十一月十四日付　『産経新聞』平成十九年八月十六日付
『日本経済新聞』平成十年一月六日付　『ザ・タイムス』一八九五年四月二十三日付　『ザ・タイムス』一八九五年八月六日付
『ザ・タイムス』一八九五年八月七日付　『ジャパン・タイムズ』一九九二年二月十三日付

〔その他〕

阿部豊『日本敗れず』（DVD）新東宝、昭和二十九年
NHK制作「日露戦争百年　逆転の極秘電報一五四号——知られざる講和会議の真相」（『そのとき歴史は動いた』平成十六年六月十六日放送）

ＮＨＫ制作「日露戦争百年　二〇三高地の悲劇はなぜ起きたのか——新史料が明かす激戦の真相」（『そのとき歴史は動いた』平成十六年六月九日放送）
斎藤光正監督『五稜郭』（ＤＶＤ）日本テレビ、平成十二年
〈写真出典〉一三三ページ『中野学校の秘密戦』伊藤貞利著、中央書林、昭和五十九年

◇著者◇
吉本 貞昭（よしもと・さだあき）
国立大学の大学院を修了後、中国留学を経て、現在は大学の研究機関に在籍。専門分野の中国研究の他に、大東亜戦争の、開戦と終戦原因、特攻の戦果、東京裁判と日本国憲法の検閲について研究している。約10年にわたり高等学校で世界史などを担当。昭和20年9月14日に、東京・市ヶ谷台上で割腹自決した陸軍大将吉本貞一は、親類にあたる。著書に『世界が語る大東亜戦争と東京裁判』『世界が語る神風特別攻撃隊』『世界が語る零戦』『東京裁判を批判したマッカーサー元帥の謎と真実』『知られざる日本国憲法の正体』『世界史から見た日清·日露大戦争』『日本とアジアの大東亜戦争（ジュニア向け）』『教科書が絶対に教えない東京裁判（ジュニア向け）』（ハート出版）がある。
著書のホームページ（http://s-yoshimoto.sakura.ne.jp/）

世界史から見た大東亜戦争

平成27年7月27日　　第1刷発行

著　者　　吉本貞昭
装　幀　　フロッグキングスタジオ
発行者　　日高裕明
発　行　　株式会社ハート出版
〒171-0014 東京都豊島区池袋 3-9-23
TEL03-3590-6077　FAX03-3590-6078
ハート出版ホームページ　http://www.810.co.jp

乱丁、落丁はお取り替えします。その他お気づきの点がございましたら、お知らせください。
　ISBN978-4-89295-509-9
印刷・製本 中央精版印刷株式会社

吉本貞昭の本

世界が語る 大東亜戦争と東京裁判
アジア・西欧諸国の指導者・識者たちの名言集
ISBN978-4-89295-910-3　本体 1600 円 〈日本図書館協会選定図書〉

世界が語る 神風特別攻撃隊
カミカゼはなぜ世界で尊敬されるのか
ISBN978-4-89295-911-0　本体 1600 円

世界が語る 零戦
「侵略の世界史」を転換させた零戦の真実
ISBN978-4-89295-967-7　本体 1800 円 〈日本図書館協会選定図書〉

東京裁判を批判したマッカーサー元帥の謎と真実
GHQの検閲下で報じられた「東京裁判は誤り」の真相
ISBN978-4-89295-924-0　本体 1800 円

知られざる 日本国憲法の正体
マッカーサーはなぜ「帝国憲法」を改正したのか
ISBN978-4-89295-973-8　本体 2100 円 〈日本図書館協会選定図書〉

世界史から見た日清・日露大戦争
侵略の世界史を変えた日清・日露大戦争の真実
ISBN978-4-89295-997-4　本体 2800 円

日本とアジアの大東亜戦争 [児童書]
侵略の世界史を変えた大東亜戦争の真実 〈ふりがな・解説付〉
ISBN978-4-89295-965-3　本体 1400 円

教科書が絶対に教えない 東京裁判 [児童書]
日本はこうして侵略国家にさせられた 〈ふりがな・解説付〉
ISBN978-4-89295-976-9　本体 1400 円